中国公共管理学科前沿报告

总主编：赵景华

经济管理学科前沿研究报告系列丛书

THE FRONTIER RESEARCH REPORT ON DISCIPLINE OF PUBLIC ECONOMICS

邢　华 宋魏巍 主　编

公共经济学学科前沿研究报告

图书在版编目（CIP）数据

公共经济学学科前沿研究报告 2013/邢华，宋魏巍主编. —北京：经济管理出版社，2019. 6
ISBN 978 - 7 - 5096 - 6618 - 0

Ⅰ. ①公… Ⅱ. ①邢… ②宋… Ⅲ. ①公共经济学—研究 Ⅳ. ①F062. 6
中国版本图书馆 CIP 数据核字(2019)第 101426 号

责任编辑：范美琴　朱江涛
责任印制：高　娅
责任校对：陈　颖

出版发行：经济管理出版社
（北京市海淀区北蜂窝 8 号中雅大厦 A 座 11 层　100038）
网　　址：www. E - mp. com. cn
电　　话：（010）51915602
印　　刷：北京晨旭印刷厂
经　　销：新华书店
开　　本：787mm × 1092mm/16
印　　张：19. 25
字　　数：433 千字
版　　次：2019 年 10 月第 1 版　　2019 年 10 月第 1 次印刷
书　　号：ISBN 978 - 7 - 5096 - 6618 - 0
定　　价：89. 00 元

《中国公共管理学科前沿报告》专家委员会

编辑委员会

总　序

公共管理学科以公共事务及其管理为对象，研究公共部门特别是政府组织的体制、结构、运行、功能和过程及其环节，注重如何应用各种科学知识及方法来解决公共事务问题，目的是促进公共组织更有效地提供公共物品或公共服务，从而促进公共价值的实现。公共管理学科经历了“传统公共行政”“新公共行政”“新公共管理”以及后新公共管理时代的新治理、网络治理和公共价值等范式的竞争与更迭。例如，韦伯官僚制理想类型模型提供了工业化时代各国政府组织的基本形式，新公共管理理论则为20世纪70年代末期以来的“新公共管理运动”和“重塑政府”运动提供了坚实的理论基础和实践指南。

中国历史上曾经创造了丰富的物质文明，也创造了举世公认的政治文明和政府管理文明，根植于儒家文化中的科举制、内阁制等制度对西方政府制度的设计有着举足轻重的作用。新中国成立后，中国走上了一条探索具有中国特色的政府管理模式的漫长道路。改革开放40年以来，中国的道路、理论、制度、文化在全球的影响力不断扩大和加深，为解决人类问题贡献了中国智慧和中国方案。中国公共管理学科在学者们辛勤的耕耘中成长，也在学者们不断的反思中壮大，当今中国的发展已日益呈现出国际化、本土化、跨域性等特征，回应与解决了一些重大的理论与现实问题。

新时代，中国公共管理学科迎来了前所未有的历史性机遇。党的十九大吹响了决胜全面建成小康社会、夺取新时代中国特色社会主义伟大胜利的号角，明确了中国特色社会主义新的历史方位、总任务和总体布局，提出了新时代我国社会主要矛盾发生转变的重要论断，制定了全面深化改革的战略目标和实施方案。新时代全面深化改革和社会主义现代化建设产生了大量亟待公共管理学科解决的重大理论与实践问题。植根于其土壤的西方公共管理理论无法真正解释和解决我国公共管理的实践问题。因此，中国公共管理学科必须回应新时代国家重大需求，顺应当代哲学社会科学及管理科学的发展趋势，加强话语、理论和学科建构，提升学科影响力，为国家和地方创新发展提供强有力的智力支持。

为此，我们组织编写了《中国公共管理学科前沿报告》。这套丛书集研究性、资料性、权威性、前沿性和代表性为一体，以年度中国公共管理改革与发展为主线，力图系统、全面地反映公共管理最新理论前沿和重大实践成果，图景式地勾勒中国公共管理理论成长足迹和实践创新经验，为理论工作者提供一份视野宽广、脉络清晰的思想“沙盘”；为实务工作者提供一份实用有效、生动活泼的经验总结；为学习研究者提供一份简明清晰、取舍得当的选题指南。丛书共10本，分别针对公共部门战略管理、公共政策、行政管理、政治学、政府绩效管理、城市管理学、电子政务、公共经济学、社会保障、公共危机管理等重点领域，客观记录年度最新理论前沿和重大实践成果，并展望学科领域未来发展趋势。

这套丛书的主编和作者均是相关领域的专家，也是我国新时代改革发展的见证者。这套丛书集结了他们长期对公共管理学科的跟踪和研究，特别是对年度研究热点的深入思考和把握。经济管理出版社对这套丛书的出版给予了全力支持；作为以推进学科发展、直谏政府改革为己任的战略智库，中国管理现代化研究会政府战略与公共政策研究专业委员会为此书的策划、出版做出了重要贡献。作为丛书的总主编，我对付出艰辛努力的各位编委会成员、作者，对出版社的领导、编辑表示由衷的感谢！

这套丛书力图客观反映公共管理领域的重大进展、理论创新和代表性成果，聚焦我国公共管理理论的重点、热点与焦点问题，展现中国政府改革的时代轨迹，意义重大且任务艰巨，难免有不足之处，欢迎读者批评指正。

赵景华

2018 年 10 月

前 言

公共经济学是研究公共部门经济行为的经济学学科，是西方经济学的重要分支。公共经济学与公共财政学有紧密的内在联系。1959 年，美国经济学家马斯格雷夫出版的《公共财政学理论：公共经济研究》，标志着公共经济学作为一门学科正式诞生。在我国教育部学科分类目录中，没有设立公共经济学二级学科，但是应用经济学一级学科下设的财政学（含税收学）二级学科涵盖了公共经济学的主要内容。因此，本书主要以该二级学科目录研究领域为基础收集整理相关文献，分析 2013 年度本学科发展情况及前沿研究成果。

本书首先运用 CiteSpace 软件工具对 2013 年公共经济学学科发展情况进行分析。以财政、税收、政府采购、政府预算、财政分权等为关键词，检索中国知网获得 2049 条中文期刊文献，检索 Web of Science 数据库获得 924 条英文期刊文献，通过软件工具分析上述文献内容。本书还根据作者影响力、成果下载量、引用率等指标，在广泛征求相关专家意见的基础上全文收录了 20 篇中文期刊文献，收录 20 篇英文期刊摘要，以及 28 部图书简介，并梳理了 2013 年度本学科大事记，以全面展示本学科发展概况。

2013 年我国财政体制改革进入快车道，房产税、"营改增" 等税收改革开始进入政策议程，政府预算公开深入推进，财政分权体制改革不断深化。我国公共经济学学科在税收政策、财政支出、政府预算、财政分权体制等方面开展深入研究，回应了政策需求，产生了一批既有理论深度又有实践指导价值的研究成果，这对于深化我国财政体制改革产生了深远影响。本书所收录的中文期刊论文涵盖了构建公平税制、房产税的改革路径、"营改增" 试点评价、政府购买公共服务、政府预算公开、分税制与财政分权体制改革等诸多主题，中文图书包括财税体制、税制改革、政府间财政关系、财政赤字、绩效预算等内容，基本反映了我国公共经济学理论和实践的前沿发展趋势。国外公共经济学研究侧重公共产品提供和经济效率分析，本书收录了国外关于政府预算、公共基础设施投资、公共债务、公私伙伴关系等方面的研究成果，对我国公共经济学研究也具有一定的借鉴意义。

公共经济学是一个内涵和外延都非常丰富的学科，涉及的专业研究领域非常广泛，研究主题与国家财政体制变迁有较强的相关性。本书在进行文献梳理和前沿文献的收录过程中尽量兼顾和收录各相关主题的研究成果。但是由于本人知识能力有限，在文献分析和前沿成果整理过程中难免挂一漏万，不足之处敬请批评指正。

目　录

第一章　2013 年公共经济学学科发展分析

本章运用 CiteSpace 软件工具分析 2013 年公共经济学学科发展情况。以财政、税收、政府采购、政府预算、财政分权等为关键词进行检索。2013 年发表的公共经济学外文文献取自 Web of Science，按照时间、类别进行检索筛选，共得到 924 条英文期刊文献。2013 年发表的中文文献来源于数字出版平台中国知网，共检索得到 2049 条文献。本章研究方法是通过 CiteSpace 软件分析上述文献内容，绘制出关键词共现图表、作者合作关系图表和发文机构合作关系图表，以此来分析学科发展情况。

第一节　2013 年公共经济学的研究主题

本书采用 CiteSpace 中的“高频次和中心性的关键词”进行关键词共现聚类视图分析，以此梳理 2013 年公共经济学学科研究主题。

将中文期刊论文文献数据导入 CiteSpace，得到 2013 年公共经济学中文期刊关键词共现聚类视图，共有 50 个节点和 19 条连线。如图 1 所示。

将外文期刊论文文献数据导入 CiteSpace，得到 2013 年公共经济学英文期刊关键词共现聚类视图，共有 50 个节点和 13 条连线。如图 2 所示。

以关键词频次和中心性为分类统计标准，从 CiteSpace 导出 2013 年国内外公共经济学研究高频次和高中心性关键词列表。如表 1 所示。

从表 1 可以看出，2013 年中文期刊关于公共经济学研究的共现网络中，频次较高的节点主要有“财政政策”“财政分权”“税收政策”“财政支持”“土地财政”“地方财政”“经济增长”等，而从综合节点中心性来看，中心性较高的节点则有“税制改革”“财政体制”“房产税”“企业所得税”“财政部门”“财政改革”“乡镇财政”“资金监管”“地方税体系”“财政管理”。据此可以认为这一时期的中文期刊公共经济学研究的研究重点主要集中于财税体制的改革等领域。结合图 1 可以发现，以“房产税”“企业所得税”“税制改革”“财政体制”等节点为核心形成了一个较大的共现网络，因此税制改革是 2013 年比较集中的研究主题之一。

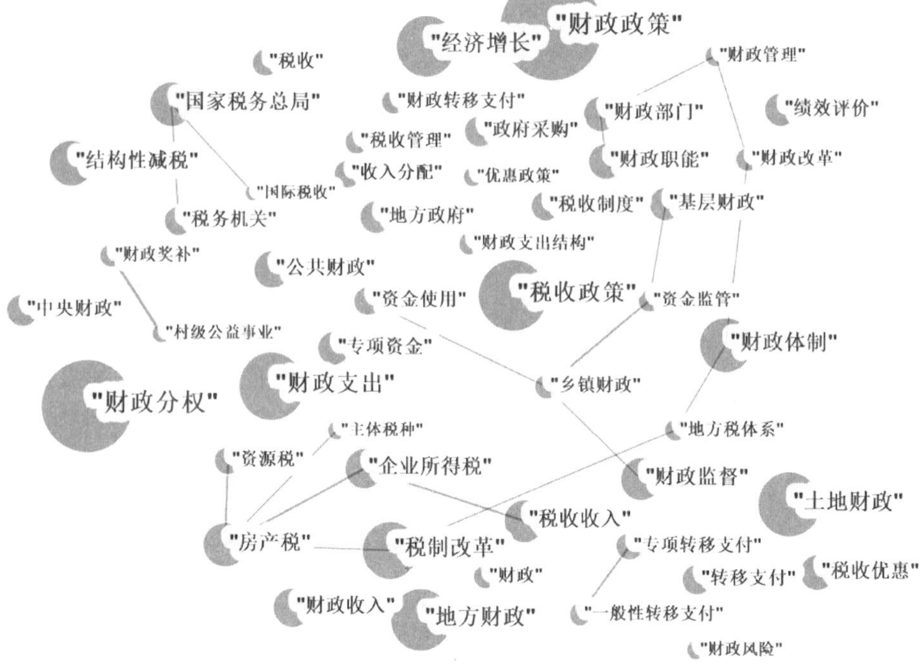

图 1　2013 年公共经济学中文期刊研究主题图谱

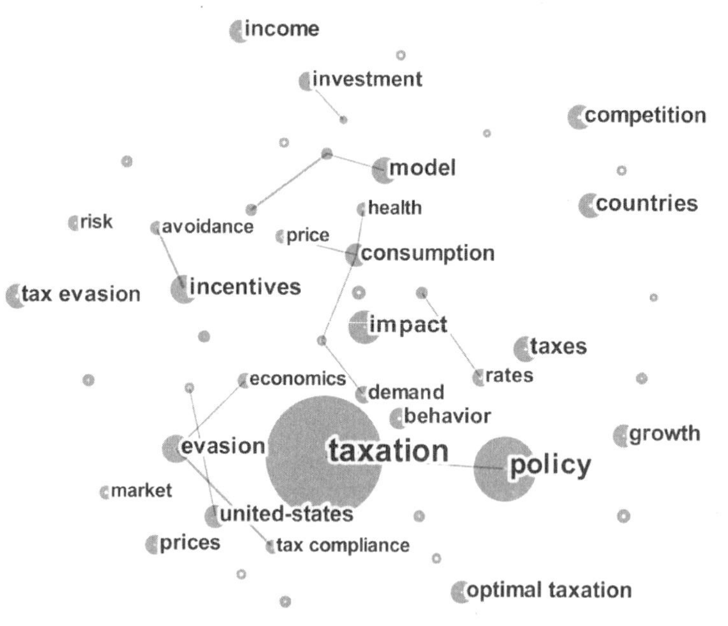

图 2　2013 年公共经济学英文期刊研究主题图谱

表 1　2013 年国内外公共经济学研究高频次和高中心性关键词列表

中文期刊发表文献高频次/高中心性关键词				英文期刊发表文献高频次/高中心性关键词			
序号	频次	中心性	关键词	序号	频次	中心性	关键词
1	105	0	财政政策	1	113	0	Taxation
2	92	0	财政分权	2	61	0	Policy
3	71	0	税收政策	3	33	0	Impact
4	68	0	财政支出	4	27	0	Evasion
5	64	0	土地财政	5	27	0	Incentives
6	63	0	地方财政	6	26	0	Model
7	61	0	经济增长	7	25	0	Taxes
8	58	0. 05	税制改革	8	25	0	Countries
9	54	0. 05	财政体制	9	24	0	Competition
10	46	0	结构性减税	10	24	0	Tax Evasion
11	45	0. 06	房产税	11	23	0	Income
12	44	0	国家税务总局	12	22	0. 01	Consumption
13	42	0	税收收入	13	22	0	United – states
14	42	0	财政监督	14	22	0	Optimal Taxation
15	40	0. 02	企业所得税	15	22	0	Growth
16	39	0	财政收入	16	21	0	Behavior
17	37	0	公共财政	17	20	0	Investment
18	36	0	税收优惠	18	19	0	Prices
19	36	0	财政职能	19	18	0	Demand
20	34	0. 02	财政部门	20	17	0	Rates
21	33	0	绩效评价	21	16	0	Economics
22	33	0	中央财政	22	16	0	Risk
23	32	0	地方政府	23	15	0	Price
24	32	0	基层财政	24	15	0	Avoidance
25	32	0	专项资金	25	15	0	Market
26	31	0	政府采购	26	15	0	Tax Compliance
27	31	0	转移支付	27	15	0	Health
28	30	0	税收制度	28	14	0	Efficiency
29	30	0	资金使用	29	14	0	Reform

续表

中文期刊发表文献高频次/高中心性关键词				英文期刊发表文献高频次/高中心性关键词			
序号	频次	中心性	关键词	序号	频次	中心性	关键词
30	29	0	税务机关	30	13	0	Welfare
31	28	0	税收	31	13	0	Economic Growth
32	28	0	专项转移支付	32	13	0	Tax Reform
33	27	0	资源税	33	12	0	Tax Competition
34	27	0	收入分配	34	12	0	Taxable Income
35	25	0.04	财政改革	35	12	0	Carbon Tax
36	25	0.01	乡镇财政	36	12	0	Economic – growth
37	24	0	财政转移支付	37	12	0	Costs
38	24	0	税收管理	38	12	0	Performance
39	24	0	财政	39	12	0	Trade
40	23	0.01	资金监管	40	11	0	Redistribution
41	22	0	财政支出结构	41	11	0.01	Obesity
42	22	0.05	地方税体系	42	11	0	Fiscal – policy
43	22	0	一般性转移支付	43	11	0	Htlv – 1
44	22	0	财政奖补	44	11	0	Policies
45	21	0.03	财政管理	45	11	0	Information
46	20	0	村级公益事业	46	11	0	Choice
47	20	0	优惠政策	47	10	0	Firms
48	20	0	财政风险	48	10	0	Uncertainty
49	19	0	主体税种	49	10	0	Smoking
50	16	0	国际税收	50	10	0	Decisions

资料来源：作者自制。

从表1中还可以看到，2013年的英文期刊中关于公共经济学研究的共现网络中，高频次的节点主要有“Taxation”“Policy”“Impact”“Evasion”“Incentives”“Model”等，中心性较高的节点主要有“Consumption”“Obesity”，相关研究共现网络规模比较小。从图2可以看出，只有以“Consumption”为核心的共现网络。英文期刊中关于公共经济学的研究主要集中于税收、消费、债务方面的，并通过构建模型等数理、经济学的方法来进行研究。

对比2013年中文和英文期刊关于公共经济学的研究主题，可以看到中文期刊论文的

研究主要集中在财税体制改革等领域，各个研究主题之间的联系非常紧密，数量也更多；而英文期刊上的同类研究则偏向于经济运行领域，主题更加多样化。这种情况与我国正在进行财政体制改革的实践环境有一定关系。当前，我国正处于财政体制改革的关键时期，改革的实践在理论研究上必然有所反映。

第二节 2013 年公共经济学高发文作者

将中文期刊文献数据导入 CiteSpace，进行发文作者共现聚类视图分析，得到 2013 年公共经济学中文期刊发文作者共现聚类图谱，共有 50 个节点和 7 条连线。如图 3 所示。

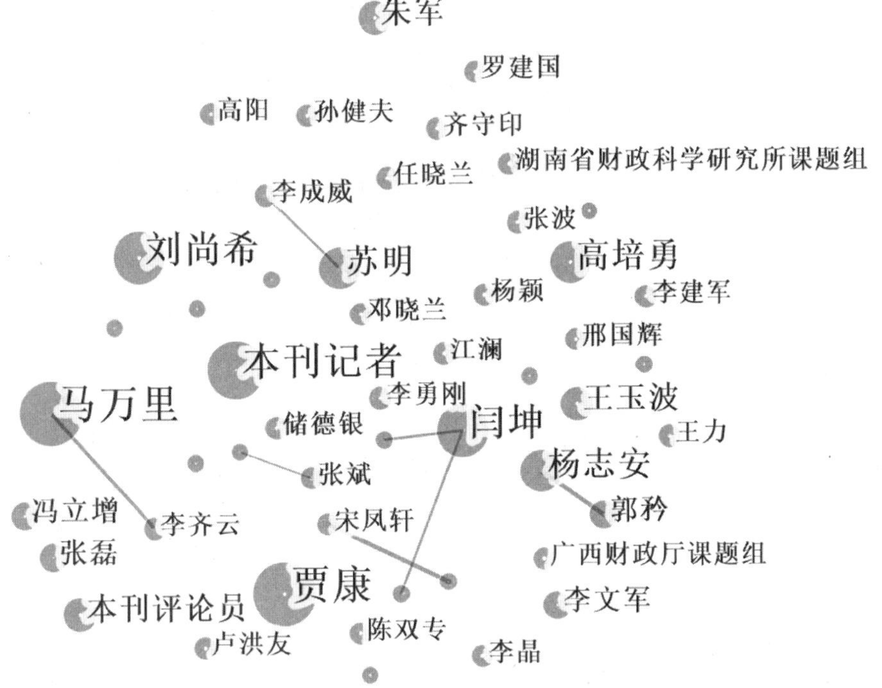

图 3 2013 年公共经济学中文期刊高发文作者图谱

用同样的参数设置，将英文期刊文献数据导入 CiteSpace，通过软件的运算处理，得到 2013 年公共经济学发文作者共现聚类图谱，共有 50 个节点和 11 条连线。如图 4 所示。

以作者在合作网络中出现的频次为分类统计标准，从 CiteSpace 中可以导出 2013 年中文和英文期刊公共经济学高发文作者列表。如表 2 所示。

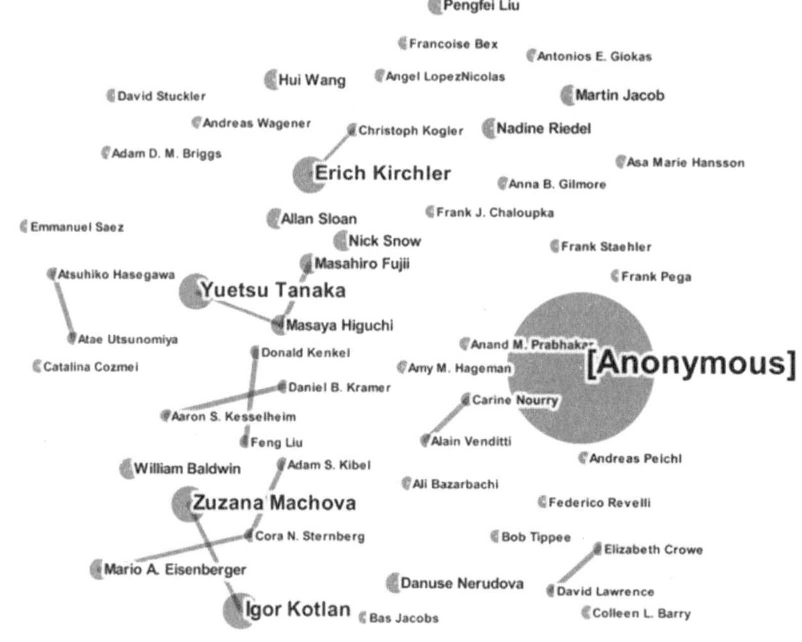

图 4　2013 年公共经济学英文期刊高发文作者图谱

表 2　2013 年国内外公共经济学学科研究高发文作者列表

中文期刊高发文作者				英文期刊高发文作者			
序号	频次	中心性	关键词	序号	频次	中心性	关键词
1	11	0	贾康	1	20	0	[Anonymous]
2	11	0	马万里	2	5	0	Erich Kirchler
3	10	0	本刊记者	3	5	0	Zuzana Machova
4	9	0	闫坤	4	5	0	Igor Kotlan
5	9	0	刘尚希	5	5	0	Yuetsu Tanaka
6	7	0	苏明	6	3	0	Martin Jacob
7	7	0	高培勇	7	3	0	Danuse Nerudova
8	7	0	杨志安	8	3	0	Allan Sloan
9	6	0	王玉波	9	3	0	Nick Snow
10	6	0	朱军	10	3	0	Masaya Higuchi
11	6	0	本刊评论员	11	3	0	Hui Wang
12	5	0	郭矜	12	3	0	William Baldwin
13	5	0	张磊	13	3	0	Mario A. Eisenberger
14	5	0	李文军	14	3	0	Pengfei Liu

续表

中文期刊高发文作者				英文期刊高发文作者			
序号	频次	中心性	关键词	序号	频次	中心性	关键词
15	5	0	冯立增	15	3	0	Nadine Riedel
16	4	0	广西财政厅课题组	16	3	0	Masahiro Fujii
17	4	0	卢洪友	17	2	0	Andreas Peichl
18	4	0	湖南省财政科学研究所课题组	18	2	0	Adam S. Kibel
19	4	0	任晓兰	19	2	0	Antonios E. Giokas
20	4	0	李勇刚	20	2	0	Christoph Kogler
21	4	0	江澜	21	2	0	Anand M. Prabhakar
22	4	0	李齐云	22	2	0	Frank J. Chaloupka
23	4	0	孙健夫	23	2	0	Amy M. Hageman
24	4	0	李建军	24	2	0	Anna B. Gilmore
25	4	0	杨颖	25	2	0	Donald Kenkel
26	4	0	李成威	26	2	0	Cora N. Sternberg
27	4	0	陈双专	27	2	0	Alain Venditti
28	4	0	宋凤轩	28	2	0	Angel LopezNicolas
29	4	0	罗建国	29	2	0	Asa Marie Hansson
30	4	0	高阳	30	2	0	Bob Tippee
31	4	0	张波	31	2	0	Daniel B. Kramer
32	4	0	齐守印	32	2	0	Frank Pega
33	4	0	李晶	33	2	0	Andreas Wagener
34	4	0	邢国辉	34	2	0	Bas Jacobs
35	4	0	张斌	35	2	0	Atsuhiko Hasegawa
36	4	0	邓晓兰	36	2	0	David Lawrence
37	4	0	储德银	37	2	0	Atae Utsunomiya
38	4	0	王力	38	2	0	Catalina Cozmei
39	3	0	何练	39	2	0	Colleen L. Barry
40	3	0	刘陈杰	40	2	0	Francoise Bex
41	3	0	于国安	41	2	0	Aaron S. Kesselheim
42	3	0	冯鸿雁	42	2	0	Feng Liu

续表

中文期刊高发文作者				英文期刊高发文作者			
序号	频次	中心性	关键词	序号	频次	中心性	关键词
43	3	0	于树一	43	2	0	Frank Staehler
44	3	0	于晓峰	44	2	0	David Stuckler
45	3	0	刘京焕	45	2	0	Ali Bazarbachi
46	3	0	刘胜	46	2	0	Federico Revelli
47	3	0	吕丹	47	2	0	Adam D. M. Briggs
48	3	0	叶子荣	48	2	0	Carine Nourry
49	3	0	刘军民	49	2	0	Emmanuel Saez
50	3	0	吴俊培	50	2	0	Elizabeth Crowe

资料来源：作者自制。

从表 2 可以看出，2013 年中文期刊发表公共经济学主题论文频次较高的学者主要有“贾康”“马万里”“本刊记者”“闫坤”“刘尚希”“苏明”“高培勇”“杨志安”等。从图 3 中可以看出，基本没有形成合作网络，仅存在 2～3 人的小规模合作，并且从节点频次上看，应该大多属于师生间的合作，比如“马万里”和“李齐云”、“苏明”和“李成威”。

而在 2013 年英文期刊上发表公共经济学的研究人员在共现网络中出现频次也都不算多，相对来说，“Erich Kirchler”“Zuzana Machova”“Igor Kotlan”“Yuetsu Tanaka”要活跃一些。从图 4 中可以看出，研究中存在小规模的合作网络，例如“Erich Kirchler”和“Christoph Kogler”，“Zuzana Machova”和“Igor Kotlan”，“Yuetsu Tanaka”“Masaya Higuchi”和“Masahiro Fujii”等。

第三节 2013 年公共经济学研究机构合作网络

采用同样的操作方式，将国内文献数据导入 CiteSpace，可以得到中文期刊发文机构共现聚类视图，共有 50 个节点和 4 条连线。如图 5 所示。

将英文期刊文献数据导入 CiteSpace，用同样的参数设置，通过软件的运算处理，得到的图谱则如图 6 所示，共有 50 个节点和 2 条连线。

以发文作者所属机构在合作网络中出现的频次和中心性为分类统计标准，从 CiteSpace 中可以导出 2013 年国内外公共部门学科高发文量研究机构列表。如表 3 所示。

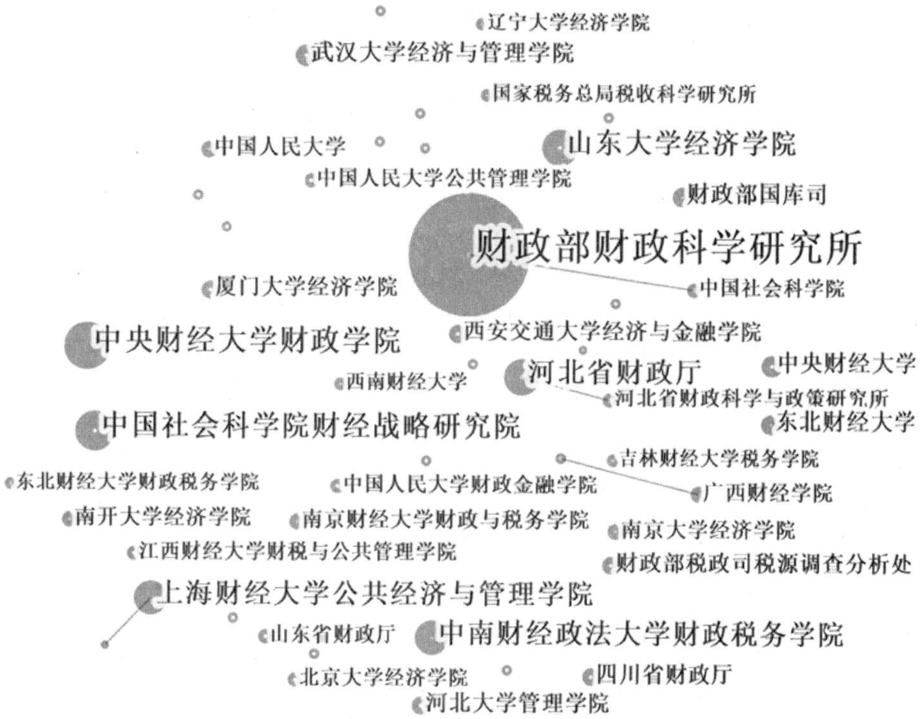

图 5　2013 年公共经济学中文期刊发文机构图谱

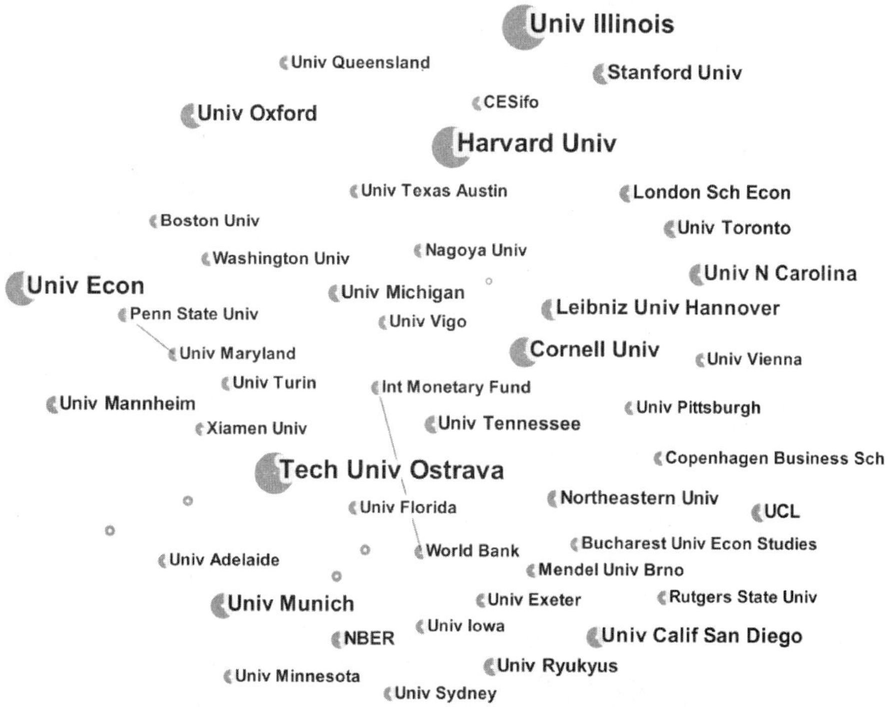

图 6　2013 年公共经济学英文期刊发文机构图谱

表3 2013年国内外公共部门学科高发文量研究机构列表

国内高发文量研究机构				国际高发文量研究机构			
序号	频次	中心性	关键词	序号	频次	中心性	关键词
1	66	0	财政部财政科学研究所	1	12	0	Univ Illinois
2	25	0	中央财经大学财政学院	2	11	0	Tech Univ Ostrava
3	22	0	中国社会科学院财经战略研究院	3	11	0	Harvard Univ
4	20	0	河北省财政厅	4	9	0	Univ Econ
5	20	0	山东大学经济学院	5	8	0	Cornell Univ
6	19	0	中南财经政法大学财政税务学院	6	7	0	Univ Oxford
7	19	0	上海财经大学公共经济与管理学院	7	7	0	Univ Munich
8	12	0	中央财经大学	8	6	0	Stanford Univ
9	12	0	武汉大学经济与管理学院	9	6	0	Leibniz Univ Hannover
10	11	0	财政部国库司	10	6	0	Univ N Carolina
11	11	0	东北财经大学	11	6	0	Univ Calif San Diego
12	10	0	厦门大学经济学院	12	5	0	London Sch Econ
13	10	0	西安交通大学经济与金融学院	13	5	0	Univ Michigan
14	10	0	河北大学管理学院	14	5	0	NBER
15	10	0	四川省财政厅	15	5	0	Northeastern Univ
16	10	0	财政部税政司税源调查分析处	16	5	0	Univ Toronto
17	9	0	南京大学经济学院	17	5	0	Univ Tennessee
18	9	0	广西财经学院	18	5	0	UnivRyukyus
19	9	0	南京财经大学财政与税务学院	19	5	0	Univ Mannheim
20	9	0	中国人民大学	20	5	0	UCL
21	9	0	南开大学经济学院	21	4	0	Bucharest Univ Econ Studies
22	8	0	北京大学经济学院	22	4	0	Univ Exeter
23	8	0	中国社会科学院	23	4	0	Univ Minnesota

续表

国内高发文量研究机构				国际高发文量研究机构			
序号	频次	中心性	关键词	序号	频次	中心性	关键词
24	8	0	中国人民大学财政金融学院	24	4	0	Univ Queensland
25	8	0	河北省财政科学与政策研究所	25	4	0	Int Monetary Fund
26	8	0	江西财经大学财税与公共管理学院	26	4	0	Nagoya Univ
27	8	0	山东省财政厅	27	4	0	Washington Univ
28	8	0	中国人民大学公共管理学院	28	4	0	Univ Vigo
29	7	0	西南财经大学	29	4	0	Xiamen Univ
30	7	0	辽宁大学经济学院	30	4	0	Univ Adelaide
31	7	0	东北财经大学财政税务学院	31	4	0	Rutgers State Univ
32	7	0	国家税务总局税收科学研究所	32	4	0	World Bank
33	7	0	吉林财经大学税务学院	33	4	0	Univ Maryland
34	6	0	国家税务总局国际税务司	34	4	0	Copenhagen Business Sch
35	6	0	天津财经大学	35	4	0	Univ Texas Austin
36	6	0	上海交通大学国际与公共事务学院	36	4	0	Univ Iowa
37	6	0	西南财经大学财税学院	37	4	0	Univ Florida
38	6	0	重庆大学经济与工商管理学院	38	4	0	Univ Sydney
39	6	0	上海立信会计学院财税学院	39	4	0	Penn State Univ
40	6	0	四川大学经济学院	40	4	0	CESifo
41	6	0	西南政法大学经济法学院	41	4	0	Univ Turin

续表

国内高发文量研究机构				国际高发文量研究机构			
序号	频次	中心性	关键词	序号	频次	中心性	关键词
42	6	0	广西财政厅	42	4	0	Univ Vienna
43	6	0	安徽财经大学财政与公共管理学院	43	4	0	Boston Univ
44	6	0	中国国际税收研究会	44	4	0	Mendel Univ Brno
45	6	0	江西省财政厅	45	4	0	Univ Pittsburgh
46	6	0	中央财经大学税务学院	46	3	0	Univ Ottawa
47	6	0	山东财经大学	47	3	0	Latvia UnivAgr
48	6	0	武汉大学法学院	48	3	0	Univ Leipzig
49	5	0	东北大学文法学院	49	3	0	NYU
50	5	0	上海财经大学经济学院	50	2	0	UnivPolitecn Cartagena

资料来源：作者自制。

从表3中可以看到，2013年公共经济学研究机构共现网络与作者共现网络保持了一致，国内和国际上的研究机构之间都没有太多的合作。但从图5和图6的节点频次上来看，2013年在国内的公共经济学研究机构中，财政部财政科学研究所是较为核心的研究机构，出现频次远远高于其他机构，频次排在之后的分别是中央财经大学财政学院、中国社会科学院财经战略研究院、河北省财政厅、山东大学经济学院等机构。而在国际上，公共部门研究机构的频次要远远低于国内的研究机构，出现频次最高的机构是Univ Illinois，其次是Tech Univ Ostrava、Harvard Univ、Univ Econ、Cornell Univ，频次都低于12。

第二章　2013 年公共经济学学科发表期刊论文精选

第一节

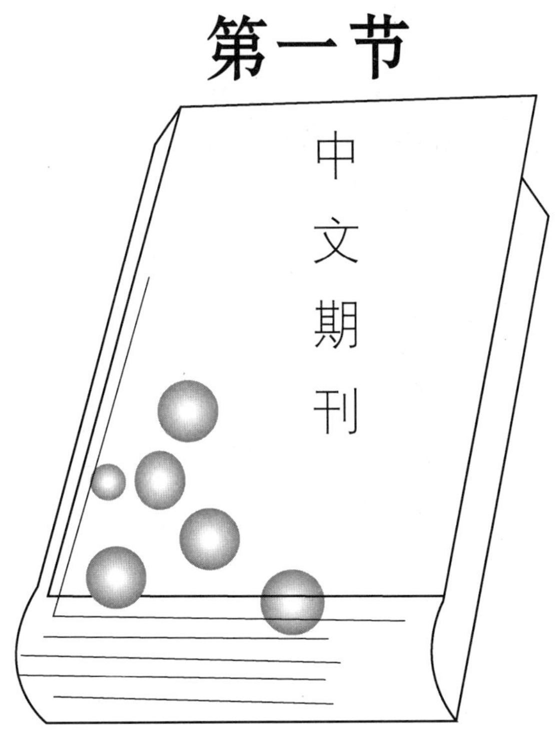

“营改增”的功能定位与前行脉络*

高培勇

【摘　要】本文系统分析了“营改增”所具有的各种现实与潜在的意义和效应。以此为基础，界定并勾画了其功能定位和前行脉络。分析表明，从宏观经济运行视角看，“营改增”不仅是完善现行流转税制的基础性举措，而且是推动经济结构调整的重要手段以及关系此轮宏观调控成败的重要操作。从全面深化改革开放视角看，“营改增”既可能催生地方主体税种和地方税体系的重建，也可能催生直接税体系建设的提速；既可能倒逼分税制财政体制的重构，也可能倒逼包括经济建设、政治建设、文化建设、社会建设、生态文明建设和党的建设等在内的新一轮全面改革的启动。

【关键词】“营改增”；税制结构；经济结构；财税改革

一、引言

作为对中国正在推进中的营业税改征增值税改革的简要表述，迄今为止“营改增”还是一个在国内外既有各类辞典中所查阅不到的经济词汇。它的形成和应用颇具中国特色。从某种意义上说，它绝对属于植根于中国国情并将在中国经济生活中产生重要影响的中国概念。

从 2012 年 1 月上海启动交通运输业和部分现代服务业营业税改征增值税试点算起，“营改增”在中国的实践已持续一年有余，其意义和效应已经或正在逐渐显露出来。来自方方面面的信息表明，对于“营改增”的意义和效应，人们的分析和评估并非是充分的。或是局限于税制改革思维，将其视作完善税制的举措，在税制结构的变化中去归结其意义和效应。或是拘泥于结构调整视野，将其视作推动服务业发展的举措，从制造业和服务业均衡发展以及产业结构的转换中去提炼其意义和效应。即便有所拓展，如将其视作宏观经

* 本文选自《税务研究》2013 年第 7 期。

济调控的手段之一，也多沉溺于经济领域，很少甚至没有同包括经济建设、政治建设、文化建设、社会建设、生态文明建设和党的建设等方面因素在内的整体发展和变革联系起来。换言之，"营改增"的实际意义和效应可能大于甚至远大于最初的预期。

很显然，倘若我们的认识停留于这样一个层次，则不仅会看漏"营改增"所具有的某些甚至可能是十分重要的意义和效应，由此做出的分析和评估难免有片面之嫌。而且，在未能全面而充分地揭示其各方面现实和潜在意义和效应的条件下，围绕"营改增"的方案选择和战略布局，也可能因认识不够、投入不足，甚或操作失当而障碍实施效果。因而，在时下的中国，将与"营改增"有关或所牵涉的诸种要素提升至整个经济社会发展层面和全面深化改革开放的大棋局中仔细地加以审视，从而做出全景式的全面而系统的判断，是非常必要且十分迫切的一项重要任务。

上述任务，构成了本文的研究主题。

二、宏观经济运行视角下的"营改增"

"营改增"当然肇始于税制结构调整，最初是作为完善现行税制的一个举措而进入人们视野的。然而，由于"营改增"本身的复杂性随着时间的推移和环境的变化，特别是当"营改增"得以正式启动并将其潜在的效应施加于宏观经济层面之后，它所具有的多重功效便接二连三地一个个展现在我们面前。如下便是其中几个突出的例子。

（一）"营改增"是完善现行流转税制的基础性举措

从税理上讲，流转税有一般流转税和特殊流转税之别。与特殊流转税着眼于实施调节的功能定位有所不同，但凡一般流转税，都要按照"中性税"来设计——税制安排不对纳税人的经济选择或经济行为产生影响，不改变纳税人在消费、生产、储蓄和投资等方面的抉择。然而，主要出于历史的原因在我国的现行税制体系中，并行着两个一般流转税税种——增值税和营业税。前者主要适用于制造业，后者主要适用于服务业。尽管可以在税制设计上按照彼此照应、相互协调的原则来确定税负水平，但在实际运行中，两个税种之间好似孪生兄弟，一直难免税负失衡。来自任何一方哪怕是轻微的变化，都会直接影响并牵动另一方。加之前者不存在重复征税现象，因而税负相对较轻。后者则有重复征税现象，因而税负相对较重。因一般流转税"两税并行"而造成的制造业与服务业之间的税负水平差异，不仅使得增值税和营业税陷入"非中性"状态，而且也常常对于现实中的产业结构产生"逆向调整"——相对抑制服务业的发展——效应。

更为复杂的问题在于，随着经济的发展，以生产性服务业为代表的大量新兴产业不断涌现。这类产业的一个重要特点，就是兼具制造业和服务业性质，很难对其产业归属给出明确的界定。不断涌现且产业属性不清的新兴产业与现行一般流转税的"两税并行"格局相对接，便形成了一般流转税征收缴纳的模糊地带。不仅给纳税人一方在适用增值税还是营业税问题上留有不必要的选择空间，而且在国家与地方两套税务机构并行、分别征收增值税和营业税，增值税和营业税又分别属于中央地方共享税和地方税的条件下，也带来了征税人一方——两套税务机构之间——征管范围不清甚至相互争抢税源的矛盾。

正因如此，事实上，几乎从1994年现行税制诞生的那一天起，就存在着并预设了未来将两个税种合并为一个税种——增值税的考虑。早期的称谓是“增值税扩围”，后来基于通俗化表述的需要，改称为“营业税改征增值税”，即所谓“营改增”。随着这种潜藏于现行一般流转税制体内的矛盾变得更加严峻和凸显，将其付诸改革实践便成为势在必行的操作。故而，可以说“营改增”是一项早就纳入改革视野的完善现行流转税制的基础性举措。

（二）“营改增”系推动经济结构调整的重要手段

“营改增”既与现行流转税制的“非中性”状态以及由此派生的“逆向调整”产业结构效应有关，它的目标设定和方案设计，当然也就同经济结构的优化调整紧密相连。事实上，“营改增”之所以能够在国际金融危机趋向长期化和国内外经济持续震荡的背景下于2012年1月正式启动，恰恰是基于中国经济结构不平衡、不协调、不可持续的矛盾面临激化势头而倒逼的政策选择。

这一轮国际金融危机区别于以往危机的最大不同点，就在于它系周期性因素和结构性因素相交织的危机。或者说，它更多的是由结构性因素所导致的危机。正因如此，尽管各国政府操用了规模空前、种类繁多的反危机措施，全球经济并未能如以往或所期望的那样顺利迈上周期性回升的轨道。也正因为中国经济已经与全球经济深度交织在一起，中国经济自身的结构矛盾和全球经济的结构性矛盾深度交织在一起，我们才不得不经历一个十分痛苦且相对漫长的深度转型调整过程。

经济结构的调整，在政府层面，当然牵涉到税收政策以及其赖以支撑的税制布局。可以立刻指出的一个基本事实是，“营改增”即是在经济结构矛盾趋于激化状态的背景下、基于调整经济结构的需要而启动的。其契机，便是增值税转型改革的实施和完成。

作为反危机的一项宏观经济政策安排，于2009年1月实施的增值税转型改革，其最重要的变化，就是企业当期购入固定资产（主要是机器设备）所付出的款项，可以不计入增值税的征税基数，从而免征增值税。所以，说到底，它是一项减税措施。注意到增值税系现行税制体系中第一大税种的地位，它还是一项规模颇大的减税措施。这项改革，固然可以带来扩大内需的反危机政策功效，但其政策成本亦相伴而生：由于增值税税负水平相对减轻，同属于一般流转税、与增值税捆绑在一起的营业税税负水平相对加重。作为一种必然的结果，发生在不同产业间，特别是发生在制造业和服务业之间的税负失衡矛盾，也由此激化。相对于制造业税负水平的下降，服务业的税负水平趋向于上升。

这种现象，显然同转变经济发展方式、调整经济结构的时代潮流相背离。故而，为了推进服务业的发展进而调整产业结构，在增值税转型改革大致完成之后，特别是在全球经济持续震荡和中国经济不平衡、不协调、不可持续问题更加突出而形成步步紧逼压力的背景下，作为它的后续安排，相机启动与其密切关联的另一项改革“营改增”，在整个商品和服务流转环节统一征收增值税，便成为一种推进经济结构调整的自然选择而提上了议事日程。

（三）“营改增”关系此轮宏观调控操作成败

同增值税转型改革相似，“营改增”毕竟是在国际金融危机的背景下，基于实施结构性减税的意图而启动的。从一开始，它就被打上了反危机的烙印，与宏观调控操作紧密相连。不仅如此，更值得关注的是，随着时间的推移和形势的变化，“营改增”对于宏观调控的意义日趋凸显。其在当前宏观调控体系中的地位，不仅超越了在此之前启动的增值税转型改革。而且，在某种意义上，它已演化为关系此轮宏观调控成败的一项重要操作。

仔细地审视一下当前国内外经济形势的新变化和中央经济工作会议所确定的我国宏观经济政策的主基调，如下几个互为关联的事实肯定会相继进入视野：

第一，与以往单纯致力于发挥逆周期调节的作用有所不同，当前的宏观经济政策布局尽管仍以“积极的财政政策”和“稳健的货币政策”冠名，但其功能定位同时指向了逆周期调节和推动结构调整。与此同时，宏观经济政策的目标，也不再仅限于稳增长，而同时添加了调结构、控物价和防风险，以致形成了所谓系列性目标。换言之，当前的宏观调控操作，必须兼具逆周期调节和推动结构调整两个方面的功能，必须兼容稳增长、调结构、控物价和防风险等多方面的目标。从而，不能不在双重作用、多重目标之间徘徊。

第二，欧美日等主要发达经济体正在陆续推出的新一轮量化宽松政策，必将带动全球主要货币大量放水，潜在通胀和资产泡沫的压力再度全面加大，其溢出效应必将影响我国；我国财政金融领域存在的风险隐患正在蓄积，随政府换届正在出现新一轮的地方融资平台冲动；以往流动性过剩带来的通胀压力始终未能缓解，包括外部输入和内部新增在内的新一轮通胀压力正在生成，凡此种种，都将极大地牵制或压缩稳健货币政策的作为空间，使其不得不将主要精力投入于控物价和防风险上。从而，稳增长和调结构的重任将主要落在积极财政政策身上。

第三，在连续实施了 5 年的财政扩张性操作之后，相对于以往，以扩大支出为主要内容的扩张性操作药效已经有所下降，其“粗放型”扩张对于结构调整的负作用已经显现。较之于危机之前，不平衡、不协调、不可持续的问题更加突出。故而，扩大支出的操作将不能不有所节制，各级政府不仅要厉行节约，严格控制一般支出，把钱用在刀刃上——非做不可、不干不成的重要事项。而且，即便是必须增加的公共投资支出，也要在增加并引导好民间投资的同时，着眼于打基础、利长远、惠民生，又不会造成重复建设的基础设施领域。这意味着，以往以扩大政府支出为主要载体实施财政扩张的操作不会再现于当前的宏观调控舞台。与之相反，以往处于“配角”地位、扩张功效逊于扩大支出的减少税收操作，将会异军突起，甚至成为当前积极财政政策的主要载体。

第四，在当前的中国，每当提及启用财政扩张措施、再度增加公共投资支出规模时，总会有人发出不同声音。每当提及启用货币扩张措施、再度实施天量货币驱动时，也总会有人表达不同意见。然而，一旦提及实施减税，不论是操用结构性减税的概念，还是采用全面性减税的说法，人们的意见便变得出奇的一致。不仅可获得普遍的认同，而且还会伴之有诸如“加快推进”“加大力度”等方面的一片“促进”之声。可以说，在当下的宏观经济政策抉择中，减税确实是最能赢得国人共识的一个宏观调控操作，也是宏观调控领域的最大经济政治公约数。

第五，当前在积极财政政策旗帜下所实施的减税操作，被称为结构性减税。与全面性减税有所不同，结构性减税的最重要特点在于目标的双重性，一方面要通过减税，适当减轻企业和居民的税收负担。另一方面要通过有增有减的结构性调整，求得整个税收收入结构的优化。也就是说，将减税操作与税制改革的方向相对接，是结构性减税的题中应有之义。正是出于这样的考量，中央经济工作会议操用的是“结合税制改革完善结构性减税政策”的表述。将现行税制体系以及由此决定的税收收入格局与“十二五”税制改革规划相对接，减流转税（间接税）而非直接税，减收入所占份额较大的主要流转税（间接税）而非所占份额微不足道的零星流转税（间接税），无疑是推进结构性减税的重点。

第六，在现行税收收入体系中，收入所占份额较大、可称为主要流转税（间接税）的，分别是增值税、营业税和消费税。2012 年，其所占份额分别为 39.8%、15.6% 和 9.0%。[①] 鉴于增值税块头儿最大，牵涉它的减税效应可能是最大化的，也鉴于营业税的前途已经锁定为改征增值税，其终归要被增值税“吃掉”的趋势已经不可逆转，也鉴于消费税的基本征税对象是奢侈品和与能源、资源消耗有关的商品。对于消费税的任何减少，都要牵涉到国家的收入分配政策和节能减排政策安排，历来难以达成共识，不能不格外谨慎，相比之下，只有增值税最适宜作为结构性减税的主要对象。正在上海等地试行的“营改增”方案本身恰是一项涉及规模最大、影响范围最广的结构性减税举措。

三、全面深化改革开放视角下的“营改增”

事情并未到此结束。循着“营改增”的前行脚步及其所牵动的因素，还可以看到，它所产生的功效，不仅可以超越宏观经济运行层面而延伸至财税体制改革领域，而且在新一轮改革大潮扑面而来的特殊背景下，鉴于财税职能、财税体制所具有的不同于其他政府职能和管理体制的特殊品质，这种功效，也可由此延伸至包括经济建设、政治建设、文化建设、社会建设、生态文明建设和党的建设在内的全面改革领域，从而在某种意义上具有催生全面深化改革开放的特殊功效。

---

① 数据来源：财政部网站。

（一）“营改增”将催生地方主体税种以及地方税体系的重建

作为现时地方政府掌握的几乎唯一的主体税种，营业税收入大致占到地方政府税收收入的一半以上。正在9省（市）[①] 试行的“营改增”方案，其范围仅涉及交通运输业和6个现代服务业（包括研发和技术服务、信息技术服务、文化创意服务、物流辅助服务、鉴证咨询服务和有形动产租赁服务），故被简称为“1+6”。由于各相关省（市）之间产业结构的差异，在“1+6”的范围内，“营改增”所牵动的地方政府营业税收入份额，分别在20%~30%。尽管“营改增”吃掉了地方政府原有营业税收入的一块儿，但尚未动摇营业税的根基。加之在“财力与事权相匹配”的原则下，作为实施“营改增”的配套性临时安排，被“吃掉了”的那块儿营业税收入——改征为增值税、转由国家税务局征收，还会如数返还给地方政府，故而，对地方主体税种和地方财政收支形成的冲击，尚处于有限的、可控的地步。

然而，随着2013年8月“1+6”范围内的“营改增”试点扩展至全国所有地区，并且，与此同时，邮电通信、铁路运输和建筑安装等行业也将适时纳入试点范围，“1+6”变身为“2+N”、“3+N”或其他，营业税的根基便可能发生动摇，地方主体税种和地方财政收支所受到的冲击便不再是有限的、可控的。更进一步看，按照“十二五”规划的要求，迟至2015年，“营改增”将覆盖全国所有地区和所有行业。随着营业税被全部纳入增值税框架体系，作为一个独立税种且属于地方政府主要收入来源的营业税不复存在，无论是地方主体税种还是地方财政收支，都将由此面临极大的冲击，甚至演化为难以接受、难以为继的矛盾。

到了这个时候，即便仍可以暂时操用返还被“吃掉了”的收入，以中央转移支付匹配地方政府支出责任的办法来缓和矛盾，但是，“分税制”毕竟不是“分钱制”，配套性临时安排毕竟不能作为长久之计，地方财政终归不能退居为“打酱油财政”——花多少钱，给多少钱。只要“分税制财政体制”的方向不变，地方主体税种的设立和存在就是必需的。只要多级次政府管理的格局不变，一级政府、一级财政的基本财政规律就是不可背离的。在坚持“分税制财政体制”方向和多级次政府管理格局的前提下，具有相对独立的收支管理权和收支平衡权的健全的地方财政体系，当然是不可废弃的。

换言之，面对“营改增”所带来的地方主体税种和地方财政收支的新变化，不能满足于治标，而须着眼于治本——重建地方主体税种以及地方税制体系，以此为基础，重构地方财政收支格局。

（二）“营改增”将催生直接税体系建设的提速

前面说过，在中国现行税收收入体系中，来自增值税收入的份额最大。2012年，它

① 按照加入试点的先后顺序，包括上海市、北京市、江苏省、安徽省、广东省（含深圳市）、福建省（含厦门市）、天津市、浙江省（含宁波市）、湖北省。

占到全部税收收入的39.8%。与此同时，来自营业税收入的份额为15.6%，系第三大税种。这意味着，在“营改增”到位之后，随着第一大税种、第三大税种合并为一个税种，倘若其他税种不做相应调整，增值税在全部税收收入的占比就会一下子跃升至50%甚至55%以上。增值税“一税独大”格局的进一步加剧，既不利于税收收入体系的均衡布局，更不利于财政风险的控制，甚至会加大既有的财政风险。为此，在实现增值税“扩围”的同时，适当地控制其所占份额，尽可能做到“扩围不增（份）额”，是“营改增”推进过程中不能不面对的一个重要挑战。

着眼于“扩围不增（份）额”，“营改增”的推进肯定会触动两个方面的问题：一方面，“营改增”之后的增值税应着手降低税率。一旦“扩围”与“降率”相伴而行，“扩围”的减税效应与“降率”的减税效应合并一处，增值税收入本身以及附属于增值税之上的教育费附加、城市维护建设税和地方教育费附加等收入肯定会减少。而且减少的规模将不会是一个小数。另一方面，历史与现实的考量一再证明，政府的财政支出规模通常只能增不能减。能够有所控制的，仅在于财政支出的增速或增量。一旦财政支出规模不能同步减少，由此而留下的财政收入“短缺”空间，便只能以其他税种或新增税种收入规模及其份额的相应增加来填充。

问题是该填充些什么？又有哪些税种可以作为调增的对象而进入该填充的序列之中？这涉及现行税制体系和税收收入体系格局的配置和调整。

前面也曾涉及，直接税占比低而间接税占比高，两者间的配置极不均衡，是久已存在于我国税制体系中的“老大难”问题。以2012年的数字为例，在全部税收收入100600.99亿元的盘子中，70%以上来自间接税，只有25%左右的份额来自直接税。而且，在25%左右的直接税份额中，企业所得税和个人所得税各自所占的份额，分别为19.5%和5.8%。鉴于企业所得税系对企业而非个人征收，其税负最终也是可能转嫁的，在我国现实税收收入体系中，可以基本算作完全意义上的、针对居民个人征收的直接税，只有这区区几个百分点的个人所得税。至于位于存量层面、针对居民个人征收的另一种直接税——财产税，则属于“空白”地带。

注意到直接税与间接税之间保持均衡是现代税制体系和现代税收收入体系的基本标志之一，再注意到中国已经成长为世界第二大经济体，理应构建与之相匹配的现代税制体系和现代税收收入体系，更注意到缺乏直接税的现行税制体系和现实税收收入体系格局已经演化为障碍现代税收功能实现、障碍社会主义市场经济体制有效运行的重要因素，加快直接税建设，逐步增加直接税并相应减少间接税在整个税收收入中的比重，显然是我国下一步税制改革必须牢牢把握、全力追求的目标。

并非是巧合，作为中国税制改革的一项新的目标定位，“形成有利于结构优化、社会公平的税收制度”先后被载入中共十八大报告以及国务院批转的《关于深化收入分配制度改革的若干意见》之中。联系到中央经济工作会议关于“结合税制改革完善结构性减税政策”以及与此相关的一系列战略部署，可以认为，随“营改增”进程所可能出现的财政收入“短缺”空间，肯定要由以财产税和个人所得税为代表的直接税加以填充。故而，开征居民个人房产税和实行综合与分类相结合的个人所得税制等涉及直接税建设格局的改革事项将可能进入实际操作阶段。显而易见，无论是居民个人住房房产税的开征，还是综合与分类相结合的个人所得税制度的建立，所涉及的都是增税。这些可能被增上去的税都属于直接税。

（三）“营改增”将倒逼分税制财政体制的重构

众所周知，我国现行的财政体制被称作“分税制财政体制”。在“分税制”旗帜下构建的现行财政体制，其最主要的内容，无非是事关两类税种收入的分享比例：增值税收入按 75∶25 在中央与地方财政之间分享，所得税（包括企业所得税和个人所得税）收入按 60∶40 在中央与地方财政之间分享。毋庸赘言，这样的分享比例是建立在既有税种归属关系格局基础上的。一旦由中央税、中央与地方共享税和地方税所构成的既有税种归属关系格局发生变化，特别是发生十分重大的变化，上述的分享比例势必要随之做出重大的调整，甚至整个分税制财政体制都要随之启动重构程序。

也许并不出人意料，在当前的中国，如此的变化已经发生了。上海市首先启动的“营改增”试点也好，其他 8 省（市）后来跟进的“营改增”也罢，其所带来的，无一不是其所辖区域内的交通运输业和 6 个现代服务业原有营业税收入归属关系格局的变化——作为地方税的部分营业税收入被划入中央与地方共享税收入范围。随着“营改增”扩展至全国所有地区和所有行业，当作为一个独立税种的营业税被全部纳入增值税框架体系之后，被转作中央与地方共享税收入的，将不再是部分的营业税收入，而是全部的营业税收入。随着既有税种归属关系格局的打破，上述的分享比例当然要随之调整。再进一步，现行分税制财政体制的基础也当然会随之动摇，甚至不复存在。

不仅如此，鉴于既有税种归属关系格局同以国地税机构分设为主要特点的现行税收征管格局密切相连，既有税种归属关系格局的变化亦会带来国地税两套税务机构各自税收征管范围，以及国地税两套税务机构并行格局的变化，也鉴于目前所推崇的所谓“财力与事权相匹配”原则有后退为“分钱制”之嫌，而且在事实上孕育了中央与地方财政关系的模糊地带，所以重申和坚守“分税制财政体制”的方向，进而重构分税制财政体制格局已经势在必行。由此出发整个中央和地方之间的财政关系，以及整个中央和地方之间的行政关系的重新界定并调整也肯定要随之纳入议事日程。

（四）“营改增”将倒逼新一轮全面改革的启动

与其他方面的政府职能和管理体制有所不同，财税职能和财税体制所具有的一个特殊品质就在于其最具“综合性”——它的运行范围能够覆盖所有政府职能、所有政府部门和所有政府活动。发生在这一既十分复杂又牵动全局领域的任何改革事项，都不会止步于财税领域本身，而且可以延伸至整个经济体制改革，甚至可以触动包括经济、社会、政治、文化、生态文明和党的建设在内的所有领域。牵住了财税体制改革这个牛鼻子，就等于抓住了政府改革以至于全面改革的几乎全部内容。

这实际上告诉我们，“营改增”所点燃的新一轮财税体制改革导火索，很可能成为启动和推进全面改革的突破口和主线索。做出这一判断的基本依据和基本逻辑在于如下几条：

第一，如中共十八大报告所说，经济体制改革的核心问题是处理好政府和市场的关系。其中，特别是对于当前的中国而言，政府是矛盾的主要方面。因而，调动各级政府改革的积极性和主动性，以推动政府改革来规范政府和市场的关系，进而带动全面改革，无论从哪个方面看，都是下一步改革的关键环节。

第二，政府改革的核心问题是政府职能做适应市场经济体制的规范化调整。综观当前中国政府所履行的各项职能，尽管项目繁多，表现各异，但从大类分，无非是“事”和“钱”两个方面。前者主要涉及行政体制，后者主要指财税体制。故而，我们实际面临着从“事”入手还是由“钱”入手来转变政府职能两种选择。不过，相对于各级政府之间和各个政府部门之间的权力归属和利益分配关系而言，有关“事”的方面即行政体制的调整，对其的触动是直接的、正面的，有关“钱”的方面即财税体制的调整，对其的触动则是间接的、迂回的。显然，前者实施的难度较大，遇到的阻力因素较多。后者实施的难度和阻力通常会弱于前者。以财税体制改革为突破口，顺势而上，有助于迂回地逼近政府职能格局的调整目标，进而推动政府改革和全面改革。

第三，事实上，自 1978 年以来，财税体制改革一直是我国全面改革的突破口和主线索。我国的改革是从分配领域入手的。最初确定的主调，便是“放权让利”。而在当时，政府能够且真正放出的“权”，主要是财税上的管理权。政府能够且真正让出的“利”，主要是财税收入在国民收入分配格局中的所占份额。正是通过财税上的“放权让利”并以此铺路搭桥，才换取了各项改革举措的顺利出台和全面改革的平稳推进。

1992 年 10 月中共十四大正式确立社会主义市场经济体制的改革目标，标志着我国的改革进入“制度创新”阶段。随着 1993 年 11 月召开的中共十四届三中全会通过《中共中央关于建立社会主义市场经济体制若干问题的决定》，以建立适应社会主义市场经济的财税体制为突破口和主线索，为整个社会主义市场经济体制奠基，也就成为那一时期的必然选择。于是，便有了以“制度创新”为特点的 1994 年的财税体制改革。可以说，正是由于打下了 1994 年的财税体制改革的制度创新基础，才有了后来的社会主义市场经济体制的全面建立和日趋完善。

第四，当前中国经济社会发展中面临的诸多难题的破解，几乎都要以财税体制改革的全面深化为前提。比如，最终走出国际金融危机、使经济步入正常发展轨道，显然不能在现有的经济结构和经济发展方式格局下实现，而必须调整经济结构，转变经济发展方式。无论是调整经济结构，还是转变经济发展方式，都有赖于现行财税体制的深刻变革。再如，缓解或解决收入分配领域矛盾的寄望，在于重建或调整适应市场经济体制的政府收入分配调节机制。一旦论及收入分配机制的重建或调整，无论是初次分配层面，还是再分配层面，都涉及与财税体制的对接，甚至要求财税体制的根本性改革。故而，从总体上看，现行财税体制已经演化为各方面改革深入推进的瓶颈地带和焦点环节。全面深化财税体制改革，也就意味着包括经济、政治、文化、社会、生态文明和党的建设等领域在内的全面改革的启动和推进。

四、启示与结论

关于“营改增”的意义及其效应问题的讨论至此，可以得出如下几点启示和结论：

第一，正在逐步“扩围”并将于“十二五”落幕之时全面完成的“营改增”，绝非一般意义上的税制调整或税制改革举措。它所产生的效应，不仅可以跨越税制改革领域而延伸至宏观经济运行层面，而且可以跨越宏观经济运行层面而延伸至财税体制改革领域，并通过财税体制改革牵动包括经济建设、政治建设、文化建设、社会建设、生态文明建设和党的建设在内的全面改革。所以，很有必要对“营改增”做全面而系统的评估。

第二，作为一项早已预设且谋划多年旨在完善现行流转税制的基础性举措，“营改增”并非简单的两税合并。它不应也不能止步于将营业税简单地纳入增值税体系框架，而须在此基础上跃升一步，实现增值税税制的再造。这是因为，始自 1994 年的现行增值税税制，毕竟是专门为制造业量身打造的。将原本基于制造业的运行特点而设计的增值税税制“扩围”至服务业，不能不将包括制造业和服务业在内的两个产业相对接，在两者融为一体的条件下重启制度安排。就此而论，目前的“营改增”方案，尚属于零敲碎打，终归带有修补性质，至多能够应付试点的短时之需，而难以做长远打算。这意味着，我们已经到了站在覆盖所有制造业和服务业的高度做顶层设计着眼于增值税税制整体变革的时候。

第三，鉴于这一轮国际金融危机的特殊性，鉴于作为第二大经济体的中国经济已经全面融入世界经济体系，也鉴于人类税收制度变迁的一般规律，更鉴于结构性减税已经演化为这一轮宏观调控的主战场，抓住“营改增”这一难得的契机，通过逐步增加直接税并相应减少间接税的操作，对中国现行税制体系做结构性的重大调整，不仅关系到这一轮宏观调控的成败，而且关系到我们能否实现“形成有利于结构优化、社会公平的税收制度”的目标，能否构建起适应适合社会主义市场体制的现代税制体系和现代税收收入体系。应当说，伴随着“营改增”的启动和推进，对于以开征居民个人房产税和实行综合与分类相结合的个人所得税制为主要内容的中国的直接税建设，我们已没有选择和犹疑的余地。

第四，既然“营改增”会带来包括地方主体税种、中央和地方税收征管格局、现行分税制财政体制基础，以及中央和地方财政关系在内的一系列重大变化，完全可能成为可能引发或倒逼整个财税体制改革甚至全面改革的导火索，摆在我们面前的恰当选择，就是顺藤摸瓜，循着“营改增”的推进线索，不失时机地启动新一轮财税改革：“营改增”走到哪儿，触及哪些因素，财税改革便推进到哪儿，改革哪些因素。并且，以此为基础，将财税改革作为突破口和主线索，由此带动并延伸至其他领域的改革，进而不失时机地启动新一轮全面改革。为此，在当前亟待提上议事日程的一项重要工作，就是做好财税体制改革以及全面改革的顶层设计和总体规划。

参考文献

[1] 高培勇．尽快启动直接税改革——由收入分配问题引发的思考［J］．涉外税务，2011（1）．
[2] 新华社．中央经济工作会议12月15日至16日在北京举行［N］．人民日报，2012-12-16.
[3] 楼继伟．中国政府间财政关系再思考［M］．北京：中国财政经济出版社，2013.
[4] 胡怡建．营改增：试点成效显著、扩围应对挑战［N］．中国税务报，2013-04-22.

On Replacing Business Tax with VAT: Purpose, Function and Practice

Gao Peiyong

Abstract: This paper systematically analyzes a variety of real and potential significances and effects for replacing business tax with VAT. On this basis, the paper defines and outlines the function orientation and forward development or replacing business tax with VAT. The paper argues that replacing business tax with VAT is not only the basic measure to improve the existing circulation tax, but also the important means to push forward the economic structural adjustment as well as the important operation to mean the difference between victory and defeat of this round of macro-control from the perspective of macroeconomic operation, and that replacing business tax with VAT can not only create reconstruction of the local main taxes and the local tax system, but also speed up construction of direct tax system, as well as that replacing business tax with VAT can force reconstruction of the tax sharing system, but also force starting of a new round of comprehensive reform, including economic construction, political construction, cultural construction, social construction, ecological civilization construction and the Party building, from the perspective of comprehensively deepening reform and opening up.

Key words: Replacing Business Tax with VAT; Tax Structure; Economic Structure; Fiscal and Tax Reform

开征房产税对预期房价的影响：来自北京市调查问卷的证据*

况伟大

【摘　要】本文使用 2011 年对北京市 1040 名城镇住房所有者进行的“房产税对房价影响”的调查问卷，在住房所有者特征基础上考察了房产税对房价的影响。研究发现，首先，若不考虑房产税开征与住房所有者特征的相互作用，开征房产税对房价的抑制作用有限。其次，房产税开征越早，对房价调控效果越好。再次，拥有 3 套和 4 套住房以及有其他负债的居民，认为开征房产税对预期房价的影响较小，与经济学直觉不一致。最后，相对于“其他职业”，绝大多数职业的住房所有者认为开征房产税对预期房价的边际效应很小。若考虑房产税开征与住房所有者特征的相互作用，则不同房产税开征时间与住房数量的相互作用对预期房价的影响不同。若房产税 1 年内开征，拥有 2 套以及 5 套以上住房的居民认为开征房产税对房价的影响很大，但拥有 3 套和 4 套住房的居民认为开征房产税对房价的影响很小。

【关键词】房产税；住房所有者特征；房价

一、引言

根据国家统计局《国民经济和社会发展统计公报》，2012 年 6 月，在全国 70 个大中

---

* 本文选自《世界经济》2013 年第 6 期。

作者简介：况伟大，中国人民大学商学院财务与金融系。邮编：100872，电子信箱：weidakuang@ rue. edu. cn。

本文是国家自然科学基金面上项目《物业税对房价的影响研究——基于市场结构、供求弹性和经济地理的分析》（项目批准号：70873129）的研究成果之一。作者感谢全国离校房地产学者联谊会评论者、中国人民大学谭松涛以及中央财经大学李涛的有益评论，还要感谢中国人民大学金曦等在数据收集方面的帮助。作者衷心感谢匿名审稿人提出的宝贵意见，但文责自负。

城市中，同比新建商品住宅价格下降的城市有57个，持平的城市有2个，上涨的城市有11个。但2005~2010年，全国70个大中城市房屋销售价格涨幅分别为7.6%、5.5%、7.6%、6.5%、1.5%和6.4%。居高不下的房价，使某些城市的房价收入比过高，居民买房困难。为防止房地产出现更大的泡沫而引发金融危机，中央政府出台了提高首付比例和抵押贷款利率的信贷政策。例如，2007年中国人民银行和银监会发布的《关于加强商业性房地产信贷管理的通知》规定，第一套住房抵押贷款最低首付比例由原来的20%提高至30%，第二套住房抵押贷款首付比例不得低于40%，且应随套数增加而大幅增加；商业性房屋抵押贷款最低首付比例也由原来的40%提高至50%。此外，2004年、2006年、2007年、2010年和2011年中央银行分别上调5年以上贷款基准利率1次、2次、6次、2次和3次。尽管如此，房价仍未降下来。

目前，开征房产税（Property Tax）抑制房价的财政政策引起关注（安体富和王海勇，2004；龚刚敏，2005；曹映雪等，2008；况伟大，2009）。自2003年5月以来，财政部和国家税务总局分3批在北京、辽宁、江苏、深圳、重庆、宁夏、福建、安徽、河南、大连10个省市的32个县、市、区开展了房产税“空转”工作。2011年1月28日，重庆市和上海市分别颁布了《个人住房征收房产税试点的暂行办法》。重庆和上海的《房产税暂行办法》与1986年9月15日国务院颁布的《房产税暂行条例》不同。首先，后者是对商业房产征税，而前两者是对住房征税。其次，后者是对房产原值扣除折旧的余值征税，前两者是对房产市值征税。在国外，房产税是地方财政收入的主要来源。例如，况伟大等（2012）对1980~2009年23个经济合作与发展组织（OECD）国家房产税的研究发现，房产税占地方、州和联邦财政收入的比重均值分别为40.71%、13.93%和3.35%。我们的问题是，在中国开征住房房产税能否有效抑制房价上涨。

现有房产税与房价关系的理论研究有“传统观点”（Traditional View）“受益观点”（Benefit View）和“新观点”（New View）三种代表性观点。“传统观点”由Simon（1943）和Netzer（1966）提出，他们采用局部均衡方法，假定整个国家的资本回报固定且资本是自由流动的，从而资本从高税区流向低税区，不承担任何税负。住房具有不可移动性，从而房产税完全由住房所有者承担，并导致高房价。“受益观点”是由Hamilton（1975，1976）和Fischel（1992，2001）发展起来的。他们在Tiebout（1956）模型的基础上，认为辖区竞争将使每个辖区内消费者所支付的房产税相同，房产税和公共服务未资本化为住房价值。因此，他们认为房产税仅是一种受益税（Benefit Tax），仅影响地方公共支出，不影响住房价值和资源配置。“新观点”是由Mieszkowski（1972）、Mieszkowski和Zodrow（1986）提出的。该观点认为传统观点的局部均衡分析具有高度误导性，传统观点不仅忽视了所有辖区均有房产税，而且假定房产税仅影响住房资本配置，不影响非住房资本配置。为此，他们假定整个经济包含高税区和低税区两类，由此资本由高税区向低税区流动，并导致资本的错误配置，产生了“利润税效应”（Profits Tax Effect）和“流转税效应”（Excise Tax Effect）。

上述三种观点均得到经验研究的支持，但相关文献未得出一致结论。一部分文献既证明了“受益观点”，又证明了“新观点”。例如，Rosen 和 Fullerton（1977）在 Oates（1969）模型基础上发现，房产税对房价有显著负向影响，但至少 75% 的公共服务被资本化为房价。Krantz 等（1982）发现，房产税对房价有显著负影响，大约有 60% 的房产税被资本化为房价。大量文献支持了“新观点”。例如，Case 和 Grant（1991）模拟发现，房产税的流转效应非常显著，提高房产税将使房价下降，住房消费面积减少；房产税率提高 25%，将导致房产税收仅增加 6.6%。McDonald（1993）对美国芝加哥 6 个县 1982 年、1985 年和 1988 年商业和工业房价与房产税的数据分析发现，房产税率及其变动对房价具有显著负向影响。Bowman（2006）对哥伦比亚、马里兰和弗吉尼亚的研究发现，高房价是由低房产税率导致的。Cebula（2009）对美国佐治亚州萨凡纳市（Savannah）的研究发现，房价与房产税呈负相关。况伟大（2009）对中国 30 个省份 1996 ~ 2006 年商业房产税数据分析发现，房产税将导致房价下降。况伟大等（2012）对 1980 ~ 2009 年 23 个 OECD（经济合作与发展组织）国家的研究发现，尽管房产税对房价有抑制作用，但因房产税不可能无限提高，作用有限。还有少数文献支持了“传统观点”。例如，Fischel（2005）论证了房产税因土地区划（Land Zoning）和用脚投票（Voting with Foot）机制提高了房价。Cornia（2005）认为公共设施和公共服务提高了房价。

除上述三种观点外，房产税对房价的影响还取决于住房的供求弹性。例如，韦志超和易纲（2006）证明了在短期供给缺乏弹性情形下，开征房产税将导致房价下跌。Lutz（2008）发现，房产税收对房价变动的弹性为 0.4。况伟大和马一鸣（2010）对 1996 ~ 2008 年中国 33 个大中城市商业房产税的研究发现，供求弹性很小时，房产税对房价的弹性为 0.02。

综上所述，现有文献仅从宏观和区域因素而未从住房所有者（微观因素）角度考察房产税及房价的影响，并且未考察房产税开征对房价的影响。本文的贡献在于，从住房所有者角度考察开征房产税对预期房价的影响，以及开征房产税与住房所有者特征的交互作用对房价的影响。本文余下部分安排为：第二部分为数据、模型设定与描述性分析；第三部分是经验分析，最后是结论和政策含义。

二、数据、模型设定与描述性分析

（一）数据

因中国尚无住房房产税数据，笔者使用 2011 年对北京市城镇居民进行的房产税问卷调查数据，考察房产税开征能否抑制房价上涨。① 为避免同一区域、同一家庭、同一工作

① 为考察开征房产税能否抑制房价的上涨调查问卷，假定房产税对房价有负向影响而没有设计房产税对房价有正影响的选项。

单位带来的关联性影响，笔者采取了不同区域、不同家庭、不同工作单位的调查方式。因此，我们走访了北京不同区位的大型社区，了解受访者的身份，然后，请他们填写并回收问卷。我们以该方式发放704份问卷，回收662份。同时，为保证问卷的真实性，我们联系北京的亲戚朋友，让他们以邮件或在线的方式回答问卷。我们以该方式发放问卷446份，回收385份。据此，我们共发放1150份调查问卷，回收1047份，回收率约为91.04%。经整理，我们删除了回答不完整的问卷，得到1040份有效问卷。

（二）调查问卷及变量设计

从理论上讲，房产税开征将直接影响住房所有者的买卖以及持有行为，从而影响房价。尽管大量文献得出了征收房产税将降低房价的结论，但不同住房所有者的行为将影响房产税对房价的效果。然而，现有文献未考察异质住房所有者对房价的影响。实际上，不同特征的受访者对房产税、房价以及二者之间关系的认识并不相同，对开征房产税对预期房价影响的认识也不同。例如，具有不同教育背景的受访者对房产税与房价之间关系的认识可能不同，从而对"房产税对房价影响"的回答也不同，住房买卖以及持有行为也会不同。同样，不同职业的受访者对房产税与房价之间关系的回答可能不同，其行为也会不尽相同。此外，住房所有者在预期房产税开征对房价影响时，还受自身资产和负债状况的影响。例如，持有多套住房的人比少房人更倾向于认为征税将对房价产生较大影响。同样，债务较多的住房所有者比债务较少者更倾向于认为房产税开征对房价的影响程度大。因此，我们将进一步分析开征房产税与所有者资产和负债水平的交互作用对预期房价的影响。据此，我们的调查问卷（备索）包括三部分：第一部分考察开征房产税对预期房价的影响，第二部分考察受访者的特征，第三部分考察受访者的家庭资产和负债状况。具体内容及相关变量如下：

第一，考察房产税开征对预期房价的影响。首先，在考察开征房产税的作用（Role）时，我们设计"抑制房价""抑制投机""增加地方财政收入""增加税负"4个选项。其次，在考察房产税开征对预期房价的影响（记作P）时，我们将其分为"无""很小""一般""大""很大"5个选项，分别赋值0~4。再次，在考察房产税率（记作τ）对预期房价影响时，我们设计"1%以下、1%~2%、2%~3%、3%~5%、5%~10%、10%以上"6个选项。为简单起见，上述6种情形分别以$\tau=1$、$\tau=2$、$\tau=3$、$\tau=4$、$\tau=5$、$\tau=6$表示。我们以"1%以下"为基础类别，赋值为0，其他情形赋值为1，相应的虚拟变量分别记作r2、r3、r4、r5、r6。① 最后，为考察房产税开征时间（记作T）对预期房价的影响，我们设计"不会、1年内、3~5年、5~10年、10年以后"5个选项。为简单起见，上述5种情形分别以T=0、1、2、3、4表示。我们以"不会"为基础类别，其他情形赋值为1，相应的虚拟变量分别记作T1、T2、T3、T4。

---

① 要指出的是，r=2并不等于r2，前者表示"1%~2%"选项，后者表示"1%~2%"的虚拟变量，以此类推。

第二，考察受访者的特征。我们将受访者特征（记作 HC）分为性别、年龄、教育背景、婚姻状况、职业、收入水平和家庭人口结构 7 个方面。其中，受访者性别记作 SEX，男性赋值为 1，女性为 0。受访者年龄（记作 AGE）设计“20～30 岁、30～40 岁、40～50 岁、50～60 岁、60～70 岁”5 个选项，我们以“20～30 岁”为基础类别，其他情形赋值为 1。受访者教育背景（记作 EDU）包括“小学、中学、大专、大本和研究生”5 个选项，我们以“小学”为基础类别，其他情形赋值为 1。通常，受教育程度越高的住房所有者对房产税与房价之间关系的认识越深刻。受访者婚姻状况（记作 MAR）包括已婚、未婚和离异，我们以“已婚”为基础类别，其他情形赋值为 1。

受访者职业（记作 OCC）包括“国有企业（OCC1）、民营企业（OCC2）、外资企业（OCC3）、省部级以上事业单位（OCC4）、省部级事业单位（OCCS）、区级事业单位（OCC6）、大学（OCC7）、中学（OCC8）、小学（OCC9）、省部级以上政府机关（OCC10）、省部级政府机关（OCC11）、区级政府机关（OCC12）、街道办事处（OCC13）以及其他（OCC14）”14 个选项，我们以“其他”为基础类别，其他情形赋值为 1。通常，职业不同的住房所有者对房产税与房价之间关系的认识也不同。受访者收入水平（记作 Y）包括“月收入 3000 元以下、3000～5000 元、5000～8000 元、8000～12000 元、12000～20000 元和 20000 元以上”6 个选项，我们以“月收入 3000 元以下”作为基础类别，其他情形赋值为 1。通常，收入不同，住房所有者拥有的住房数量也不同，受房产税冲击的影响也不同。受访者家庭人口结构（记作 DEM）包括“1 口、2 口、3 口、4 口、5 口和 6 口”6 个选项，我们以“1 口”作为基础类别，其他情形赋值为 1。通常，家庭人口越多，其住房面积和住房价值越大，房产税的影响也越大。

第三，考察受访者的债务和资产状况。受访者的债务和资产状况反映了受访者的预算约束和流动性约束，二者将改变房产税对房价预期的影响。受访者家庭负债包括住房类和非住房类负债两类。住房类负债是指住房抵押贷款（记作 Mort），非住房类负债包括看病、上学、经营等负债（记作 D）。我们以“无负债”为基础变量（赋值为 0），有负债情形赋值为 1。通常，债务越多，住房所有者受房产税的冲击越大。受访者家庭资产包括住房类和非住房类资产两类，前者是指居民住房的拥有量（记作 N）。在考察住房资产对房价影响时，我们设计了“1 套”“2 套”“3 套”“4 套”“5 套”“5 套以上”6 个选项。通常，1 套住房表示消费性需求，2 套以上住房表示投资性或投机性需求（Wheaton and Nechayev，2008）。消费性和投资性住房的区分有利于考察消费和投机行为对房价的影响，弥补了以往对房产税研究文献的缺陷。理论上讲，居民持有消费性住房的时间较长，而持有投资性住房的时间较短，房产税对前者的影响大于后者。因此，笔者将考察房产税与住房数量的交互作用对房价的影响。据此，我们以 1 套住房为基础变量，赋值为 0，其他情形赋值为 1。非住房类资产包括股票（K）、储蓄（S）和汽车（CAR）。我们以“无资产”为基础变量，赋值为 0，有资产情形赋值为 1。

表1　调查问卷信度分析

变量	观测值	其他变量与全部变量的相关性 (item－test correlation)	内部一致性系数 (Cronbach's alpha)
SEX	1039	0.1640	0.6342
AGE	1037	0.2976	0.6138
MAR	1033	0.4994	0.5789
OCC	1039	0.4006	0.5965
EDU	1033	0.4086	0.5952
DEM	1026	0.2954	0.6139
Y	1037	0.2603	0.6196
τ	1037	0.5915	0.5610
T	1037	0.3511	0.6050
P	1037	0.3341	0.6078
Mort	1039	0.3703	0.6018
D	1039	0.5508	0.5691
CAR	1040	0.2845	0.6159
K	1040	0.1721	0.6330
S	1040	0.5284	0.5734
N	1040	0.6351	0.5523

（三）信度分析（Reliability Analysis）

为保证调查问卷的可靠性和调查内容的一致性，我们进行了信度检验。表1显示，除性别（SEX）、年龄（AGE）、家庭人口（DEM）、家庭月收入（Y）、[①] 是否有汽车（CAR）以及“是否拥有股票（K）”外，其他变量与全部变量的相关性（Itemtest Correlation）均在0.3以上，这表明调查问卷的设置具有较好的可靠性，信度较高。此外，表1还显示，各变量被剔除后的Cronbach's Alpha均在0.5以上，表明调查问卷各题目的设置具有较好的内在一致性，能够体现房产税某一理论或特质的测量程度，并且能够有效地解释受访者对房产税某一理论或特质的态度。据此，在经验分析中，我们剔除上述6个可信度不高的变量。

① 尽管从理论上讲，家庭收入与全部变量应具有很强的相关性，但受访者可能虚报或瞒报家庭收入，从而导致家庭收入与全部变量的相关性较弱（0.2603）。

（四）计量模型设定

由于因变量（p）为多值有序离散变量，我们采用了有序 Logit（Ordered Logit）模型。[①] 首先，我们建立潜变量 p^* 与解释变量 X 的线性回归模型：$p^* = X'\beta + \varepsilon$。其中，X 包含了所有房产税、所有者特征、资产和负债变量以及房产税与资产和负债变量的交互项。需要指出的是，因性别、年龄、收入、人口、股票和汽车资产的可信度不高，我们未对其进行考察。其次，尽管 p^* 无法观测到，但我们能观测到：$p=0$，若 $p^* \leqslant \alpha_1$；$p=1$，若 $\alpha_1 \leqslant p^* \leqslant \alpha_2$；$p=2$，若 $\alpha_2 \leqslant p^* \leqslant \alpha_3$；$p=3$，若 $\alpha_3 \leqslant p^* \leqslant \alpha_4$；$p=4$，若 $\alpha_4 \leqslant p^*$。其中，α 和 β 均为待估的未知参数。最后，若误差项服从 Logistic 分布，则可得如下概率：

$$\Pr\langle p=0 \mid X\rangle = F(\alpha_1 - X'\beta) = \frac{1}{1+e^{X'\beta-\alpha_1}}$$

$$\Pr\langle p=1 \mid X\rangle = F(\alpha_2 - X'\beta) - F(\alpha_1 - X'\beta) = \frac{1}{1+e^{X'\beta-\alpha_2}} - \frac{1}{1+e^{X'\beta-\alpha_1}}$$

$$\Pr\langle p=2 \mid X\rangle = F(\alpha_3 - X'\beta) - F(\alpha_2 - X'\beta) = \frac{1}{1+e^{X'\beta-\alpha_3}} - \frac{1}{1+e^{X'\beta-\alpha_2}}$$

$$\Pr\langle p=3 \mid X\rangle = F(\alpha_4 - X'\beta) - F(\alpha_3 - X'\beta) = \frac{1}{1+e^{X'\beta-\alpha_4}} - \frac{1}{1+e^{X'\beta-\alpha_3}}$$

$$\Pr\langle p=4 \mid X\rangle = 1 - F(\alpha_4 - X'\beta) = 1 - \frac{1}{1+e^{X'\beta-\alpha_4}}$$

解释变量 X 的边际影响不等于其系数，而是其系数与其概率密度的积，如

$$\frac{\partial \Pr\langle p=1 \mid X\rangle}{\partial X} = \frac{\partial[F(\alpha_2 - X'\beta) - F(\alpha_1 - X'\beta)]}{\partial X} = \beta\left[\frac{1}{(1+e^{\alpha_1 - X'\beta})^2} - \frac{1}{(1+e^{\alpha_2 - X'\beta})^2}\right]$$

（五）描述性分析

表 2a 显示，24.57% 的受访者认为开征房产税能够抑制房价，44.03% 的受访者认为开征房产税能够抑制投机，8.96% 的受访者认为开征房产税会增加税负，三者之和为 77.55%，还有 22.45% 的受访者认为开征房产税能够增加地方财政收入。可见，大部分受访者认为开征房产税能够抑制房价。表 2b 显示，预期房产税对房价影响“大”的受访者所占比重最高，为 35.1%；其次为“一般”，占 33.56%；然后为“很小”“很大”“无影响”，分别占 15.91%、9.35% 和 6.08%。可见，大多数受访者认为房产税对预期房价有较大的影响。表 2c 显示，预期房产税率“1% 以下”的受访者比重最高，为 34.85%；其次为 1% ~2%，占 27.61%；然后为 2% ~3%、3% ~5%、5% ~10% 和 10% 以上，分别占 15.15%、8.69%、8.01% 和 5.69%。可见，大多数受访者认为中国未来住房房产税率应在 2% 以下。表 2d 显示，预期房产税不会开征的受访者占 4.92%，1 年内开征的受访者占 11.78%，3 ~5 年开征的受访者占 37.64%，5 ~10 年开征的受访者占 28.96%，10

---

① 有序 Probit 模型与有序 Logit 模型的回归结果基本一致，我们以后者为主。

年以后开征的受访者占 16.70%。可见，大多数受访者认为中国不会在短期内开征房产税。实际上，尽管中国自 2003 年开始征收房产税的试点工作，但房产税开征尚存诸多问题。例如，如何处理房产税与土地出让金之间的关系？如何对不同权属的房产征税？如何对不同套数住房征税？

表 2 变量的描述性统计

a 开征房产税的作用

变量	抑制房价	抑制投机	增加地方财政收入	增加税负	观测值
Role	24.57%	44.03%	22.45%	8.96%	1038

b 房价预期影响的分布

变量	无	很小	一般	大	很大	观测值
P	6.08%	15.91%	33.56%	35.10%	9.35%	1037

c 房产税预期税率的分布

变量	1%以下	1% ~2%	2% ~3%	3% ~5%	5% ~10%	10%以上	观测值
τ	34.85%	27.61%	15.15%	8.69%	8.01%	5.69%	1037

d 房产税预期开征时间的分布

变量	不会开征	1 年内	3 ~5 年	5 ~10 年	10 年以后	观测值
T	4.92%	11.78%	37.64%	28.96%	16.70%	1037

e 主要变量的统计结果

变量	平均值	中位数	标准数	最小值	最大值	观测值
P	2.26	2	1.03	0	4	1037
τ	2.44	2	1.51	1	6	1037
T	2.65	3	1.04	0	4	1037
MAR	1.62	2	0.68	1	3	1033
OCC	5.81	5	4.32	1	14	1039
EDU	3.44	4	1.16	1	5	1033
Mort	0.32	0	0.47	0	1	1039
D	0.23	0	0.42	0	1	1039
S	0.75	1	0.43	0	1	1040
N	2.30	2	1.47	1	6	1040

表 2e 显示，就均值而言，受访者认为房产税对预期房价的影响介于“一般”和“大”之间，但接近“一般”，“中位数”也是“一般”。就房产税率而言，受访者认为房产税率应介于“1% ~2%”和“2% ~3%”，但接近“1% ~2%”，“中位数”也是“1% ~2%”。就房产税开征时间而言，受访者认为房产税开征时间应介于“3 ~5 年”和“5 ~10 年”，但接近“5 ~10 年”，“中位数”也是“5 ~10 年”。就住房拥有量而言，受访者住

房拥有量平均为2.3套，“中位数”为“2套”。平均32%的受访者进行了抵押贷款，平均75%的受访者有储蓄，平均23%的受访者有其他债务。受访者婚姻状况介于“已婚”和“未婚”，“中位数”为“未婚”；受访者的职业介于“省部级事业单位”和“区级事业单位”，“中位数”为“省部级事业单位”；受访者学历在“专科”和“本科”，“中位数”是“本科”。

三、经验分析

第一，表3报告了房产税对房价影响的有序Logit回归结果。[①] 模型1报告了回归系数，模型4报告了自变量的边际效应。我们重点分析自变量对因变量的边际概率影响（边际效应）。首先，模型2~模型6显示，回归系数为负，表明提高房产税率对预期房价的影响将下降。[②] 当房产税率由“1%以下”变为“2%~3%”，其对预期房价影响“一般”的概率将提高2%，但对预期房价影响“大”和“很大”的概率将分别降低5%和2%。这表明，房产税率对房价的影响有限。实际上，描述性分析表明，大多数受访者认为中国未来住房房产税率应在2%以下，不可能很高，而且还有22.45%的受访者认为开征房产税将增加地方财政收入，不仅仅是抑制房价。其次，房产税开征越早，房产税对预期房价边际效应越大。若房产税在1年内开征，则房产税对预期房价“无影响”、影响“很小”和“一般”的概率将分别降低3%、7%和8%，但对预期房价影响“大”和“很大”的概率将分别提高12%和7%。可见，房产税开征越早，房价调控效果越好。但若房产税在10年后开征，则房产税对预期房价“无影响”、影响“很小”和“一般”的概率将分别降低3%、8%和8%，但对预期房价影响“大”和“很大”的概率将分别提

---

① 从经济学直觉上讲，预期的房产税率及其开征时间与预期房价变化之间可能存在内生性问题。首先，若二者存在内生性，则表明预期房产税率对预期房价的影响程度大，应设置更高的房产税率，使房价调控效果显著，二者回归系数应为正。若预期房产税开征时间对房价的影响程度大，则应尽早开征，使房价调控效果好，二者回归系数应为负。但本文的回归结果显示，预期房产税率与预期房价变动的回归系数为负；房产税预期开征时间与预期房价变动的回归系数为正。其次，为进一步检验因变量和自变量之间的内生性问题，我们将预期的房产税率以及预期的房产税开征时间分别作为被解将变量，开征房产税对房价的影响程度以及其他变量作为解释变量，分析二者是否存在显著的回归系数（限于篇幅，本文未提供回归结果，感兴趣的读者可向作者索取）。回归结果显示，预期房价对预期房产税率以及预期房产税开征时间的回归系数均不显著。据此，预期的房产税率及其开征时间与预期房价变化之间不存在内生性问题。

② 回归系数表示解释变量X对潜变量 p^* 的影响，而非因变量p的影响，而边际概率（边际效应）则表示解释变量X对因变量p概率的影响，表示解释变量X的变化所引起的因变量p概率的变化。根据格林（2011）的研究，多元有序模型的系数符号，只与有序因变量的两端（$Pr\langle p=0 \mid X\rangle$ 和 $Pr\langle p=4 \mid X\rangle$）变化的符号是确定的。即多元有序模型的系数符号与 $Pr\langle p=0 \mid X\rangle$ 的边际效应符号相反，与 $Pr\langle p=4 \mid X\rangle$ 的边际效应符号相同。因此，我们在解释模型的系数时非常小心。

高 12% 和 7% 。描述性分析表明，大多数受访者认为中国不会在短期内开征房产税。据此，居民预期房产税在 10 年后开征时，房产税将会对房价产生较大影响。

第二，居民的资产和负债对预期房价具有显著影响。研究发现，拥有 3 套和 4 套住房的居民认为开征房产税对房价的边际效应很小，与经济学直觉不一致。当居民住房数量由“1 套”变为“3 套”，房产税对预期房价“无影响”、影响“很小”和“一般”的概率将分别提高 4% 、8% 和 3% ，但对预期房价影响“大”和“很大”的概率将分别降低 10% 和 4% 。当居民住房数量由“1 套”变为“4 套”时，房产税对预期房价“无影响”、影响“很小”和“一般”的概率将分别提高 6% 、12% 和 2% ，但对预期房价影响“大”和“很大”的概率将分别降低 15% 和 5% 。这表明，尽管住房数量较多，但拥有 3 套和 4 套住房的居民仍认为开征房产税对房价的影响很小。此外，相对于“无其他负债”居民，有其他负债的居民认为房产税对房价的边际效应较小，与经济学直觉不一致。若居民拥有其他负债，则房产税对预期房价“无影响”、影响“很小”和“一般”的概率将分别提高 3% 、6% 和 3% ，但对预期房价影响“大”和“很大”的概率将分别降低 8% 和 3% 。可见，尽管面临流动性约束，但有其他债务的居民仍认为开征房产税对房价的边际效应较小。

第三，居民特征也显著影响预期房价。表 3 表明，相对于“其他职业”，绝大多数职业的居民认为开征房产税对预期房价的边际效应较小。例如，国有企业职工认为房产税对预期房价“无影响”、影响“很小”和“一般”的概率将分别提高 6% 、13% 和 3% ，但认为房产税对预期房价影响“大”和“很大”的概率将分别降低 17% 和 6% 。大学老师认为房产税对预期房价“无影响”和“影响很小”的概率将分别提高 9% 和 16% ，但认为房产税对预期房价影响“大”和“很大”的概率将分别降低 19% 和 6% 。省部级以上政府官员认为房产税对预期房价“无影响”和“影响很小”的概率将分别提高 6% 和 11% ，但认为房产税对预期房价影响“大”和“很大”的概率将分别降低 14% 和 5% 。可见，绝大多数职业的居民认为开征房产税对预期房价的边际效应很小。

表 3　房产税开征对预期房价影响的有序 Logit 回归结果

变量	模型 1	模型 2	模型 3	模型 4	模型 5	模型 6
	回归系数	边际效应				
		无影响	很小	一般	大	很大
τ	-0.31 *	0.02	0.03	0.02 **	-0.05 *	-0.02 *
	(-1.67)	(1.50)	(1.60)	(2.09)	(-1.67)	(-1.79)
T1	0.77 **	-0.03 ***	-0.07 **	-0.08 *	0.12 ***	0.07 *
	(2.04)	(-2.57)	(-2.41)	(-1.73)	(2.47)	(1.65)
T4	0.74 ***	-0.03 **	-0.08 **	-0.08 *	0.12 ***	0.07 *
	(1.95)	(-2.34)	(-2.25)	(-1.66)	(2.27)	(1.61)

续表

变量	模型 1	模型 2	模型 3	模型 4	模型 5	模型 6
	回归系数	边际效应				
		无影响	很小	一般	大	很大
N3	-0.58** (-2.29)	0.04* (1.85)	0.08** (2.12)	0.03*** (4.53)	-0.10*** (-2.33)	-0.04*** (-2.79)
N4	-0.90*** (-3.33)	0.06** (2.42)	0.12*** (3.14)	0.02* (1.73)	-0.15*** (-3.59)	-0.05*** (-4.30)
D	-0.47*** (-2.40)	0.03** (2.05)	0.06 (2.30)	0.03*** (3.14)	-0.08** (-2.41)	-0.03*** (-2.59)
OCC1	-0.99*** (-3.90)	0.06*** (2.84)	0.13*** (3.70)	0.03*** (3.09)	-0.17*** (-4.14)	-0.06*** (-4.57)
OCC2	-0.83*** (-3.22)	0.05** (2.42)	0.11*** (3.05)	0.03*** (3.88)	-0.14*** (-3.38)	-0.05*** (-3.76)
OCC3	-0.93*** (-3.28)	0.06** (2.36)	0.12*** (3.12)	0.02 (1.62)	-0.16*** (-3.55)	-0.05*** (-4.17)
OCC4	-0.86** (-2.18)	0.06 (1.57)	0.11** (2.08)	0.02 (0.97)	-0.15*** (-2.38)	-0.05*** (-3.02)
OCC5	-0.93** (-2.26)	0.07* (1.61)	0.12** (2.17)	0.01 (0.66)	-0.16*** (-2.51)	-0.05*** (-3.24)
OCC6	-0.93*** (-2.05)	0.07 (1.45)	0.12** (1.99)	0.01 (0.60)	-0.16** (-2.27)	-0.05*** (-3.03)
OCC7	-1.18*** (-3.98)	0.09*** (2.63)	0.16*** (4.00)	0.01 (0.34)	-0.19*** (-4.59)	-0.06*** (-5.25)
OCC8	-0.59* (-1.69)	0.04 (1.33)	0.08* (1.59)	0.03*** (4.14)	-0.10* (-1.75)	-0.04** (-2.11)
OCC9	-1.09*** (-2.66)	0.08* (1.81)	0.15*** (2.65)	0.002 (0.11)	-0.18*** (-3.10)	-0.05*** (-4.03)
OCC10	-0.82** (-2.18)	0.06 (1.59)	0.11** (2.07)	0.02 (1.28)	-0.14** (-2.36)	-0.05*** (-2.97)
OCC11	-0.84** (-2.24)	0.06* (1.63)	0.11** (2.13)	0.02 (1.12)	-0.14** (-2.43)	-0.05*** (-3.08)
OCC13	-0.99*** (-2.15)	0.07 (1.49)	0.13** (2.12)	0.01 (0.34)	-0.16*** (-2.45)	-0.05*** (-3.19)

续表

变量	模型 1	模型 2	模型 3	模型 4	模型 5	模型 6
	回归系数	边际效应				
		无影响	很小	一般	大	很大
观测值	1015					
LR chi^2(36)	98.36***					
伪 R^2	0.04					

注：①***、**、*分别表示1%、5%、10%的显著性水平；②括号内为使用稳健的误方差估计法（Huberl/Whitel/Sandwich estimator）控制了异方差的z统计量；③限于篇幅，本文未报告回归结果不显著的变量，感兴趣的读者可向作者索取；④LR chi^2（36）括号中的36表示回归变量的个数。

上述分析未考虑房产税与住房所有者特征之间的交互作用。前已述及，当住房所有者在回答房产税对预期房价的影响时，房产税与其财产和负债状况是相互作用、相互影响的。据此，我们进一步引入房产税与住房所有者财产和负债状况的交互项，考察二者的交互作用对预期房价的影响。

表4表明，不同房产税开征时间与住房数量的相互作用对预期房价的边际效应不同。当房产税由“不会开征”变为“1年内开征”、居民住房数量由“1套”变为“3套”时，二者交互作用对预期房价影响“很小”的概率将上升11%，但对预期房价影响“大”和“很大”的概率将分别降低14%和5%。当房产税由“不会开征”变为“1年内开征”、居民住房数量由“1套”变为“4套”时，二者交互作用对预期房价影响“很小”的概率将上升13%，但对预期房价影响“大”和“很大”的概率将分别降低16%和5%。这表明，若房产税在1年内开征、居民住房数量较多时，开征房产税将使预期房价下降。

当房产税由“不会开征”变为“1年内开征”、居民住房数量由“1套”变为“2套”时，二者交互作用对预期房价“无影响”和“影响很小”的概率将分别下降2%和5%，但对预期房价影响“大”的概率将上升7%。当房产税由“不会开征”变为“1年内开征”、居民住房数量由“1套”变为“5套以上”时，二者交互作用对预期房价“无影响”、影响“很小”和“一般”的概率将分别下降4%、12%和21%，但对预期房价影响“大”的概率将上升13%。这表明，若房产税1年内开征，拥有2套以及5套以上住房的居民认为开征房产税对房价的边际效应很大，但拥有3套和4套住房的居民认为开征房产税对房价的边际效应很小。可见，不同住房数量所有者可能因教育背景、家庭财富以及支付能力等方面差异，对房产税作用的认识是不同的。当房产税由“不会开征”变为“5~10年开征”、居民住房数量由“1套”变为“2套”时，二者交互作用对预期房价“无影响”、影响“很小”和“一般”的概率将分别上升3%、6%和2%，但对预期房价影响“大”和“很大”的概率将分别下降8%和3%。

当房产税由“不会开征”变为“5~10年开征”、居民住房数量由“1套”变为“4套”时，二者交互作用对预期房价“无影响”和影响“很小”的概率将分别上升7%和

13%，但对预期房价影响“大”和“很大”的概率将分别下降 16% 和 5%。这表明，即便房产税开征较晚，拥有 2 套和 4 套住房的居民也认为开征房产税对房价的边际效应很小。

表 4 房产税开征与住房数量交互作用对预期房价影响的有序 Logit 模型回归结果

变量	回归系数	边际效应				
		无影响	很小	一般	大	很大
T1 × N2	0.44* (1.69)	-0.02** (-1.99)	-0.05* (-1.89)	-0.05 (-1.42)	0.07* (1.84)	0.04 (1.45)
T1 × N3	-0.87** (-2.10)	0.06 (1.54)	0.11** (2.00)	0.01 (0.68)	-0.14** (-2.34)	-0.05*** (-2.93)
T1 × N4	-1.01* (-1.90)	0.08 (1.31)	0.13* (1.88)	0.01 (0.16)	-0.16** (-2.21)	-0.05*** (-2.90)
T1 × N6	1.70* (1.67)	-0.04*** (-3.72)	-0.12*** (-3.38)	-0.21* (-1.84)	0.13** (2.03)	0.24 (1.10)
T3 × N2	-0.47** (-2.36)	0.03** (2.00)	0.06** (2.20)	0.02*** (3.82)	-0.08** (-2.39)	-0.03*** (-2.71)
T3 × N4	-1.00*** (-2.50)	0.07* (1.74)	0.13*** (2.46)	0.01 (0.38)	-0.16*** (-2.84)	-0.05*** (-3.72)
观测值	1015					
LR chi^2 (47)	106.08***					
伪 R^2	0.04					

注：限于篇幅，本文仅报告房产税开征与房屋数量交互项的回归结果，其他变量的回归结果，感兴趣的读者可向作者索取；使用稳健的误方差估计法（Huber/White/Sandwich Estimator）控制了异方差。表 5、表 6 同。

表 5 显示，房产税开征与住房抵押贷款交互作用为正，与经济学直觉一致。当房产税由“不会开征”变为“10 年以后开征”、居民拥有住房抵押贷款时，二者交互作用对预期房价“无影响”、影响“很小”和“一般”的概率将分别降低 2%、6% 和 6%，但对预期房价影响“大”和“很大”的概率将分别提高 9% 和 6%。可见，尽管房产税开征很晚，但拥有住房抵押贷款的居民仍认为开征房产税将会对房价产生较大影响。这表明，开征房产税将会加重有住房抵押贷款居民的住房负担，抑制住房需求，从而抑制房价。

表 6 表明，房产税开征与其他负债的交互作用为负。当房产税由“不会开征”变为“5～10 年开征”、居民拥有其他负债时，二者交互作用对预期房价“无影响”、影响“很小”和“一般”的概率将分别提高 5%、9% 和 2%，但对房价影响“大”和“很大”的概率将分别降低 12% 和 4%。这表明，若房产税开征较晚，尽管拥有非住房债务的居民面临流动性约束，但仍认为开征房产税对房价的边际效应较小。

表 5　房产税开征与住房抵押贷款交互作用对预期房价影响的有序 Logit 模型回归结果

变量	回归系数	边际效应				
		无影响	很小	一般	大	很大
T4 × Mort	0.60** (2.03)	-0.02*** (-2.48)	-0.06** (-2.36)	-0.06* (-1.68)	0.09* (2.33)	0.06* (1.68)
观测值	1015					
LR chi^2 (35)	92.72***					
伪 R^2	0.04					

表 6　房产税开征与其他负债交互作用对预期房价影响的有序 Logit 模型回归结果

变量	回归系数	边际效应				
		无影响	很小	一般	大	很大
T3 × D	-0.71*** (-2.47)	0.05* (1.89)	0.09** (2.31)	0.02*** (2.97)	-0.12*** (-2.59)	-0.04*** (-3.09)
观测值	1015					
LR chi^2 (35)	94.17***					
伪 R^2	0.04					

四、结论与政策含义

房产税不仅对住房市场宏观调控，而且还对地方财税制度改革具有重要意义。抑制房价过快上涨成为中央政府近些年宏观调控的重点。解决高房价问题的各种宏观调控措施引发广泛的讨论，房产税方案更是存在激烈的讨论。而且，因无房产税数据，对房产税抑制房价的效果无法提供足够的证据。本文通过调查问卷，从住房所有者角度考察了房产税对房价的影响，对评估房产税的宏观调控效果具有重要参考价值。

本文在住房所有者特征基础上考察房产税对房价的影响，拓展了现有研究。本文使用 2011 年对北京市 1040 名城镇居民进行的“房产税对房价影响”调查问卷发现，首先，若不考虑房产税开征与住房所有者特征的相互作用，开征房产税对抑制房价作用有限。因此，应审慎评估房产税对房价的作用。其次，房产税开征越早，房产税对预期房价影响越大。因此，为有效发挥房产税对房价的抑制作用，房产税应尽早开征。再次，居民的资产和负债对预期房价具有显著影响。拥有 3 套和 4 套住房以及有其他负债的居民，认为开征房产税对预期房价的影响较小，与经济学直觉不一致。最后，住房所有者特征也对预期房价具有显著影响。相对于“其他职业”，绝大多数职业的住房所有者认为开征房产税对预期房价的边际效应很小。

若考虑房产税开征与住房所有者特征的相互作用，则不同房产税开征时间与住房数量的相互作用对预期房价的边际效应不同。首先，若房产税 1 年内开征，拥有 2 套以及 5 套以上住房的居民认为开征房产税对房价的影响很大，但拥有 3 套和 4 套住房的居民认为开征房产税对房价的影响很小。可见，不同住房数量所有者因教育背景、家庭财富以及支付能力等方面的差异，对房产税作用的认识是不同的。其次，当房产税 10 年以后开征时，其与住房抵押贷款交互作用为正。这表明，尽管房产税开征很晚，但开征房产税将会加重有住房抵押贷款居民的住房负担，抑制住房需求，从而将会对房价产生较大影响。但当房产税在 5～10 年开征时，其与其他负债的交互作用为负。可见，若房产税开征较晚，尽管拥有非住房债务的居民面临流动性约束，但仍认为开征房产税对房价的边际效应较小。

参考文献

［1］安体富，王海勇. 重构我国房地产税制的基本思路［J］. 税务研究，2004（9）.

［2］曹映雪，张再金，廖理. 开征房产税能否抑制房地产投机［J］. 税务研究，2008（4）.

［3］Fischel，William A.. 地方政府企业、房屋业主和财产税的受益论. 财产税与地方政府财政［M］. Wallace E. Oates 编著，丁成日译. 北京：中国税务出版社，2005.

［4］龚刚敏. 论房产税对房地产价格和政府行为的影响［J］. 税务研究，2005（5）.

［5］况伟大. 住房特性、物业税与房价［J］. 经济研究，2009（4）.

［6］况伟大，马一鸣. 物业税、供求弹性与房价［J］. 中国软科学，2010（12）.

［7］况伟大，朱勇，刘江涛. 房产税对房价的影响：来自 OECD 国家的证据［J］. 财贸经济，2012（5）.

［8］韦志超，易纲. 房地产税改革与地方公共财政［J］. 经济研究，2016（3）.

［9］威廉·H. 格林. 计量经济分析［M］. 中译本. 第 6 版. 北京：中国人民大学出版社，2011.

［10］Bowman，John H.. Property Tax Policy Responses to Rapidly Rising Home Values：District of Columbia，Maryland and Virginia［J］. National Tax Journal，2006，59（3）：717－733.

［11］Case，Karl E. and Grant，James H. Property Tax Incidence in a Multi－jurisdictional Neoclassical Model［J］. Public Finance Review，1991（19）：379－392.

［12］Cebuht，Richard J.. Are Property Taxes Capitalized into Housing Prices in Savannah，Georgia? An Investigation of the Market Mechanism［J］. Journal of Housing Research，2009，18（1）：63－75.

［13］Cornia，G. Why Property Tax? Lecture Notes in training for Chinese Officials from State Taxation Administration［J］. College Park，USA，Jan，2005.

［14］Fischel，William A.. Property Taxation and the Tiebout Model：Evidence for the Benefit View From Zoning and Voting［J］. Journal of Economic Literature，1992，30（1）：171－177.

［15］Fischel，William A.. Homevoters，Municipal Corporate Governance and the Benefit View of the Property Tax［J］. National Tax Journal，2001，54（1）：157－173.

［16］Hamilton，Bruce W.. Zoning and Property Taxation in a System of Local Governments［J］. Urban

Studies, 1975 (12): 205 -211.

[17] Hamilton, Bruce W.. Capitalization of Intrajurisdietional Differences in Local Tax Prices [J]. American Economic Review, 1976, 66 (5): 743 -753.

[18] Krantz, Diane P., Weaver, Robert D. and Alter, Theodore R.. Residential Property Tax Capitalization: Consistent Estimates Using Micro - Level Data [J]. Land Economics, 1982, 58 (4): 488 -496.

[19] Lutz, Byron F.. The Connection Between House Price Appreciation and Property Tax Revenues [J]. National Tax Journal, 2008, 61 (3): 555 -572.

[20] McDonald, John F.. Incidence of the Property Tax on Commercial Real Estate: The Case of Downtown Chicago [J]. National Tax Journal, 1993, 46 (2): 109 -120.

[21] Mieszkowski, Peter M.. The Property Tax: An Excise Tax or a Profits Tax? [J]. Journal of Public Economics, Elsevier, 1972, 1 (1): 73 -96.

[22] Mieazkowski, Peter M. and Zodrow, George B.. The New View of the Property Tax: A Reformulation [J]. Regional Science and Urban Economics, 1986, 16 (3): 309 -327.

[23] Netzer, D. Ecronomfics of the Property Tax [M]. Washington: Brookings Institute, 1966.

[24] Oates, Wallace E.. The Effects of Property Taxes and Local Public Spending on Property Values: An Empirical Study of Tax Capitalization and the Tiebout Hypothesis [J]. The Journal of Political Economy, 1969, 77 (6): 957 -971.

[25] Rosen, Harvey S. and Fullerton, David J.. A Note on Local Tax Rates, Public Benefit Levels, and Property Values [J]. The Journal of Political Economy, 1977, 85 (2): 433 -440.

[26] Simon, Herbert A.. The Incidence of a Tax on Urban Real Propert [J]. The Quarterly Journal of Economics, 1943, 57 (3): 398 -420.

[27] Tiebout, Charles M.. A Pure Theory of Local Expenditure [J]. The Journal of Political Economy, 1956, 64 (5): 416 -424.

[28] Wheaton, William C. and Nechayev, G.. The 1998 -2005 Housing "Bubble" and the Current "Correction": What's Different This Time? [J]. The Journal of Real Estate Research, 2008, 30 (1): 1 -26.

配套改革取向下的全面审视：再议分税制*

贾 康 梁 季

【摘　要】1994 年分税制改革“三位一体”地规范了政府企业、中央地方、公权公民关系，我国财政体制由行政性分权转为经济性分权。完整、准确地理解分税制必须澄清分税制的逻辑起点，政府事权范围对政府收入规模起着大前提作用，事权划分是深化分税制改革中制度设计和全程优化的始发基础环节，广义税基的收入划分的税种属性与特点，收入与支出二者在政府间划分遵循的不同原则，财权与事权相顺应和财力与支出责任相匹配等要点的认识。健全完善我国分税制财政体制，应是在明确政府改革中职能转变、合理定位的前提下，建立内洽于市场经济体制的事权与财权相顺应，财力与支出责任相匹配的财政体制。

【关键词】分税制；行政性分权；经济性分权；政府事权

党的十八大之后，在中国即将启动新一轮经济体制配套改革的关键时期，与此前若干轮改革类似，财税改革再次成为研讨和推进配套改革的切入点，其中又以如何认识和深化 1994 年以来的分税制改革为核心。近些年因现实运行中所出现的诸如县乡财政困难、地方隐性负债、土地财政和以专项补助为代表的“跑部钱进”等突出矛盾和问题，不断将分税制的评判问题推向风口浪尖，成为社会各界关注的焦点与热点。若干年来不绝于耳的关于“94 改革”造成地方财力短缺和“中央集权”（甚至新近被称为“开启新的中央集权时代”）的负面评价，以及质疑“财权”概念的讨论、强调“因地制宜”而否定分税制通盘框架等观点，都十分值得深思和加以澄清。

在这里，我们试从客观评价 1994 年分税制改革的关键性突破和历史性贡献入手，力求清晰地阐述分税制与市场经济的内洽关系，论证坚持分税制改革方向于我国社会主义市场经济建立、完善及对新时期“五位一体”经济社会转型的服务全局重要价值和意义，进而在完整准确理解分税制的基础上，回应各方关于分税制的不同声音，并基于此提出今

---

* 本文选自中共中央党校学报 2013 年第 5 期。

作者简介：贾康（1954—），男，湖北武汉人，经济学博士，财政部财政科学研究所所长，研究员，博士研究生导师；梁季（1973—），女，江苏徐州人，经济学博士，财政部财政科学研究所研究员。

后深化我国财政分税制改革的思路与重点。

一、1994 年分税制改革的里程碑意义和历史性贡献

在学术界已形成的较普遍共识是：税收制度是规范政府与企业分配关系的制度安排，财政体制则是处理政府间分配关系的制度安排。如在学理层面做更周详的审视，可知实际上这一认识是远未到位的。财政作为一国政权体系之“以政控财，以财行政”的分配体系，做直观考察，首先是解决政府为履行其社会管理权力和职能而配置公共资源的问题，与之密切相关、无可分离的，便是其所牵动的整个社会资源的配置问题。因此财政制度安排——包括解决政府“钱从哪里来”问题的税收与非税收入、“钱用到哪里去”问题的支出、转移支付以及资金收支的标准化载体即预算等的一系列体制、制度、机制的典章式规定——所处理的实质问题，是处理经济社会生活中的三大基本关系：政府与市场主体的企业之间，中央政府与地方各级政府之间，公权体系与公民之间的财力、资源、利益分配。

因此，财政体制首先要解决资源配置中基于产权契约和法治环境、政府作用之下的效率激励、创业创新响应机制问题和利益分配过程的公正、可预期、可持续问题，进而服务、影响、制衡资源配置全局。邓小平 1992 年南方谈话后在我国所确立的社会主义市场经济目标模式，实际确立的是多种经济形式和产权规范的法治化取向不可逆转、公平竞争市场和间接调控体系的成型势在必行，因而完全合乎逻辑地要引出在 1993 年加紧准备、于 1994 年 1 月 1 日正式推出的“分税制”配套改革。这正是与中国经济社会历史性转轨中通盘资源配置机制的再造相呼应的制度变革。

对于 1994 年分税制改革的评价，学界多从当年改革目标之一——“提高中央财政收入占财政收入比重”的实现程度来评判和肯定其取得巨大成功。不错，这一问题是逼迫“94 改革”并提供决策层空前一致的“政治资源”来推行这一改革的直接因素之一，但全面地看，1994 年分税制改革的里程碑意义和历史性贡献远远不仅于此。在转轨、改革的基本逻辑链条上展开评价，其贡献和意义，在于使中国的财政体制终于从中华人民共和国成立不久的 20 世纪 50 年代，即不得不告别严格、完整意义的统收统支而反复探索却始终不能收功的“行政性分权”，走向了与市场经济相内洽的“经济性分权”，突破性地改造了以往不论“集权”还是“分权”都是按照企业行政隶属关系组织财政收入的体制症结。在“缴给谁”和“按照什么依据缴给谁”的制度规范上，前所未有地形成了所有企业不论大小、不讲经济性质、不分行政级别，在税法面前一律平等、一视同仁，“该缴国税缴国税，该缴地方税缴地方税”的真正公平竞争环境，提供出在激发微观企业活力基础上有利于培育长期行为的稳定预期；其次也使中央地方间告别了行政性分权历史阶段分成制下无休止的扯皮和包干制下“包而不干”延续扯皮因素的“体制周期”，打破了令人头痛的“一放就乱，一乱就收，一收就死”的循环，打开新局，形成了政府对市场主体

实行宏观“间接调控”的机制条件和中央与地方间按税种或按某一税种的同一分享比例分配各自财力的比较规范、稳定的可持续体制安排。

正是在这种以统一、规范、公正公平为取向处理政府与企业、中央与地方、公权与公民分配关系的“三位一体”框架下，淡化了每一具体地区内各级政府对各种不同企业的“远近亲疏”关系，和由亲疏而“区别对待”中的过多干预与过多关照，抑制了地方政府与中央政府的讨价还价机制和地方政府之间“会哭的孩子有奶吃”的苦乐不均“攀比”机制。既为企业创造了良好的市场经营环境，也为地方政府营造了一心一意谋发展中认同于规范化的制度氛围。

当然，魄力和动作极大的“94 改革”，在多方面制约条件之下，仍只能是提供出了以分税分级体制处理三大关系的一个初始框架，仍带有较浓重的过渡色彩。深化改革的任务，在其后已完成了一些，但在省以下真正贯彻落实分税制的任务还远未完成。自 1994 年以来，我国各省级行政区以下的地方财政体制，总体而言始终未能如愿地过渡为真正的分税制，实际上就是五花八门、复杂易变、讨价还价色彩仍较浓厚的分成制和包干制。为人们所诟病的基层财政困难问题、地方隐性负债问题和“土地财政”式行为短期化问题等种种弊端，实际正是在我们早已知道而欲做改变的分成制、包干制于省以下的无奈运行中生的。把地方“基层困难”“隐性负债”“土地财政”问题的板子打在分税制身上，是完全打错了地方，并由此会实际否定“94 改革”的大方向。这是一个大是大非问题，不可忽视、轻看，必须说明白、讲清楚。

总之，我国财政体制“94 改革”由“行政性分权”转为“经济性分权”而支撑市场经济改革的全面意义和“里程碑”性质，值得如实、充分肯定，为坚持其基本制度成果，必须正视其“未完成”状态而努力深化改革。

二、分税制内洽于市场经济体制，深化分税制改革必须在统一市场中横向到边、纵向到底地全覆盖

搞市场经济，就必须实行分税分级财政体制——这是世界各国在市场经济发展中不约而同形成的体制共性与基本实践模式。我国于前面 60 年的财政体制反复探索中的经验和教训，也足以引出这个认识。在领导人“重走南巡路”而举国“迎接三中全会”的当下，我们有必要按照基本分析思路来审视：为什么建设与完善社会主义市场经济，必须坚持分税制改革方向？

市场经济与计划经济二者的本质差异，在于资源配置方式的不同。计划经济以政府直接配置资源为特征，反映在财政体制上便是，政府运用其事权和财权不仅仅提供公共产品和为提供公共产品而筹集财政收入，还需要配合政府管制式直接介入非公共产品领域与微观经济活动。客观地说，高端决策层对与之伴随而来的财权、事权高度集中状况和由此产

生的活力不足问题，并非没有引起足够重视和不思改变，1956 年就在“十大关系”的探求中提出分权思维，但是先后以 1958 年和 1970 年为典型代表的大规模向地方分权的举措，都很快铩羽而归，徒然走了“放乱收死”的循环过程而不得不落到财政“总额分成、一年一定”的无奈状态。到了 1980 年之后，改革开放新时期以“分灶吃饭”为形象化称呼的分权，是以多种“地方包干”配合全局渐进改革和向企业的“放权让利”，调控格局由“条条为主”变为“块块为主”，在松动旧体制、打开一定改革空间后，却并未能触及和改造政府按行政隶属关系组织财政收入和控制企业这一旧体制症结，很快又形成了“减税让利”已山穷水尽而企业却总活不起来、地方又演化为“诸侯经济”的局面，中央政府调控职能进退失据、履职窘迫的不良状态已在政治上经济上皆不可接受，这才最终逼出了走向经济性分权的 1994 年分税制改革。

必须强调，1994 年分税制改革是以邓小平南方谈话后确认社会主义市场经济目标模式为大前提的。以市场配置资源为基础机制的市场经济，要求政府职能主要定位于维护社会公平正义和弥补市场失灵和不足，因而政府的事权、财权主要定位在公共领域，“生产建设财政”须转型为“公共财政”，以提供公共产品和服务作为主要目标和工作重心。所以制度安排上，必然要求改变按行政隶属关系组织财政收入的规则而走向法治背景的分税分级体制，让企业得以无壁垒地跨隶属关系、跨行政区域兼并重组升级优化而释放潜力、活力，充分公平竞争；同时在政府间关系上，也遵循规范与效率原则，由各级政府规范化地分工履行公共财政职能，将事权与财权在各级政府间进行合理划分，配之以财力均衡机制即以资金“自上而下流动”为主的转移支付。这个框架，即是“经济性分权”概念下的财政分权框架，也即形态上类似于“财政联邦主义”① 国际经验的分税分级财政体制安排。

分税制是分税分级财政体制的简称。其体制内容，首先包括在各级政府间合理划分事权（支出责任）与财权（广义税基配置）；按税种划分收入建立分级筹集资金与管理支出的财政预算；进而合乎逻辑地引出分级的产权管理和举债权管理问题，以及转移支付体系问题。分税制既适应了市场经济下政府维护市场秩序、提供公共产品职能定位的内在要求，也迎合了各级政府间规范化地、可预期地分工与合作以提高公共资源配置效率这种公共需要。

因此，一言以蔽之，分税制财政体制内洽于市场经济。在我国不断深化社会主义市场经济体制改革和推进全面配套改革，“五位一体”地实现现代化中国梦的征程上，坚持分税制财政体制改革方向，是切切不可动摇的。从 1994 年以来的基本事实出发，近些年来地方财政运行中出现的县乡财政困难、隐性负债、土地财政、“跑部钱进”等问题，决非分税制所造成的，恰恰是因为分税制改革在深化中遇阻而尚没有贯彻到位，特别是在省以下还并未成型所引致。

---

① “财政联邦主义”：与政体概念的“联邦制”并无“充分必要”式的联系，在财政体制上，主要是比喻性和技术性的用语。

面对现实生活中与基层困难、地方隐性负债和“土地财政”短期行为相关的问题与弊端，除了有未知省以下实情而把这些负面因素归咎于1994年分税制改革（实质上便会否定与市场经济相配套的财政改革与转型大方向）这种错误认识外，还有一种虽未在表述上全盘否定分税制方向，却从强调“因地制宜”切入而提出的“中央与省之间搞分税制、省以下不搞分税制”“非农区域搞分税制、农业区域不搞分税制”的主张，作者曾将其概括为“纵向分两段、横向分两块（两类）”的设计思路而撰文提出不同意见。这一设计思路看似以“实事求是”为取向，要害是未能领会市场经济资源配置的内在要求而脱离了中国经济社会转轨的基线和现实生活中的可操作性，属于一种使财政体制格局重回“条块分割”“多种形式包干”的思维方向，完全未能把握深化改革的“真问题”：一个统一市场所要求的各种要素无壁垒流动的制度安排，如何能够如此“因地制宜”而横纵皆为切割状态？如果说省以下不搞分税制，那么实际上这恰恰就是说的“94改革”以来我们遗憾地看到的因深化改革受阻而业已形成、为人诟病的现实状态，真问题是如何走出这一“山重水复疑无路”的不良困境；如果说“农业地区不搞分税制”，那么且不说实际操作方案中如何可能合理地将我国具体划分各类大大小小、与非农地区仅一线之分的“农业地区”，只要试想一下体制分隔、切割状态下各个区域中的企业将如何形成我国目前第一大税种增值税的抵扣链条，以及各地政府将如何处理各自辖区的企业所得税索取权？这种将生成完全不能接受的紊乱状态后面所存在的真问题，是统一市场的资源配置优化机制，必然要求分税制“横向到边，纵向到底”地实施其制度安排的全覆盖——分税制改革的制度创新的内在要求如此，与之相联系、相呼应的管理系统创新、信息系统创新，也必然都应当“横向到边，纵向到底”地全覆盖。

三、完整、准确地理解分税制所应澄清的几个重要认识

分税制财政体制是一个逻辑层次清晰、与市场经济和现代社会形态系统化联结的制度框架，需要从政府与市场关系这一“核心问题”入手，在“让市场充分起作用”的取向下，完整地准确地理解，才有利于消除诸多歧义，寻求基本共识。

（一）分税制的逻辑起点，是市场经济目标模式取向下政府的职能定位和所获得的收支权

在市场经济中政府应从计划经济下直接配置资源的角色退位于主要在市场失灵领域发挥作用，提供公共产品与服务和维护社会公平正义，各国共性的政府事权范围，大体取决于公共产品的边界。为履行政府公共职责，社会必须授权赋予政府配置（获取和支配）资源的权力，这其中便包括在配置经济资源中获取资金的权力和支配资金的权力，现代社会通常表现为立法机关授权。其中收入权包括两类：一类是征税（费）权，另一类是举

债权。前者即为通常意义的财权，后者实为与形式上“无偿”取得收入的财权相辅助的“有偿”方式的权变因子——相应地，政府收入类型分为税、费和债，其中以税收为主（如果为提供跨时、跨代际公共产品而融资，则可以举债）。至于如何征税，则需要同时考虑收入足额目标和尽可能不对市场形成扭曲，并对社会成员利益适当“抽肥补瘦”，这客观要求税制设计要具备统一、规范、公平、效率取向和形成必要的差异性（“对事不对人”地“区别对待”）。在税收制度的安排上要求尽量保持税收的“中性”，是为尽量避免对资源配置产生扭曲影响，然而发挥对市场的引导作用和政府宏观调控作用，又要无可避免地加入税制的适当差异化设计。因此，在商品经济不发达的农业时代，通常只能以耕地作为税基的农业税成为首选；随着商品经济的兴起，以商品流转额为税基的流转税得到各国青睐；当经济进一步发展到近现代后，所得和财产类税基便受到了各国的重视。分税制体制的整体设计，必然要求以政府在现代社会“应该做什么、不应该做什么”和政府对市场主体和纳税人的调节方式为原点，即以尊重市场和服务与引导市场经济的政府职能定位及其适当履职方式为逻辑起点，把财政事权（支出责任）的分级合理化与复合税制的分级配置税基合理化这两方面，在分级收支权的制度安排体系中整体协调起来。

（二）政府事权范围对政府收入规模（广义宏观税负）起着大前提的作用

政府的收入权，为政府实际筹集收入提供了可能，而实际需要筹集的收入规模（通常为政府可用财力在 GDP 中的占比即广义“宏观税负”为指标）则首先取决于政府事权范围，或者取决于特定国情、阶段、战略设计等诸因素影响制约下的公共职能的边界。这反映着一种政府“以支定收”的理财思想所带来的规律性认识，同时也可以此视角来对近年来关于我国宏观税负高与不高的争论做出点评与回应。剔除财政支出效率和各国公共品供给成本的客观差异等因素，所谓宏观税负高与不高，首先主要取决于政府职能定位、事权范围的大小。从工业革命之后的各国实践情况看，政府支出占比的长期表现均呈现上升趋势，这便是由著名的“瓦格纳定律”所做的归纳——其根本原因，在于随着社会发展，经济社会公共事务趋于复杂和服务升级，政府公共职能对应的事权范围渐趋扩大所致。

中国政府事权范围和职能范围边界，在传统体制下总体而言明显超出成熟市场经济国家（这里未论“城乡分治”格局下的某些乡村公共服务状况），改革开放以来有所趋同，但仍差异可观，除有政府职能转变不到位而导致的政府越位、缺位和资金效率较低等因素外，还包括转轨过程中的特定改革成本；为落实赶超战略实现民族伟大复兴而承担的特定经济发展职责；我国力求加速走完成熟市场国家上百年的工业化、城市化进程，导致在其他国家顺次提供的公共品（有利于市场发展的基本制度、促进经济发展的基础设施，以及有助于社会稳定和谐的民生保障品）等因素，在我国改革开放 30 多年内较密集地交织重叠。

上述分析并不否定市场改革不到位、政府越位、支出效率低下而导致公共资源配置不当、浪费所带来“无谓”政府支出或较高行政成本的问题，主要是想说明，政府事权范

围是决定宏观税负高低的前提性认识框架，不同国家发展阶段不同，国情相异，所以各国间静态的宏观税负可比性不强。中国的特定国情和当前所处的特殊阶段，导致政府事权范围较广，在既成宏观税负和政府支出占比水平之中，除确有一些不当因素之外，也具有其一定的客观必然性和合理性。

上述分析表明：市场失灵要求政府履行公共职责（事权），相应需赋予其获取、掌握（配置）经济资源的权力（收入权和支出权），而政府籍收入权获取收入规模（政府可用财力/GDP 占比）的大前提取决于事权范围，当然实际获取收入的规模又同时取决于经济发展情况、征管能力、税费制度设计与政策以及政府的公信度等因素。因此，事权和应顺应于它的财权是“质”的制度框架性规定因素，它更多地反映着财政体制安排，而财力规模与宏观税负是事权、财权大前提、大框架下多种因素综合作用生成的“量”的结果。

（三）事权划分是深化分税制改革中制度设计和全程优化的始发基础环节

分税制财政体制内容包括事权划分、收入划分和支出及转移支付三大部分。其中，反映政府职能合理定位的事权划分是始发的、基础的环节，是财权和财力配置与转移支付制度的大前提。因此，我们理应避免谈分税制改革问题时首先讨论甚至只讨论收入如何划分的皮相之见，而应全面完整、合乎逻辑顺序地讨论如何深化我国的分税制改革。

与讨论政府总体收入规模之前需要界定合理事权范围相类似，讨论各级政府财力规模和支出责任的合理化问题之前，必须合理划分各级政府之间的事权。这符合第一层次以支定收的原理。只有各级政府间事权划分合理化，支出责任才可能合理化，才可以进而讨论如何保证各级财力既不多也不少，即“财权与事权相顺应（相内洽）、财力与事权相匹配”的可行方案。

把某类事权划给某级政府，不仅仅意味着该级政府要承担支出责任，更要对公共产品的质量、数量和成本负责。因此，“事权”与“支出责任”两个概念其实并不完全等同，支出责任是事权框架下更趋近于“问责制”与“绩效考评”的概念表述。公共财政的本质要求是在“分钱”和“花钱”的表象背后，来对公共服务责任进行合理有效的制度规制以寻求公共利益最大化。

一般而言，不同政府层级间的事权划分要考虑公共产品的属性及其“外溢性”的覆盖面、相关信息的复杂程度、内洽于全局利益最大化的激励相容机制和公共产品供给效率等因素。属于全国性的公共产品，理应由中央政府牵头提供，地区性的公共产品，则适宜由地方政府牵头提供。具体的支出责任，应合理地对应于此，分别划归中央与地方。同时，由于地方政府较中央政府更具有信息优势，更加了解本地居民需要，因而在中央政府和地方政府均能提供某种公共服务的情况下，基于效率的考虑，也应更倾向于由地方政府提供。

（四）广义税基收入划分主要取决于税种的属性与特点，且要求地区间税基配置框架大致规范一律，但各地实际税收丰度必然高低不一，在我国尤为突出且客观存在的是地区间的财政收入“横向不均衡”问题

在事权合理划分后之后的逻辑环节，依次为财权配置（广义税基划分安排）、预算支出管理和相应于本级主体的产权和举债权配置问题。这里先看税基划分。

按税种划分收入（即税基配置），属于分税制财政体制框架下的题中应有之义和关键特征。政府所有的规制和行为，均应以不影响或尽量少影响生产要素自由流动和市场主体自主决策为标准，相应的收入（税基）划分，则需要考虑税种对生产要素流动影响，以及中央与地方分层级的宏观、中观调控功能实现等因素。税种在中央与地方间的划分即税基的配置，一般认为要遵循如下基本原则：与国家主权和全局性宏观调控功能关系密切，或税基覆盖统一市场而流动性大的税种，应划归中央；而与区域特征关系密切、税基无流动性或流动性弱，以及税基较为地域化、不会引起地区间过度税收竞争和需要“因地制宜”的税种，应划归地方。按此原则，如关税、个人所得税、增值税、社会保障税等应划归中央，如房地产税、资源税、特定地方税等应划归地方。

我国“94 改革”后在收入划分上为考虑调动地方积极性，将税基大或较大的几个税种（增值税、企业所得税、个人所得税）作为共享税，但这些同经济发展直接相关、税基流动性特征明显的主力税种划定为中央与地方共享税，在一定程度上违背了收入划分的应有原则，结果是刺激地方政府承担较多的经济发展事权，以及在相互之间实行过度的税收竞争。因此，“分财权（税基）”和“分财力（收入）”，均有其需遵循的科学规律和所应依据的客观内洽机制，不应简单按照人的主观意志与偏好行事，这方面人为的调控空间很有限度。

无论税种（税基）在政府间如何配置，收入是独享还是共享，其划分原则和共享办法与比例，在一个国家内应是上下贯通、规范一律的。即使那些不宜由中央或地方专享，出于过渡性的或长期理由不得不划为共享税的税种（如我国目前的增值税、企业所得税和个人所得税），也需要执行全国统一的分享办法和分享比例。假如我们不能坚持最基本的“全国一律”特征，我国 1994 年形成框架的分税制的根基就会被动摇。试想，如按有些听来似乎“有道理”的主张，把欠发达地区的增值税 25% 分享比重（或所得税 40% 分享比例）提高，用以“因地制宜”地缓解地方困难，那么这一个省（区）如果调为 50%，另一个省（区）马上会抬出一大堆理由要求升为 60%，最欠发达的边远省（区）则可能会要求 70% 以上，而中部地区、发达地区同样会很快愤愤不平地摆出一大串理由与“困难”来要求也改变比例。这样，体制的实际规则，就会转变为“一地一率”、讨价还价的分成制，分税制体制的基本框架便将随之而轰然倒塌，原来弊病丛生、苦乐不均的“会哭的孩子有奶吃”、无休止的扯皮、“跑部钱进”和桌面之下的灰色“公关”等问题，就都会卷土重来，按税种划分中央与地方收入的基本逻辑将荡然无存。这样现实中的财政体制便不是与统一市场、公平竞争环境及体制稳定规范性相契合的“分税制”体制了。

因此，即使是共享税，其切分办法也必须全国一律，“因地制宜”要靠后面的转移支付来处理，这实际成为维护我国“94 改革”基本制度成果的底线。

需要强调的是，各地区税基配置统一、分享办法相同、分享比例一律，并不意味着各地区实际的税收丰度（某一税种的人均可实现收入数量）平均化，却会出现由于地区经济发展水平的差异及其他相关因素而大相径庭的情况。这就注定会产生区域间财政收入丰度显著的“横向不均衡”，这种情况在区域差异悬殊的我国尤为显著，客观地形成了比一般经济体更为强烈的均衡性转移支付制度需求。

（五）因收入与支出二者在政府间划分遵循不同原则，各地税收丰度和供给品成本又必然不同，中央本级、地方本级必不可能各自收支平衡，客观上需要以基于“中央地方纵向不均衡”的自上而下的转移支付制度，调节“地区间的横向不均衡”

规范的制度安排内在地要求各地税种一律、分享比例一律，但实际的税收丰度却会由于地区经济发展水平的差异及其他相关因素而大相径庭，注定会产生区域间财政收入丰度显著的“横向不均衡”。与此同时，地方政府提供“基本公共服务均等化”所需的公共产品的供给成本，却又会因巨大的地区差异而产生另一个支出负担上的“横向不均衡”，使欠发达省（区）面临更大困难。因为恰恰是税收丰度很低的地方，大都是地广人稀、高原山区、自然条件较严酷而提供公共产品的人均成本非常高的地方；又恰恰是税收丰度较高的地方，一般都是人口密集、城镇化水平高、自然条件和生存环境较好而提供公共产品的人均成本比较低的地方。财政的收入丰度低而支出成本高，这就是欠发达地区普遍面对的困难处境，因此分税制框架下对这个问题的解决之道，便主要需依仗“自上而下”的中央财政、省级财政对欠发达地区的转移支付制度安排，形成可持续的调节区域差异的通盘方案。

随着经济社会复杂性的提高，人们需求的多元化和个性化明显增强，政府事权下移成为某种大趋势，各国实践也印证了这一点。在市场经济下，商品极大丰富、生产要素流动活跃、国内国际间贸易活动频繁，以商品和生产要素为税基的税种成为各国首选，而从这些税种的特点和属性分析，恰恰都宜将其作为中央税，即使与地方分享，地方分享比例也不宜过高，否则会阻碍生产要素和商品的流动，违反市场经济原则。因此带来中央税权和可支配财力均呈现出“上移”的实践运行结果，与社区、地方“自治”倾向上升而发生的事权“下移”又恰恰形成鲜明的对比。加之中央政府无一不是必须承担调节各地区差异等全局性的任务，只有其可支配财力规模大于本级支出所需规模，才可能腾出一部分财力以转移支付等形式去履职尽责。所以，从中央与地方层面看，必然出现中央本级收大于支、地方本级收小于支的“纵向不均衡”的客观、常态格局，“中央拿大头支小头、地方拿小头支大头”的财力“纵向不均衡”不但不足为奇，而且正是各国分税分级体制运行的共性特征，相应地，转移支付也主要表现为“自上而下”的财力转移即“资金向下流动”格局。“94 改革”已使中国政府财力分配的这一格局初具模样。

我国现阶段中央收入占比为50%，无论与其他代表性国家相比，还是与我国中央政府所承担的宏观调控职责相比，都可说中央收入占比并不高。其实问题更明显地出在支出侧，即支出总盘子中中央占比过低（仅约为15%）、地方支出占比过高。2009年经合组织（OECD）成员方中央支出非加权平均值为46%，其中与中国可比的大国如美国是54%，英国是72%，日本是40%。而中央与地方支出失衡背后的原因恰恰是政府间事权划分不合理导致的支出责任错配，政府间事权划分办法不规范、不统一，具有明显的非规范特色；同时新增事权多采取“一事一议”办法，无统一科学标准化的原则和方案遵循。我国有些中央应承担的事权如国防，现实中往往以“军民联防”“军地共建”等名义较深度而无规范地扯入了地方，另一些也理应由中央承担的重要事权如经济案件的司法审判权，则几乎全部交给了地方，使得在地方利益眼界内非公平判决层出不穷。合理解决这些问题之道，不是减少中央收入占比，而是应调整事权和支出责任，相应提升中央在支出总盘子中的占比。

无论是考虑到“实现共同富裕”的社会主义本质，还是法治社会下基于公民“人权平等”提出的“基本公共服务均等化”要求，都客观地需要运用转移支付制度手段对财政资金余缺自上而下地在政府间进行适当调节。这种转移支付有效运行的基本前提就是“纵向不均衡”地由中央取得与其宏观调控功能相称的财力，进而去调节地区间的“横向不均衡”。新时期中央政府不可回避的一项重要责任，就是以合理方式“抽肥补瘦”，抑制地区间差距扩大。这种中央政府针对“横向不均衡”履行区域差异调节责任的物质前提，就是形成合理设计与可持续实施的中央与地方间“纵向不均衡”的财力分配框架。

所以，市场经济下分税制框架中必然内含的转移支付制度建设，在我国尤其重要，必须进一步按“长效机制”要求来打造并加以动态优化。相应于此，我国转移支付制度建设目标包括平衡地方基本公共服务能力和实现特定宏观调控目标两大方面，分别大体对应于“一般性转移支付”和“专项转移支付”。

（六）财权与事权相顺应和财力与支出责任相匹配都十分重要、不可偏废，但二者属递进关系而非平行关系，较适当的“中央地方财力占比”是在正确处理经济性分权制度安排各环节后自然生成的

在1994年分税制改革启动时，《国务院关于实行分税制财政管理体制的决定》提出了“根据事权与财权相结合的原则……并建立中央税收和地方税收体系……”“并充实地方税税种，增加地方税收入”，但随着改革进程中出现的诸多问题，对事权与财权相结合的提法提出了质疑。近些年的文件只是屡次强调了“财力与事权相匹配”，学界也有解读为不讲财权、只讲财力才是出路的声音。

从结果导向看，追求各层级政府和各地方政府实现财力与事权和支出责任相匹配，是分税制体制安排逻辑链条的归宿，也属于分税制建立和完善的动力源，但这并不意味着，我们可以放弃“事权与财权相顺应”这一内含于原“相结合”表述中的追求与市场经济内洽而规范制度建设的前置环节。近些年的实践充分表明，我们亟须明确地在“事权与

财权相顺应”的基础之上，追求“财力与支出相匹配”的结果。也就是说，循着“一级政权，一级事权，一级财权，一级税基，一级预算，一级产权，一级举债权”的制度建设逻辑，再配上有效的转移支付制度，才能最终可持续地实现使中国哪怕是最欠发达地区的地方政府，也能够以其可用财力与“基本公共服务均等化”的职能相匹配。如何使财权（广义税基）与事权相顺应、相内洽、相结合，是最终使财力与事权相匹配跳不过去的前置环节。

强调事权与财权相顺应，就意味着我们必须如党的十八大报告所强调的更加重视地方税体系的建设，重视地方潜在税基的发掘，并重视地方阳光化举债制度的建设和国有资产管理体系的完善，而非仅仅盯在目前可见到的现有收入如何分享、如何调整分成比例的问题上。早在 20 世纪 80 年代第二步“利改税”时，我国便设计了城市维护建设税、房产税、土地使用税和车船使用税。当时设计这四个税种，重要目的之一“是为改革财政管理体制做准备，希望通过建立地方税体系，使地方有比较稳定的财源，稳定中央与地方的分配关系。”但是分税制运行 20 多年来，尤其是进入 21 世纪以来，房地产、矿产（包括石油、天然气、煤炭等主要能源品和金属矿石、碳石等基础品）价格飙升，最适宜作为地方税的这两类税基迅速成长，但因地方税体系建设明显滞后，相关的理顺体制、深化改革任务也步履维艰，这不能不说与忽视和淡化“事权与财权相顺应（相结合）”的认识和指导原则有关。

重视“事权与财权相顺应”，也必然相应要求提高对税权下放的关注度。税权下放不仅包括税种选择权、税率调整权，也包括最终于一定条件下的因地制宜设税权。地区间特色、互补发展的态势早已初现端倪，近年来国家也有意引导各地区按照“功能区”模式发展，这意味着各地的“特色税基”将会由潜在状态而浮出水面，“靠山吃山，靠水吃水”，在体制规范化条件下，地方政府应可以考虑适当地、依法地按照科学合理的方式从“特色资源”中获取收入。由于“特色资源”不易流动，相应也不会产生税源竞争。同时特色资源的开发维护需要特殊成本支出，这种收入恰恰可以弥补这部分支出，也符合税收的“受益”特点。可以设想，在消费税中讨论增设特色消费税税目，各地区可以因地制宜地按照本地区特色资源设定具体税目和税率。比如一些中西部欠发达地区，其自然资源或“红色文化”积淀比较有特色，便可以考虑对来此的旅游者开征特色消费税；又如，针对东部大城市的拥堵问题，可以考虑开征“拥堵税（费）”；等等。

如果重视“事权与财权相顺应”，我们就势必需要首先重新审视目前税种划分是否合理，并创造条件改革税制，积极考虑“营改增”倒逼之后的资源税、房产税、消费税、环境税等的改革，在配套改革中积极地为丰富地方税基打基础，而不是一上来先大谈中央与地方财力占比高与低的问题。即使在现行一些较小税种划分的技术层面，其实也有以此思路的改进空间，如目前的车辆购置税、烟草消费税等。

所以，事权与财权相顺应和财力与支出责任相匹配两者都十分重要，不可偏废，但逻辑顺序上二者是一种递进关系，切不可错认为是平行关系，甚至认为后者对前者是替代关系或涵盖关系，这将引出将分税制深化改革、制度完善的任务，简单化为“分钱”和

"占比"调整问题，以及滑向"一地一率"式因地制宜主张的严重误区，而贻误改革事业。

综上所述，也可以得出一个至关重要的认识：近年人们往往热衷于反复讨论、争议不休的"中央地方财力（收入）占比"高与低的问题，其实并没有触及中国现阶段深化分税制改革的关键。较适当的中央地方财力分配格局，在"占比"上的量化指标，应是在正确处理经济性分权各项前置环节制度安排问题之后，加上全套转移支付的优化设计而自然生成的，不是根据主观偏好可以设计出来的，或简单依从"国际经验"比照出来的，或在"争论"中"少数服从多数"的。我们既不应也不必把"中央地方收支应占百分之多少"的问题作为讨论的重点，更不能把这一点作为讨论的大前提。

四、今后深化财政分税制改革的基本思路与重点

基于以上认识，近期和未来在深化改革中健全完善我国分税制财政体制的大思路，应是在明确政府改革中职能转变、合理定位的前提下，配合政府层级的扁平化和"大部制"取向下的整合与精简化，按照中央、省、市（县）三级框架和"一级政权、一级事权、一级财权、一级税基、一级预算、一级产权、一级举债权"的原则，配之以中央与省两级自上而下和地区间横向的转移支付制度，建立内洽于市场经济体制的事权与财权相顺应、财力与支出责任相匹配的财政体制。根据"94 改革"以来分税制深化改革不尽如人意的突出矛盾和真实问题，今后改革的重点至少应包括：

（1）在"最小一揽子"配套改革中积极、渐进推进省以下分税制的贯彻落实，通过省直管县、乡财县管和乡镇综合配套改革，在大面上将我国原来的五个政府层级扁平化为中央、省、市县三个层级（不同地区可有先有后），以此作为由"山重水复"变"柳暗花明"的一个框架基础。

（2）在顶层规划下调整、理顺中央与地方三层级事权划分，进而按照政府事务的属性和逻辑原理，合理和力求清晰地划分政府间支出责任，尽快启动中央、省、市（县）三级事权与支出责任明细单的工作，并在其后动态优化和加强绩效考评约束。例如，地方政府应退出一般竞争项目投资领域，经济案件司法审判权应集中于中央层级，等等。

（3）以税制改革为配合，积极完善以税种配置为主的各级收入划分制度。大力推进资源税改革（以将"从价征收"机制覆盖到煤炭为重头戏）和积极扩大房地产税改革试点范围；扩大消费税征收范围，调整部分税目的消费税征收环节，将部分消费税税目收入划归地方；将车辆购置税划归为地方收入；在积极推进"营改增"中，将增值税中央增收部分作为中央增加对地方一般性转移支付的来源。

（4）按照人口、地理、服务成本、功能区定位等因素优化转移支付的均等化公式，加强对欠发达地区地方政府的财力支持；适当降低专项转移支付占全部转移支付的比重，

归并、整合专项中的相似内容或可归并项目；尽量提前其具体信息到达地方层面的时间，并原则上取消其“地方配套资金”要求，以利地方预算的通盘编制与严肃执行。此外，还应积极探索优化“对口支援”和“生态补偿”等地区间横向转移支付制度。

（5）结合配套改革深化各级预算管理改革，在全口径预算前提下从中央级开始积极试编 3 ~5 年中期滚动预算；把单一账户国库集中收付制发展为“横向到边、纵向到底”；配之以“金财工程”“金税工程”式的全套现代化信息系统建设来支持、优化预算体系所代表的全社会公共资源配置的科学决策；应加快地方阳光融资的公债、市政债制度建设步伐，逐步置换和替代透明度、规范性不足而风险防范成本高、难度大的地方融资平台等隐性负债；地方的国有资产管理体系建设也需结合国有资本经营预算制度建设而积极推进。

（6）在“渐进改革”路径依赖和“建设法治国家”“强化公众知情与参与”多重约束条件和逻辑取向下，逐步而积极、理性地推进财税法制建设，掌握好服务全局大前提下“在创新、发展中规范”与“在规范中创新、发展”的权衡点，强化优化顶层规划和继续鼓励先行先试，在经济社会转轨历史时期内，不断及时地把可以看准的稳定规则形成立法。

参考文献

［1］冯禹丁等．分钱还是分权，重议分税制［N］．南方周末，2013 -08 -15（20）．

［2］贾康．正确把握大思路，配套推进分税制［J］．中央财经大学学报，2005（12）．

［3］贾康，梁季．收入分配与政策优化、制度变革［M］．北京：经济科学出版社，2012.

［4］贾康．财政职能及平衡原理的再认识［J］．财政研究，1998，（7）：10.

［5］楼继伟．中国需要继续深化改革的六项制度［J］．比较，2011（6）．

［6］王炳坤．中国财政 60 年回顾与思考［M］．北京：中国财政经济出版社，2009：271.

［7］楼继伟．解决中央与地方矛盾的关键是实行经济性分权［J］．经济社会体制比较，1991（1）．

［8］楼继伟．中国政府间财政关系再思考［M］．北京：中国财政经济出版社，2013.

［9］贾康，白景明．县乡财政解困与财政体制改革［J］．中共中央党校学报，2007（2）．

［10］贾康．财政的扁平化改革和政府间事权划分［J］．中共中央党校学报，2007（6）．

中国公共预算面临的最大挑战：财政可持续*

马　骏

【摘　要】随着财政收入增速放缓、支出结构变化以及政府债务到达历史最高水平，中国财政的转折点已经来临，未来中国政府的收支压力将会越来越大。中国各级政府必须适应预算环境的转变，改革预算模式，转变预算行为，既要逐步引入中长期预算，进行总额控制，又要提高资金的配置效率和支出绩效，提高财政管理水平，以确保财政可持续。

【关键词】财政转折；财政可持续；宏观预算改革；微观预算改革

过去 30 年，中国经济持续保持了高速增长。在这个过程中，中国也比较成功地适应经济转型，构建起新的财政收入汲取体系。在此基础上，财政收入实现了持续稳定的增长，并推动了财政支出的增长。在一定程度上，正是由于财政收入一直在高速增长，国家才能够从容、有效地应对一次次的治理方面的挑战。然而，越来越明显的，中国财政的转折点已经来临，中国财政“不差钱”的美好日子已经结束，并开始步入“差钱的时代”，而且收支缺口将会越来越大。这就是说，各级政府的预算环境已经发生根本性的变化。如何适应预算环境的变化，改革预算模式，调整预算行为，确保财政可持续，将是中国公共预算面临的最大挑战。在此，一个亟须研究的问题是：过去十多年刚刚建立起来的预算体系能否很好地确保中长期的财政可持续？为了确保财政可持续，中国预算体系应在哪些方面进行改革？本文将对这两个问题进行回答。本文首先指出中国财政的转折点已经来临，预算环境已发生根本性的变化。然而，对于确保中长期财政可持续来说，目前的预算体系存在着严重的不足。基于此，本文提出下一步预算改革的建议。

---

* 本文选自《国家行政学院学报》2013 年第 5 期。

作者简介：马骏（1969—），男，贵州毕节人，中山大学政治与公共事务学院院长、教授。

基金项目：教育人文社科重点基地自设项目、中山大学 985 三期资助。

一、中国财政的转折点

预算环境对于预算实践有着决定性的影响。这主要体现在三个方面：首先是财政状况以及财政收支的确定性。当财政比较富裕而且收支具有确定性时，渐进预算就会成盛行；而在一个贫穷而且充满不确定性的预算环境中，即使是最简单的渐进预算（或者基数加增长）模式，也不可能存在，盛行的只能是“重复预算”，即来一笔钱分一次钱。[1]从 20 世纪 70 年代末开始，由于财政收入持续增长的时代结束，同时政府债台高筑，财政赤字高企，发达国家纷纷开始调整预算模式。在宏观预算方面，发达国家大多转而采用“自上而下”的集中型预算模式，建立总额控制，引入多年期预算，强化财政资源保护。[2]在微观预算领域，一方面削减支出，另一方面为了重新配置财政资源，启动了零基预算、计划项目预算、绩效预算等改革，同时加强现金预算和现金管理。[3]其次是社会因素，尤其是社会政策的影响。发达国家自 20 世纪 50 年代启动福利国家建设，到 80 年代社会福利支出在公共支出中的比重上升到一个历史高位，导致公共支出结构发生了根本性的变化。这部分刚性支出比重的上升不仅加剧了支出压力，而且对预算构成了巨大的挑战。预算专家凯顿之所以认为现代公共预算在 20 世纪 70 年代进入“超预算时代”，主要就是因为社会福利支出飙升。[4]2001 年，著名预算专家希克甚至提出这样的疑问，如果这种刚性的赋权型支出在支出中所占的比重越来越大，预算究竟还有什么用处，预算是否还有一个未来。[5]最后政治因素也对预算环境有着重要的影响。以美国为例，在 20 世纪 60 年代以前，在诸如“美好社会是什么”“政府应该在美好社会中扮演什么角色”等基本问题上，美国社会存在着共识。在此背景下，各个政治力量都不会要求调整既得利益分配格局，也就不会去挑战和质疑预算基数，基数加增长的渐进预算就成为主导性的预算模式。然而，从 20 世纪 60 年代开始，美国社会在这些基本问题上越来越难达成共识，而可用的财政资源日趋紧张。此时，调整既得利益的政治要求就出现了，预算基数开始受到质疑，渐进预算模式就面临诸多挑战。[6]

在过去 30 多年中，由于中国经济一直在高速增长，中国政府的财政收入也节节攀升，财政支出也随之不断扩张。如图 1 所示。1978 年，财政收入为 1132.26 亿元，1985 年上升到 2004.82 亿元，1994 年上升至 5218.10 亿元。1999 年跃升至 11444.08 亿元，首次突破万亿规模。此后 10 余年，财政收入增速更高，财政收入几乎每隔一两年就攀升到一个新水平，2003 年达到 21715.25 亿元，2005 年上升至 31649.29 亿元，2007 年攀升到 51321.78 亿元，2008 年又增加一万亿元，达到 61330.35 亿元，2010 年跳升至 83101.51 亿元，2011 年再攀升到 103874.43 亿元。[7]2012 年，财政收入达到 117209.75 亿元。[8]由图 1 可见，从 1990 年到 2012 年每年财政收入的增长率都在 10% 以上，财政收入在此期间的平均增长率为 18%，高于同期的 GDP 平均增长率。在强劲增长的财政收入的支持下，财政支出也年年攀升。尤其是在过去十余年，随着财政收入节节攀升，中国财政似乎进入了一个“不差钱”的黄金十年。

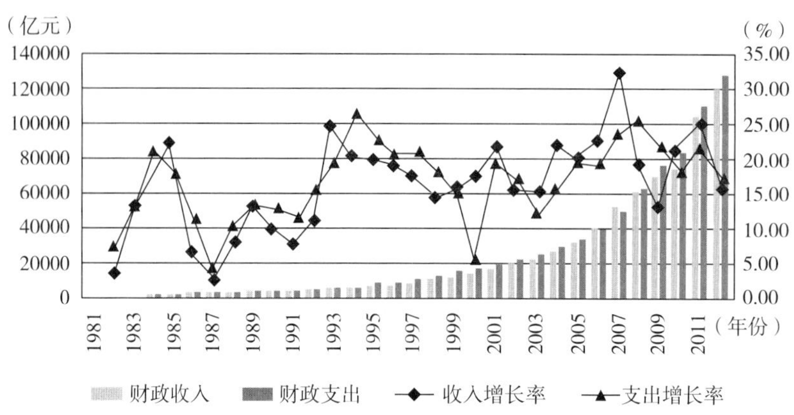

图 1 财政收入和支出的增长

资料来源：国家统计局（2012）[7]、财政部（2013）[8]

然而，从 2012 年开始，尤其是进入 2013 年后，越来越明显地，中国财政的黄金时代已经结束，中国财政的转折点已经来临，预算环境已发生了逆转。一方面，随着经济增长将逐步放缓，在未来，财政收入的增速也必然会随之放缓，甚至会出现零增长乃至负增长。根据世界银行的测算，从 1995 ~ 2010 年，中国 GDP 平均增长率为 9.9%，到 2011 ~ 2015 年将下降至 8.6%，到 2016 ~ 2020 年进一步下降到 7.0%，到 2021 ~ 2025 年再下降到 5.9%，到 2026 ~ 2030 年将下降到 5%。[9] 在此背景下，在未来 10 年、20 年，中国政府的财政收入将不可能再像过去 30 年尤其是过去 10 年那样高速攀升。即使在短期内财政收入仍会继续增长，但增速必然会逐步趋缓。如图 1 所示，2012 年，财政收入增长率已下降到近 20 年来比较低的水平。另一方面，财政支出的压力将逐步加大，支出结构已经发生了根本性的变化。随着国家从 2003 年重建社会政策体系，社会支出一直以较高的速度增长，其在公共支出中所占的比重已上升到 30% 以上，如表 1 所示。由于社会支出是一种权利型支出，具有不可预测性、僵硬性、难以进行预算控制等内在特点[10]，加之中国人口规模庞大，人均财力偏低，可以预计，在未来 10 年到 20 年，这部分支出在公共支出中的比重仍会继续上升。更为严重地，从 2012 年开始，中国已开始进入老龄化社会。从 20 世纪 80 年代以来，中国一直受益于劳动力年年增长的“人口红利”。但在 2012 年，首次出现了 15 ~ 59 岁的人口下降。在未来，预计中国 60 岁及以上的人口比重会逐步上升：从目前的 12% 左右上升到 2030 年的 25%，到 2050 年将超过 33%。[11] 如果维持现有社会福利体系的基本设计，并不断扩大福利覆盖面、提高福利标准，养老和医疗卫生支出将会惊人地飙升。此外，在公共支出结构中，将会出现其他同样有着巨大的社会或政治支持的新支出，例如环境保护和国防支出。[12] 总之，在未来，尽管财政收入的增速会趋缓，但支

出却很难削减，而且存在着继续膨胀的趋势。这就意味着，在未来，中国政府的收支缺口将会越来越大。

表 1　社会支出规模、增长率及比重

年份	医疗卫生支出		教育支出		社保就业支出		社会支出			财政总支出（亿元）
	总额（亿元）	增长率（%）	总额（亿元）	增长率（%）	总额（亿元）	增长率（%）	总额（亿元）	增长率（%）	占总支出比重(%)	
2003	831	—	3352	—	2712		6895	—	28.0	24649.95
2004	936	12.6	3854	15.0	3186	17.5	7976	15.7	28.0	28486.89
2005	1133	21.0	4528	17.5	3787	18.9	9448	18.5	27.8	33930.28
2006	1421	25.4	5464	20.7	4394	16.0	11279	19.4	27.9	40422.73
2007	1990	40.0	7122	30.3	5447	24.0	14559	29.1	29.2	49781.35
2008	2757	38.5	9010	26.5	6804	24.9	18571	27.6	29.7	62592.66
2009	3994	44.9	10438	15.8	7607	11.8	22039	18.7	28.9	7299.93
2010	4804	20.3	12550	20.2	9131	20.0	26485	20.2	29.5	89874.16
2011	6430	33.8	16497	31.5	11109	21.7	34036	28.5	31.2	109247.8
2012										127909.8

资料来源：财政部（2009，2010，2012）。[13]

同时，过去十余年中，尤其是 2008 年金融危机以来，政府债务，特别是或有负债的规模越来越大，而且上升到历史最高水平，隐含着极高的财政风险。最近两三年，国际市场乃至国际组织（例如 IMF，中文名“国际货币基金组织”）对中国政府债务的担忧越来越大。实际上，无论是从衡量财政风险的传统标准，即债务占 GDP 比重来看，还是从政府的资产负债表来看，目前乃至近期，中国都不可能出现系统性的债务危机。也就是说，即使将各种或有负债计算在内，中国政府的债务都在可控范围之内。[14][32] 然而，这不等于说中国不存在债务风险，更不是说中国在未来绝不会爆发债务危机。恰恰相反，由于绝大部分政府负债都是或有负债，财政风险的隐蔽性非常强，而且有些债务（例如地方政府债务）过分集中在银行，期限结构不合理，中国政府债务（尤其是地方政府债务）的风险就非常高。同时，随着政府债务上升到历史最高水平，化解债务的压力也非常大。然而，在未来 10 年、20 年，由于财政收入增速趋缓，同时支出会急剧上升，中国政府已很难像过去那样每年从现金流量中节省出足够多的资金来逐步化解债务。这就大大地压缩了中国政府可以腾挪的财政空间。

总之，一方面，政府债务上升到历史最高水平，偿还债务的压力较大；另一方面，财政收入增速将会减缓甚至停止增长，而社会支出等将会出现较大幅度的增长，尤其是社会支出的比重仍会继续上升。因此，从中长期来看，中国政府面临着巨大的收支压力，面临着非常高的财政风险。同时，由于债务支出和社会福利支出都是刚性支出，缺乏预算灵活性，在中长期内，中国政府在财政资金安排上能够腾挪的财政空间就会变小变窄。最近一项关于中国国家资产负债表的研究甚至警告“如果不针对长期问题（养老金、医疗等）及时进行改革，问题的积累最终可能导致政府债务危机。换言之，到2040~2050年，中国将面临目前欧、美、日式的债务危机的可能性并非天方夜谭”。[15]总之，中国财政的转折点已经来临，预算环境已发生了重大的、根本性的变化。在未来，中国将很快进入“差钱的时代”，而且将会越来越差钱。各级政府必须适应预算环境的转变，改革预算模式，转变预算行为，放弃财政富裕时代的花钱习惯，既要学会过紧日子，又要提高资金的配置效率和支出绩效，提高财政管理水平，更要建立财政收支总额，加强债务管理，确保财政可持续。

二、中国预算体系：它能有效地确保财政可持续吗

从1978年到1999年，中国一直处于“前预算时代”，即缺乏现代公共预算制度的时代。一方面在政府内部缺乏集中统一的预算控制，另一方面立法机构无法有效地监督政府预算。1999年，中国启动了一场意义深远的预算改革。经过十余年的改革，中国初步建立起公共预算制度。随着部门预算改革的推进，政府预算已变成以部门预算为基础进行编制，预算外资金逐步纳入部门预算，预算权力分散的局面得到很大的改变，规范的预算编制程序以及相应的程序性规则也初步建立起来，部门预算对部门活动的约束性也越来越强，各个部门的预算行为也越来越规范。此外，随着部门预算与部门工作计划的整合程度提高，部门预算也对提高政策制定水平发挥了积极作用。随着项目库的建立，以及2004年开始推行支出绩效评价，并在一些地方逐步向绩效预算转型，中国开始探索提高支出绩效。在推进部门预算改革的同时，2009年正式建立国有资本经营预算，将国有企业利润及其支出纳入预算管理。这就将更多与公共权力和公共财产有关的政府资金纳入预算，受预算过程约束。同时，随着国库集中收付体制改革和政府采购改革的推进，各级政府都建立起财政单一账户体系，并在此基础上实现了收入集中缴纳，支出集中支付，以及财政实时动态监控，这就在预算执行环节建立起一套集中统一的预算控制，由财政部门从外部对各个部门的收支进行积极主动的事前“外部控制”。由于这些改革的推进，中国在政府内部建立起集中统一的预算控制。在加强国库控制的同时，财政部也开始探索现金管理，大大提高了财政管理水平。[16][17]随着预算改革的推进，人大预算监督也开始加强。政府提交给人大常委会初审和人代会审批的部门预算也越来越全面和详细，同时，一些地方人大开始与财政部门的国库集中支付体系平台实行联网。在预算改革的过程中，各级人大纷纷制定加强人大预算监督的规章制度，在预算监督领域更详尽地规定人大的预算监督权。同时，建立相应的预算监督机构，加强自身的组织能力建设。目前，绝大部分地方人大常委会都建立起以“财经委”加“预算工委”（或预算监督处室）为主的预算监督机构。经

过十余年的预算改革，人大预算监督的基本制度框架已经建立，越来越多的人大已经能获得预算监督必需的信息，并与政府及其相关部门在预算领域建立起制度化的预算沟通与对话机制，一些地方人大开始迈向实质性预算监督。[18]

然而，中国目前初步建立起来的仍然只是所谓的传统预算模式。正如希克指出的，对于控制和防范财政风险来说，传统预算模式存在着两个致命的缺陷：①时间视野短。在实行年度预算的国家，只在一年内考虑收支。即使实行了中期支出框架，也只在三五年的时间范围内考虑收支。②只记录和考虑现金流意义上的收支，而不考虑不断累积的支出承诺及其责任，不记录和考虑或有负债，或者说不考虑以前承诺的长期成本。[19]显然地，十年预算改革仅仅奠定了现代公共预算体系的基础。尽管这个新的预算体系已经大大地提高了中国政府的预算能力，但是，对于加强财政风险控制并在中长期确保公共财政可持续这一目标来说，这个新的预算体系存在着严重的不足。首先，尽管预算改革已进行了十多年，除了在 2006 年对国债规模的管理从原来的审查每年发行额度转为审查国债余额外，总额控制问题一直未纳入预算改革议程。其次，预算的时间框架基本上是年度性的，不能在预算决策过程中分析和评估每项政策对支出的中期影响，更不能分析和评估其长期影响。虽然各级政府一直都在编制五年经济和社会发展规划，但是由于计划权和预算权的分离等原因，中国预算体系存在着比较严重的计划、政策和预算脱节的问题。再次，尽管中国政府的债务绝大部分是或有负债，但由于政府会计改革严重滞后等原因，或有负债一直未被纳入预算。最后，尽管各级政府几乎都在借债，但整体来看，缺乏健全、有效的债务管理体系。[20]

目前，预算环境已发生了根本性的转变，化解债务的压力比较大，而且未来的财政收支形势将会越来越严峻，在中长期确保财政可持续的挑战越来越大。中国必须在财政状况仍然比较健康的时期，尽早启动新一轮的预算改革，完善预算体系，提高预算能力。

三、预算改革：宏观预算层面

在宏观预算层面，中国公共预算体系应超越年度预算的时间框架，建立中期支出框架并嵌入总额控制，应对某些支出实行长期预算。同时，应将或有负债逐步纳入预算。

（一）建立中期支出框架，实施总额控制

从 20 世纪 80 年代开始，越来越多的国家开始建立中期支出框架，并实施总额控制。尽管中期支出框架仍存在缺陷，例如，缺乏对长期成本的考虑，进而容易为实现中期财政平衡而牺牲长期财政可持续，而且，仅仅依靠中期支出框架也不能确保总额控制，但是，中期支出框架仍是过去 20 多年最重要的预算机制创新，帮助不少国家（例如智利、德国等）成功地维护了财经纪律。由于 2008 年金融危机以及随之而来的经济下滑，绝大部分

国家目前都暂时放弃了中期支出框架及其总额控制。然而，经济企稳，它们仍会重新启动中期支出框架的总额控制。中期支出框架的魅力在于，它能为预算决策和政策权衡提供一个超越年度预算的中期时间框架。对于绝大部分支出来说，只要建立起中期支出框架，预算决策就可以分析和考虑一项政策或支出在未来的全部成本，进而有助于控制支出规模、赤字、债务等。[21]

在未来的预算改革中，中国应建立中期支出框架，并在一个中期时间框架内对财政收支总额进行约束。只有在一个跨年度的时间框架内审查各种政策变化对支出的中长期影响，才能有效地实现总额控制。为了更好地与每五年编制一次的经济和社会发展规划衔接，中国可建立一个五年期的中期支出框架。然后，在这个中期时间框架内整合计划编制、政策制定和预算决策，并实施总额控制。在这个中期支出框架中，每隔五年都重新确定下一个五年的财政收支总额，以及分类总额，并将这些总额落实进计划期内的每个预算年度。这些总额都应在启动计划编制和预算编制前确定下来。一旦总额确定后，它必须能够有效约束计划、政策和预算，最后编制出来的预算绝不能突破原来确定的总额。同样重要的是，在预算执行过程中，政策制定和预算决策也不能突破事前确定的总额，尤其是五年总额。总而言之，总额控制必须是硬约束①。此外，为了确保总额控制有效，除了需要确定总体的支出总额外，还需建立分类总额控制，对主要支出（例如资本性支出、教育支出、医疗支出等）的总额进行约束。正如希克指出的，在预算权力比较分散时，对主要支出进行控制是非常必要的。而预算权比较分散仍然是中国预算体系比较突出的问题。在实行中期总额控制时，还应在一个“大预算”的框架内考虑支出总额的分配与协调，包括公共预算、国资预算，以及正在筹划的社会保障预算。换言之，总额控制体系必须将国有资本经营预算和社会保障资金的收支也包括进来。最后，根据各国实施总额控制的经验和教训，在确定总额控制目标时，应采用多个财政指标。如果只采用单一指标，政府就比较容易采用对策性行为来抵消总额控制目标。在设置总额控制目标时，中国不仅应包括对债务余额和赤字占 GDP 的比重，而且也应像瑞典等国那样直接控制支出的增长（例如，对名义和实际财政支出增长率等规定一个上线），还应像智利等国那样包括一个“反经济周期”的“结构平衡规则”。[22]

对于在中长期内整合计划、政策和预算并实施总额控制来说，有三个条件是必备的：①对于跨年度战略性配置资源形成政治共识；②预算程序必须从传统的“自下而上”为主转变为“自上而下”为主；③在政府内部，预算权应相对集中，财政部门应具有足够的权力与相对独立性，相关的计划与预算机构之间能够很好协调。对于中国来说，首先需要进一步改革其预算体制，彻底结束预算权碎片化的局面，在政府内部建立一个权力很大、独立性很高而且政策水平很高的预算机构。在中国目前的预算体制中，预算权在财政部门，计划权在发改委。这是中国计划和预算衔接不好的一个原因。实施中期支出框架面

① 为了既能确保总额控制的严格性，又使得总额控制具备灵活性，可借鉴新加坡模式，允许部门在五年总额的限制内，在年度间调整年度总额，但收取利息。

临的第一个问题就是，如何处理这两个部门之间的关系。一个选择是借鉴美国模式，将预算编制与执行权力分开：将财政部的预算职能与发改委的计划职能整合起来成立一个权力级别非常高的“计划与预算委员会”，专门负责中长期计划与预算编制以及实施总额控制，而财政部门则专门负责预算执行以及相应的财政管理，同时将收入征收部门纳入财政部门管辖。另一个选择是提高财政部门在权力等级中的权力与地位，使得它能抵制各种支出压力，并赋予其制定中期支出框架的权力，同时在财政部门与计划部门之间建立政策协调机制。此外，为了更好地实施中期支出框架和总额控制，中国的财政部门应从现在这种主要是“会计导向”的预算机构转变为“政策导向”的预算机构。其次在政治层面对总额控制达成共识非常重要。由于目前中国预算体制仍然是一种以党委和政府为核心的“行政主导的预算体制”，各级党委和政府领导对总额控制的态度和认识至关重要。一方面，这些领导应参与每个计划期的财政收支总额以及分类总额的确定，并在其中扮演极其重要的角色，另一方面，中国应将总额控制的一些目标以法律的形式明确下来，以法律约束政治家的支出冲动。在这方面，中国应借鉴智利等拉美国家 20 世纪 90 年代以来的经验。这些国家在 20 世纪 80 年代陷入债务危机，其后痛定思痛，不少国家在法律中设置多个财政稳健指标约束支出、债务和赤字等，取得了良好的效果。[23] 在这方面，各级人大也应发挥积极的作用。人大可以通过制定法律来加强财政总额控制，可以参与每个计划期的总额控制目标的制定，并通过预算审查批准来加强总额控制。从预算程序上来看，每个计划期的财政收支总额及其分类总额应经过人大审批。在此，中国可以借鉴美国、瑞典、法国等国的经验，在人大审批预算的程序中，增加对财政收支总额的表决。当然，人大自身也应遵守总额控制的约束规则。

然而，正如希克指出的，即使建立起中期支出框架和总额控制机制，而且这一框架也很好地整合进预算过程，总额控制仍然是非常困难的。[24] 由于现代政府履行的职能比较广泛，财政与金融之间的关系非常紧密等，各种总额控制机制不能控制的因素都会对政府支出产生影响，进而会冲击预先设置的总额控制目标。这些影响因素涵盖范围非常广，从法律创设的社会福利权利到或有负债，再到经济周期的冲击以及来自政治或战争等领域的冲击。[25] 冯·哈根等甚至将这些外部不可控因素导致的支出称为“非预算决策型”（Non – decisions）支出。在这种决策过程中，“政府支出和赤字完全取决于不能直接控制的变量”，预算过程被“贬为一个仅仅对外生事件的预测练习，并使得政治家不用做出那些或许……不受欢迎的艰难决策”。[26] 在未来，中国必须高度关注社会支出和或有负债对总额控制以及财政可持续性构成的冲击。在过去 20 多年，发达国家面临的主要问题是社会支出不断冲击总额控制，发展中国家或转型国家则是或有负债削弱总额控制的效果。对于中国而言，这两种支出责任都存在，而且都有可能在未来冲击总额控制。

（二）引入长期预算

为了有效地进行总额控制，中国还必须逐步建立长期预算框架。首先，对于许多或有负债，需要一个比中期支出框架更长的时间框架才能准确地反映支出责任，进而控制支出总额。正如希克指出的，绝大部分与或有负债相联系的财政风险通常都会溢出中期支出框架的时间范围[27]。其次，对于社会支出来说，尤其是其中的养老和医疗支出，由于人口规模、年龄结构等社会变量的长期变化都会对支出产生决定性的影响，实施长期预算就非常必要。在此，着重分析社会支出。

社会支出不仅包括直接的政府支出（例如，教育支出、医疗卫生保险缴费中政府配套部分），也包括可能出现的或有负债支出（例如，养老金亏空、医疗卫生基金缺口）。目前，如何对社会支出实行预算控制，已是各国预算面临的最大挑战。对中国来说，由于人口规模巨大，人均财力偏低，同时人口已开始老龄化，这方面的挑战就更大。目前，中国的决策者对于“权利型支出”或者“赋权型预算”这些概念可能仍然比较陌生。然而，随着社会支出的规模和比重不断上升，在不久的将来，决策者将非常痛苦地体会这种支出的财政含义和政治含义。从本质上讲，作为一种权利型支出，它天然的是预算的“敌人”。[28]无论在什么国家，扩展福利范围和提高福利标准都是广受欢迎的，也是政治正确的。然而，一旦财政紧张，想缩小福利范围和降低福利标准就无比艰难。

由于社会政策体系对支出的影响是长期性的，中国应开始整体性、长期性地思考和设计未来的福利体系或社会政策体系，而不应采取“打补丁式”的改革方式。中国应在一个长期预算的框架内编制社会支出预算，并将其与社会政策体系整合起来。过去十年中，对于长期预算的讨论开始零星地涌现。2008 年金融危机后，越来越多的学者开始认识到长期预算的必要性。[29]一旦实行长期预算，预算决策就必须分析比较每个政策和法律对支出的长期影响。[30]同时，为了确保中长期的财政可持续，社会支出预算应是权责发生制的。对于社会福利支出应以何种会计基础编制预算一直存在着争议。但是，正如杰克逊指出的，如果以现金制为基础估计社会保障的成本，极容易低估社会保障体系的长期成本，进而扭曲关于与之相联系的财政风险的信息，而采用权责发生制则可以避免这个问题。[31] 2013 年，中央以及某些地方已开始试编社会保障预算。但是，这个社会保障预算既是年度性的，也是现金制的。此外，也未覆盖全部社会支出。为确保财政可持续，中国应对社会支出引入权责发生制的长期预算。至少应对养老和医疗卫生支出实行权责发生制的长期预算。

（三）编制或有负债预算

从 20 世纪 90 年代开始，越来越多的政府开始以或有负债的形式介入债务融资。由于传统政府会计和预算体系无法反映和控制或有负债，或有负债对于许多国家财政可持续的威胁越来越大。在此背景下，一些政府开始改革政府会计体系，并将或有负债纳入预算。目前，或有负债在中国政府债务中占有非常高的比重。根据一项对中国政府债务的研究，77% 的政府债务是或有负债。[32]为确保中长期财政可持续，中国必须逐步将或有负债纳入预算，同时应改革政府会计体系，以更好地反映或有负债。

根据希克教授的建议，将或有负债纳入预算可以有四种途径[33]：①在编制预算时，附上或有负债的信息。②在编制传统的现金制预算的同时，编制一个单独的或有负债预算，并在预算中对或有负债施加一个总限额。例如，美国就采用此模式。③将或有负债整合进传统现金制预算。在此模式下，政府从预算中预留出一部分资金，用于支付未来预算年度中可预测的债务损失。或者，利用这个预算来限制担保总规模或下年度新的担保项目。不过，这种模式可能导致政府为了某种利益而过多或者过少地估算风险损失。采用这种模式的国家包括荷兰和匈牙利等。④完全权责发生制的预算。在这种模式下，编制预算时需要估计所有或有负债的成本，并将这些成本纳入预算。所有的预算都是以成本为基础编制的，无论是直接贷款、担保贷款，还是财政补助，只要会产生成本，就应从政府收益中扣减。

中国可以从最简单的第一种办法开始，每年编制政府预算时，附上一张"政府或有负债表"，反映本级政府的各种或有负债项目。然后，可以考虑整合第二、第三种模式，编制一个相对独立的但仍然是现金制的或有负债预算，并通过这个预算对或有负债总额进行控制，同时，在预算中安排一定的资金，应对或有负债可能导致的支出。当然，中国应尽快推动政府会计改革，引入权责发生制会计，并逐步过渡到权责发生制预算，在一个新的会计基础上将或有负债纳入预算。[34]同时，应在中期和长期的时间框架内编制或有负债预算。在这方面，河南省焦作市已进行了有益的探索。2003 年，焦作市开始清理和摸查政府债务，将政府债务纳入预算管理。2005 年，正式编制政府债务预算，涵盖全部政府债务资金，即由各级政府机关、事业单位，以政府名义或单位名义向国内外与境内外政府、组织或个人承借或担保，负有直接或间接偿还责任的债务资金。目前，焦作已形成比较完整的涵盖债务预算、执行和决算的政府性债务预算报表体系。2009 年和 2010 年，焦作进一步完善政府债务预算，分别编制了滚动债务预算和政府投融资预算，对政府债务实行全数额、全过程、全方位的监管。[35]

四、预算改革：微观预算层面

随着财政收支的压力越来越大，中国应在微观预算领域启动预算改革。中国应继续完善过去十余年建立起来的预算控制体系，例如，完善国库单一账户体系，加强国库实时监控，建立政府部门内部控制体系等，彻底消除财政资金征收和使用过程中的违规与浪费。同时，应在目前控制"三公经费"的基础上，进一步削减运作方面的支出，降低公共部门运作成本。鉴于收入会越来越紧张，应加强收入管理，提高征管效率。同时，继续提高支出管理中的运作效率，例如，完善政府采购制度，提高采购效率。除此之外，在微观预算领域，有三项改革最为迫切。

（一）绩效预算改革

随着财政资金日趋紧张，中国预算体系必须能够将越来越稀缺的财政资金配置到各个时期最关键、最紧迫的领域，并提高支出绩效。经过十余年的预算改革，作为现代预算基础的各种预算控制体系已初步建立，并开始比较有效地约束部门的活动。这就为进一步实行绩效预算奠定了基础。同时，从2004年起，从地方到中央，许多政府已试点支出绩效评价，一些地方（例如广东省的南海、三水等）已开始迈向绩效预算。这也为下一步推行绩效预算创造了条件。[36]在未来，中国应在继续加强预算控制的同时，推动绩效预算改革。

在推行绩效预算时，中国不应将绩效预算简单地理解为对现有项目设置绩效指标，而应首先关注资源配置效率问题。绩效预算的首要目标是战略性地配置财政资金，即在每个时期都将财政资金配置到当前最紧迫、最关键的领域。尽管各国在实行绩效预算改革的过程中，对于是否需要制订一个整体性的政府或者部门的战略计划态度不一，但是无不强调战略性地配置财政资金。中国应以中期支出框架为基础推行绩效预算，在一个中期（例如五年）的时间框架内思考未来数年的战略目标，确定政策重点，进而确定支出重点。部门预算改革推行十余年来，成绩非常显著。然而，随着时间的推移，每年预算编制时下达给部门的控制数或者部门过去一年的实际支出数已逐渐演化为新的预算基数。在一定程度上，部门预算变成“固化”部门利益的制度。这就不利于提高资源的配置效率。在未来的绩效预算改革中，应通过中期支出框架，加强计划、政策与预算的整合，加强对各部门预算编制的计划引导和政策指导，将目前这种主要是“自下而上”的预算程序转变成“自上而下”为主的预算程序。如此，才有可能跨年度战略性地配置财政资金，淡化部门预算基数的影响。

在确定了战略目标和政策重点之后，绩效预算需要思考：对于实现预期的战略目标和政策目标而言，应开展哪些活动？为什么这些活动是最有助于实现预期的战略目标和政策目标的？这即是项目设计与选择。在编制绩效预算的过程中，部门有责任讲清楚一个关键的因果关系，即部门拟实施的项目与预期的战略目标和政策目标之间的确存在一个因果关系。在项目确定后，下一个问题才是如何准确测量这些活动的绩效。对于绩效预算来说，尽管绩效信息是以“结果”为中心的，但是产出和成本的信息同样重要，尤其是成本和产出结合在一起的效率信息，同样也是绩效信息的组成部分。此外，由于公共服务的供给过程直接影响公共服务质量，绩效信息必须涵盖公共服务供给过程（例如，社会工作机构的管理者在向穷人提供服务的过程中如何对待穷人）。

从OECD（经济合作与发展组织）各国实施绩效预算的经验来看，实行绩效预算需要转变组织文化和治理文化，需要各个层面的管理者转变观念，也需要一个较长的组织学习和个人学习过程。目前，像澳大利亚等国实行绩效预算已30多年，绩效预算仍未成形。中国推行绩效预算将面临更大的挑战。一方面，中国在整合计划、政策和预算过程方面难度较大；另一方面，各级财政部门以及支出部门需经较长时间才能逐步发展出符合绩效预算的预算能力，包括有效地联结项目与战略目标、准确地测量拟开展的各项活动的绩效，等等。此外，在实行绩效预算的过程中，需要较长的时间来提高绩效信息的质量。只有当绩效信息质量比较高时，政治家和管理者才会接受这些绩效信息，进而才会在预算决策中使用这些信息。只有到这个时候，绩效信息才可能变成一个能够影响预算决策的重要因素。[37]

（二）现金管理

随着财政资金将会越来越紧张，支出压力会越来越大，中国应进一步提高预算执行中的财政管理水平。尤为重要地，中国应从现金控制过渡到现代意义的现金管理，提高预算执行用款计划的科学性，提高预算执行效率，并在确保现金安全性和流动性的前提下开展现金投资，用钱合法地生钱。[38]

首先，中国应引入现金预算，改进每年用款计划的编制。现金管理是最基础性的财政管理活动，其首要目标是有效率地匹配现金流入和流出，确保各个部门能及时获得所需的预算资金供给公共服务，而不会出现所谓的现金流问题。目前，整体地看，中国只有现金控制，而无现代意义的现金管理。[39]为提高年度用款计划编制的科学性，中国应考虑引入现金预算，将用款计划的编制建立在对各个部门活动规律的历史分析之上。不同部门的活动规律是不同的，支出流的规律也就不同。例如，水利部门和文化部门支出流的规律就不同，前者在月度之间波动较大，后者也许比较平稳。编制现金预算时应考虑不同部门的现金流规律。

其次，应制定现金管理方面的法律，在确保现金安全性和流动性的前提下开展现金投资，解决闲置现金问题。随着国库改革的推进，以及财政收入总量本身也变大，集中到国库的底金余额越来越大。据估计，1999 年启动国库改革时，年底财政存款最多几百亿元，目前可能高达几万亿元。如此庞大的现金余额，若不投资，收益损失将非常大。2006 年，财政部开始试水现金管理，通过商业银行定期存款、提前赎回国债等方式对部分闲置的库款余额进行市场运作。此外，一些地方政府也开始将一定规模的间歇国库资金按照一定的期限滚动定存于商业银行，以获取收益。然而，目前财政部实行的仍然不是一个完整的现金管理，一则规模较小，二则投资仍比较单一。至于地方层面的现金管理，由于缺乏明确的法律授权以及监督，若操作不当，极易发生流动性和安全性风险。随着财政收支形势将会越来越严峻，加强现金管理，启动现金投资，就非常必要。这不仅包括闲置的现金余额，而且也包括社会保障资金等。然而，现金投资存在着风险。为了建立一个既坚实又有效率的现金管理体系，中国应制定专门的现金管理法律，明确规定现金管理的机构及其职责、现金管理的基本原则，现金投资的范围，现金投资的问责体系等。[40]当然，如何在地方层面建立现金管理是一个较难的问题。现金管理，尤其现金投资，需要财政部门拥有非常高的市场运作能力。目前，中国绝大部分的地方政府可能并不具备这一能力。一个选择是法国模式，即财政部代地方政府操作现金管理。由于中国的规模巨大，这一模式显然不太适合。另一选择是以省为单位建立现金投资体系，由省级财政代理县市一级的现金投资。当然，也可考虑美国地方政府的模式，几个地方政府建立一个现金投资平台，运作现金投资。

为了加强现金管理，中国需尽快改革政府会计体系。如果建立了健全的政府会计体系，财政部门经理国库就有了坚实的基础。此外，由于国库现金管理将会影响一个国家的货币供给，必须在现金管理和货币政策之间建立有效的协调机制，避免现金管理冲抵货币政策效果。最后，一个有效的财政管理体系还必须将现金管理与债务管理整合在一起。

（三）债务管理

对于现代政府来说，借债并对债务进行有效的管理，已是国家治理重要的组成部分。一个负债累累的政府不是好的政府，一个不借债的政府同样也不是一个会治理的政府。实际上，对于公共设施的资本性支出来说，以债务融资来提供所需资金其实是最公平的方式。然而，有了债务就应有债务管理。若说治国即理财，这个理财必然包括“理债”。总之，有债务并不可怕。可怕的是，一个政府有了债务，却没有债务管理，或者债务管理水平不高。[41]而这恰恰是中国当前存在的问题。

过去 30 年，尤其是 20 世纪 90 年代后期以来，中国政府债务市场取得了巨大的发展：①初步建立起多层次的包括政府债券发行市场和流通市场的市场体系；②市场规模越来越大，债券交易方式越来越多样，政府债券成交越来越活跃；③债券市场产品越来越丰富多样，例如，债券类型和债券期限结构越来越丰富。在此过程中，以国债发行和管理为基础，中央层面的债务管理体系已基本建立，债务管理水平也越来越高。例如，在一级市场上，随着 1998 年实行国债招投标发行，初步实现了国债发行市场化；随着近年来国债期限结构的多样化，尤其是超长和超短期国债品种的推出，国债的期限管理水平大幅度改善；2006 年，对国债发行实行余额管理。同时，在政府债券二级市场，建立了互联互通机制，以及固定收益平台和做市商制度。此外，建立起比较完善的债券托管结算机制。不过，中央层面的债务管理仍需进一步完善。例如，仍需进一步完善发行机制，提高国债发行的市场化程度，完善国债发行的价格发现功能；仍需解决流通市场分割，市场流动性仍然偏弱的问题；等等。[42]此外，从体制上看，中央层面的债务管理比较分散，不同类型的政府债券或者不同发行主体发行的债券，从发行到监管分属不同的管理机构，这既不利于提高债务管理水平，也不利于加强总额控制。在未来，中国应考虑建立一个集中型的债务管理体系。一个选择是像新西兰那样建立一个独立的债务管理机构。另一个选择是由财政部统一负责债务管理。

然而，问题最严重的是在地方层面。目前，几乎所有的地方政府都在借债，但是，绝大部分都没有建立债务管理体系，或者即使有债务管理，也是不完整的。根据审计署对地方债务的审计，在省级层面，有 7 个省没有债务管理，有 8 个省没有专门的管理债务机构，有 24 个省没有建立偿债基金，有 24 个省没有建立财政风险的监控机制。[43]到省以下，情况更加严重，几乎没有债务管理。当然，地方层面债务管理体系落后的一个原因是目前法律和制度不允许地方政府借债，所以地方政府只能以或有负债的形式变相借债。如此，即使借了债，也不敢公开建立债务管理体系。在未来，中国应以法律的形式，明确赋予地方政府借债的权力。2012 年，中国已开始选择 4 个地方政府试点地方债，2013 年扩展到 6 个地方政府。在未来，一个选择是扩大地方债的范围，另一个选择是将地方政府投融资公司在债券市场发行的城投债（企业债、中期票据、短融券等）转化成中国版本的"市政债券"。这不仅可以将地方政府的借债置于市场约束之下，而且有助于将财政风险从银行体系分散出去，更有助于中国减少对或有负债的依赖，提高财政透明度。[44]在此基础上，要求所有地方政府建立和加强债务管理。最后，在未来，中国应逐步化解债务风险。由于每年收支压力将会越来越大，各级政府可分批逐步出售国有企业股份。这既可筹集资金化解债务，例如，地方政府债务和养老金的债务，也可推进经济体制改革。

五、政府会计改革：基础性的改革

无论从宏观预算还是微观预算改革来看，中国都应尽快推进一个最基础性的改革，即政府会计改革。在一定程度上来说，在启动预算改革之前，最好先改革政府会计，以为预算体系奠定一个坚实的基础。正如当年美国进步时代改革者所说的，一个良好的会计体系，是确保政府透明和负责的前提条件。他们甚至提出这样的口号"会计是民主的保姆"。[45]目前，政府会计改革已大大滞后于预算改革。尽管预算改革已经进行了十余年，中国实行的仍是传统的预算会计体系。这不仅越来越不适应加强预算控制的需要，也不能满足下一步预算改革的需要。

目前采用的预算会计主要用于核算年度预算收支，追踪拨款以及拨款使用，存在会计基础单一，会计核算范围比较窄、会计体系分割等问题。[46]例如，仍然实行三套互相分割的预算会计体系：财政总预算会计、行政单位会计、事业单位会计体系，其中没有任何一个会计体系能对财政资金流进行全程的会计监控。财政总预算会计实际上是"以拨代支"来确认支出，实际支付是发生在行政和事业单位，反映在行政和事业单位会计中。然而，实际支付发生时，这一信息只反映在行政或事业单位会计中，而不会相应地反映在财政总预算会计中。这就大大地滞后于国库集中支付改革。随着国库集中收付改革的推进，尤其是国库已能实时监控各个部门的支出，对于财政性资金，财政总预算会计按理已能以实际支付来确认支出，充分发挥会计监控的职能。此外，尽管部门预算改革一直在将部门的所有收支纳入预算，但财政总预算会计的核算对象仍然主要是财政性资金的收支情况。[47]可见，即使仅仅考虑资金监控的控制职能，目前的预算会计体系也存在着明显的弊端。

如果考虑下一步的预算改革，目前预算会计体系就远远不能适应改革的需要。对于下一步的预算改革来说，政府会计体系不仅需要发挥控制功能，而且需要发挥管理职能和政策职能。然而，目前的预算会计体系并不能提供这方面的会计信息，即有助于提高管理绩效、政策制定质量以及控制财政风险的会计信息。根据一项关于政府会计改革的调查问卷，会计报表编制者和使用者普遍认为，目前的预算会计体系在这方面形成的会计信息质量不高。[48]例如，由于不能核算和反映固定资产的运营状况、对资产不提折旧、对担保而形成的负债未做记录等，现有会计体系就不能准确核算公共服务的实际成本，进而就不能准确测算政府的效率和绩效；缺乏资产与负债的会计信息也使得会计体系不能准确反映政府真实的财政状况，不利于实施总额控制，提高政策制定质量。例如，对担保而形成的负债未做记录，就会夸大了政府可支配的财政资源，使得那些财政风险很高的政策能够顺利通过，最终增大政府风险。

如何改革中国的政府会计，绕不开的一个问题是，如何对待当前的预算会计。一种观点主张改造目前的预算会计体系，同时增加财务会计，并协调两者之间的关系。[49]另一种观点认为，由于预算会计并不是真正意义上的政府会计，中国应建立政府会计体系，取代预算会计，但在前期可先完善预算会计，然后将预算会计的预算管理和控制的职能融合进政府会计体系。[50]为了更进一步提高预算能力，尤其是通过预算体系提高政策制定质量，提高财政资金的配置效率和绩效，加强总额控制，中国应逐步建立政府会计体系。中国可结合部门预算改革以及国库集中收付体系改革的进度，先改造目前的预算会计体系。例如，整合会计主体，尤其是财政总预算会计和行政（事业）单位会计，统一两者的会计科目，使得财政总预算会计既能够反映拨款，又能够监控实际的资金流动。在此基础上，拓展会计核算范围，拓宽会计基础，逐步引入权责发生制会计。同时，可逐步引入成本会计，加强服务成本核算。若能在这些方面完善政府会计，政府会计系统就不仅能够提供关于预算收支执行和资金流动的信息，而且能够提供资产和负债的信息，以及服务成本方面的信息。这就有助于提高政策制定和预算编制质量，有助于控制财政风险。而且，这样的会计体系也能在改进管理绩效方面发挥重要的作用。例如，对于绩效预算来说，如果没有成本会计，根本无法准确地了解实现某个绩效目标的实际成本，进而就不能判定支出是否有绩效。[51]在夯实会计体系基础的同时，应开始探索建立政府财务报告制度。同时，应编制政府的资产负债表，在政策制定和预算决策过程中，融入资产负债分析和财政风险分析。

六、总结与讨论

越来越明显地，中国财政的转折点已经来临。随着经济增长速度逐步减缓，财政收入的增速也将逐步减缓，财政收入持续高增长的美好岁月已经结束。在未来，财政收入最多只能以一个比较低的速度增长，甚至有可能零增长，乃至负增长。同时，由于支出结构发生了根本性的变化，中国政府的支出压力将越来越大。最大的压力将来自社会福利支出。目前，尽管整体的福利水平仍然不高，但福利支出在公共支出中的比重已不低。由于社会福利支出是一种赋权型支出，加之中国人口规模庞大，并且正在加速老龄化，社会福利支出将对中国财政构成巨大的压力。在未来，即使国家财力不足，从政治上考虑，也很难削减这一部分支出。与此同时，中国政府的债务已累积到一个历史高水平，而且其中或有负债比重过大，隐藏着较大的风险。然而，由于收支形势将日趋严峻，中国政府每年从收支

流量中形成财政节余来逐步清偿债务的空间已大大不如以前。这就意味着，尽管从整体上看中国财政目前仍然比较健康，但是在中长期保持财政可持续面临着无比巨大的挑战。

目前，中国财政状况仍然比较健康。而且，前 30 年经济发展累积的经济财富以及庞大的政府资产，也为国家化解财政风险，应对经济、社会领域的重大挑战提供了坚实的经济基础。然而，需要警醒的是，绝不能因此就麻痹大意，对中长期的财政风险视而不见。为了应对财政形势的转折和预算环境的转变，中国应尽早启动新一轮的预算改革。在宏观预算体制方面，中国应建立中期支出框架，并通过该框架将总额控制机制整合进预算过程，使得预算过程能够反映和分析支出承诺的中期成本和风险。同时，应逐步将或有负债纳入预算。此外，对于某些对财政支出具有长期影响的政策和法律，例如，社会政策及其相关的法律，以及或有负债，应考虑实施长期预算。在微观预算领域，中国应继续加强预算控制，减少财政资金的浪费和不当使用，继续削减行政运作方面的支出，提高预算执行的运作效率。不过，更重要的是，随着财政资金将日趋紧张，中国应在中期支出框架的基础上，实行绩效预算，将越来越紧缺的财政资金配置到最紧迫、最关键的领域，并实现支出绩效。此外，应更进一步提高财政管理水平，尤其是现金管理和债务管理水平，并将两者整合起来。最后，作为一项基础性的改革，中国应建立政府会计体系。

当然，面对越来越严峻的财政可持续方面的挑战，最根本地，中国应深化市场经济体制改革，释放制度创新的红利，激发市场活力。同时，通过财税体制改革来扶持市场和企业，促进经济转型升级，进而为财政收入汲取创造条件。不过，改革和完善预算体系同样非常重要。一个能够有效地实施财经纪律（或财政总额控制）、能够有效地联结支出与绩效、能够有效率地管理现金和债务的预算制度，反过来能为一个国家的经济发展创造一个健康的财政环境。在这方面，澳大利亚和新西兰的经验非常值得借鉴。这两个国家之所以在 20 世纪 80 年代开始启动财政总额控制，强化财经纪律，并推行绩效预算，引入权责发生制会计，最后编制权责发生制预算，同样也是因为当时的财政环境发生了重大的变化，政府意识到未来将面临越来越大的财政压力。

参考文献

[1] Caiden, Naomi and Aaron Wildavsky. Planning and Budgeting in Poor Countries [M]. New York: Wiley, John & Sons, Inc., 1974; Wildavsky, Aaron. Budgeting: A Comparative Theory of Budgetary Process [M]. Transaction Publishers, 1986.

[2] [22] Schick, Allen. Macro – Budgetary Adaptations to Fiscal Stress in Industrialized Democracies [J]. Public Administration Review, 1986, 46 (2): 124 – 134.

[3] Schick, Allen. Micro – Budgetary Adaptations to Fiscal Stress in Industrialized Democracies [J]. Public Adminishation Review, 1988, 48 (1): 523 – 533.

[4] Caiden, Naomi. A New Perspective on Budgetary Reform [J]. Australia Journal of Public Administration, 1989, 48 (1): 51 – 58.

[5] Schick, Allen. Does Budgeting have a Future? [J]. OECD Journal of Budgeting, 2001, 2 (2): 7 – 48.

[6] Wildavsky, Aaron and Naomi Caiden. The New Politics of the Budgetary Process (5th) [M]. Pearson Education, Inc., 2004.

[7] 国家统计局. 中国统计年鉴 [M]. 北京：中国统计出版社，2012.

[8] 财政部. 关于2012年中央和地方预算执行情况与2013年中央和地方预算草案的报告 [R]. 2013.

[9] [11] World Bank. China 2030 [M]. The World Bank, 2012.

[10] [28] Straussman, Jeffry D. Rights - Based Budgeting [A]. Irene Rubin Eds. New Directions in Budget History [M]. New York: State University of New York Press, 1987.

[12] [14] [15] 马骏，张晓蓉，李治国等. 中国国家资产负债表研究 [M]. 北京：中国社会科学文献出版社，2012.

[13] 财政部. 中国财政基本情况 [M]. 北京：经济科学出版社，2008，2009，2011.

[16] [38] Ma, Jun. If you cannot budget, how can you govern? - A study of state capacity of China [J]. Public Administration & Development, 2009, 29: 3 - 15.

[17] [20] [39] [40] [46] 马骏，林慕华. 中国预算改革：未来的挑战 [J]. 中国行政管理，2012 (6)：7 - 12.

[18] 林慕华，马骏. 中国地方人大预算监督研究 [J]. 中国社会科学，2012 (6)：73 - 90.

[19] [27] [33] Schick, Allen. Budgeting for Fiscal Risks [A]. In HanaPolackova Brixi and Allen Schick. Eds. Government at Risk: Contingent Liabilities and Fiscal Risk. Washington D. C.: The World Bank, 2002: 79 - 98.

[21] [22] Schick, Allen. Sustainable Budget Policy: Concepts and Approaches [J]. OECD Journal on Budgeting, 2005, 5 (1): 201 - 126; Schick, Allen. Post - crisis fiscal rules: Stabilising public finance while responding to economic aftershocks [J]. OECD Journal on Budgeting, 2010 (2): 1 - 17. Schick, Allen. The Role of Fiscal Rules in Budgeting [J]. OECD Journal of Budgeting, 2003 (3): 8 - 34.

[23] 马骏，赵早早. 公共预算：比较研究 [M]. 北京：中央编译出版社，2011.

[24] [25] Schick, Allen. A Contemporary Approach to Public Expenditure Management [M]. Washington, D. C.: The World Bank, 1998: 71 - 72.

[26] Poterba, James M. and Jorgen von Hagen. Eds. Fiscal Institution and Fiscal Performance [M]. Chicago: University of Chicago Press, 1999: 11 - 12.

[29] Posner, Paul. Budget Process Reform: Waiting for Godot? [J]. Public Administration Review, 2009, 69 (2): 233 - 244.

[30] Tarschys, Daniel. Time Horizon in Budgeting [J]. OECD Journal of Budgeting, 2002, 2 (2): 77 - 103.

[31] Jackson, Howell E. Accounting for Social Security and its Reform [J]. Harvard Journal on Legislation, 2004 (41): 59 - 159.

[32] [34] Ma, Jun, Zaozao Zhao and Meili Niu. Budgeting for Fiscal Risks: The Challenges for China [A]. Paper Presented to the 2013 American Society of Public Adminishation, New Orleans, 2013: 15 - 18.

[35] 李继学，赵立峰. 焦作编制政府债务预算取得四方面成效 [N]. 中国财经报，2011 - 07 - 21.

[36] 牛美丽. 中国地方绩效预算改革 [M]. 上海：格致出版社，2013.

[37] OECD. Performance Budgeting Reforms [M]. Paris: OECD, 2007.

［41］［44］Ma，Jun. Hidden Debt Risks in Local China［J］. Australia Journal of Public Administration (forthcoming)，2013.

［42］贾康．中国政府债券市场发展报告［M］．北京：经济科学出版社，2012：5－13.

［43］审计署．全国地方政府性债务审计结果［R］. 2011 年第 35 号.

［45］Khan，Jonathan. Budgeting Democracy［M］. Ithaca：Cornell University Press，1997.

［47］［49］张琦，张娟，程晓佳．我国政府预算会计系统的构建研究［J］．会计研究，2011（1）：24－30.

［48］［50］陈工孟，邓德强，周齐武．我国预算会计改革可行性的问卷调查研究［J］．会计研究，2005（5）：59－65.

［51］Schick，Allen. Performance Budgeting and Accrual Budgeting：Decision Rules or Analytic Tools?［J］. OECD Journal of Budgeting，2007，7（2）：109－138.

中国的政府采购促进了技术创新吗？*

胡　凯　蔡红英　吴　清

【摘　要】文章针对中国的政府采购是否产生了预期的技术创新效应问题，提出了政府采购和市场竞争在激励技术创新中具有互补性这一理论假说，并利用2001~2010年省级面板数据进行了实证检验。结果表明，中国的政府采购没有促进技术创新，甚至阻碍了技术创新；市场竞争显著影响政府采购的技术创新效应，竞争不足阻碍了我国政府采购发挥应有的作用。因此，要发挥政府采购的创新激励功能，必须提高市场竞争水平，将政府采购置于公平公正的市场竞争环境中，使政府采购与市场竞争相容。

【关键词】政府采购；技术创新；市场竞争

一、引言

支持技术创新的公共政策可以分为两类：一类是从供给面为企业的技术创新提供有形和无形投入，如科研财政补贴、税收优惠、知识产权保护等；另一类是从需求面为企业的创新产品提供市场，如政府采购等。政府采购在发达国家的创新政策体系中扮演着重要角色，如欧盟委员会发布的《里斯本战略》（2000）、《巴塞罗那战略》（2002）和《支持创新的公共采购手册》（2007）均将政府采购作为一项重要的技术创新政策。

我国将政府采购作为技术创新的政策工具经历了一个渐进过程。我国的政府采购肇始于提高公共资金使用效率、深化财政支出管理体制改革。自1996年试行政府采购制度以

* 本文选自《财经研究》2013年第9期。

作者简介：胡凯（1975—），男，湖北天门人，湖北经济学院财政与公共管理学院副教授；蔡红英（1966—），女，湖北鄂州人，湖北经济学院财政与公共管理学院教授；吴清（1976—），女，江苏淮安人，南京大学经济学院副教授。

基金项目：国家社会科学基金重大招标项目（10zd&020）；教育部人文社会科学基金青年项目（10YJC630283、13YJC790047）；湖北省高等学校优秀中青年科技创新团队项目（T200808）；湖北省教育厅科学研究计划重点项目（D20132204）；碳排放权交易湖北省协同创新中心（培育）、湖北省教育厅重点学科建设立项学科（2013XKJS）。

来，财政部门一直强调因管理效率提高而带来的财政资金节省即“节支率”，并将其作为评价各地区政府采购工作绩效的主要标准，而对其公共政策目标不够重视。即使是 2003 年开始实施的《政府采购法》，其公共政策目标也仅限于“保护环境，扶持不发达地区和少数民族地区，促进中小企业发展等”。尽管《政府采购法》没有将技术创新作为政府采购的政策目标，但以公开招标为主要方式的政府采购客观上能够鼓励创新型企业通过竞争脱颖而出。2006 年，我国提出了自主创新、建设创新型国家发展战略。国务院随后发布的《国家中长期科学和技术发展规划纲要（2006～2020 年）》及《实施〈规划纲要〉的若干配套政策》正式提出将政府采购作为自主创新的激励政策之一。同时，我国的政府采购规模逐年扩大，从 2001 年的 653 亿元增加到 2010 年的 8422 亿元，年均增长 29.14%。随着政府采购规模的不断扩大和创新驱动发展战略的实施，一个亟待回答的问题是，我国的政府采购是否促进了技术创新？而对于这一问题，一直缺乏有说服力的经验研究。

本文的贡献主要体现在：第一，提出了一个政府采购与市场竞争在激励技术创新中具有互补性的理论假说。政府采购既是行政行为，也是市场行为。对于创新主体——企业而言，政府采购是一种市场行为，它能否为企业提供创新激励，关键在于政府采购市场准入和市场竞争是否公平公正。本文提出的理论假说通过揭示市场竞争在政府采购中的基础地位，推断市场竞争有助于政府采购发挥创新效应，而地方保护会弱化其创新效应。将市场竞争因素纳入政府采购激励技术创新的机理分析中，在过于强调政府采购的行政属性而淡化其市场属性的现有研究中尚属首次。同时，这一假说对于政府主导型经济发展模式下中国政府采购的创新效应分析尤其适用。第二，实证检验了我国政府采购的技术创新效应。有关我国政府采购创新效应的现有文献以理论分析和政策阐释为主，实证研究则极其缺乏。本文采用静态和动态面板数据模型研究发现，我国的政府采购没有促进技术创新，甚至阻碍了技术创新，其原因在于市场竞争不足阻碍了政府采购发挥应有的创新激励作用。

二、文献回顾与理论假说

（一）文献回顾

政府采购（也被称为公共采购）是商品或服务市场需求的重要组成部分，它通过两条渠道影响技术创新。

一是扩大市场需求，激励技术创新。技术创新由预期利润来推动。技术创新能够产生的未来利润折现值越大，则市场规模越大，创新激励就越大，创新激励与市场规模呈正相关（Schmookler，1962）。激励创新的政府需求分为直接需求和间接需求。前者是指政府直接采购创新性产品或服务；后者是指创新是政府采购的副产品，包括政府为新产品扩大市场、为新技术标准采用提供便利、改变市场结构等（Cabral et al.，2006）。Ruttan（2006）指出，如果没有政府需求，20 世纪美国绝大多数满足一般目的的技术就难以出现，最典型的例子是绝大多数军事创新源于军事需求。Slavtchev 和 Wiederhold（2011）研究了政府需求的技术构成（高技术和低技术产品）对企业科研活动的影响，发现美国联邦政府所需商品和服务转向高技术产品能够推动企业的科研活动，引致资源配置偏向发明活动。国内学者范红忠（2007）及孙晓华和杨彬（2009）分别利用国际数据和欧盟数据也都证实了这一点。

二是降低技术创新的不确定性。政府采购新产品能够降低厂商预期利润的不确定性，进而降低技术创新的不确定性。政府既能够也愿意与厂商互动，从而成为技术创新市场需求的重要信息来源，政府采购应该作为新研究和创新产品的先锋（Guerzoni，2007）。Aschhoff 和 Sofka（2009）指出，与科研公共补贴等供给面的创新政策相比，政府采购的主要优势是事先指定一个意愿产品而后由厂商通过最有效的技术来生产实现。

事实上，政府采购的这两种功能分别从宏观和微观层面刻画了其激励技术创新的作用机制。但不能忽视的是，现有文献普遍暗含一个基本假设，即政府采购在公平公正的市场竞争环境下进行，能够通过市场的优胜劣汰机制激励企业创新。这一假设对于发达国家来说是合理的，因为发达国家的市场一体化水平、政府采购的竞争性和透明度较高，尽管这些国家的政府采购也不可避免地存在保护国货的倾向，但在一国或地区（欧盟）内，地方保护倾向则要小得多。而对于中国这样的转型国家来说，这一假设的适用性则要审慎分析，这是因为：中国的市场一体化水平、政府采购的规范性等都有待提高，政府采购中地方保护对技术创新的影响不容小觑。在目前我国的 GDP 政绩观和官员晋升锦标赛机制下（周黎安，2007），地方政府优先采购地方产品是否会降低政府采购的创新激励？因此，探讨中国政府采购的技术创新效应，首先必须在理论上阐明市场竞争（地方保护）强化（弱化）政府采购创新效应的机理，然后在此基础上进行经验研究；否则，在计量分析中可能遗漏重要的解释变量，导致估计结果有偏。

（二）理论假说

Geroski（1990）指出，政府采购只有在一定条件下才能激励创新，“一定条件”包括政府采购的高标准实施、市场需求的清晰界定、鼓励竞争等。他指出，政府采购有被滥用的可能，尤其是当政府采购与错误的目标设定相关时，如保护主义和优先采购本国产品。尽管政府采购倾向于本国产品是国际惯例，如美国的《购买美国产品法》、欧盟的《政府采购指令》等，但强调购买国货并不排斥政府采购市场的国内竞争或区域竞争。因此，过分强调发达国家政府采购保护国内产品的观点是有失偏颇的。在市场经济中，竞争和价格机制是市场配置资源的基本工具，它们同样也适用于政府采购市场。尽管发达国家的政府采购法对国外产品有一定歧视和附加规定，但对国内产品则一视同仁。如在美国，地区间贸易壁垒受到政府管制，地方保护主义并不是一个重要的问题（白重恩等，2004）。事实上，公开、公平、公正的市场竞争正是美国政府采购制度的核心和灵魂，市场机制及市

场力量已渗透到美国政府采购的各个方面（赵谦，2011）。在欧盟，尽管政府采购的方式多样，但竞争和公平也是其核心原则（赵咏梅等，2012）。可见，市场竞争而非保护主义是政府采购的基石。

市场竞争不仅是政府采购的基石，还间接影响政府采购的技术创新效应。在政府采购中，政府采购一方能否公平对待所有的卖方，即政府采购市场的竞争程度如何，影响企业的创新活动。政府采购的主体是地方政府，如果地方政府强化本地市场竞争，政府采购对本地和外地企业一视同仁，为所有企业的创新活动提供同样的激励，那么本地积极进取、敢于冒险、嗅觉灵敏的企业家就能在政府采购的创新激励下获取创新收益，最终提高本地企业的创新能力和市场竞争力，从而形成良性循环，即企业开展技术创新→政府采购扩大创新产品的市场需求和降低创新的不确定性→企业获得创新收益→企业进一步开展技术创新。如果所有地区的政府采购市场都能对所有企业一视同仁，则全国统一的政府采购市场得以形成，政府采购对技术创新的激励效应将会提高。相反，如果地方政府弱化本地市场竞争，对外地企业设置各种显性或隐性门槛，优先采购本地商品，使本地企业免于与外地企业竞争，则面对技术创新的不确定性，理性的风险规避者将会减少研发活动。在这种情况下，无论是国有企业负责人还是民营企业职业经理人，创新动力都趋于下降。而一旦一个地区形成地方保护式的政府采购潜规则，在财政分权体制下，其他地区也会竞相采用，从而难以形成全国统一的政府采购市场。同时，如果各个地区地方保护主义盛行，导致地区市场规模缩小，则企业的生产可能性边界拓展受到限制，创新资源的配置效率会降低（余东华和王青，2009），从而不利于技术创新。

因此，当受到政策壁垒限制时，政府采购可能成为地方保护的工具而阻碍创新，因为即使是质次价高的本地产品也能在政府采购竞争中占有一席之地，从而对外地企业的创新产品形成逆向淘汰。应该注意到，尽管我国的《政府采购法》规定，“任何单位和个人不得采用任何方式，阻挠和限制供应商自由进入本地区和本行业的政府采购市场”，但政府采购中的地方保护一直存在，在经济下行期更是屡见不鲜。例如，湖南省要求“将省产车纳入政府采购范围，政府机关事业单位应积极采购省产车”（湘政发〔2009〕1 号）；2009 年河南省出台《关于促进工业经济平稳较快增长的意见》，要求“政府在招标采购时，在同等条件下要优先采购省内产品；政府机关、事业单位和国有控股企业公务接待一律使用省内产品”；福建省规定，“凡是省内可以生产的产品，政府机关、事业单位在采购招标时必须选用”（闽政发明电〔2011〕4 号）。

科尔奈（2012）指出，20 世纪的所有重大创新都产生于分权化的竞争经济体。因此，强化市场竞争、重视政府采购的市场属性，对于发挥政府采购的创新激励非常重要；否则，政府采购可能成为地方保护的工具，从而阻碍创新。基于此，本文提出以下理论假说：市场竞争间接影响政府采购的技术创新效应，市场竞争与政府采购在激励技术创新中具有互补性。

三、模型设定与变量说明

（一）模型设定

本文计量模型的核心解释变量是政府采购和市场竞争。根据理论假说，市场竞争间接影响政府采购的技术创新效应，本文通过引入政府采购和市场竞争的交叉项来考察这一效应。根据计量模型设定应该具有唯一性和一般性原则（李子奈，2008），除了控制研发物质资本、人力资本、进口等因素外，本文还加入了知识产权保护这一重要的制度环境变量。基本的计量模型为：

$$y_{it} = \beta_1 gp_{it} + \beta_2 mc_{it} + \beta_3 gp_{it} \times mc_{it} + \beta_4 rd_{it} + \beta_5 hum_{it} + \beta_6 im_{it} + \beta_7 ipp_{it} + \alpha_i + \varepsilon_{it}$$

其中，i 和 t 分别表示省份和年份，被解释变量 y 表示创新产出。gp 表示政府采购规模，mc 表示市场竞争水平。rd 表示研发物质资本投入，hum 表示研发人力资本投入，im 表示进口，ipp 表示知识产权保护。α 表示与省份相关、时间上恒定的未观测到因素，如各省的创新文化等。ε 为随机扰动项。

式（1）为静态面板数据模型。考虑到技术创新具有传承性、累积性和集聚性（董雪兵和史晋川，2006），本文将创新产出的滞后一期也引入模型，得到如下动态面板数据模型：

$$y_{it} = \gamma y_{it-1} + \beta_1 gp_{it} + \beta_2 mc_{it} + \beta_3 gp_{it} \times mc_{it} + \beta_4 rd_{it} + \beta_5 hum_{it} + \beta_6 im_{it} + \beta_7 ipp_{it} + \alpha_i + \varepsilon_{it}$$

（二）变量说明

y_{it}和 y_{it-1}分别表示当期和前一期的技术创新产出。与现有研究相同，本文采用专利申请总量来反映创新产出。不同的是，本文采用加权的专利数。发明、实用新型和外观设计这三种专利直接加总得到的专利总量忽略了不同专利的创新程度差异，难以客观准确反映创新产出。因此，有必要以创新程度为权重对三种专利进行加权。近年来，各地区为鼓励辖区内企业申请专利而颁布的专利资助办法为我们计算加权专利数量提供了参考。一般来说，创新程度越高，政府对专利申请的资助力度越大，因而资助力度可以反映所申请专利的创新程度。本文选取较早颁布专利申请资助办法的上海市作为参考标准，此后许多地区制定的资助办法大多参照了这一标准。2005 年颁布的《上海市专利费资助办法》规定，发明专利、实用新型专利和外观设计申请每件资助分别为 2000 元、1000 元和 500 元。三者的创新程度之比可设定为 4:2:1，本文按照这一比率计算了各地区的加权专利申请数。专利申请数据来自历年《中国科技统计年鉴》。

gp 表示政府采购规模，使用各地区的年度实际政府采购规模（gp_1）来衡量。需要指出的是，尽管我国的《政府采购法》从 2003 年开始实施，但 2003 年前后政府采购的实施方式、结构、统计口径等均具有一致性，同时为了获得尽可能多的统计数据，本文选取的政府采购数据始于 2001 年，数据来自《中国政府采购年鉴》。为了消除物价水平的影响，本文以 2001 年为基期，利用各地区居民消费价格指数对政府采购规模进行了平减。此外，由于政府采购的主要方式是公开招标，这种采购方式应该更能发挥创新激励作用，本文还使用公开招标政府采购规模（gp_2）进行替换（仅有 2001 ~2005 年数据）。

mc 表示市场竞争水平。这里的市场竞争是市场化意义上反映政府对市场干预程度的政企关系，而不是产业组织意义上的市场结构。一个地区的市场竞争状况是地方政府对本地产品市场保护的逆值，我们使用樊纲等（2011）编制的《中国地区市场化指数》中“减少商品市场的地方保护”指标来衡量。但《中国地区市场化指数》仅提供了 1997 ~2009 年的数据，而本文的样本期间为 2001 ~2010 年，对于缺失数据，本文采用以下方法进行推算：首先根据 1997 ~2009 年各地区该指标得分与年份进行 OLS 线性估计，得到各地区两者之间的线性关系表达式，然后据此来推算 2010 年各地区该指标得分。这样做的基本假设是 2010 年各地区该指标得分与之前的趋势一致，其依据是中国的渐进式改革模式决定了各地区的市场化是稳步推进的，因而各地区该指标得分呈现出稳步上升趋势。

rd 表示研发物质资本。根据新经济增长理论，知识商品可反复使用且具有累积性，这意味着在一定折旧期内，前期的知识商品投入也会对后期的创新产出产生影响，因而 rd 应该是存量而非流量。本文采用资本存量测算中常用的永续盘存法来估算，相关数据来自历年《中国科技统计年鉴》《中国统计年鉴》《中国固定资产投资统计年鉴》，具体计算方法参见胡凯（2012）的研究成果。

hum 表示研发人力资本。本文使用各地区研发人员全时当量来衡量人力资本投入水平。研发人员全时当量等于全时人员数与非全时人员按工作量折算的全时人员数之和，它以研发人员的实际工时来度量研发人力资本投入，比研发人员数更加合理。相关数据来自《中国科技统计年鉴》。

im 表示进口。引进消化吸收再创新或二次创新是后发国家实现技术追赶的重要方式，而进口是实现二次创新的重要载体。对后发国家而言，进口商品的技术溢出效应是“学习效应”的基本途径，进口贸易为进口国模仿外国先进技术提供了便利渠道，日本、韩国等都是通过进口实现技术赶超的成功典范。本文以各地区进口额占当地 GDP 比重来反映进口因素的影响，相关数据来自《中国统计年鉴》。

ipp 表示知识产权保护。知识产权保护包括司法保护和行政保护。在司法保护上，目前我国公开出版的统计资料缺乏地区层面数据，从而难以度量各地区的知识产权司法保护水平。在行政保护上，尽管 2000 年以来《中国知识产权年鉴》提供了地区知识产权纠纷立案数和结案数，但使用这些指标来衡量中国各地区的知识产权保护水平值得商榷，这是因为：一是部分地区的结案率很高，高达甚至超过 100%，从而无法比较地区间的结案率。二是结案率并不能反映知识产权纠纷裁决的质量。由于知识产权行政执法中存在不同程度的地方保护（李善同等，2004），结案率仅具有数量效应而缺乏可靠的质量效应。在司法地方保护背景下，知识产权侵权纠纷能否得到公正裁决，影响一个地区的技术交易市场运行。在本地企业与外地企业的技术交易中，只有当本地企业对外地司法机构保护知识产权的司法诉讼、裁决和执行有信心时，本地企业才愿意与外地企业进行跨地区交易。同样地，外地企业是否对本地司法的公正性有信心，也影响本地技术市场的交易规模。因此，一个地区技术市场交易成交额能够在一定程度上反映该地区的知识产权保护水平（胡凯，2012）。基于此，本文使用地区技术交易成交额占当地 GDP 比重来度量各地区知识产权保护水平，相关数据来自历年《中国统计年鉴》。

根据可获得的政府采购公开数据，本文最终选取除西藏以外其他 30 个省份 2001 ~ 2010 年的面板数据。为了减小变量波动幅度和变量间异方差，本文对交叉项以外的所有变量均取对数，对交叉项则进行中心化处理。

四、实证结果与分析

（一）静态分析

本文首先对式（1）进行冗余固定效应检验和 Hausman 检验，结果显示所有回归均适用固定效应模型。表 1 的列（1）~列（4）是以实际政府采购规模（gp_1）作为核心解释变量的回归结果。列（1）和列（2）中政府采购（gp_1）对技术创新的影响系数虽然为正，但不显著，这与国家统计局（2008）的调查结论一致。列（3）加入了政府采购与市场竞争的交叉项（$gp \times mc$），此时，政府采购对技术创新的影响系数在 10% 水平上显著为负，表明政府采购抑制了技术创新。这可能是因为缺乏竞争性的政府采购如指定商品的产地、品牌、规格、型号等会抑制中标企业的创新动力，从而阻碍技术创新。交叉项（$gp_1 \times mc$）的系数则在 1% 水平上显著为正，表明创新企业有机会在公平公正的政府采购竞争中获得创新收益，从而有动力进行技术创新。此时，市场竞争与政府采购之间具有互补性，市场竞争是政府采购发挥创新激励作用的基础条件。列（4）包括全部解释变量，政府采购（gp_1）及其与市场竞争的交叉项（$gp_1 \times mc$）对技术创新的影响系数符号与列（3）相同。上述分析结果表明，现阶段我国的政府采购并没有发挥应有的创新激励效应，甚至阻碍了技术创新，其中市场竞争水平是关键制约因素。当市场竞争水平较低（即对商品市场的地方保护程度较高）时，政府采购可能是歧视性采购或指定性采购，它在使少数企业获益的同时却打击了同行业其他企业的创新积极性，而且通过非公平竞争获得政府采购合同的企业因缺乏生存和盈利压力，也没有动力进行技术创新。

表 1 的列（5）~列（8）是以公开招标政府采购规模（gp_2）作为核心解释变量的回归结果。列（5）和列（6）中公开招标政府采购（gp_2）对技术创新的影响系数为正，但不显著。这比较出乎意料，因为公开招标是一种竞争性的采购方式，体现了市场交易的竞争法则，在政府招标采购中胜出的企业应该是创新能力强、质优价廉的企业。这一结果出

现的原因可能是现行的公开招标本身存在不少瑕疵：政府采购信息发布不充分或不及时；人为设置供应商准入门槛，表现为充分利用《政府采购法》中的“采购人可以根据采购项目的特殊要求，规定供应商的特殊条件”条款，设置供应商特定条件，如产品的技术参数、配置、性能等，帮助本地供应商顺利中标（杨燕英，2012）。列（7）加入交叉项（$gp_2 \times mc$）后，公开招标政府采购（gp_2）对技术创新的影响系数显著为负，表明公开招标这一良好的政策设计背离了初衷，在公开招标变为指定招标后，政府采购抑制了技术创新。而交叉项（$gp_2 \times mc$）的系数在1%水平上显著为正，表明市场竞争环境的改善有助于政府采购发挥应有的创新激励效应。列（8）包括全部变量的回归结果也支持上述判断。

表1　政府采购对技术创新的影响：静态分析

	解释变量：gp_1				解释变量：gp_2			
	(1)	(2)	(3)	(4)	(5)	(6)	(7)	(8)
gp	0.0035 (0.0525)	0.0194 (0.0526)	-0.0659* (0.0463)	-0.0664* (0.0473)	0.0062 (0.0407)	0.0072 (0.0406)	-0.0436** (0.0371)	-0.0439* (0.0374)
rd	0.1581 (0.1369)	0.1524 (0.1358)	0.2974** (0.1200)	0.2978** (0.1205)	0.3359 (0.2389)	0.3215 (0.2382)	0.1727 (0.2134)	0.1728 (0.2144)
hum	0.2999 (0.0934)	0.2811 (0.0930)	-0.0508 (0.0907)	-0.0510 (0.0909)	-0.1768 (0.1439)	-0.1722 (0.1432)	-0.3261** (0.1299)	-0.3273** (0.1310)
im	0.0597 (0.0552)	0.0547 (0.0548)	0.0854* (0.0480)	0.0856* (0.0482)	0.1898** (0.0903)	0.1760* (0.0905)	0.1728** (0.0800)	0.1736** (0.0808)
ipp	0.0790*** (0.0245)	0.0878*** (0.0247)	0.0500** (0.0216)	0.0497** (0.0221)	0.0234 (0.0334)	0.0254 (0.0333)	0.0091 (0.0297)	0.0089 (0.0299)
mc		-0.1136 (0.0521)		0.0028 (0.0479)		-0.0829 (0.0609)		0.0059 (0.0568)
gp×mc			0.0001*** (0.0000)	0.0001*** (0.0000)			0.0003*** (0.0001)	0.0003*** (0.0001)
年份	控制	控制	控制	控制	控制	控制	控制	控制
Adj. R^2	0.8376	0.8198	0.7268	0.7271	0.6930	0.6464	0.1124	0.1040
F值	20.83***	21.15***	27.49***	26.32***	19.45***	18.43***	25.24***	22.83***
观察值	300	300	300	300	150	150	150	150

注：括号内为标准误，***、**和*分别表示在1%、5%和10%水平上显著，表2同。

在控制变量中，研发物质资本（rd）、进口（im）和知识产权保护（ipp）对技术创新都具有显著的正向影响，这与大多数研究结果相同，表明加大研发物质资本投入、增加进口以及加强知识产权保护有助于激励技术创新。而研发人力资本（hum）对技术创新的影响显著为负，这可能是因为以国有企业和事业单位为主体的研发部门研发效率较低，出工不出力、人浮于事等现象较严重，导致研发人员的创新生产率较低。

（二）动态分析

式（2）中不仅含有被解释变量的滞后项，而且技术创新与研发物质资本投入、研发人力资本投入和知识产权保护之间可能存在内生性，即前者也可能影响后者。此时，适宜采用广义矩方法（GMM）来处理变量具有内生性且截面数较大而时序较短的数据（本文中 N = 30，T = 10）。相对于差分广义矩方法（DIF - GMM），系统广义矩方法（SYS - GMM）能够克服前者的弱工具变量问题，因而本文采用后者进行估计。同时，由于样本量较小，为了避免小样本偏差，本文采用一步法（One - step）估计。回归结果见表 2。

表 2 的列（1）~列（4）是以实际政府采购规模（gp_1）作为核心解释变量的回归结果。滞后被解释变量的回归系数均显著为正，表明技术创新具有传承性。列（2）和列（4）中，政府采购（gp_1）和市场竞争（mc）对技术创新的影响系数分别显著为负和正，表明政府采购抑制了技术创新，而提高市场竞争水平有助于技术创新。列（3）和列（4）中交叉项（$gp_1 \times mc$）对技术创新的影响系数均在 5% 水平上显著为正。与静态面板数据模型相比，动态面板数据模型充分考虑到变量的内生性，估计结果更为可靠，也进一步证实了静态面板数据模型得到的结论。表 2 的列（5）~列（8）是以公开招标政府采购规模（gp_2）作为核心解释变量的回归结果。与静态面板回归结果相似，公开招标政府采购（gp_2）没有发挥应有的技术创新效应，这一效应大小还依赖于市场竞争状况。

表 2　政府采购对技术创新的影响：动态分析

	解释变量：gp_1				解释变量：gp_2			
	(1)	(2)	(3)	(4)	(5)	(6)	(7)	(8)
l. innovation	0.8481***	0.9082***	0.7866***	0.9044**	0.8447***	0.9479***	0.6122***	0.6989***
	(0.0761)	(0.0716)	(0.0764)	(0.0698)	(0.1285)	(0.1161)	(0.1479)	(0.0902)
gp	-0.1223	-0.1638*	-0.0283	-0.1479*	-0.0797	-0.1341**	-0.0823	-0.1736**
	(0.0890)	(0.0956)	(0.0545)	(0.0758)	(0.0523)	(0.0565)	(0.0559)	(0.0529)
rd	0.0069	-0.0101	0.0639	0.0050	0.8191**	0.6451**	0.0645	0.5474**
	(0.1153)	(0.1182)	(0.0931)	(0.1042)	(0.2829)	(0.2668)	(0.1772)	(0.1871)
hum	0.2235*	0.2170*	0.1035	0.1984*	-0.5823*	-0.4558	0.3652	-0.1973
	(0.1243)	(0.1272)	(0.0982)	(0.1072)	(0.2956)	(0.2924)	(0.2471)	(0.1781)
im	0.1550**	0.1323*	0.1966***	0.1179**	-0.0509	-0.0744	0.1298**	0.0305
	(0.0728)	(0.0719)	(0.0484)	(0.0492)	(0.0905)	(0.0912)	(0.0578)	(0.0481)
ipp	-0.0174	-0.0316	0.0392	-0.0306	-0.0023	-0.0350	-0.0017	0.0245
	(0.0352)	(0.0347)	(0.0302)	(0.0342)	(0.0407)	(0.0361)	(0.0478)	(0.0353)

续表

	解释变量：gp_1				解释变量：gp_2			
	(1)	(2)	(3)	(4)	(5)	(6)	(7)	(8)
mc		0.0984* (0.0430)		0.0951** (0.0410)		0.1648** (0.0544)		0.2758*** (0.0569)
gp × mc			0.0017** (0.0007)	0.0005** (0.0001)			0.0001** (0.0001)	0.0003*** (0.0001)
年份	控制	控制	控制	控制	控制	控制	控制	控制
AR（1）	0.000	0.000	0.000	0.000	0.000	0.000	0.000	0.000
AR（2）	0.117	0.099	0.124	0.165	0.121	0.123	0.452	0.117
Sargan 检验	0.364	0.294	0.181	0.355	0.369	0.142	0.536	0.112
工具变量滞后阶数	[12] [34]	[12] [34]	[12] [23]	[12] [23]	[12] [23]	[12] [23]	[12] [45]	[12] [23]
工具变量数	24	25	22	26	20	21	17	26
截面数	30	30	30	30	30	30	30	30
观察值	270	270	270	270	120	120	120	120

注：工具变量滞后阶数分别给出了前定变量和内生变量的滞后阶数。

（三）稳健性检验

市场竞争归根结底是企业间的竞争，尤其是不同所有制企业间的竞争。在中国特殊的转型背景下，地区市场竞争在所有制上体现为存量国有企业产权多元化和增量民营经济成长，因而我们还可以使用一个地区的国有经济比重来反映当地市场竞争水平。具体来说，本文以“国有及国有控股工业企业的总产值占当地规模以上工业企业总产值的比重”来衡量。这一数值越大，地区市场竞争水平越高；反之则反是。

静态和动态分析结果（限于篇幅未列示）表明，政府采购没有促进技术创新，甚至阻碍了技术创新；降低国有企业产出比重或提高市场竞争水平有助于政府采购发挥技术创新激励作用。

五、结论与政策建议

理论上，政府采购是从市场需求面驱动技术创新的重要政策工具，而中国的政府采购是否促进了技术创新却鲜有经验分析。本文首先从理论上阐明了政府采购发挥创新效应依赖于良好的市场竞争环境，提出了政府采购与市场竞争在激励技术创新中具有互补性的理论假说，然后采用静态和动态面板数据模型检验了中国政府采购对技术创新的影响。研究发现，现阶段我国的政府采购包括公开招标采购不仅没有促进技术创新，甚至阻碍了技术创新；市场竞争影响政府采购的技术创新效应，提高市场竞争水平能够显著增强政府采购的技术创新激励作用，政府采购与市场竞争具有互补性。因此，要发挥政府采购的创新激励作用，必须加强竞争性市场建设，将政府采购置于公平、公正、公开的市场环境下，使政府采购与市场竞争相容。

我国竞争性市场建设需要在中央政府的领导下，通过体制机制创新激励地方政府开放区域商品和服务市场。具体到政府采购，需要从以下几个方面着手：一是消除对外地供应商设置的显性或隐形门槛，打破政府采购市场的准入障碍，为各地供应商提供公平的竞争环境；二是尽快出台《政府采购法》实施细则，规范政府采购的组织、运营和监督，为程序化、标准化的政府采购工作提供规范性的操作指南；三是搭建全国统一的电子政府采购平台，从技术上保证各地的政府采购面向全国开放；四是创建促进地方政府良性竞争的制度环境，从根本上打破政府采购地方化的狭隘本位机制，形成地区间竞合的良性发展格局。正如科特尔和兰博（2012）指出的，发展中国家在采用促进创新的政府采购机制时，加强其政策能力至关重要。

参考文献

[1] 白重恩，杜颖娟，陶志刚等．地方保护主义及产业地区集中度的决定因素和变动趋势［J］．经济研究，2004（4）：29－40.

[2] 董雪兵，史晋川．累积创新框架下的知识产权保护研究［J］．经济研究，2006（5）：97－105.

[3] 胡凯，吴清，胡毓敏．知识产权保护的技术创新效应——基于技术交易市场视角和省际面板数据的实证分析［J］．财经研究，2012（8）：15－25.

[4] 赖纳·科特尔，韦科·兰博，贾根良等．发展中国家为什么不要加入WTO政府采购协议?［J］. 国外理论动态，2012（2）：49－59.

[5] 雅诺什·科尔奈．集权化与资本主义市场经济［A］//吴敬琏．比较（第59辑）［M］．北京：中信出版社，2012.

[6] Aschhoff B，Sofka W. Innovation on demand – Can public procurement drive market success of innovations?［J］. Research Policy，2009，38（8）：1235－1247.

[7] Geroski P A. Procurement policy as a tool of industrial policy［J］. International Review of Applied Economics，1990，4（2）：182－198.

Has Government Procurement in China Promoted Technological Innovation?

Hu Kai　Cai Hongying Wu Qing

Abstract: Based on the existence of the expected technological innovation effect of government procurement, this paper proposes a theoretical hypothesis that government procurement and market competition are complementary in regard to stimulating technological innovation and makes an empirical test by the provincial data from 2001 to 2010. The results are shown as follows: firstly, government procurement in China does not promote technological innovation, but even hinders it; secondly, market competition significantly affects the role of government procurement in technological innovation and insufficient competition hinders the due of government procurement in China. Therefore, in order to play the role of government procurement in stimulating technological innovation, it needs to improve the level of market competition, provide a fair and equitable market environment for government procurement and make government procurement compatible with market competition.

Key words: Government Procurement; Technological Innovation; Market Competition

论非税收入的几个基本理论问题*

刘尚希

【摘　要】非税收入作为一种财政收入形式，经历了预算外资金到非税收入、从“三乱”到非税收入管理规范化的历史演变。现代社会政府的双主体性和市场条件下的公共风险性决定了非税收入存在的必要性。非税收入的产生与公共产权密切相关，其管理需遵循法定主义、统一管理、风险最小化等原则。对于非税收入比重是否越低越好的问题，可以从价值判断和实证判断两个方面进行论证，结果表明非税收入和税收收入作为财政收入的两种不同形式，其职能作用不同，不能相互替代。

【关键词】非税收入；非税收入管理；税收；公共产权

一、非税收入的历史演变

（一）视为预算外资金的非税收入

作为一种财政收入形式，非税收入早在新中国成立初期就已存在，但主要是以预算外资金的形式区别于预算资金。

概括来讲，以预算外资金方式存在的非税收入，主要经历了以下几个阶段：第一，1950~1957年，预算外资金初步形成。这与当时放权的尝试有关。第二，1958~1977年，预算外资金呈“U”型发展。这与当时先放后收的体制变化相联系。第三，1978~1993年，预算外资金迅速膨胀。改革开放以来，对企业、部门、地方的放权运动全面展开，各自掌控的预算外资金也快速扩大，分配无序化显现。为了建立健全预算外资金的管理制度，1986年4月国务院发布了《关于加强预算外资金管理的通知》，明确界定了预算外资

* 本文选自《湖南财政经济学院学报》2013年第3期。

作者简介：刘尚希（1964—），男，湖南桃江人，财政部财政科学研究所副所长、研究员、博士生导师，国务院政府特殊津贴专家。研究方向：宏观经济、收入分配、公共风险、财政风险、公共财政、公共政策。

金的概念、范围、管理模式及使用原则，但其效果并不明显，预算外资金仍呈快速扩张趋势，并由此带来了种种腐败问题。第四，1993 年至今，预算外资金管理不断强化，逐步并最终全部纳入预算管理。1993 年中共中央办公厅、国务院办公厅转发了财政部《关于对行政性收费、罚没收入实行预算管理的规定》，将 83 项行政收费项目纳入财政预算。1996 年国务院发布了《关于加强预算外资金管理的决定》，逐步明确了对预算外资金要实行“收支两条线”管理。2001 年底，国务院办公厅转发了财政部《关于深化收支两条线改革，进一步加强财政管理意见的通知》，从 2002 年起选择部分单位做深化“收支两条线”改革试点。此后，国家深化了以“收支两条线”管理为中心的预算外资金管理改革。2010 年 6 月，财政部下发《关于将按预算外资金管理的收入纳入预算管理的通知》，决定从 2011 年 1 月 1 日起，将预算外资金管理的收入（不含教育收费）全部纳入预算管理。自此，预算外资金逐步退出历史舞台。

（二）非税收入的明确界定

非税收入是与税收收入并存的财政收入形式。其概念是在预算外资金管理过程中逐步形成的，是对财政收入形式的一种新分类，揭示出预算外资金的实质内容。

非税收入的形成经历了以下几个阶段：

第一阶段，提出概念。我国在《财政部、中国人民银行关于印发财政国库管理制度改革试点方案的通知》（财库〔2001〕24 号）文件中最早提出“非税收入”一词。其后，《关于 2002 年中央和地方预算执行情况及 2003 年中央和地方预算草案的报告》也提出要“切实加强各种非税收入的征收管理”。

第二阶段，做出范围界定。2003 年 5 月财政部、国家发改委、监察部、审计署在《关于加强中央部门和单位行政事业性收费等收入“收支两条线”管理的通知》（财综〔2003〕29 号）中第一次对“非税收入”范围做了界定，即“中央部门和单位按照国家有关规定收取或取得的行政事业性收费、政府性基金、罚款和罚没收入、彩票公益金和发行费、国有资产经营收益、以政府名义接受的捐赠收入、主管部门集中收入等属于政府非税收入”。这表明对非税收入的认识开始从预算外资金形式转为财政收入形式。

第三阶段，以“非税收入”正式发文。2004 年 7 月，财政部下发了《关于加强政府非税收入管理的通知》，进一步明确政府非税收入管理包括行政事业性收费、政府性基金、国有资源有偿使用收入、国有资产有偿使用收入、国有资本经营收益、彩票公益金、罚没收入、以政府名义接受的捐赠收入、主管部门集中收入，以及政府财政资金产生的利息收入等，并强调社会保障基金、住房公积金不纳入政府非税收入管理范围，表明非税收入作为一种财政收入形式正式登上我国的历史舞台。

（三）从“三乱”到单一财政收入形式

各地方政府和部门都有强烈的财力动机，总是希望自己掌控的资金规模越大越好。除尽力争取转移支付和财政拨款之外，在相当长一个时期内，各地方和部门还通过各种收费来扩大自身财力，“乱增收费项目，提高收费标准；乱罚款，甚至乱设关卡、乱找名目收费；乱集资、摊派”等“三乱”现象屡禁不止，严重影响了正常的经济社会秩序。面对乱收费、乱罚款、乱摊派这种状况，众多学者曾经提出了“费改税”的治理思路[1]。但这个思路也一度出现了认识上的偏差，认为只有税是“好的”，不是税都是“坏的”，以至于有人提出，要取消所有的收费，以根治“三乱”。这显然混淆了财政收入形式与财政收入管理中存在的问题，通过取消一种财政收入形式来解决财政收入管理中存在的问题，无疑是倒掉脏水时连同小孩也一块倒掉了。

随着实践的发展，人们渐渐认识到，收费等非税收入本身并不等于“三乱”，“三乱”现象的产生是长期以来人们对非税收入这种财政收入形式缺乏认识，从而导致管理失控。提出并使用政府非税收入概念，不只是深化了对财政收入形式分类的认识，更重要的是修正了长期以来仅从资金管理方式角度来观察财政运行的理财思想。非税收入理念的提出，使理财彻底跳出了预算内管理和预算外管理的框框，转而可以从收入取得方式的角度对政府财力结构进行分析，并探讨税收收入和非税收入的经济社会关系、功能作用以及管理方式等一系列问题。可见，非税收入的概念不是凭空产生的，是对我国当代财政实践的总结提炼，是对政府收入机制认识的深化，也是政府理财方式的进步。

（四）非税收入管理走向规范化

2001 年 4 月。全国财政综合工作会议在浙江召开，时任财政部副部长楼继伟在会上明确指出，当前预算外资金管理已经难以适应公共财政体制的要求，要创造条件，淡化预算外资金概念，实行全口径预算管理。自此，全国各地纷纷开始探索新形势下加强行政事业性收费、政府性基金等非税收入管理的新途径，并积累了诸多有效的做法和经验。2004 年 7 月，财政部下发《关于加强政府非税收入管理的通知》（财综〔2004〕53 号），明确指出非税收入是政府财政收入的重要组成部分，加强非税收入管理是市场经济条件下理顺政府分配关系、健全公共财政职能的客观要求，并从明确范围、实施分类管理、完善分成管理政策、深化收缴管理改革、加强票据管理、强化预算管理、健全监督检查机制和加快法制建设步伐等方面对如何规范非税收入管理提出了明确要求，指明了进一步规范管理的方向，从而标志着非税收入走上规范化管理轨道。至 2012 年，所有非税收入全部纳入预算管理，预算外资金变为历史，非税收入等于预算外资金的观念也一同成为历史的记忆。

二、非税收入比重是否越低越好

（一）价值判断

尽管当前对非税收入的认识有所提高，但依然存在这样一种价值判断：税比非税好。

正是基于这样一种价值判断，自然就产生了这样一种认识：非税收入越少越好。真理再往前迈一步，往往就变成了谬误。这种认识误区的形成也是有其特定历史背景的。

1. 特定背景

20 世纪 80 年代初，为了解决部门单位财政经费不足的问题，我国政府决定允许少数行政事业单位对少数特定名目实行收费制度，并均纳入财政管理。但随着收费规模的不断扩大以及部门单位利益主体意识的不断侵入，部门单位收费日见膨胀，没有收费权的单位想办法挤进收费行列，有收费权的则想方设法扩大这种权力。随着各项事业的发展需要，财政经费越来越紧张，这也为各部门单位扩大收费提供充足的理由。自己收钱自己花，基本不受约束，收费的甜头激励部门单位进一步扩大收费。这种越收越想收的循环使收费成了脱缰的野马，一发不可收拾，形成了乱收费、多头收费、重复收费的混乱局面。费改税在这种情况下应运而生，从而也使人们不由自主地产生了一种误判，即收费挤占了税收，应该以税收取代收费。其实，非税收入和税收收入作为财政收入的两种不同形式，其职能作用不同，不能相互替代。从世界各国的财政实践来看，税收与非税收入都存在，其比重高低依各国国情及政府级次的不同而不同。

2. 收费等同于“三乱”，只有税收才是规范的

这是在上述背景下形成的一个基本判断。长期以来，在预算外资金收入不能由财政统管的大背景下，各部门单位都存在尽可能扩大自身财力的冲动，想方设法地扩大预算外资金范围。收费无序化同时伴随着乱罚款、乱摊派，使企业、个人额外负担沉重，民怨沸腾。在这种情况下，将收费本身等同于“三乱”也是可以理解的。

比较而言，税收作为政府的主要收入形式，具有一套相对科学、严密的征收管理体系，且都纳入了预算管理，规范化程度较高。从税收这种收入形式所看到的相对规范，得出另一个判断：只有税收才是规范的。其实，这都只是看到了表面现象，或者说只是看到了管理层面的问题。从作为财政收入形式这个角度来看，税与非税同等重要，是不能相互替代的。收费之乱，是公共分配之乱，是收费管理之乱，其根源是政府财权过度分散，造成严重的财政管理缺失带来的。正因如此，在清理各种收费基础上，对包括收费在内的非税收入进行规范管理，而不是简单地取消收费，是正确的选择。只要像管理税收一样管理非税收入，收费等非税收入之乱就可以得到根治。

3. 正确区分财政收入形式与财政管理形式，是消除误判的一个重要方面

过去长期形成了这样一种格局：收费等非税收入属于预算外管理范畴，而税收属于预算内管理范畴。这很容易产生联想，认为财政收入形式与财政管理形式似乎存在某种关联，并由此赋予了某种性质，非税是非规范的，税是规范的。这混淆了财政收入形式与财政管理形式，两者是不同性质的两个问题。非税收入是政府的一种收入形式，与税收不是相互替代的关系，而是一种互补关系。预算外资金是相对于预算内资金而言的，是按照资金的管理方式对政府财政资金进行分类的结果。非税收入强调的是通过不同于税收的形式所取得的财政收入；预算外资金指的是没有纳入政府预算管理的这部分财政资金[2]。因此，不能因收费等非税收入长期实行预算外管理而否定非税收入作为一种财政收入形式的

存在价值。

（二）实证判断

从实证的角度来看，非税收入也并非越少越好。因为这与公共权力行使方式以及公共产权制度的存在密切相关。放弃非税收入，同时意味着放弃经济方式的规制权和所有权，如收费规制权、所有者收益权。非税收入是国家基本制度框架中规定的权利和权力的衍生物，不是凭空产生的。这与某一级政府或部门单位通过非法的自我赋权形成的非税收入不可混为一谈。

1. 非税收入是依据公共权力和公共产权取得的收入

根据取得收入的依据不同，公共收入可分为公共权力收入和公共产权收入两大部分。公共权力收入是依据国家强制性权力无偿取得的收入，包括税收收入、政府性基金、罚款和外国政府援助捐赠收入等，其基本特征是不存在经济交换；公共产权收入则是依据国家公共产权所有者身份而取得的收入，包括国有资源（资产）转让收益、国有资产经营收益、政府服务性收费和特许权收入等，其基本特征是存在经济交换关系。

非税收入中既有公共产权收入，也有公共权力收入，如行政性收费、罚款。之所以仍保留部分行政性收费，与政府规制有关，如排污收费，实质上就是一种规制性收费，是以规制某种行为为目的的。交通拥堵收费也与此类似。尽管规制功能正日渐出现由税收（如环境税）来承担的趋势，但各有不同的适用条件，收费与收税将并行成为政府规制的手段。除了规制性收费，在市场经济条件下还有使用收费，这属于交换关系。按世界银行有关文件的说法，使用费是指“为交换公共部门所提供特殊商品和服务而进行的支付”。使用费和税收的区别是明确的，即凡是公共部门可以通过市场提供的商品和服务就可以采用收费形式，否则就必须由税收来补偿。收取使用费有时比税收更为公平。而在公有制为主体的国家，公共产权收入应是政府非税收入的主要来源。这是国家所有权在经济上的实现。如果放弃所有权中的收益权，将会导致严重的社会不公平。

2. 现行公共收入机制是残缺不完整的

从现实来看，由于公共收入机制的缺陷，至少导致了两个方面的问题：第一，公共收入结构失衡，各种收入形式的增长不协调，对经济的扭曲性较大。这主要表现在税收收入的增长与非税收入的增长不协调，公共收入主要依赖税收收入。这一方面使宏观税负水平提高，容易对经济增长造成抑制效应，另一方面本应取得的公共产权收入却没有取得，造成公共产权虚置和产权收入流失，导致分配不公。第二，公共产权收入流失严重。公共产权收入的流失包括三个方面：一是依据公共产权应取得的收入被放弃了；二是依据公共产权取得的收入没有按照市场规则行使，只具有象征意义，大部分流失了，或成为招商引资的补贴，或成为权钱交易的筹码；三是取得的公共产权收入分散在政府的各个部门和国企，成为利益小团体的福利来源，甚至进了少数人的腰包。宪法规定的全民所有的资源、资产，其收益却被少部分人享用。这是忽视非税收入所产生的最严重后果。

三、非税收入存在的理论依据

现代社会，非税收入已经不再是可有可无，而是与国家权力结构有内在联系的重要公共收入种类。非税收入不仅仅是一种公共收入形式，也是一种化解公共风险的制度安排。

（一）现代国家政府的双主体性

现代国家政府具有公共主体和经济主体双重性质。所谓公共主体，是指政府拥有公共权力，为防范和化解公共风险的需要，可以强制无偿地取得所需的收入，这主要表现为税收收入。这是任何社会共同体都具有的共同特征。出于规制目的的收费，如罚款、排污收费、拥堵收费等，也是运用公共权力以经济方式防范和化解有害行为可能导致的公共风险的一种形式。究其根源，公共风险是税收和行政性收费存在的深层原因。

政府作为经济主体，是指其拥有经济权利，能将其拥有的资源资产通过市场交易获得收入，其目的是更公平而有效地配置公共资源。如土地出让、矿产资源勘探权和开采权出让、资产转让、股权红利、利息收入、经营收益，以及针对特定公共服务的收费，如通行费、证照费等，从而形成非税收入[3]。发债筹资也属于广义的非税收入范畴，但在狭义的非税收入界定中不包含。将政府设定为经济主体是为了限制政府的公共权力，使其与其他经济主体平起平坐。任何国家政府同时都是经济主体，是市场经济度对国家权力加以约束的结果，也是防范化解公共风险的需要。无论是公有制为主体的国家，还是私有制为主体的国家，都是出于同样的目的，基于同样的原因，不同的只是历史条件和实施方式。

（二）市场条件下的风险分担

政府的使命是防范和化解公共风险，市场是分散风险的一种机制，政府同样可以利用市场这种机制来分散风险。假如取消非税收入，则会扩大风险；而有了非税收入这种收入形式，则有利于化解风险。

1. 公共服务的筹资风险

公共化程度日益加大的社会需要政府提供的公共服务规模不断扩大。在历史上看来都是私人的事情，如养老、就业、看病、上学、住房等，在现代社会全都转变为政府的公共服务。社会基础设施和城市公共设施的提供也属于政府的责任，这都是共同体社会的公共化程度不断扩大的结果。公共化程度加大了公共风险，政府需要更多的财力支撑。从世界发展史来看，近 100 年来国家的财政收入规模均呈持续扩张趋势，无一例外。为了化解公共风险，却引发了另一种风险——政府筹资风险。这种风险在部分国家进而变成了危机。提高税负成为现代社会政府的巨大风险，有的甚至因此而垮台。从发展趋势看，非税将成为政府未来筹资的另一种选择。使用者付费，将是市场经济条件下一个重要的筹资选择。

对于拥有巨大公共资源的我国而言，扩大非税收入尚有巨大的空间，这是许多国家化解筹资风险所不具有的优势。

2. 公共资源的效率损失风险

我国的基本经济制度决定了大量生产要素属于国家所有。但只要走市场经济之路，国有的生产要素就必须以市场方式进行配置，也就是通过市场交易来完成转让、流动和重组。而这个交易过程将会带来大量的非税收入。国有生产要素通过交易形成的价格，有利于优化资源配置。如果放弃这种非税收入，或非税收入不以市场交易方式形成，则会导致国有生产要素价格信号失真，势必带来巨大效率损失，导致巨大资源环境风险。

3. 公共资源的公平损害风险

全民所有的资源、资产，其产生的收益即为非税收入，应当通过预算安排实现全民共享。但实际的情况远非如此，公共资源在配置过程中被少数人占有和享用了，极大损害了社会公平。少数人的暴富，与国家非税收入的流失有密切的关系。一定意义上来说，这是忽视非税收入所导致的后果。要扭转这种状况，不仅要强化既有非税收入的预算管理，更要重新认识非税收入的来源，从国家经济权利实现的高度来强化非税收入的源泉管理。

四、公共产权与非税收入

非税收入的产生与社会产权结构存在内在的逻辑关联，因为非税收入很大一部分源自于公共产权。一般来说，以公共产权为主的社会产权结构，产生非税收入来源较多；以私人产权为主的社会产权结构，产生非税收入来源较少。一个国家的公共收入中税收与非税收入所占比重，不是取决于政府的偏好，而是取决于一个国家的社会产权结构。

（一）公共产权的形成

新中国成立伊始，没收官僚资本为国家所有，形成了初步的公共产权。宪法中明确规定土地、矿山、河流、森林等为国家所有，形成了公共产权的法律基础。随着对资本主义工商业的社会主义改造，即国有化运动，大量私营企业通过赎买等政策实现了国有化，社会主义公有制经济得以确立，以公共产权为基础的社会结构也由此形成。

随着公有化程度越来越高，财政的基础也渐渐立于公有制之上，转变为公有制财政，而且主要位于全民所有制范围之内。财政取之于国有企业和集体企业，主要用之于国有企业、国家建设项目。计划经济下的财政推动了国家工业化进程，同时也形成了大量的公共产权——分布于各个行业的庞大经营性国有资产和非经营性国有资产。改革开放之后，集体企业和国有企业大量改造转制，私营企业也大量发展，私人产权扩大，但公共产权的主体地位依然保持，尤其是在资源要素方面，如土地、矿藏等，公共产权的属性并未因改革开放而改变。

（二）公共产权收益

公共产权一旦进入市场，就会产生各种收益。如土地和矿藏的使用权、开采权出让、资产出租出让、资产经营、股权持有或转让、债权持有或转让、利息等，任何与公共产权相联系的交易都会产生公共产权收益。界定产权，实质是界定收益权，无收益权的产权是无意义的，公共产权也是如此，按照市场规则进入市场，获取公共产权收益，是公共产权实现的标志。否则，公共产权就是名存实亡。按照“生产条件的分配决定生产成果的分配”这个原理，公共产权及其收益有利于遏制分配差距扩大，可促进共同富裕。就此而言，公共产权收益与社会主义的经济本质有内在联系。

作为政府非税收入的重要组成部分，公共产权制度不健全，公共产权收益制度也不完善，是我国政府公共收入管理的薄弱环节，尤其在当前我国税制改革面临简并和减负的情况下，公共产权收益是公共收入的重要增长点，如何健全公共产权收益制度，应成为各级政府和财政部门非税收入管理的重心。公共产权收益的流失，不只是非税收入的流失，而且是公有制的空心化，潜在的风险是巨大的。

五、非税收入管理的原则

（一）法定主义原则

非税收入的征收依据、程序、标准，以及资金管理和使用都应遵循法定原则。尽快建立健全政府非税收入管理的法律体系，是强化非税收入管理的基本前提。应尽快研究出台《公共机构收费许可法》《公共产权收入法》《国家非税收入征管法》等法律，以明确各个责任主体的权利义务关系，避免重蹈“三乱”覆辙。在国家法律没有出台的情况下，地方可因地制宜颁布《非税收入管理条例》，根据非税收入的不同项目制定具体征收管理办法。同时，按照政府非税收入管理改革的要求，修订和完善我国现行的预算管理法规。

（二）统一管理原则

当前非税收入管理权依然分散在政府的各个部门，虽然非税收入的收入、支出流程纳入了财政管理视野，但如何收、如何用的权限主要在政府的各个部门，财政主要在统计、票据、账户管理方面发挥作用。非税权应当与税权一样，实行集中统一。在具体征收方面，可以分类、分权管理，但在项目、标准、程序等方面应集中到财政部门，不宜分散。从政府非税收入管理模式的现状来看，在适当分权、分级分类管理的基础上，应逐步集中管理权，强化财政对非税收入征收与使用的决策与监督，使肢解的财政职能重新回归统一。政府非税收入与使用全部纳入预算管理，实现政府非税收入使用管理从“双规”变

"单轨"[4]。财政部门应通过收入预算监督非税收入征收，通过支出预算监控非税收入的使用，从而将政府非税收入的取得与资金使用完全纳入财政管理体系之中，彻底实现政府所有收支的集中统一管理。

（三）风险最小化原则

这是非税收入管理应遵循的一条基本原则。管理在本质上是风险的管理。非税收入管理要从风险着眼，以风险思维来考虑非税收入管理制度的改革创新，以公共风险的大小来衡量非税收入管理的成效。非税收入管理到位，可以化解诸多风险，如前面提到的筹资风险、效率损失风险、公平损害风险，否则就会引发这些风险。因此，非税收入管理改革的设计就不能就事论事，仅仅从非税收入本身出发，而是应从相关联的各种公共风险来考虑。当前非税收入管理制度之所以残缺不全，一个重要原因是缺乏风险导向的思维，以至于对非税收入大量流失所导致的风险视而不见。

风险的防范和化解依赖于管理制度。而管理制度残缺、存在漏洞，显然就会释放风险、加大风险并使风险产生变异。进行风险评估是发现制度漏洞的有效方法，应对非税收入管理制度进行有效的风险评估和风险应对。只有这样，非税收入作为一种化解公共风险的制度安排才会发挥作用，才不会起相反作用——放大公共风险。

参考文献

［1］赵红兵．加强非税收入管理提升政府调控能力［J］．中国财经信息资料，2012（28）：42－45.

［2］诸素雅．加强非税收入监管的制度思考［J］．预算管理与会计，2012（8）：45－47.

［3］易继元．非税收入管理的成效、困难及对策措施［J］．湖南财政经济学院学报，2011（3）：9－13.

［4］曾蔚．浅谈加强非税收入管理［J］．现代商业，2010（24）：152－153.

Study on the Basic Theory Problem of Non – tax Revenue

Liu Shangxi

Abstract: As a form of fiscal revenue, non – tax revenue has experienced a historical evolution from non – budgetary funds to non – tax revenue and from "Sanluan" to non – tax revenue management standardization. The necessity of the non – tax revenue is determined by the government's dual subjectivity of modern society and public risk under market condition. The generation of non – tax revenue is closely related to public property, and its management should follow the principle of statutory, unified management and risk minimization. For the question of whether the lower non – tax revenue proportion, the better, we can prove from two aspects of value judgment and empirical judgment, and results show that as the two different forms of revenue, the function of non – tax revenue and tax revenue is different and they can't replace each other.

Key words: Non – tax Revenue; Non – tax Revenue Management; Tax Revenue; Public Property Rights

营业税改增值税：试点评价与改革方向*

马海涛　李　升

【摘　要】营业税改增值税试点改革（以下简称“营改增”）有助于完善税制、减少重复征税、实现国民经济产业均衡发展、完善税收征管实践。“营改增”目前已于多省市试点，并采取了一系列缓解改革难题的过渡性措施，但全面推进这项工作将会进一步触及纵向税收收益权的调整与税收征管难题，必须进一步明确改革方向并采取相应措施化解困难。

【关键词】营业税改征增值税；改革难点

一、“营改增”改革试点的评价

在货物劳务税两大税种中，增值税主要针对第二产业（除建筑业外），营业税则针对绝大部分服务业。与增值税相比，营业税存在税负明显偏高、行业间税负不均衡、对流转额重复征税、致使增值税抵扣链条中断等问题，无法适应当前加快转变经济发展方式、调整经济结构、完善税制的现实要求，“营改增”具有迫切的现实必要性。

（一）试点行业和地区选择的分析

上海的改革方案选择交通运输业及部分现代服务业（6 个）作为试点行业，即“1+6模式”。选择交通运输业作为试点行业主要考虑到如下因素：一是交通运输业与生产流通领域关联度较高，属生产性服务业；二是运输费用属于现行增值税进项税额抵扣的范围，其发票已纳入金税工程管理系统，改革遇到的技术障碍较小；三是交通运输业的营业税与其上下游产业的增值税存在着衔接不足的问题。选择部分现代服务业作为试点行业主要考

---

* 本文选自《税务研究》2013 年第 4 期。

基金项目：本文为教育部人文社科研究青年基金项目“财政体制视角下的房产税改革：理论与实证分析”（项目批准号：12YJC790100）的阶段性成果。

虑到：一是现代服务业是衡量一国经济社会发达程度的主要标志，对其进行“营改增”有利于经济结构调整，加快转变经济发展方式；二是选择与第二产业关系密切的部分现代服务业进行试点，可减少专业化分工导致的重复征税问题，既有利于现代服务业发展，也有利于第二产业升级与技术进步，实现产业结构的整体优化。

截至目前，共有12个省市进行了部分行业的“营改增”改革。从实际运行看，北京于2012年9月1日完成新旧税制转换，江苏、安徽于2012年10月1日完成新旧税制转换，福建（含厦门）、广东（含深圳）于2012年11月1日完成新旧税制转换，天津、浙江（含宁波）、湖北于2012年12月1日完成新旧税制转换。“营改增”改革涉及的地域范围包括华北、华东、华中和华南地区，涉及的经济区域包括环渤海经济区、长三角经济区、珠三角经济区、海峡西岸经济区和长江中游经济区。之所以选择这些试点省市，主要是因为第三产业在这些地区所占比重较大，对“营改增”的改革愿望也更为强烈。北京、上海的这一比重分别为76.1%、58%，其他试点省份的这一比重也相对高于非试点地区。

（二）试点行业的税负变化分析

从改革方案看，扩大试点的地区与上海适用同样的试点方案与试点行业。试点政策的主要内容包括：从事交通运输业和部分现代服务业的纳税人自新旧税制转换之日起，由缴纳营业税改为缴纳增值税；在增值税17%和13%两档税率的基础上，新增11%和6%两档低税率（见表1）。

表1　试点行业的税率变化　　单位:%

数率 行业	改革前的营业税税率	改革后的增值税税率	税负保持平衡所需要的增值率
交通运输业	3	11	37.5
研发和技术服务	5	6	500
信息技术服务	5	6	500
文化创意服务	5	6	500
物流辅助服务	5	6	500
鉴证咨询服务	5	6	500
有形动产租赁	5	17	41.67

注：表中“营改增”后的增值税税率是指一般纳税人的税率，不包含小规模纳税人的税率。

现行增值税对小规模纳税人主要采取简易征收方式，因此改革后小规模纳税人税负下降比较明显，大多数行业（除交通运输业外）的税率从5%下降到3%（见表1），税负下降达40%左右，对于现代服务业和小微企业发展具有重要促进作用。

对改革后为一般纳税人的，需结合各行业增值率的大小进行税负分析。表1显示了保持改革前后税负平衡所需要的行业增值率水平。对于研发和技术、信息技术、文化创意、物流辅助、鉴证咨询等现代服务业，“营改增”有利于其降低税负，但保持税负均衡所需要的增值率为500%，而这显然高于现实。对于交通运输业，如果行业或企业的增值率大于37.5%，改革就会带来税负的降低。对于有形动产租赁，改革前后税负保持平衡所需的增值率为41.67%。由此判断，大多数行业在“营改增”后能降低原有的税负水平，但其税负下降程度将因行业增值率和进项税额抵扣时间的不同而有所不同，这一情形在当前的“营改增”试点中已经显现。

从“营改增”后相关税收政策的调整变化看，为保持政策的稳定性和持续性，目前的试点纳税人原来享受的技术转让等的营业税减免税政策，试点后调整为增值税免税或即征即退政策。试点地区和非试点地区现行增值税一般纳税人向试点纳税人购买增值税应税服务，可抵扣进项税额；试点纳税人提供的符合条件的国际运输服务、向境外提供的研发和设计服务，适用增值税零税率；试点纳税人在境外或向境外提供的符合条件的工程勘察勘探等服务，免征增值税。因此，“营改增”后，增值税进项税额可抵扣和出口可免税或退税的优势将得以贯彻和实施，纳税人税负会确实减轻，营业税的重复课税问题也将得以解决。

（三）试点地区的税收征管数据分析

由于各试点地区的改革部署时间不同，各地的实际进展情况也有所不同，下面从税收征管角度对各地试点的具体情况加以分析。

由表2可知，“营改增”涉及的纳税人以小规模纳税人为主，所占比例在60%～90%。这种纳税人结构存在如下问题：第一，如前所述，小规模纳税人的货物劳务税负担虽可下降，但因其进项税额无法抵扣，并未缓解重复课税问题；第二，小规模纳税人的下游企业无法从小规模纳税人获得专用发票，致使进项税额抵扣无法进行。因此，以小规模纳税人为主的纳税人格局在一定程度上限制了增值税功能的发挥，但这种制度损失可能会促使小规模纳税人未来致力于完善会计核算制度，提升营业能力，向一般纳税人靠拢，以获取更大的税收制度收益。

除上海之外，多数地区分置国地税部门，北京等地已遇到国地税部门工作衔接不力等方面现实问题。[①] 表2数据也表明，“营改增”后，国税部门面临着纳税人激增的现状，由此带来的税收征管难题有所增加，例如，国地税部门之间的信息共享不足、基层税务人员的任务加重、纳税人虚开发票等。

---

① 《营改增扩围考验：最大难题国地税衔接不畅》，《新浪财经》2013年1月4日。

表 2 “营改增”试点地区的纳税人类型情况

地区	一般纳税人（万户）	小规模纳税人（万户）	总和（万户）	小规模纳税人占比（%）
北京	3.9	14.5	18.4	78.8
上海	4	8.6	12.6	68.25
天津	1.49	2.39	3.88	61.60
浙江	1.35	6.05	7.4	81.76
宁波	0.36	1.28	1.64	78.05
湖北	0.37	2.99	3.36	88.99
安徽	0.34	2.77	3.11	89.07
江苏	1.71	9.13	10.84	84.23
福建（含厦门）	0.41	2.54	2.95	86.10
广东（含深圳）	1.2	18	19.2	93.75

注：各地数据的获取时间分别如下：北京，2012 年 12 月；上海，2012 年 6 月；天津、浙江，2013 年 1 月 18 日；湖北、宁波，2012 年 12 月 1 日；安徽，2012 年 11 月 9 日；江苏，2012 年 9 月 23 日；福建，2013 年 1 月 22 日；广东，2012 年 10 月 24 日。

资料来源：各地财税部门公布数据。

（四）“营改增”试点方案评价

虽然试点方案通过新增两档低税率、“营改增”税收收入暂归试点地区地方本级收入、延续试点行业原有营业税优惠等一系列举措降低了改革难度，但现行试点方案至少存在以下问题：①引入 6% 和 11% 的两档新税率，使增值税税率复杂化。增值税实行严密的前后环节税款抵扣制度，试点方案中的税率复杂化将人为中断抵扣链条。②“营改增”收入暂归试点地区地方本级收入做法致使纵向财力分配规划复杂化，不宜推广。无论“营改增”带来的是增税还是减税，“营改增”收入均归试点地区本级收入，这改变了分税制中的增值税固有分成比例，若在全国范围内推广现有方案，由于各地的营业税比例不同，会使得各地增值税分成比例参差不齐，造成分税制纵向财力分配规则的复杂化。③增值税改革采取区域试点的方法，从长期看会造成税收的“洼地效应”。非试点地区的企业会倾向于与试点地区企业进行交易，从而增加试点地区的税收收入。

二、“营改增”改革难点分析

（一）对财政体制的影响

（1）“营改增”改革，受制于财政体制的约束。“营改增”缩小了营业税的征税范围，在财政体制框架的约束下，地方财力必然减少，由此进一步加剧了中央与地方之间的财力分配难度，这是“营改增”面临的最大体制障碍。表3表明，2002～2011年地方税收中有47%～58%来自于增值税和营业税，其中，营业税比重在31%～35%，是地方财政收入最大的税收来源。由于营业税在地方各层级财政中属于共享税，因此“营改增”对财政体制的影响将延伸至基层政府。但应当认识到，财税体制的设计不应以影响税制本身的经济效率为前提，或者说税制的经济效率，属于制度合理性问题是第一位的，而政府间财力分配，属于体制规范性问题是第二位的，财税体制的设计应服务于税收本身的经济效率，保持“中性”特征。

此处以2010年为例，若将交通运输业、仓储业、建筑业的营业税税基全部划入增值税，① 假设税负不变，按照75%：25%的税收分享比例，将使地方减少税收收入大约2445.16亿元，是当年地方营业税的22.2%，地方本级财政收入的6.02%；若假设营业税税率从5%下降到3%，将使地方减少税收收入2771.18亿元，是当年地方营业税的25.18%，地方本级财政收入的6.82%，这无疑给中央与地方的事权及财力的配置格局带来难题，由此造成的地方财政缺口不可忽视，需采取相应配套措施逐步解决。

表3　2002～2011年增值税和营业税在我国地方税收收入中的比重

项目 \ 年份		2002	2003	2004	2005	2006	2007	2008	2009	2010	2011
营业税	数额（亿元）	2295.03	2767.56	3470.98	4102.8	6379.51	4968.2	7394.3	8846.88	11004.57	13504.44
	比重（%）	30.99	32.90	34.71	32.24	33.14	33.83	31.8	33.82	33.65	32.85
增值税	数额（亿元）	1547.38	1810.99	2404.43	2644.22	3867.62	3196.38	4499.2	4565.26	5196.27	5989.25
	比重（%）	20.89	21.53	24.05	20.78	20.09	21.76	19.35	17.45	15.89	14.57
上述比重之和（%）		51.88	54.43	58.76	53.02	53.23	55.59	51.15	51.27	49.54	47.42

注：比重是指各项税收占地方税收收入的比重。

资料来源：相关年度《中国统计年鉴》。

（2）“营改增”改革，将进一步加深税源和税收的背离矛盾。增值税的税基具有很强的流动性，理论上作为中性税收，其税负最终由消费者承担，因此一般按照税收的受益原则在消费地征收。但目前我国实行的是生产地课税原则，生产地所在区域政府享受增值税地方分成的大部分，消费地政府只能得到较少部分的增值税，由此产生了增值税税源和税收背离的问题。分税制下，地方政府可以获得包括25%的增值税分成以及隐含在税收返还中的增值税部分，按照2002～2011年的平均数（见表3），增值税占地方税收收入比重达20%，在利益驱使下，地方政府会想方设法增加增值税收入，从而加重税源与税收的背离程度。

① 此处的分析若考虑更多的行业，则“营改增”所减少的地方财力将会更大。

这里，我们做如下假设：①各区域税收按照现行税法足额征收，且征收率大体相同；②相同数量的地区工业增加值和批发零售业增加值（此为增值税税基）提供相同数量的税收；③由于批发零售业增值税基本上是单环节征税，不存在流转性，因此增值税税源与税收的背离主要来自工业增加值，尤其是制造业。

$$理论增值税 = \frac{\sum_i VAT_i}{\sum_i GGDP_i} \times GGDP_i$$

其中，VAT 代表增值税，GGDP 代表工业增加值，i 表示第 i 个省份。表 4 测算了 2011 年增值税的税源与税收背离情况。

表 4 表明，有些地方无税源却有税收，有些地区有税源却无税收的情形相当普遍。净流入量最大的是上海，其次为北京，继而依次为山西、浙江、江苏、广东，大多为经济发达地区，这说明增值税的生产地课征原则进一步带来了区域间的财力不均衡。由于“营改增”提升了增值税地位和比重，“营改增”后地方分成比例也会进一步提高，将会导致增值税税源和税收背离加剧。

（二）对税务管理的影响

增值税在税务管理上区分一般纳税人和小规模纳税人，目前在我国增值税纳税人中一般纳税人只占总户数的 10% 左右。小规模纳税人采取简易征收的办法，只能取得增值税普通发票，不能进行增值税进项税额的抵扣。营业税的征税对象多为中小企业，“营改增”实行后多数营业税纳税人将变为小规模纳税人。[①] 小规模纳税人经营较为分散，难以建立规范化的会计制度，抵扣机制不规范的问题将会随着小规模纳税人的增多而进一步凸显，加重增值税的管理难度。由于小规模纳税人难以与其上下游的增值税一般纳税人实现抵扣链条的有效衔接，当前情况下并不适宜将所有服务业纳入“营改增”，征税范围的扩大应充分考虑各行业生存和发展的具体情况、行业会计核算体系的健全程度与税务机关的征管水平，在充分调研的基础上审慎推进。

表 4 2011 年增值税的税源与税收的背离情况 单位：亿元

项目 地区	增值税 （1）	理论增值税 （2）	税源与税收的背离 （1）－（2）
北京	237.76	78.75	159.01
天津	141.32	140.28	1.04
河北	229.85	304.02	-74.17
山西	239.97	153.94	86.03

① 肖绪湖、汪应平：《关于增值税扩围征收的理性思考》，《财贸经济》2011 年第 7 期。

续表

项目 地区	增值税 （1）	理论增值税 （2）	税源与税收的背离 （1）－（2）
内蒙古	179.87	183.43	-3.56
辽宁	218.32	276.29	-57.97
吉林	92.78	127.03	-34.25
黑龙江	145.48	144.72	0.76
上海	416.70	186.2	230.50
江苏	650.80	575.5	75.30
浙江	461.75	379.26	82.49
安徽	164.68	182.41	-17.73
福建	164.22	198.24	-34.02
江西	105.90	139.79	-33.89
山东	413.82	549.55	-135.73
河南	181.38	360.31	-178.93
湖北	148.36	220.53	-72.17
湖南	135.24	209.81	-74.57
广东	701.17	636.69	64.48
广西	86.13	125.31	-39.18
海南	19.61	12.27	7.34
重庆	81.78	121.15	-39.37
四川	185.12	245.15	-60.03
贵州	76.41	47.25	29.16
云南	136.64	77.34	59.30
西藏	5.18	1.24	3.94
陕西	176.05	151.31	24.74
甘肃	48.95	49.69	-0.74
青海	22.93	20.97	1.96
宁夏	24.40	21.1	3.30
新疆	96.70	69.75	26.95

资料来源：2012 年《中国统计年鉴》。

三、下一步推进“营改增”的方向选择

（一）采取渐进方式，分区域、分阶段进行“营改增”改革

首先，“营改增”改革应分区域进行。从长远来看，此项改革应尽快在全国推广，以减少“税收洼地”的存在。但当前应在试点地区的基础上，综合考虑区域经济均衡发展和鼓励第三产业发展的原则，进一步选择东、中、西部各区域经济板块中具有区域经济引领功能的省份进行改革，尤其是选择第三产业占 GDP 比重高的省份，以期尽快实现“十二五”时期第三产业发展的宏观目标。

其次，“营改增”应分阶段进行。改革优先在与第二产业关联度相对密切的行业推行，如交通运输业、建筑业、不动产销售业、融资租赁业、邮电通信业、仓储业等，以消除或减少因营业税与增值税并存所引起的增值税抵扣链条中断等问题。选择适当时机，将代理、广告、旅游业、无形资产销售等服务业纳入增值税征收范围。

（二）简化税率，通过税率调整达到均衡税负的目的

“十二五”规划纲要指出，我国未来税制改革的原则之一是“公平税收负担”。“营改增”试点改革新增两档税率，使得增值税的税率档次过多，违背了作为中性税收的税制设计初衷，有必要综合考虑税负均衡等多方面因素，简化税率结构。未来可逐渐减少税率档次，保留 13% 和 17% 两档税率，对于需要刺激其发展的部分行业，可通过增值税即征即退或先征后退等优惠政策，或企业所得税的行业税收政策，加以体现。

（三）推进相关税制改革，调整优化中央与地方税收收入划分比例

“营改增”直接关系到现有税制结构的优化和财政体制的调整。目前对于“营改增”试点改革中收入暂归试点地区地方本级收入的做法，不宜在全国推广，未来应进一步调整和统一增值税的分成比例，提升增值税的地方分成比例，由此进一步增加纵向财力分配的共享税份额。

在推进“营改增”的同时进行顶层设计，积极培育和完善房产税、资源税等地方税主体税种，完善地方税体系，以弥补“营改增”所带来的地方减收影响。同时在税收收益权的纵向分配上，房产税、资源税的分税合同契约形式（吕冰洋等，2011）将弥补增值税的分成合同契约形式所存在的有限激励问题。[①] 合理、科学的税制配套改革有助于推

① 此处的分税合同和分成合同等两种契约形式，是针对纵向税收收益权的划分形式。分税合同是中央或地方完全拥有某一税种的税收收益权，分成合同是中央与地方对某一税种采取分成的办法分配税收收益。两种形式的财力激励效果是不同的，分税合同由于某一级政府完全拥有税收收益而对该级政府具有最大的激励，而分成合同的激励效果次之。

动经济结构的良性循环、改善地方政府的治税思维，从而实现税收的长期持续增长。

通观整体税制格局，在不增设新税种的情况下，可以充当地方主体税种的，当属营业税、增值税、企业所得税、个人所得税、城市维护建设税、新的资源税、尚待推广的住宅房产税。资源税受税收征管难度的约束较小，征收相对容易。从资源税改革的财政收入效应看，若以占税收收入比例较大的资源税品目即原油、天然气、煤炭、石灰石、铁矿石为主要测算对象，以 2011 年各资源产量和资源价格为依据，以 5% 为从价税率计征，2011 年上述资源税收入大致为 3180 亿元，相当于当年实际资源税收入的 5.34 倍。若仅从税收收入额的增减量看，资源税给地方带来的增收效应，足以抵消“营改增”给落后地区造成的减收影响。对房产税改革而言，据中国指数研究院房地产动态政策设计研究组的测算，2010 年底我国城镇住宅总价约 50 万亿元。以上海的试点方案为参考，免除首套房的税收负担，假设以上述城镇住宅总价的 1/3 为房产税的课税范围，按 1% 的税率计算，则房产税收入为 1670 亿元，相当于 2010 年 894 亿元房产税收入的 1.9 倍；若将房产税的课税范围扩大为上述城镇住宅总价的 1/2，房产税收入将达 2500 亿元，占地方本级财政收入的 6.15%，成为仅次于营业税、增值税、企业所得税的第四大地方税种。

（四）逐渐减少增值税的税收返还，完善转移支付体系，实现区域间财力均等化

从国际经验看，增值税的跨境交易问题一直是困扰各国增值税征管的难题（姜明耀，2012），这种跨境交易问题在我国进一步加剧了经济发达地区（生产地）与不发达地区（消费地）的财力差距。笔者认为，与其在税收征管方面突破跨境交易问题，面临高昂的征管成本，还不如依托现有的转移支付体系，逐渐取消税收返还，改变当前按照各地实现的增值税额进行纵向财力分配的做法，将原有税收返还的财力用于充实中央均衡性转移支付资金，以实现基本公共服务均等化，从而缩小增值税税源与税收背离所引致的区域间财力差距。

（五）积极应对税收征管难题，弥补“营改增”的征管效率损失

首先，通过征管机制创新、制度创新、技术创新，强化增值税的税收征管水平。针对“营改增”过程中出现的税收征管难题，有必要改进税收征管水平和机制，依托金税工程，加强和完善“营改增”纳税人的税务登记、纳税申报、纳税评估，强化税源管理，提升纳税服务水平，推进税务管理的分级分类管理，建立健全税务风险防控机制，防止出现税收监控漏洞。

目前对小规模纳税人，主要以年销售额标准和会计核算标准进行认定，改革的方向是逐渐降低一般纳税人的准入门槛，推广一般纳税人的正常抵扣机制。进一步加强对小规模纳税人财务会计核算及管理的监督，使其向一般纳税人逐渐靠拢。鼓励小规模纳税人到会计师事务所和税务师事务所委托建账建制，逐步规范其会计核算及管理。此外，还可由税务机关为小规模纳税人代开增值税专用发票。或者在技术创新允许的情况下，将普通发票纳入增值税金税工程管理范围，以解决广泛存在的增值税小规模纳税人的征管问题，完善

增值税的抵扣链条。

其次，理顺营业税与增值税之间的税制关系和征管关系。营业税征收简捷灵活，便于纳税人遵从和税务部门征管，其税收负担总体不重且便于调整，无须考虑财务健全以及交叉稽核等问题，相对适合我国当前税务管理的技术水平，营业税还需继续存在一定时期。在营业税继续存在的背景下，可考虑将部分行业的营业税税率适度降低，与增值税小规模纳税人的税负基本持平。此外，在无法将第三产业全部纳入增值税的情况下，为解决增值税抵扣链条断裂的问题，延续现行增值税对运输费用的处理方法，对企业购买服务产品的投入允许进行一定比例的抵扣。对此，应注意强化相关部门间协作的法律责任，实现国地税等有关部门计算机系统的联网和融合，采取国地税部门统一的税务识别号，将纳税人涉税资料统一存入税收业务综合管理信息系统，便于税源控管。

参考文献

［1］吕冰洋，郭庆旺．中国税收高速增长的源泉：税收能力和税收努力框架下的解释［J］．中国社会科学，2011（2）．

［2］肖绪湖，汪应平．关于增值税扩围征收的理性思考［J］．财贸经济，2011（7）．

［3］姜明耀．货物与劳务双元增值税模式探讨——增值税“扩围”改革的一个过渡方案［J］．财贸经济，2012（3）．

The Pilot Reform for Replacing Business Tax with VAT in China: Evaluation and Future Direction

Ma Haitao　Li Sheng

Abstract: In the presence of replacing business tax with VAT, it is helpful to improve the tax system and tax administration, reduce double taxation and achieve a balanced development of the national economy. The pilot reform has been carried out in several provinces and cities in conjunction with a series of transitional measures to resolve the resultant difficult problems. This paper presents some difficult problems to be dealt with in the aspects of adjustment of vertical tax income and tax administration when promoting such reform in an all – around manner. The paper argues that it is necessary to clear the direction of reform further and puts forward some countermeasures.

Key words: Replacing Business Tax with VAT; Major Reform Issues.

预算管理体制改革：国际经验与未来构想*

苟燕楠

【摘　要】本文从控制财政风险、优化配置公共资源、提升资金使用效率三方面入手，回归基本问题，系统梳理了发达国家预算管理体制改革的经验。在此基础上，从我国政府治理的实际和现实需要出发，提出了围绕法治政府和责任政府建设，全面推进预算管理体制法治化、理性化、民主化、绩效化的总体思路，以及营造法治环境、控制财政风险、健全决策机制、加强审查监督、完善财政体制、创新管理模式的路径选择。

【关键词】预算管理体制；预算规则；预算审议；全口径预算；预算绩效管理

预算是政府的血液，预算失灵，遑论善政。[1]一个世纪以来，经济潮涨潮落，社会日新月异，政府推陈出新，各国预算回应现实需要，因势利导，引领变革，历经变迁。本文对发达国家预算管理体制改革的梳理力求面向实践前沿，聚焦重大问题，剖析先进经验，总结一般规律。对我国预算管理体制未来的构想从建设法治政府和责任政府的要求出发，力求面向实际需要，规范政府行为，转变政府职能，提升政府效能。

一、预算管理体制改革的国际经验

为充分发挥预算在现代国家治理中的核心作用，世界各国从经济社会发展的实际需要出发，积极推动预算管理体制改革，宏观层面控制财政风险，中观层面优化配置资源，微观层面提升管理效率，取得了一些可资借鉴的宝贵经验。

---

* 本文选自《中国行政管理》2013 年第 8 期。

基金项目：本文系国家社科基金项目“我国地方政府绩效预算改革的实证研究”（项目编号：11CJY085）、国家社科基金重大项目“我国预算绩效指标框架与指标库建设研究”（项目编号：12&ZD198）、国家社科基金重大项目“中国特色社会主义民主政治的制度优化与规范运行研究”（项目编号：12&ZD075）的阶段性成果。

（一）控制财政风险

“二战”后，发达国家经历了普遍的经济繁荣，凯恩斯主义大行其道，政府迅速扩张，政治家们竞相许诺，福利支出大幅增长，预算领域缺乏有效的平衡机制，充斥着模糊的边界、松散的标准和策略行为。20 世纪 80 年代末期以来，由于经济长期停滞不前，赤字和债务规模迅速攀升，预算控制演变为一个必须长期面对的问题。各国陆续发展出一些控制机制，其中较具代表性的有中期支出框架、两步预算法。[2]

1. 建立中期预算框架

中期预算框架的目的在于提高预算的可预见性，控制财政风险。以澳大利亚为例，在严峻的财政形势下，自 20 世纪 80 年代初开始，以 3 年为期间预测财政收支状况（每年滚动并根据价格调整），支出部门在限额内按一定标准对项目进行排序，决策部门则集中精力在总量控制、政策调整和部门间资源配置等重大问题上实施决策。[3] 基线预测是中期预算框架的核心技术，首先，确定在未来将持续的当前政府服务，并对其成本进行测算；其次，综合考虑物价水平、技术条件等因素，测算当前服务的未来成本，形成基线；最后，论证新政策或政策调整对基线在总量和结构上的影响，基数定天下，基线预测在微观预算领域由来已久，用款部门将基线作为争取资源的起点，财政部门将基线作为预算平衡的基础。而在财政紧张时期，基线预测的应用则转向宏观预算领域的总量和结构控制，预测财政收支的可持续性，论证政策实施和调整的影响，为宏观决策提供支持。中期预算是把双刃剑，运用得当，可作为控制预算风险的利器，运用不当，则可能成为透支未来的借口。只有夯实管理基础、提高预测能力，同时在制度上约束政治家行为，中期预算框架才可能真正落到实处。

2. “自上而下”实施总额控制

传统预算“自下而上”，预算需求由用款部门提出，经相关方层层筛选平衡后形成预算案，在财政宽松时期，各部门的实际需求往往超过预设总额，导致财政规模膨胀；在财政紧张时期，支出刚性增长，收支矛盾难以调和。两步预算法则反其道而行之，决策机构先“自上而下”明确预算总额及其构成，各功能部门再在预算限额内“自下而上”统筹平衡、细化编制。两步预算法的优势主要体现在三个方面：一是控制预算总额，实现总量平衡，减少不必要的预算冲突；二是贯彻战略方针，整合计划和预算，优化资源配置；三是明确划分预算责任。决策部门集中精力解决风险控制，资源配置等全局性，方向性问题，执行部门则在预算限额内被赋予较大的支出自由，专注于提供优质高效的公共服务。[4] “自上而下”的两步预算法是一次创造性的回归，在形式上回到切块预算，在实质上则强化了预算的控制和计划功能。

（二）优化配置公共资源

预算是政治，也是技术。政治决定预算，建立基本规范；技术辅助预算，提供应用工具。作为政治过程，预算要建立公平公正的决策机制理顺行政——立法关系，体现人民主权，因而殊途同归，相对稳定。作为技术手段，预算要落实政府战略，回应公众需要，优化资源配置，所以一本万殊，与时俱进。二者一内一外、一静一动，既要主次分明，又需动静相宜。

1. 理顺预算过程

受管理模式、政治制度、文化传统等因素影响，各国预算过程不尽相同，其中较为均衡全面的是美国联邦政府的预算过程，主要有四方面特点：一是充分的预算编审时间。年度预算编审周期长达 18 个月，行政部门预算编制和立法部门预算审查各占一半。二是严密的预算审查程序。预算审查历经总统预算、预算决议、拨款草案、拨款法案等阶段，确保预算案充分考虑各方意见，得到全面审查。三是强大的预算编审力量。各部门提交预算后，直属总统办公室的管理和预算局负责编制总统预算，而国会在预算审议过程中则得到国会预算局、国会研究局等机构强有力的支持。四是合理的财政年度。财政年度不必与日历年度吻合，为了使立法审议更为充分，1974 年，美国联邦政府将财政年度的起始日期从 7 月 1 日调整为 10 月 1 日。科学合理的预算过程对预算的编制、决策、执行意义重大。充分的编审时间有利于全面、真实地反映预算需求，严密的审查程序有利于充分考虑各方意见；强大、均衡的编审力量在合作与对抗中不断深化对预算的认识；合理的财政年度则确保了预算决策和执行有机衔接。

2. 强化预算审议

预算审议由行政审议和立法审议两部分构成。部分国家的预算审议以行政审议为主，另一些国家则发展出较为均衡的审议模式。以美国为例，行政审议仅仅是前奏，重头戏在立法部门上演。共有四类委员会参与预算审议过程，预算委员会的预算决议决定预算收支总额及其功能构成，指导整个预算审议过程，赋税委员会和财政委员会进行收入立法，并决定税法和其他收入规定上的重大调整，授权委会对项目或部门进行法律授权，并规定其运作的期限和条件，拨款委员会召开听证会，了解项目具体情况，并在各功能限额内决定项目支出额度。这一预算审议体系的基本精神是分权制衡，总量控制权与收支安排权分离，收入立法权与支出决策权分离，预算立项权与预算拨款权分离，各委员会的相对独立确保了审议的专业性，而跨委员会的协调机制则减少了预算冲突，将各立法审议的结果整合为最终的预算法案。

3. 加强投入控制

控制是最基本也是最重要的预算能力，有控制才可能有计划、有管理、有问责，现代政府功能的充分发挥才有保障。根据定额标准细化编制预算，按照实际执行逐项记录并公开支出，这个美国进步时代具有里程碑意义的举措貌似平淡无奇，却标志着现代预算的起点。1921 年美国《预算与会计法案》在机构设置上的安排同样耐人寻味：一方面，成立预算局，整合预算控制权，夯实预算管理基础，提升预算编制能力；另一方面，成立审计总署，加强预算问责基础，提升预算决策能力。分项预算的核心功能是控制，控制收支规模，防止政府无限膨胀，影响个人自由，介入竞争领域；控制开支范围和标准，在源头上防止权力滥用和腐败滋生；控制预算执行，用财政检查和合规性审计规范政府收支行为。

4. 提升产出效率

过度控制导致僵化，僵化意味着低效，低效的尽头是对效率的回归。1907 年，纽约市政研究局提出要通过对已批准项目的管理提高资源使用效率，1912 年，美国经济与效率委员会提出政府支出应与其成果挂钩，1949 年，胡佛委员会研究了实施绩效预算的可行性，翌年，绩效预算在美国联邦政府全面推行。与分项预算关注投入不同，绩效预算根据项目活动组织预算信息，同时关注投入和产出，强调管理效率，通过比较项目的实际成本与计划成本（或标准成本）来实施绩效管理。绩效预算带来的变化主要有三方面：一则预算审议的重点从支出分项转向项目活动，提升了预算审议的层次；二则按项目活动对预算进行分类，有利于支出部门比较不同时期项目活动的成本，提升项目执行效率；三则强调预算项目的投入产出效率，项目执行成本和产出的透明度提高，社会公众和监管部门对预算执行过程更加关注，客观上对支出部门造成较大压力。绩效预算的目的是提高政府绩效，但现实中它要么被各支出部门作为诠释支出合理性、增加预算申请的依据，要么被管理部门作为揭示各支出部门铺张浪费，削减支出的注解，对项目目标和效果的关注较少，往往就事论事，在优化资源配置、提高资金使用绩效方面作用有限。

5. 整合计划和预算

整合计划和预算的探索随时代兴起，虽终归失败，但注定影响深远。顾名思义，计划项目预算（PPBS）是战略规划和项目预算的结合，先制订战略规划，明确公共服务目标，再根据目标在部门间分配预算。该模式力图摆脱渐进主义和基数法的束缚，跨越部门间的条块分割，将预算“自上而下”建立在全面的成本收益分析和理性决策基础之上。计划项目预算在美国国防部成效显著，20 世纪 60 年代中期全面引入联邦政府后却陷入困境。政府部门往往有多重目标，执其一端不及其余，难免以偏概全；规划成本测算困难重重，多规划共同成本的分摊缺乏科学方法，某规划成本在各部门的分配则莫衷一是；繁重的测算工作使预算人员疲于奔命，而真实的预算决策却依然故我。更为致命的是，技术理性试图替代政治过程主导预算分配，政治家们不愿意也不可能接受这个要求。虽然计划项目预算以失败告终，但它对预算功能特别是计划功能前所未有的开拓却卓有成效，意义重大，开启了对中期预算，新绩效预算等预算模式的进一步探索。

6. 推动结果导向

结果导向是“政府再造”运动的核心理念之一，是服务政府和责任政府建设的必然要求，美国结果导向的政府改革从新绩效预算入手，综合了绩效测量、功能分类、项目排序、目标协商等多种改革举措，大致经历了三个阶段：一是 1993 年的《政府绩效和结果法案》，在法律层面明确了政府绩效管理改革的基本理念与思路；二是 2001 年的总统管理议程，建构了整体推进政府绩效管理改革的战略框架，提出人力资源、财政责任、竞争性采购、电子政府、整合预算与绩效五个重点推进领域；三是 2002 年在联邦政府层面开发并应用绩效评级工具（PART），力求从整合预算与绩效入手改革预算编制，贯彻落实总统管理议程，新绩效预算强调政府工作的核心不是各部门的直接产出或活动，而是目标与结果，因此，首先要明确目标，并以量化或可说明的绩效指标界定目标；其次要在严格控制总额的前提下，赋予预算执行部门较为充分的支出自主权；再次要建立报告和评估系统，对结果实施追踪问效。20 年来，改革实践取得了一定的成效，但也存在一些不足，一则政府目标往往大而不当、交叉重叠，绩效指标常常难以明确定义、有效测量；二则各种管理机制相互牵制，部门预算自主性的提高与人力资源管理、资产管理、政府采购管理等方面的严格控制相互掣肘；三则绩效评价和审计受种种因素制约，仍主要专注于投入合规性审查而非效果衡量。不难看出，新绩效预算改革的深化有待政府管理的整体转型，必须与行政文化、组织机制、行为方式的转变协同推进，这无疑是个长期的过程。

（三）提升资金使用效率

20 世纪 80 年代以前，人们的注意力主要集中于预算控制、战略规划等“大问题”，往往兴师动众，但却收效甚微，20 世纪 80 年代以来，在各种预算模式此起彼伏、繁华落尽后，人们认清了预算的本质，预算即政治，政治逻辑依旧，仅凭预算技术越俎代庖，改良宏观和中观预算的作用有限，空间广阔的反而是微观预算管理，但怎样的预算管理机制才能明确公共服务责任、杜绝腐败、提高效率、改进效果呢？预算管理技术创新、市场化安排、建立问责机制等改革举措重塑了微观预算管理过程，推动了政府治理变革，并自下而上对预算控制、资源配置等重大问题产生了深远的影响。

1. 放松投入控制

物极必反，现代预算从建立控制机制入手，却通过控制机制转型进入新阶段。为有效实施控制，预算按经济分类详细划分为基本工资、人员津贴、差旅费等科目，按功能分类详细划分为教育、医疗卫生、社会保障、国防等领域，每个分项均有严格规定的开支范围和标准，每类支出都有明确的使用机制，预算一经排定，不得随意调整，必须应支尽支，严格控制的目的是控制政府范围，规范行政行为，但在实践中，严格控制使预算执行责任过度集中在财政或高层管理部门，导致管理和协调成本较高，预算执行机构缺乏必要的主动性、灵活性和回应性，在一定程度上影响了预期目标的实现，所以各国纷纷改革其预算执行管理模式，赋予预算执行机构更大的支出自主权和相应的责任，举措之一是大类支出，即将严格核定的部门基本支出归为几个大类，大类内部允许相互调剂，超支不补，结余留用，提高使用基本支出的灵活性。举措之二是实施总额拨款，即允许部门在核定的预算总额内统筹各项支出，围绕预期目标自行决定工资、差旅、办公、会议等方面的开支水平，并根据实际需要在项目间调剂资金。放松投入控制在管理模式上带来了深刻的变革：一是放松投入控制留出的空间必须通过加强结果问责填补，这意味着预算编制必须成本测算与效果度量并重，要明确预期目标和相应的指标，同时全面加强绩效审计和绩效评价的力度。二是放松外部控制留出的空间必须通过加强内部管理填补，这意味着从财政部门或高层管理部门的集中控制转向以各预算执行部门为主的多中心管理，从单一管理模式转向符合各预算执行部门实际的多样化管理模式，对各预算执行部门而言，必须因地制宜提升预算管理能力，创造性地开展工作，而对财政部门或高层管理部门而言，妥善平衡必要的集中控制和各部门自主权之间的关系，则变得非常重要。三是放松管制必须改变原管制机构的功能，这意味着计划、财政、人力资源、资产等管理部门的功能可能需要整合与调整，保留什么权力？合并哪些部门？下放什么功能？无疑会触动既有的权力格局，在实施过程中必然会存在一定阻力。四是预算执行部门自主权的扩大必然涉及公务员伦理问题，投入控制的弱化会使公务员使用财政资金时的行为发生怎样的变化？终身雇佣制的动摇又会对公务员的预算行为带来怎样的影响？在改革实施前必须深入研究，并做好充分的准备。

2. 以责任换自由

自由即责任，拥有自由支出的权利，即肩负高效服务的责任。预算执行中必须谨慎地平衡好自由与责任的关系：解除管制，赋予各部门支出管理自主权容易明确责任，界定各部门服务提供责任困难。前者仅需一纸文件，后者则需要建立扎实的管理基础，严密的问责机制，绝非旦夕之功。一要夯实成本核算系统，全面反映公共服务开支。部分国家采用作业成本法，将间接成本摊入预算项目，新西兰等国家则采用应计制会计，在预算中考虑折旧等因素，全面反映项目成本，这样做一方面有利于提高运营效率，另一方面也为条件成熟时实施服务外包奠定基础。二要形成绩效指标体系。这需要全面认识并系统反思公共服务提供体系，首先要明确各公共服务领域的目标框架，其次要围绕预期目标凝练指标，各国均在此倾注了大量的人力物力，但结果却常常是莫衷一是，不了了之。究其原因，一则此项工程面广量大、任重道远，加之公共项目成果本身就难以界定，实在是“非不为也，乃不能也”；二则项目指标一旦明确，就意味着软约束转为硬约束，从部门利益出发，“非不能也，乃不为也”，不愿明确、量化，不想高标准、严要求；三则指标选择难度较大，确定某些指标便意味着放弃另一些指标，从财政管理部门的角度出发，因信息有限，往往难以下定决心。三要建立问责机制。对于预算绩效管理体系而言，有效的问责机制是关键，也是最困难的部分，不仅在于问责会影响相关部门的利益，还在于问责必须基础扎实、言之成理、客观公正。英国政府分别为各预算部门设立若干绩效目标，每年通过一个报告反映目标完成情况，并为下一预算年度制定新目标。韩国政府要求各预算部门制定绩效计划，对绩效计划完成情况进行评价，并在下一年度预算安排中奖优罚劣。四要在绩效信息的收集和应用上争取共识。绩效问责建立在大量数据和信息基础之上，预算执行者往往会选择性地收集、反映和使用绩效信息，先下结论，再找证据，使结果偏向自身，使问责沦为文字游戏。要为绩效问责建立真实、客观的数据和信息基础，就应当一方面建立公认的绩效信息收集、反映、使用规范和机制，并严格遵照执行。另一方面通过定期检查和审计，确保绩效信息和相关数据的真实性和客观性。值得关注的是，绩效问责的目的在于促进公共部门优质高效地提供服务，问责不足和过度问责都将偏于一隅，扭曲公共部门行为，而问责机制也只有与相关机制协同推进，才可能最大限度发挥作用。[5]

3. 创新管理机制

有什么样的政府就有什么样的预算。20 世纪 80 年代以来，随着公共服务提供方式的转型，逐渐形成了一些行之有效的预算执行模式。一是绩效合同。这是市场逻辑向公共服务领域的延伸，最为彻底的方式是将公共服务提供者的收入和任期与核心绩效目标的完成情况挂钩。即从各部门主要领导开始，围绕个人收入和绩效责任自上而下逐级协商，通过签订一系列绩效合同建构公共服务责任体系，新西兰政府是运用这种管理方式的代表。更为常见的不是在个人收入和绩效目标的完成情况之间直接建立联系，而是在重点关注的公共服务领域设定绩效目标，明确奖惩措施，签订绩效合同，美国政府主要采用的就是这种方式。坦率讲，由于大部分公共服务的非排他性和非竞争性，目标往往难以明确界定或说明，导致绩效合同很难成为严格意义上的合同，也难以真正实施市场化问责。对预算执行而言，它的意义更大程度上在于提供明确有限的绩效目标，使相关方始终能够聚焦公共服务的核心问题和主要目标。二是自治机构。公共服务的有效提供需要高效的组织、得力的员工和必要的压力，集中控制的预算执行模式难以胜任。合久必分，放松管制有利于激发潜能，明确责任才能追踪问效。英国的“下一步”改革面向公共服务重组了政策执行机构，在排除私有化和服务外包的可能性后，明确规定执行机构的功能和绩效目标，选派领导并赋予其充分的预算和人事自主权，可以从实际需要出发采取灵活的薪酬和用人制度，每年有专职部门对预算执行机构的绩效目标完成情况进行考核，每五年左右对机构的运作绩效实施独立评估，以决定机构的去留或发展方向。实践证明，改革降低了管理和遵从成本，提升了公共服务提供的灵活性和回应性。同时，改革也带来一些问题，一则预算执行主体的多元化使功能间协同难度加大，二则预算执行主体的管理能力参差不齐，一定程度上影响了管理质量。分久必合，加强管理和协调需要一定程度上的回归，再次集中某些权力。三是基于价格的预算。分项预算严格控制成本，绩效预算强化成本和产出（效果）之间的关系，基于价格的预算则反其道而行之，淡化成本，按质定价，保障服务购买（提供）而非生产，如果现有公共服务提供部门无法胜任或难以有效提供，则选择外包或市场化。价格确定并非空穴来风，而是综合了公共部门服务提供能力、历史成本、市场价格、财力可能等各方面因素后的理性选择，这种方法将预算执行过程的重要性凸显出来，公共服务提供部门必须在价格约束下创造性地工作，实施资源重组、技术创新、机制改革，才可能完成预期成果，否则，将面临可能的惩罚。要将基于价格的预算落实到位，必须建立公共服务的成本核算体系，分析固定成本、可变成本和边际成本，了解相关的市场供求系统，掌握参考价格，洞悉公共服务提供部门的现状和潜能，唯有细大不捐，才能取精用宏、科学定价，在有效控制政府规模的同时，不断提升政府的预算能力和服务能力。[6]

二、我国预算管理体制改革的未来构想

近十年来，我国政府预算面临的形势以及政府预算管理自身都发生了很多变化。对我国现阶段而言，推动预算管理体制改革是依法治国、为民理财的必然要求，是规范政府行为，转变政府职能，提升政府效能的有效途径，对于全面深化经济体制改革，稳步推进政

治体制改革意义重大。

（一）我国预算管理体制改革的基本思路

我国的预算管理体制改革事关大局，必须准确定位，科学设计，稳步推进。既要从政府治理的实际需要出发，又要尊重客观规律，充分借鉴国际上通行的做法和成功经验。要围绕法治政府和责任政府建设，通过营造法治环境，健全决策机制，完善财政体制，创新管理模式，全面推进预算管理体制的法治化、理性化、民主化、绩效化，使预算成为依法治国的利器，民主决策的载体，提升绩效的工具，推动政府改革、彰显社会正义，促进社会和谐，实现可持续发展。具体而言，一要明确预算规则，优化法治环境。二要控制债务规模，化解财政风险。三要提升编审能力，推动民主决策。四要实施全口径预算，加强审查监督。五要完善财政体制，理顺财权事权关系。六要推行绩效管理，改进服务效果。

（二）我国预算管理体制改革的路径选择

1. 明确预算规则，优化法治环境

明确预算规则，优化法治环境是预算管理体制健康运转的关键。一要通过修订《预算法》对预算编制、审查、批准、执行、调整、监督，以及决算和其他预算管理活动做出明确规定，严格界定预算参与主体的权利义务。二要在法律上严格限制对税收制度和政策的随意调整和变动，维持税收制度和政策的相对稳定性，如确需改变，必须广泛听取利益相关方意见，充分论证，并按法定程序严格审批。三要在法律上严格限定政府支出范围，消除缺位和越位并存的现象，弥补市场失灵，避免对市场主体和社会的直接或间接干预，维护市场在资源配置中的主体地位，保留社会自由发展的空间，对于已越位的情况，要结合现代市场体系建设和事业单位分类改革逐步退出。四要在法律上确保预算统筹平衡权的完整性，避免预算管理权的碎片化，要严格控制和管理政府性基金，适合通过税收方式筹措的收费收入，要转费为税，要理顺《预算法》与《农业法》《教育法》《科技进步法》等法律之间的关系。优化法定增长的实现机制，既保障重点领域重点工作。又维护预算的统筹能力，公共政策特别是权利类政策出台前，必须全面评估其对预算平衡的影响。[7]

2. 严控债务规模，实施中期预算

严控债务规模，实施中期预算是化解财政风险的有效途径。一要坚决制止一些地方违法违规融资和担保承诺行为，在法律上严格限定各级政府性债务的警戒线，建立债务收支分类统计和预警机制，并按照分级负责的原则，纳入对各级政府主要领导干部的考核体系；二要在加强地方政府性债务全面审计，清理地方融资平台的基础上，逐步建立政府债务预算，实现政府债务管理的规范化、制度化、透明化，并逐步偿还历史欠债，化解财政风险隐患；三要在 3 ~5 年的中期框架内编制年度预算，充分考虑年度预算收支安排对中期预算平衡的影响同时强化资本预算管理，防范财政风险；四要深化差别化的地方政府考评体系，引导地方政府主要领导树立正确的政绩观，从本地实际出发，实施可持续的科学发展模式。

3. 提高预算审议能力，分设预算编制、执行、监督机构

提高预算审议能力，分设预算编制、执行、监督机构，将推动预算决策权、执行权、监督权的相互制约和协调。一要提高预算审查能力。可以考虑在人大财经委下根据政府功能分类增设若干预算审查委员会，赋予其分项否决权，与人大预工委共同审查政府预算，同时，在人大常委会下设立人大预算局，配备专业人才和技术专家，为人大审议预算提供技术支持和专业咨询。二要分设预算编制、执行、监督机构。一则将财政部和有资金分配权的部门预算编制职能剥离，在国务院下设立政府预算局，负责管理预算的编制和综合平衡；二则将税务总局、海关总署并入财政部，合并后的财政部负责预算收支执行，下设国内收入局、关税收入局、国库支付局；三则将审计总署从国务院划入人大常委会，除财政预算审计外，根据人大代表和专业委员会的需要开展专项审计。三要调整财政年度。一则将财政年度后移3个月为预算审议提供更为充足的时间；二则将中央经济工作会议的时间前移2~3个月，实现各部门工作计划与预算编制的有机衔接，提高预算编制的针对性和完整性，夯实预算审议的基础。

4. 提高预算透明度，加强对全口径预算的监督审查

提高预算透明度，加强对全口径预算的监督审查是建设廉洁政府，监督政府行为的有效途径。一要重点推进财政预决算，各部门预决算和“三公”经费公开，规范公开内容和程序，通过提高透明度规范政府行为，节约行政成本，在源头上治理腐败，同时拓宽人民群众了解预算、参与预算的渠道；二要大力推进政府重大项目预决算公开，同时通过公开听证等方式，主动了解社情民意，接受人民群众监督；三要加强全口径预算的审查监督力度，将所有财政性资金纳入规范的监管渠道，完善政府性基金预算管理制度，健全国有资本经营预算制度，加大统筹力度，明确支出重点，推进社会保险基金预算管理制度化、规范化，积极探索四本预算的衔接机制；四要加大预算审计结果公开力度，落实相关问题整改意见，并协同纪检监察等部门，构建全方位的预算问责机制。

5. 加快财税体制改革，理顺财力与事权关系

加快财税体制改革，理顺中央与地方的财力与事权关系，有利于调动中央地方两个积极性，改善公共服务提供效果。一要综合考虑受益范围、成本效益等多种因素，在法律上明确划分中央与地方以及各级地方政府之间的事权与支出责任。二要按照税种属性和经济效率等基本原则，进一步理顺政府间收入划分，结合营改增改革构建地方税体系，形成中央统一规划和指导，地方因地制宜灵活应用的格局，将房产税等税种的征税权赋予地方政府，允许其从区域发展的实际需要出发，决定是否开征或调节税率，以优化经济结构，促进社会公平。三要进一步完善转移支付体系，一则增加一般性转移支付的规模和比例，同时科学测算并明确规定基本公共服务保障标准，切实提高地方政府预算的自主性和针对性；二则减少并大幅度合并专项转移支付，降低管理成本，类规范专项转移支付项目，改进使用效果，减少专项转移支付的配套要求，避免干扰地方政府的预算平衡。[8]

6. 明确服务目标，推行绩效管理

明确公共服务目标，推进预算绩效管理，促进政府职能转变，改进公共服务提供效

果。一要在预算编制阶段同时关注支出成本和公共服务目标，用量化或可说明的绩效指标界定目标、明确责任，在预算保障水平和公共服务目标实现之间建立有机联系。二要在预算执行阶段放松投入控制，允许支出执行部门在预算限额内围绕绩效目标统筹资源，在一定范围内自行决定人员和公用经费开支标准，必要时可以突破基本支出各分项之间，甚至基本支出与项目支出之间的界限。在条件成熟时，还可通过服务外包、引入市场竞争机制等措施提升预算资金使用绩效。[9] 三要加大预算项目追踪问效的力度，通过绩效审计或绩效评价，发现问题，优化配置，改进管理，奖优罚劣。四要根据预算绩效管理的需要调整和优化人力资源管理、资产管理等部门的管理模式、机构设置和工作重点，进而推动整个政府治理理念和模式的转型。

参考文献

［1］ Aaron Wildavsky，Naomi Caiden. The New Politics of the Budgetary Process ［R］. Pearson Education，Inc.，2004.

［2］ Allen Schick. The Federal Budget：Politics，Policy，Process ［R］. The Brookings Institution，2007.

［3］ OECD. Performance Budgeting in OECD Countries ［R］. OECD Publications，2007.

［4］ ADB. Managing Government Expenditure ［R］. Asian Development Bank，1999.

［5］［6］ Allen Schick ［R］. Does Budgeting，2002，2（2）.

［7］ Allen Schick. A Contemporary Approach to Public Expenditure Management ［R］. International Bank for Reconstruction and Development，1998.

［8］ 李萍，许宏才，李承. 财政体制简明图解 ［M］. 北京：中国财政经济出版社，2010：232.

Li Ping，Xu Hongcai，Li Cheng. A Simple Diagram of Fiscal System ［M］. Beijing：China Financial and Economic Publishing House，2010：232.

［9］ 苟燕楠，贾康. 我国公共部门基本支出定额研究 ［J］. 中国行政管理，2012（9）.

Gou Yannan，Jia Kang. Research on the Basic Expenditure Quota in Public Sectors of China ［J］. Chinese Public Administration，2012（9）.

Reform of Budget Management System：International Experience and Future Vision

Gou Yannan

Abstract：From how to control the financial risks，how to optimize the allocation of public resources，and how to improve the efficiency in the use of funds，this article to the basic questions，interprets the latest practice，analyzes the modern tools，summarizes the general laws， and systematically lists the experience of advanced countries in the reform of budget management. Based on these, from the practice and the real needs of the governance of chinese government, this article proposes the general idea of promoting comprehensively the legalization, the rationalization, and the democratization of budget management system, which shall be in line with the building of law—based government and responsible government. As for the implementation paths, building legal environment, controlling financial risks, improving decision mechanisms, strengthening examination and supervision, completing financial system, and innovating management models are discusseed.

Key words: Budget Management System; Budget Rules; Budget Examine; Budget of Full Statement; Performance Management of Budget

再谈房产税的作用及改革方向与路径、要领*

贾　康

【摘　要】本文在论述房产税在中国开征的作用、可行性基础上，指出房产税改革方向、路径，认为房产税改革中应把握如下要领：首先，保有环节的税收应只是调节高端。其次，管理部门应更开明地披露一些相关信息。另外，要鼓励不同利益诉求都做出意见表达。对于税收改革，要允许有弹性空间上的探索。

【关键词】房产税；改革方向；路径；要领

一、房产税改革方向与正面效应

现今中国在新的历史起点上，“黄金发展”的潜力和势头显然还在。如果我们能够处理好攻坚克难的改革以及加快发展方式转变中必须解决的节能降耗，升级换代等问题，林毅夫教授所提出的保持 20 年 8% 左右增长速度的说法是有对应的潜力空间，基本可以成立的。在释放潜力这个大前提下观察，中国是世界上最具有潜力的市场，在潜力发挥的过程中伴随的是工业化、城镇化、市场化、国际化、信息化，以及更成熟的法治化。结合这些发展潮流，林毅夫的说法本应该有望实现，但要确实经受住转轨过程的历史考验。

（一）中国税制改革面临的突出问题呼唤改革

在中国经济社会转轨过程中，税制改革是无可回避的，而且它会带来正面效应。税改面临需解决的问题中至少有三点：第一，中国直接税比重偏低的问题已经不容忽视，而房产税改革是渐进提升直接税比重和相关配套改革的一部分，可以优化中国税制的发展建

* 本文选自《国家行政学院学报》2013 年第 4 期。本文是作者在中国金融 40 人论坛专题讨论会上的发言，根据速记整理。

作者简介：贾康，财政部财政科学研究所所长、研究员、博士生导师，中国财政学会副会长兼秘书长。

设。第二，中国市场经济所需的分税分级财政体制在 1994 年框架建立后，至今还有很艰巨的深化改革任务，主要是由于省以下的分税制改革一直没有到位。如果要把改革逐步推进到省以下分制的贯彻落实，就不可能绕过地方税体系建设问题，这也需要房产税制度建设。第三，还有公众关注的房地产调控问题：要体现出“调控新政”的治本水准，制度建设是不可忽视和回避的，而使保有环节的税收成形并与土地开发、房产交易环节的税费合理协调，是制度建设的关键。第四，中央近期以国务院批复的形式对三部委在收入分配方面如何优化和改革提出了指导意见。该意见在针对收入分配矛盾凸显方面的制度建设中，也包括房产税改革。在此愿对房产税的要点以及税改大方向下需要关注的路径选择、渐进推动、改革要领等问题做简要讨论。

（1）直接税比重偏低，与低收入阶层“税收痛苦”有关。人们已越来越多提到税制方面直接税比重偏低，间接税比重偏高的矛盾，并已体现在现实生活里中等收入阶段民众“端起碗来吃肉，放下筷子骂娘”的心态和对于当局的压力上。在早些时候，公民的纳税人意识尚没有上升到一定水平，因此对于税收负担问题大都浑然不觉。但近几年民众在纳税人意识方面有了显著提升，例如，听到说馒头里还有税、月饼里还有税，民间的怨气很大。实际上间接税在消费品里几乎是无处不在的。财政部、税务总局都用大量数据反复论证说明，中国国内的宏观税负绝非高得离谱，目前中国的宏观税负大体上就是发展中国家的平均水平，明显低于发达国家。但这还并不能够否定中国民众感受到的税收痛苦问题。这种痛苦最主要的来源其实就是间接税。间接税成为国库收入的主体部分，这就意味着消费大众是国库收入的主要贡献群体，而消费大众的主要构成部分是低中收入阶层。这些税负的转嫁与归宿涉及很复杂的经济分析，精确计算出某一个具体的消费品在不同阶段的税负演变十分困难，但总体来说，每个消费品里或多或少都含税。而给国库做贡献的主体——消费大众中的低中收入阶层，是在恩格尔系数还很高（较大部分收入用于满足基本生活需要）的情况下让渡了他们的物质利益。这是生存资料层面上的让渡，也是痛苦程度很高的让渡，所以税收痛苦的问题其实是无可回避的。媒体上所谓税负集中于中下阶层并非我的原话，集中于的说法有点太简单和直接，但现在间接税为主的税制框架下给国库做主要贡献的群体是中国消费大众，而且其中大多数是低中收入阶层的观点，我认为是成立的。有些管理部门在概念上对这种实际的税收痛苦问题尚没有很清晰的提炼，但这是我国走向和谐社会和追求长治久安所不能忽视的一个深刻的社会负担问题。

（2）党的十八大明确要求构建地方税体系。目前，我国的地方税体系远未成形。党的十八大已经明确要求在加快财税体制改革的前提下构建地方税体系。从全局范围来看，如果没有像样的地方税体系，那么中国要建立和市场经济匹配的分税制财税体制就是一句空话。1994 年建立的税制框架运行和演变至今，从中央到以省为代表的地方之间分税制的维系，主要是靠共享税的“一刀切”，它规范了从北京、上海到西藏、青海的税收分享标准：在主要税种上，增值税 75% 归中央，25% 归地方；营业税名义上全归地方，金融机构的营业税则按照隶属关系划分。这种共享税为主的框架，还是维系了分税分级的基本规范性，但省以下的规范性则严重缺失。我们把各个省级行政区的省以下体制列出一览表，发现即使是发达地区，也没有真正进入分税制状态，而是五花八门、复杂易变、讨价还价色彩仍很浓厚的分成制和包干制。这几年批评之声不绝于耳的地方基层财政困难，地方天文数字的隐性负债，还有大家不断抨击的短期行为非常明显的地方土地财政倾向，这其中确实有体制原因，但并非是 1994 年分税制改革造成的。因为省以下的各层级间财政体制安排并没有真正落实分税制。正是省以下的财政体制仍然在延续着种种规范性极差的分成制和包干制，才和种种因素一道导致了基层财政困难、地方隐性负债和土地财政等不良问题。解决这个问题，出路就是使省以下的财政体制实际贯彻分税制。我们已论证，我国实际贯彻分税制的前提是财政层级结构扁平化。五个财政层级的分税制无解，但如果通过省直管县、乡镇综合改革，把财政实体层级扁平化到中央、省、市县三级，无解就会变成有解，山重水复就会变成柳暗花明。要在这三个层级里推行分税制，在现阶段一定要抓住不放的就是十八大提出的构建地方税体系。地方税基的合理化、主体财源支柱税种的建设，与最适合地方掌握的不动产税或房产税有着紧密联系。

（二）中国房地产调控和收入分配状况呼唤改革

（1）中国房地产业的调控效果亟待提升。如果把房地产业和建筑业整体作为国民经济的重要组成部分，可以说依然是未来几十年中国城镇化发展途程中的国民经济的支柱产业。但房地产业的发展除市场化轨道之外，还有基本保障轨道。这两者必须在市场经济环境中协调统筹而共同引导房地产业的健康发展。房地产调控新政运行几年以后依然矛盾重重，今年两会前“国五条”提出 20% 住房转让个税要从严执行，一下引起了轩然大波。处理好这种矛盾需要系统性地理顺相关制度和政策，整合优化从土地开发环节到包括住房在内的不动产交易环节，再到住房的保有环节等整个流程中所有的税费，推行合理配套的改革。房产税改革是整个税改重要的内在组成部分，它关系到国民经济的支柱产业健康发展而形成长久的支撑力量，也涉及千家万户的实际利益以及整个局面的和谐稳定。

（2）收入分配和财产配置问题无可回避。收入分配效应与中国改革开放以来的财产配置演变紧密相连。收入与财产这两个概念在目前的收入分配格局里如影随形，很多收入现金流是和财产配置以后产生的收益、溢价和影响力密切相关的，而且由于财产配置的作用，致使很多社会成员实际收入的差距进一步扩大。其中有一个更深刻的，也是民怨很大的问题，就是收入分配、财产配置秩序的紊乱和不公。对于老百姓而言，一些杰出的企业家、杰出的科学家和体育界、文艺界的成功人士有高收入或得到重奖是可以接受的，最为气愤的是不公与腐败问题，但今天我们先抛开不公和腐败的问题看，在与住房相关的财产配置领域中，仅仅由于理财路线的不同就可能导致差异悬殊。比如我和另一个同学都是 1977 年入学的大学毕业生，假定我和他这几十年收入、家庭赡养系数和其他条件都完全一样，只是理财路线不同：我把满足当期消费以后剩下的钱存入银行作储蓄；而他是把可用的钱再加上其他金融杠杆用作买房的首付，在房地产市场一轮一轮操作。几十年下来，我的储蓄可能在北京还买不了一套好房子，而我的同学可能现在已经拥有至少几千万甚至亿万级的资产存量了。目前中国很多“普通人”手上的资产存量其实是很大的。导致收入分配差距扩大和中国当前财产配置格局两极分化的最主要原因之一就是住房所形成的资产存量和存量溢价。我认识一位从农村来北京工作多年后仍无北京户口的人士，2006 年初花 40 万元在北京买了一套小户型期房（当时在建中），到现在房子市价是 140 余万元，这使他感叹：“北京真是一座神奇的城市!”如果没有财产配置因素，仅靠农村收入和入城后打工收入增长的前提，个人财产升值 100 万元是不可想象的。收入分配已在极大程度上牵动着人心和整个社会的物质利益演变。

（三）实施房产税改革的正面效应

处理好房产税改革和制度建设，至少会带来四个方面的正面效应：第一，房产税改革渐进实施后，中国直接税的比重会有所增加，可以提供降低流转税税负的条件，从而降低中低端收入者的税收痛苦。第二，房产税改革可以助力解决中国地方税体系不成型的问题，为地方提供支柱税种，进而落实省以下分税制，促使政府职能转变和市场经济健康化。房地产税的概念可宽可窄，广义上房产税是指和房地产相关的所有税收，狭义上是指不动产保有环节的税收。美国人把不动产税称为 Property Tax 或 Real Estate Tax。它是美国地方政府最主要的税，来自住房保有环节，而且每隔一段时间就要重评税基，由地方通过立法程序和每年的预算程度决定具体征收方案和税率。房地产税成为地方政府最主要财源，使得地方政府只要维持好市场经济运行，优化本地投资环境，提升本地公共服务水平，财源建设问题自然而然随之解决——在这种努力下，辖区内的不动产进入升值轨道，地方政府也就不用侧重于短期行为和其他财源去解决主要的支出资金筹措问题。只要地方政府踏踏实实、不偏不倚地发挥好市场经济所要求的职能，整个财力分配体系里的支柱财源问题就一并解决，这是由内生因素引致的职能转变和激励—兼容式优化的制度建设。第三，促使已实施的房地产调控新政体现其应有的“治本”水准。房地产保有环节从无税到有税，可以预见，会有很多正面效应，配合其他的变革，会使新型城镇化更为健康。第四，房产税还可以优化收入再分配和财产配置，抑制两极分化，缓解一些这方面的矛盾因素。总之，房产税制度建设在全局之中关系着我们所追求的长治久安、可持续发展，以及十八大以后明确提出的中国现代化的“中国梦”。

二、中国开征房产税的可行性

房产税在许多场合受到了否定和批评意见，下面对几种有代表性的意见和批评做出回应。

（一）土地出让金问题

有观点认为，取得住房时，下面的地皮已经在开发环节收了 70 年使用权的出让金，到保有环节如果再每年征税，就是重复征收。但其实在现代经济生活中，只讲税制本身就有重复因素：中国目前实际开征的税有 18 种，其他国家可以有二十几种、三十几种，其他这些国家都是多种税、多环节、多次征。比如，企业在流转环节交税后，对所得进行核算，还要交企业所得税，其后发给员工的工薪收入，还要再交个人所得税，特殊的还有车船税、各种行为税等。目前这种复合税制本身就包含重复征收因素，所以这里的真问题不是允许不允许重复征收的问题，而是重复得是否合理的问题。何况实际上土地出让金不是税而是租金。国家政权体系作为土地终极所有权的代表者，凭借所有权可以对使用地皮的使用者收取地租。但国家政权体系同时也是社会管理者，它又可以凭借政治权力，经过立法批准，对不动产的实际使用者征缴这种体现为利益调节让渡的税收。租和税可以合理匹配，并不互相排斥，二者只能择其一。一国制度设计应该使它们并行不悖地适应整个调控体系的优化。其他国家的实践经验也早已验证了这一点。

（二）土地终极所有权问题

土地终极所有权问题很值得关注。因为有许多人包括颇有影响力的人士反复强调：其他开征住房保有环节税收的国家是土地私有制，而中国是公有制，所有建成区的地皮都是国有的，在国有土地上对使用者征税在法理上有硬障碍。但我认为这个论点不能成立。理由是：第一，国外这些市场经济体并不全是土地私有制，以老牌工业国英国为例，英国有很多形式的公有土地，包括中央政府层级的公有、地方政府层级的公有以及公共团体的公有，也由规范的交易形成地皮使用权。英国有的地皮长达 999 年的使用权，实际上已经对终极所有权形成了虚化。但从法律的角度看，英国的土地公有和私有界定很清晰，并非土地私有制一统天下。房地产税在英国叫 Council Tax，它是在地方层面房屋保有环节的税收，类似于美国的财产税或不动产税的税收，是全覆盖的。英国土地所有权分两种：一种叫作 Free Hold，一种叫作 Lease Hold。Free Hold 就是所谓终极所有权，Lease Hold 就是必须签一个最长为 999 年使用期的租用协议取得使用权，但保有环节税收对于这两种情形是全覆盖的。所以，国际经验无法证明只有土地私有才可以征收不动产税。另外，中国可以回顾自身的改革历史。为什么中国在 20 世纪 80 年代下决心对国有企业开征所得税？如果按照国有制就不必征税的逻辑，中国就不该对国有企业征收被称为直接税的所得税。当时的解释是：虽然企业最终产权是国家的，但是作为市场主体的国有企业，具有自己相对独立的物质利益，是具有相对独立物质利益的商品生产经营者，国有企业应该和其他的市场主体一样在市场中公平竞争，否则“社会主义有计划商品经济”建设就缺乏最基本的微观基础，所以必须解决国有企业和其他企业一样给国家上交所得税的制度建设问题，这种情况下两步利改税也就应运而生。同样，在目前土地终极产权是国有的情况下，它上面每一个不动产的具体使用权的保有者，有自己相对独立的物质利益，如果通过立法认为对这样独立的物质利益需要加以税收调节的话，国家完全可以凭借自己的政治权力征税调节这种物质利益的状态与格局。所以，我认为土地终极所有权问题也不会构成开征土地保有环节税收的法理障碍。

（三）新老不平问题

一部分土地出让金是开征房产税之前在没有其他变量加入时按较高的标准缴纳的。实行房产税改革以后，新形成的土地出让金水平可能会下一个台阶，有人说如果开征房产税，则有失公平。解决这个问题可以把新老地皮划开，老地实行老办法，新地采用新办法。具体实施细节还需要通过方案设计来处理，但这并不会成为多大障碍。我国基本养老社会保障把人按不同年龄段分为老人、中人和新人，老人实行老办法、中人实行中办法、新人实行新办法，这是中国已有的经验，土地出让金问题也可以采取类似的区别处理方法。我们完全可以借鉴中国渐进经济改革中过去已有的经验，并提出可行方案。

（四）评估管理问题

有观点认为房产税的评估管理过于复杂，中国人做不了。实际上房产税评估管理不会比已经运行十年的物业税模拟评估“空转”征收的管理复杂多少。模拟评税试点的十处地方，首先把所有的不动产确权，然后把每一处的地段、面积、楼层、朝向等相关数据输入计算机，由软件处理程序自动生成评估结果。在借鉴国际经验的基础上，中国在这种事上更有后发优势。过去100年，没有计算机的时候，国外就通过选举社区内大家认为有公信力的人，在有两人以上的情况下登记数据等进行税基评估。如今通过计算机软件程序生成房产税的税基评估值，前期工作可能会稍微复杂一些，投入成本高一些，但对中国而言，这个问题不存在技术难度。“模拟空转”软件里是把不动产分成制造业不动产、商业不动产、居住不动产三类，只需要输入数据后给一个指令，就可以自动生成评估结果。如果在实际操作、管理过程中，当事人不认可评估结果，可以通过仲裁来解决。

（五）小产权房等问题

小产权房是“中国特色”的棘手问题。如果真正征收房产税，小产权房看似很难处理。但征税却恰恰是推动小产权房问题得以解决的制度建设因素。如果北京也进入房产税改革试点，那么北京的几十万套小产权房问题就会迫使官方表明态度，抓紧通过调查研究把几种小产权房分类区别对待，拿出方案，争取一次性地把小产权房这类历史遗留问题解决掉。

三、保有环节税收与房地产业的健康发展

（一）中心区土地的自然垄断性质与不动产价格曲线

城市（中心区）地皮的性质是自然垄断。有观点认为只要实行土地私有化、放开市场，让需求、供给双方自由竞争，地价、房价等就会回归平稳。这种分析缺乏真实依据，因为实际上各方要争夺的资源，并非 960 万平方公里内均质的、可以随意替代与互换的土地，而是已经形成城市的中心区地段内特别具有稀缺性的地皮，所以中心区的土地资源就形成了自然垄断。以“寸土寸金”的王府井为例，如果张三占有这块土地，那么李四就无法占有，也找不到替代物，这就是自然垄断。典型的自然垄断现象还可以列举日本案例：日本在“二战”后土地私有化实施比较彻底，但由于钉子户存在，东京成田国际机场到现在都没有建成第二条跑道——不管政府报的价如何，钉子户就是不肯卖，第二条跑道也就建不起来，这即是所谓的自然垄断，无关公有或者私有。由于以黄金地段为代表的中心区地皮具有自然垄断的性质，因此在城镇化快速发展的历史过程中，中心区不动产的价格曲线总体而言一定是上扬的，没有任何因素能改变这条曲线的基本模样，政府所能做的无非是使商品房价曲线斜率不要太陡峭，也不要在演变中剧烈地大起大落或者产生过多泡沫，以至于严重影响社会和民生，同时必须提供保障房解决低端居民“住有所居”问题。

（二）房价与地价：先有鸡还是先有蛋

讨论了自然垄断的概念后，另一个应在认识上明确解决的就是在城镇化过程中，从住房的市场轨来讲，有观点称房价和地价关系就像是先有鸡还是先有蛋的问题，很难分辨。但我认为房价与地价并不是“鸡生蛋、蛋生鸡”这类如何排列先后顺序的问题。作为满足消费需求的具象化目标，住房在黄金地段的升值趋势是自然垄断情况下所有因素的共同作用使然。但分析中可知：如果是地价决定房价，那么只要控制住中心区的地价，房价就会趋于低稳。但实际上即使政府强力控制地价，房价也会受市场供需和竞争因素的影响而继续上涨，所以政府严控商业化项目地价的结果，只能是使中间开发环节取得更多暴利；另一方面反过来想，由竞价形成的下一轮地皮价格导致地价比上一轮房价更贵，看似不合理，但在对自然垄断物公平竞争的前提下，下一轮“面粉”比上一轮“面包”卖得贵是可以有道理的——竞争中如果开发商高价拿地而商品住房价格上不去，那么只会“砸在自己手里”让他自身蒙受损失，这是在逻辑上合乎情理的市场约束与平衡。所以从根本上讲，房价是决定地价的，只是现实生活中两者的关系往往直观表现为扑朔迷离的互动过程。

（三）保有环节税负对供需双方及平衡状态的影响

研究保有环节税负对住房市场供需的影响，其实我们心目中首先要考虑在保障轨上形成有效供给，让低中收入阶层家庭“住有所居”，然后才能从容分析处理市场轨上的供需问题。从需求方面看，如果自住者对保有环节的税负有清醒的预期，在做购房决策时就会更考虑实惠，一般的购房自住者将继续倾向于按好的地段与合乎心意的朝向、位置购房，但会更多选择中小户型。另一类购房者是把买房看成购买商业性的社会保险，这在经济上有道理，但房产税的出现会改变一部分长期持有者对于空置住房无所谓的态度，以持有成本的压力迫使其出租自持的房屋，从而减少空置率。无论是因房产税导致的小户型倾向还是空置率降低效应，都是值得肯定和应该追求的积极的、正面因素。另外一种购房者作为需求方是大量买进与卖出的炒房者。有观点认为炒房者并不在乎一点房产税，因为这部分人是获高利的。但其他人行为的改变会影响炒房者，使之收敛自身的行为，如原来炒 30 套、40 套的人，现在可能炒 10 套、20 套；原来炒 10 套、8 套的人，现在可能只敢炒 5 套、3 套，因为炒房者要跟随市场走，市场总体的氛围会随房产税的推出而趋于沉稳。另外，市场上接盘的人有相当大部分是自住，自住者又主要需要中小户型，那么上述的种种因素会促使供方的开发商顺应市场需求结构的变化而在建设安排上使中小户型增加。而从供给优化的角度来看，使开发商为适应市场需求更好地集约利用土地，提供更多的中小户型，正是调控应追求的正面结果。这样，土地集约化利用水平上升，同时空置率降低，可用资源在租房市场上更活跃，于是社会中即使并不增加一分钱投入，也会使市场供给量增加，资源配置更合理，客观上使配置综合绩效上升，市场上更平衡、更沉稳、更少泡沫。这样综合考虑，房产税会使得不动产的价格曲线在不改变基本模样的同时，减少市场泡沫，平缓价格的起伏，有利于提高不动产业发展中的健康程度。有一种观点强调房产税对房价影响不大，这种说法有一定道理，但如讲房产税对房价没有影响，就过于绝对化了。房产税对房价肯定有影响，但这种在保有环节的税收并不能起到“定海神针”的作用。单纯依靠房产税不可能就使房价低平，但这并不意味着房产税对房价没有影响——前述分析是表明房产税通过影响供需双方的选择，自然而然地使房价具有沉稳特点的这种效应。实际的房价，是这种效应与其他各种不同方向的效应对冲和形成合力的结果。对这几年的“调控新政”，我们应肯定调控中间还有很多不得已不完善的因素，需要去减少这些不满意因素，但不能否定调控的作用。“越调越高”这个命题是有误导的，如果不调控，房价不知道要发展成什么样子。如果不调控就会更高，通过调整压抑里面的泡沫，使这个曲线的倾斜率降低了，所以，不能简单地说否定调控，正因为有宏观调控，一些城市房价过快上涨势头得到了遏制。但要说，更有长效机制性质、更合理的房产税制度建设的推进还显得缓慢无力。

四、房产税改革大方向下的框架把握与路径选择

在明确了税改的大方向，并进行相关的效应分析后，要谈谈房产税改革的路径和实际的运行情况。显然这一项争议明显的改革只能渐进，并要鼓励先行先试。上海和重庆对房产税改革正在试点。这两个地方敢为天下先，在渐进打开局面上的意义和作用，十分值得肯定。从 2012 年的年度改革文件到国务院不久前给三部委批复的收入分配文件中，都明确提到要适时扩大房产税改革试点范围，这是房产税改革的官方取向与态度。但房产税需要和房地产开发建设整个流程中所有的税费在一起进行通盘优化。房产税改革背景上值得特别注意的是双轨统筹框架。李克强总理已提到，要下决心再建 1000 万套保障房，这就是保障轨的托底安排。如果托底基本到位，那么商品房房价波动就不会造成太有“杀伤力”的影响，也可能逐渐就不会被社会各方看作是“民生”的核心指标了。房产税改革双轨统筹整合税费中，还要顾及全流程协调，比如交易环节税收的设计等。这次“国五条”颁布以后，住建部表态严格按照转让差价所得的 20% 征税，但我认为应该同时合理设置住房持有时间等重要界限。以前是以持有房产五年为界区别对待，对五年之内、五年之外采取两套办法，这种方案比较合理。国际上也有类似的经验，如通过把不动产持有期量化分段，设置前高后低税率来抑制短期炒作，为改善性的需求提供相关的市场机制。如果在交易环节上推行税收改进，能够通盘考虑与保有环节的税收改进呼应，决策结果可能会让更多人满意，效果会更好些。

五、房产税改革中的若干要领

首先，在我国，保有环节的税收不能简单套用美国的普遍征收模式。我认为中国在可以预见的很长时期内，必须要坚持住房保有环节税收只调节高端，否则房产税改革的阻力就会大到无法进行。以公职人员为例，在国家机关的人，一年到头非常辛苦，也不受劳动法保护，工作状态是“白加黑”“五加二”，这部分人最大的实惠就是前几年房改以后，得到了单位所分房屋的完全产权。如果对所有房屋征收房产税，这些人也就会极力反对。所以要尽早明确基本住房不征税。我建议可以不管家庭富裕程度如何，独立别墅除外，对第一套房都不征收房产税，这样给全社会吃一个定心丸。即使是富豪，即使第一套房是 300 平方米豪华公寓，也给予免税，这有利于使这种税制框架在中国顺利成型。至于已有按“人均面积”的操作思路，不论是社科院报告提出的人均 40 平方米，还是提到 60 平

方米、80 平方米，都存在一个网上“假设情境”提出的问题：假设一家三口，每人 40 平方米，一套房子刚好 120 平方米不交税。但孩子不幸去世，三口人变成两口人，正当二老悲痛欲绝时，税务人员“当当当”敲门通知，你们家的情况已经变化了，需要交房产税了。上述假设给我们的启示就是确实还有些特殊情况和“人情”因素，考虑这些情况，中国的房产税设计可能需要更放宽一点。如果第一套房不征税，第二套房也可以税率从低。就中国现在的普遍情况来看，第二套房征收税率从低具有一定合理性和可行性。但对于第三套、第四套，甚至更多套的房子，就不必给予税收优惠了，应该一丝不苟征收。这样就可大体解决好调节高端的问题，也给每个社会成员在基本住房和居住条件改善方面吃了定心丸。

其次，我们的管理部门应该更开明地披露一些相关信息。有关部门对于房产税前期的探索情况讳莫如深，如搞了很多年的模拟空转情况当作机密只字不提。我认为如果不涉及具体数据，仅就评估方法等问题完全可以公开探讨，而且渐进改革本身就允许实验。既然是实验，就应该披露一些基本方案和套路上的考虑，比如，前面提到房产税评估管理软件中的三种模型，探讨具体在实践中如何管理。

再次，要鼓励不同利益诉求都做出意见表达，不能陷于意气用事低水平互相攻击别人观点甚至叫骂泄愤，理性讨论非常必要。我们可以不同意对方的观点意见，但是要捍卫对方发声的权利，这才是共和的精神和现代文明的表现。

又次，有的同志说到现在应该停止两地改革试点，由人大牵头做房产税立法，审批通过后，各地同时实施改革。我很认同要积极促进充分发挥人大的作用，要依法治税、提升法律观念，建成法治国家。但在现实中，立法审批还有个基本问题：以中国目前的状态，人大牵头立法解决房产税改革问题，不知要多少年才可以审批通过。夸张一点，如北师大反对派的一位教授所说，可能是 150 年之后的事了。看看中国的预算法已经讨论了十几年，到现在仍然困难重重。人大内部存在种种争议，做法也往往令人尴尬。预算法修改中关于地方政府举债的问题，在一审稿中已经有了一系列正面表述的内容，但二审稿又被通通取消，完全退回到现行的预算法一句话的表述，这实际上是立法的不作为。所以以中国现阶段的情况看，要通过立法程序形成房地产税法再一起动，等于封杀了这项改革的空间。我认为现在还需要援引和学习邓小平的改革智慧，有些东西不能陷于太多争论，而要大胆试、大胆闯。虽然顶层设计和积极立法需要强调，但是先行先试是不可避免的，要允许有弹性空间上的探索。

最后，要说到十八大是个很重要的历史关口，我们应该学习借鉴美国“进步时代”的进步历程。进步时代的美国，最典型的特征是他们并没有正面设计和推行政治体制改革，但在从起初的混沌状态到崛起为世界头号强国的很重要的四十几年历程中间，美国建立了现代意义的税制、现代意义的预算制度、现代意义的公众意愿表达机制，积极发挥了媒体作用，在媒体和公众批评中完善了法制建设，把政府行为也规范化制度化。综合上述因素，美国就基本上解决了走向现代法治的基石性制度建设问题。公共资源配置中的税收和预算，是显而易见无法回避的，也是从管理角度切入而各方无法拒绝的、全局看必不可

少的制度改革进步因素。税收和预算方面的改革，无论是正面通过政治体制改革还是从侧面以加强与完善管理切入，都必须解决。中国曾有学者讨论过美国进步时代的启示，鉴于目前中国的渐进式改革形成路径依赖的情况和政治体制改革正面推进的难度，我估计十八大以后并不会很快看到政治体制改革方面的全套正面设计。但我们可以抓紧时间，从各方面都很难拒绝的管理角度切入，尽力通过公共财政建设、税制建设，提高预算的透明度、完整性，以及提高公众参与度，推动法制建设，加强权力监督，优化公共资源配置机制，取得实质性进步。在走向现代化中国的过程中，包括房产税改革这类“硬骨头”事项的税改，意义非常重大。在这个历程中，税制绝不会是万能的，但不能因为税制不是万能的就低估它的作用，没有税制建设和改革是万万不能的。

政府购买公共服务的现实困境与路径创新：上海的实践*

徐家良　赵　挺

【摘　要】政府购买社会组织公共服务是民营化浪潮的产物，也是政府采购的组成部分。通过文献资料法与访谈法，采用购买者—承接者—使用者—评估者“四元一体”基本分析框架，试图对上海市在政府购买社会组织公共服务的特点与发展现状进行描述与分析。本文研究认为，上海市在政府购买公共服务起步早，在购买资金、购买方式、购买进程方面都有自身的特点，但在法律制度保障、预算管理、购买过程中信息沟通等存在问题。政府购买社会组织公共服务宜从宏观制度设计与微观机制完善来推动，前者包括制定政府购买公共服务的地方政府规章、逐年加大财政投入力度、成立政府购买公共服务办公室，后者包括规范购买流程、完善项目评估指标体系、有条件地尝试第三方评估。

【关键词】政府购买；社会组织；四元一体；公益招投标

政府购买公共服务属于新公共管理运动的重要内容和形式。在上海，1995 年，浦东新区开始尝试政府购买公共服务，浦东新区社会发展局委托上海基督教青年会管理浦东新区罗山市民会馆，这是新时期我国最早探索政府购买公共服务。[1] 齐海丽[2]、敬乂嘉[3]、王春婷[4] 等对国内近些年政府购买公共服务研究的评述表明，总体上既有的研究缺乏扎实的一手资料，本土的理论建构很少。本文基于政府有关部门、社会组织的实证调研，对上海地区政府购买社会组织公共服务的特征与现状进行描述，然后进行分析，丰富政府购买研究领域的实证研究。

---

* 本文选自《中国行政管理》2013 年第 8 期。

作者简介：徐家良，上海交通大学国际与公共事务学院教授，上海交通大学第三部门研究中心执行主任；赵挺，上海交通大学国际与公共事务学院博士研究生。

基金项目：本文系教育部人文社会科学一般规划课题“政府购买社会组织公共服务评估机制研究”（项目编号：11YJA630164）、国家社科基金重点项目“新时期加强社会组织建设研究”（项目编号：11AZD019）和上海市财政局招标课题“关于上海进一步建立健全政府购买公共服务制度的若干问题研究”阶段性成果。

一、政府购买社会组织公共服务的基本理论概述

(一)政府购买公共服务相关概念辨析

在我国，社会组织的概念在民政部门为主的政府部门中运用较多，一般来说包括社会团体、民办非企业单位与基金会三类组织。从学术研究看，社会组织有小范围、中范围与大范围之分，以上民政部门的划分属于小范围的定义；中范围社会组织除社会团体、民办非企业单位与基金会外，还包括事业单位、居民委员会、村民委员会、业主委员会等；大范围社会组织，除社会团体、民办非企业单位、基金会外，包括事业单位、居民委员会、村民委员会、业主委员会、宗教场所等。[5]本课题所指社会组织大部分是指小范围的，但部分（包括事业单位）属于中范围，即社会团体、民办非企业单位、基金会和事业单位。

政府购买公共服务是指政府通过公开招标、定向委托、邀标等形式将原本由自身承担的公共服务转交给社会组织、企事业单位履行，以提高公共服务供给的质量和财政资金的使用效率，改善社会治理结构，满足公众的多元化、个性化需求。在理解政府购买公共服务时需要注意以下三方面内容：第一，政府购买公共服务的主体是政府，不论是一级政府，还是政府相关部门；第二，政府购买公共服务的客体是社会组织与企事业单位，社会组织包括社会团体、民办非企业单位、基金会等，企业包括国有企业、民营企业，事业单位同样也是政府购买公共服务的客体；第三，公共服务不同于私人服务。一般来说，政府购买的服务可以分为两大类：一是政府机构及其工作人员自身消费的服务，二是政府机构及其工作人员为社会所提供的服务。前者属于政府内部的服务，服务对象是政府机构和政府官员自身，后者属于公共服务，服务对象是除政府以外的其他社会机构和公众。

政府购买公共服务是政府采购的一部分，遵守《中华人民共和国政府采购法》的相关规定。根据《中华人民共和国政府采购法》第二条规定，政府采购是指各级国家机关、事业单位和团体组织，使用财政性资金采购依法制定的集中采购目录以内的或者采购限额标准以上的货物、工程和服务的行为。可见采购对象包括货物、工程和服务。其中“服务”的行为应该包括公共服务，这样，政府购买公共服务有法可依。

政府购买公共服务是民营化的重要方面。著名学者萨瓦斯认为，民营化可界定为更多依靠民间机构，更少依赖政府来满足公众的需求。[6]欧文·E. 休斯强调民营化是指从整体上减少政府的介入，减少生产、供给、补贴、管制，或这四种工具的任意组合。[7]有学者从实践的角度指出，民营化主要是指非国有化和生产的民营化……政府购买（文中对应用“外部购买”）属于生产过程的民营化。[8]从国内外知名民营化研究学者的界定看，政府购买公共服务是民营化有机组成部分。

（二）政府购买社会组织公共服务“四元一体”分析框架

政府购买公共服务的制度建构需要考虑四方面的条件：一是公共服务具备较广的消费市场；二是政府有购买的意愿；三是社会组织和企事业单位有能力承担购买职能；四是购买的公共服务能够做到定性和量化方式评估，实行项目过程化管理。有学者提出“三元一体”的分析框架来进行解释。认为政府购买社会组织公共服务这一过程涉及公共服务的供给、生产与消费三个环节。这一分析框架即为“购买者—承接者—使用者”。[9] 有学者认为购买公共服务主要涉及四方面主体，即财政部门（资金拨付者、监管者）、职能部门（提供者、购买者、激励者和监督者）、企业或者非营利组织（生产者、承接者），以及社会公众（使用者、消费者）。[10] 但这两者都忽略了评估是政府购买活动中非常重要的环节。在当前，尽管评估工作的组织一定程度上是作为购买者政府的职责。但由于购买者与评估者在大多数情况下是不同的主体，而且第三方评估比较客观、公正，所以有必要将评估这一环节单列，成为政府购买公共服务的有机组成部分，由购买者、承接者、使用者、评估者四元一体作为分析框架更为合适。

二、上海政府购买公共服务的概况与特点

根据不完全的调研，上海市级政府相关职能部门与区县政府通过不同的方式购买公共服务。

2009 年开始，上海市民政局与区县民政局从两级福利彩票公益金中共同出资，以上海市社区服务中心作为招投标平台，面向已注册登记，满足一定条件的社会团体、民办非企业单位和公益性非营利事业单位三类组织，按比例配套使用福利彩票公益金购买社区安老、济困、扶优、助残服务以及其他社区公益服务。从 2009 年 6 月 2 日上海新途社区健康促进社第一个获得招标开始，截至 2012 年 12 月 15 日，中标组织为 224 个。在 2009 ~ 2012 年，社会团体中标分别为 23 个、9 个、9 个、18 个，民办非企业单位中标分别为 52 个、27 个、37 个、31 个，公益性事业单位中标分别为 10 个、4 个、1 个、3 个。通过比较，民办非企业单位的中标数量最多。这些中标组织的分布如表 1 所示。

表 1　上海市社区服务中心公益招投标中标组织类型分布

评论对象 年份	社会团体（个）	民办非企业单位（个）	公益性事业单位（个）	总数（个）
2009	23	52	10	85
2010	9	27	4	40
2011	9	37	1	47

续表

评论对象 / 年份	社会团体（个）	民办非企业单位（个）	公益性事业单位（个）	总数（个）
2012（截至12月15日）	18	31	3	52
总数	59	147	18	224
百分比（%）	26.3	65.6	8.1	100

资料来源：根据公益招投标网：http：//www.gysq.org/SQGY/Web/Default.aspx 相关资料整理。

除了上海市民政局外，市绿化市容局通过定向、招标邀标的方式向直属的23个改制企业和国有企业购买环卫作业、绿化养护、林业养护等服务，其中招投标的比例很小，在绿化养护方面，全市18个区县一年有5.8亿，其中公开招标与邀标仅占20%。市水务局与海洋局通过招投标、定向方式，向上海市排水公司、国家东海分局直属事业单位购买排水服务、地方养护、海洋环境与污水处理等事务。市农业委员会通过定向委托形式向上海市农业技术服务中心等购买农产品质量安全检测服务，市卫生局向社会公开招聘购买120救护员。

为了确保上海的经济稳定与社会和谐，市禁毒委员会办公室、市司法局社区矫正工作办公室、团市委社区青少年事务办公室通过定向委任形式，分别向上海市自强社会服务总社、上海市新航社区服务总站、上海市阳光社区青少年事务中心购买为药物滥用人员、矫正人员、“失学、失业、失管”社区青少年提供的专业社工服务。

也有不少区县购买服务。2010年，静安区政府购买社会组织的总额达到6450万元，比2007年增加了一倍。静安区外经委、劳动局、卫生局、劳动保障局通过定向委托、有限招投标、公开招标方式，向区商业联合会、区商业企业管理协会、区企业联合会、民办培训中心、民办专业服务机构购买外资企业年检与业务培训、劳动技能培训、医疗服务的鉴定与评估、推进工资集体协商与企业承担社会责任等服务。浦东新区教育局通过定向委托形式向民办幼儿园、民办农民工子女就读中小学、上海市成功教育管理咨询中心、公立中学、由资深教育工作者建立的教育评估中心等，购买学前教育的学位与民办学校农民工子女的学位、购买管理和购买评估活动，上海市浦东新区政府购买教育公共服务的具体内容如表2所示。[11]

表2　浦东新区政府购买教育公共服务的内容

购买内容	举例
学校管理	新区政府委托管理东沟中学、区内民办幼儿园等
教育评估	向社会评估机构购买对民办学校、教育中介组织评估等
学生入学校置	向民办农民工学校购买农民工子女的入学位置
特殊人群服务	政府通过购买服务的方式，对智障儿童实行送教上门
师资培训服务	委托教育工作室为农民工子女学校组织教研联合师资培训
教育设施服务	新区对各公办中小学体育场等设施向社区免费开放给予补贴

资料来源：周翠萍．我国政府购买教育服务的政策研究［D］．上海：华东师范大学2011届博士论文．

概括起来，上海市政府有关部门和区县政府购买公共服务的领域主要集中在以下四方面：①社区民生服务，如社区就业服务、社区社会保障服务、社区公共卫生和计划生育服务、社区救助、社区安全、社区文化、社区环境保护、慈善超市、便民早餐等；②行业性服务，如行业调查、统计分析、资质认定、项目评估、业务咨询、技术服务、民办学校的委托管理等；③社会公益服务，如信访干预、法律援助、再就业教育培训等；④社会管理，如外来人口管理、矛盾调节、家庭收养的评估等。

上海市委市政府相关部门和区县政府通过这些领域购买企业和社会组织提供的公共服务，逐步形成具有上海特色的政府购买公共服务实践，体现在以下五个方面：

（1）资金来源多元。资金来源包括财政预算支出与福利彩票公益金。从市政府相关部门来看，大多数政府职能部门运用本部门年度预算资金用于政府购买。从区县政府来看，浦东新区已经将政府购买教育公共服务全部纳入公共预算，并且作为一个单独的条目列入部门的公共预算。

上海市民政局运用福利彩票公益金购买社区公共服务，福利彩票公益金占市民政局政府购买经费较大的比重。市社区服务中心购买公共服务的资金主要来源于福利彩票公益金，体现“扶老、助残、救孤、济困”的宗旨，每年购买公共服务的金额达 4000 万元，除市福利彩票金按每年中标项目标的 50% 对中标组织予以资助外，区民政部门也按照中标项目标的 50% 对中标组织予以资助。各区民政从区福利彩票金、区财政等配套资金不尽相同，确保中标项目资金的到位。

（2）资金分布不平衡。经过几年的实践探索，市政府有关部门与各区县政府每年用于购买公共服务的经费已经由初期的几十万、几百万上升到千万、上亿元的水平，但政府购买公共服务的资金分布并不平衡。一是基础设施的资金投入量大，市城乡建设和交通委员会 2011 年购买为 7 亿 ~8 亿元。二是经济比较充裕的区县投入资金较多，浦东新区政府 2010 年政府购买金额达 4 亿 ~5 亿元。静安区政府 2010 年购买社会组织的总额达 6450 万元，比 2007 年增加一倍。三是与人有关的直接服务比较少。从 2008 年至 2010 年，针对特殊人群所提供的服务，自强社会服务总社、新航社区服务总站、阳光社区青少年事务中心三个社会组织政府购买的金额分别维持在 150 万元、200 万元、140 万元左右，增长幅度不大。

（3）以定向购买为主。政府购买公共服务的方式主要有两种形式：一种是定向购买，另一种是招投标，定向购买分为项目、非项目与直接资助三种形式，招投标主要是以项目形式进行，上海市的政府购买以定向购买为主。见图 1。

定向购买是指政府将一个项目或者一项职能直接委托给特定的机构，通过支付现金、实物或者提供政策优惠作为购买的方式，该购买方式有三种具体的实践形态：项目形式、非项目形式、直接资助形式。项目一般有明确的起始点，具有创新的性质。[12] 项目方式是指政府部门根据社会需求将公共服务设置成相关的项目，然后委托给特定的机构。非项目形式是指针对综合性与复杂性的情况，委托的公共服务不能进行项目化管理，政府只作原则性的规定，允许承接主体发挥自身的主动性与创造性的形式。市禁毒委员会办公室、市

司法局社区矫正工作办公室、团市委社区青少年事务办公室对市自强社会服务总社、市新航社区服务总站、市阳光社区青少年事务中心三家社会组织的购买主要通过购买服务人员劳动力的方式进行，主管单位以每位社工每年大约五万元的标准支付，当然这笔经费除了支付社工的工资外，还包括管理费用与办公经费。直接资助形式的做法是，作为购买者的政府对于承担公共服务职能的机构给予一定的资助，资助的形式既有经费资助、实物资助，也有优惠政策扶持。浦东新区社会发展局按照“小政府、大社会”理念，以直接资助的形式创建浦东新区罗山市民会馆，不仅为罗山市民会馆提供资金的资助（总投入 856 万元，其中社会发展局投入 218 万元），还提供房屋与场地（市场估计价为 200 万元），更在扩大会馆规模、动员社会资源等诸方面提供优惠政策扶持与帮助。

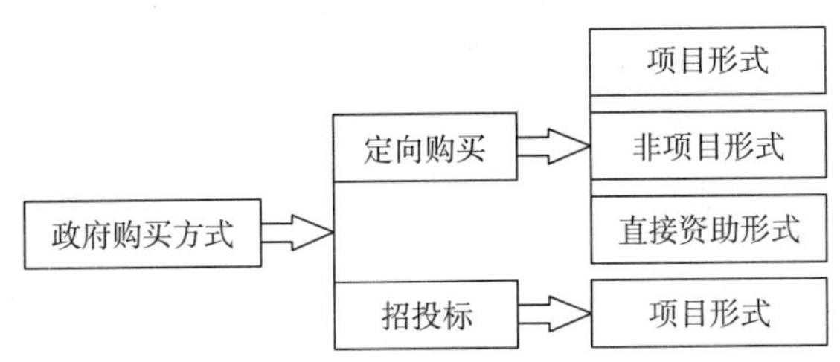

图 1　政府购买公共服务的方式

资料来源：根据材料作者自行编制。

招投标是指政府的公共服务项目向社会公开招标，投标的机构通过项目申请，以质取胜，并由政府付费的一种购买方式。招投标是一种典型的项目化运作形式。就中标项目的投标来看，参与投标机构往往只有 3 ~ 5 家，具备竞标能力的社会组织参与远远不足。浦东新区政府购买不完全是竞争的，而是带有支持和培育性的。公益创投也是典型的项目化方式运行的，即公益组织发现社会需求，设置创造性的公益项目，然后向政府部门申请资助。从上海市的政府购买实践看，除了市民政局的公益招投标外，上海政府购买公共服务的方式以定向购买为主。

（4）政府购买的渐进性。上海市购买公共服务的方式以定向购买为主，反映出现在投标主体的数量与质量不足以形成充分的竞争性市场，使得招投标的购买方式难以形成。以浦东新区为例，区教育局向专业的教育机构定向购买教育管理与教育评估，主要是出于这样的考虑，即由于教育管理与教育评估是一门需要专业技能与实践经验的行业，往往只有那些经验丰富的教师与主管官员才能从事，所以符合资质条件的专业教育机构数量极少，难以形成充分的竞争性市场。

随着政府体制的不断改革，将原先直属的事业单位改制为国有企业。除非《中华人民共和国政府采购法》有特别规定，一般地方政府职能部门往往将本行业的服务生产定向委托给这些国有企业，这种购买方式与上海市政府体制的改革、社会组织的发育与市场的成熟度基本适应，符合上海实际情况。

（5）社区服务中心公益招投标是亮点。上海市社区服务中心受市民政局的委托负责全市政府购买公共服务招投标具体事务。尽管上海市购买服务以定向购买为主，但值得一提的是社区服务中心公益招投标的流程比较规范，评估指标体系较全面。公益招投标的流程分为立项与招标、投标与评审、项目实施、过程监督、绩效评估五个环节。先由市与区县民政局提出项目招标需求，然后作为满足资质要求的单位提交申请。社区服务中心是社区公益服务项目招投标的工作平台，作为受托机构负责招标工作方案和各环节的具体组织实施、投标方案的评估审议、协助有关方面对资助项目的过程监督评估与效益评价等。从招投标的流程看，涉及招标方、受托机构、投标方三个主体。

随着政府购买公共服务的持续多年，评估的作用越来越大，上海市民政局和上海市社区服务中心专门制定《上海社区公益服务招投标项目评估指标体系（暂行）》，共分项目完成情况、服务满意度、财务绩效、组织能力建设、综合效益评价五个一级指标，用于评估所有上海社区公益服务招投标的中标项目，既是评定接受上海市福利彩票公益金资助的主要依据，又为中标项目提高项目品质提供技术指导。2012 年 2 月，上海市颁布《社区公益服务项目绩效评估导则》，对上海市公益服务类社会组织在社区运作的公益服务项目进行绩效评估，充分发挥社区公益服务项目资助机构与第三方评估机构的作用。

三、上海政府购买公共服务存在的主要问题

尽管上海购买公共服务取得了一些成绩，但也存在一些问题，包括政府购买缺乏相应的法律制度保障，购买资金尚没有统一的预算科目，购买过程中信息沟通不畅，购买过程不规范等。

（一）缺乏相应的法律制度保障

《中华人民共和国政府采购法》中尽管规定了包括服务在内的采购范围，但对于服务的理解只限于政府自身运作需要的服务，如政府后勤服务、政府信息化建设与维护，政府为公众提供的公共服务并没有纳入政府采购的范围。2010 年发布的《政府采购法实施条例（征求意见稿）》中明确指出，“政府采购法第二条所称服务，是指除货物和工程以外的政府采购对象，包括各类专业服务、信息网络开发服务、金融保险服务、运输服务以及维修和维护服务等”。在细化的《政府采购品目分类表》中，印刷出版、咨询、信息服务、维修、保险、租赁、交通车辆维护、会议、培训、物业十大类服务项目都是针对行政部门的后勤服务，教育、公共卫生、社会福利等公共服务未纳入其中。当然，在该法中规定的供应商也不包括社会组织。显然，在我国总体上缺乏政府购买公共服务制度化建设情况下，上海市有必要做出相应的地方制度创新，完善地方政府采购法律法规及相应财政制度体系。

（二）政府购买资金尚未纳入统一的预算科目，不利于审计与监管

在上海，政府购买的资金除来自于专项资金、预算资金外，福利彩票公益金与行政性事业收费等也是政府购买资金的重要来源。从调研看，市绿化市容局、市水务局海洋局、市禁毒委员会办公室、市司法局社区矫正工作办公室、团市委社区青少年事务办公室、长宁区政府等市委市政府职能部门与区县政府，尽管已经开展了政府购买的活动，有些部门政府购买的资金甚至已经在单位预算中占较高的比例，但政府购买资金并未在该单位预算中单列。当然，上海浦东新区政府购买教育公共服务的资金已经在部门预算中单列。从总体上看，各个部门政府购买的随意性较大。从政府购买资金的制度化规范看，上海政府购买公共服务尚处于初步发展阶段。

（三）购买过程缺少中介机构，信息沟通不畅

由于信息渠道的有限，社会组织对包括政府购买的相关信息与资源往往了解不多。对此，上海一些区县已经有了一些探索，静安区考虑建立一个政府购买服务的统一平台，承接这些服务的组织申请。通过信息平台使政府的资源向社会组织开放，同时也让社会组织的运作向政府开放。静安区社会组织联合会作为联系社会组织与政府的枢纽，发挥信息沟通的重要功能。上海市浦东新区公益组织项目合作促进会也是一个中介性社会组织，除了负责项目推荐会、工业园托管等事务，还分享政府购买服务的信息，拓展购买服务的渠道和方式。该机构秘书长在访谈中说，“现在社会组织对购买服务有意识，但不知道怎么做。一些机构找我们做招标代理，我们了解社会组织，充当投标方中介，做翻译”。从这个意义上讲，政府购买过程中需要建立多个信息共享的平台作为政府与服务生产者之间的桥梁，公开政府购买公共服务的项目、流程、招投标以及结果，使中介机构逐渐做大和做强。

（四）购买过程不规范，评估环节被忽视

政府购买公共服务过程的不规范，主要表现为购买合同不规范、购买方式选择的标准不清、评估环节不完善。政府购买的合同较为简单、不规范，有些甚至没有合同。在签订合同时，社会组织往往处于弱势的一方，没有强调社会组织的权益条款。政府购买方式的选择，往往直接委托下属的事业单位或者国有企业，公开的竞争性购买少，这不仅造成事业单位、国有企业、社会组织之间缺乏公平，而且在事业单位内部、国有企业内部、社会组织内部也不公正。显然，评估作为购买过程的重要环节，并没有得到应有的重视，这一点对于定向购买的公共服务而言特别突出。

四、完善上海政府购买公共服务的对策建议

（一）制定购买公共服务的地方政府规章

在《中华人民共和国政府采购法》和《中华人民共和国政府采购法实施条例》尚无修改并对公共服务做出专门规定之前，出台指导政府购买公共服务的地方政府规章，避免实践的随意性，有其现实意义。事实上，不少地方根据该地政府购买公共服务的发展制定相关的地方性规范文件，如北京市海淀区政府《关于政府购买公共服务指导意见（试行）》（2006 年）、《成都市人民政府关于建立政府购买社会组织服务制度的意见》（2009 年）、《广州市政府购买社会服务考核评估实施办法（试行）》（2010 年）、杭州市政府《关于政府购买社会组织服务的指导意见》（2010 年）等。在上海，浦东新区政府发布《关于着力转变政府职能建立新型政社合作关系的指导意见》（2007 年）、静安区政府发布《关于政府购买社会组织公共服务的实施意见（试行）》（2011 年）、闵行区政府发布《关于规范政府购买社会组织公共服务的实施意见》（2011 年）。上海市浦东新区、静安区、闵行区政府出台相关的规范性文件推进了政府购买公共服务，这为上海市制定地方政府规章积累了丰富的实践经验。所以，在上海，有必要制定《上海市政府购买公共服务管理办法》。其内容包括总则、购买主体与购买方式、购买流程、部门职责等。

（二）加大财政投入力度，按比例逐年增加

市委市政府在《关于进一步加强社会建设的若干意见》中明确提出“完善政府购买公共服务机制，在财政专项经费中逐步扩大购买公共服务的比例”。市委办公厅、市政府办公厅在《关于进一步加强本市社会组织建设的指导意见》文件中再次强调“对协助政府参与社会管理和公共服务的社会组织，要通过项目招标、合同管理、评估兑现等形式，建立政府购买服务机制。政府部门要将购买服务的资金列入部门年度预算，并逐步扩大购买服务的比例”。政府应该加大财政投入，推动政府购买公共服务活动。利用新增财力加大对基本公共服务的购买力度，并按照一定的比例逐年增加。特别重要的是，财政局有必要将各个预算单位购买公共服务预算资金单列，有利于监管与审计。实际上，上海已开始在会计服务、城市维护服务等领域，试行政府购买服务的预算管理，为制定政府购买服务的预算管理办法奠定基础。建立稳定的政府购买资金制度，对于社会组织等购买主体的培育，政府公共服务供给水平的提升都是十分有利的。

（三）成立政府购买公共服务办公室

理论上，政府购买公共服务是政府采购的一部分，但实践中公共服务的购买不同于

《中华人民共和国政府采购法》对于服务购买的相关规定。长宁区的调研显示，由于各区经济社会发展水平不尽相同，政府购买不宜采取条条的形式，而是应该以块块的形式进行。基于上述的考虑，从制度设计与规范的角度，建议在市与区县层面设立协调性的统一的政府购买公共服务平台，即政府购买公共服务办公室。政府购买公共服务办公室是与政府采购管理办公室平行的机构，两者都隶属于政府采购管理委员会。政府购买公共服务办公室的建立很大程度是为政府购买公共服务提供信息平台。实际上，上海市财政局已经在建设政府购买服务公共管理平台，确保购买服务的信息共享等制度化建设迈出了步伐。

（四）制定购买公共服务的法定流程，建立与健全项目评估指标体系，尝试第三方评估等多种方式

购买公共服务流程的建立与完善直接关系到公共服务的提供效果，是规范政府购买行为的首要任务。一般而言，在统筹考虑全市公共资源的基础上，各预算单位提出年度购买公共服务的具体项目，并编制相应的预算，由市财政局审定，报市政府审批同意后列为年度政府购买公共服务项目。政府购买公共服务的流程可以简单概括为：编制年度计划、报请政府审议、确定购买项目、编制预算草案、组织实施购买、进行绩效评估与财务审计。

参考文献

［1］杨团．非营利机构评估：上海罗山市民会馆个案研究［M］．北京：华夏出版社，2001.

Yang Tuan. Evaluation of Nonprofit Organization：The Case of Shanghai Luoshan Civil Community［M］. Beijing：Huaxia Press，2001.

［2］齐海丽．政府如何做一个精明的购买者——以上海市卢湾区 W 街道购买岗位为例［A］．徐家良主编．中国第三部门研究（第二卷）［M］．上海：上海交通大学出版社，2011：87 -91.

Qi Haili. How Can the Government Be a Smart Purchaser：An Empirical Study on Purchasing Post of W Street in Shanghai's Luwan District［A］. In Xu Jialiang esd. China Third Center Research［M］. Shanghai：Shanghai Jiao Tong University Press，2011：87 -91.

［3］敬乂嘉，刘新萍．中国公共服务民营化研究评述［A］．中山大学中国公共管理研究中心主编．中国公共管理学年鉴［C］．北京：人民出版社，2012：315 -341.

Jing YiJia，Liu Xinping. Literature Review of China's Outsourcing Study［A］. in China's Public Management Research Center of Sun Yat - sen University ed.. China's Public Management Study Yearbook［C］. Beijing：The People Press，2012：315 -341.

［4］王春婷．政府购买公共服务研究综述［J］．社会主义研究，2012（2）.

Wang Chunting. Literature Review of Government Purchase Services Study［J］. Socialism Studies，2012（2）.

［5］徐家良．第三部门资源困境与三圈互动：以秦巴山区七个组织为例［A］．徐家良主编．中国第三部门研究（第三卷）［M］．上海：上海交通大学出版社，2012：34.

Xu Jialiang. Resource Dilemma of the Third Sector and Three Circles Interaction：A Case Study of Seven Non - profits in Western Mainland China［A］. In Xu Jialiang eds. China Third Center Research［M］. Shanghai：Shanghai Jiao Tong University Press，2012：34.

［6］E. S. Savas. Privatization：The Key to Better Govern - ment［M］. Chatham，NJ：Chatham.

House, 1987: 3.

[7] [澳] 欧文 · E. 休斯 . 公共管理导论 [M] . 张成福译 . 北京: 中国人民大学出版社, 2007: 117.

Owen E. Hughes. Public Management and Administration: An Introduction [M] . Trans. by Zhang Chengfu. Beijing; China Renmin University Press, 2007: 117.

[8] 敬乂嘉 . 合作治理: 再造公共服务的逻辑 [M] . 天津: 天津人民出版社, 2009: 18, 228.

Jing Yijia. Collaborative Governance: Reinventing the Logic of Public Services [M] . Tianjin: Tianjin Renmin Press, 2009: 18, 228.

[9] 王浦劬, [美] 莱斯特 · M. 萨拉蒙 . 政府向社会组织购买公共服务研究——中国与全球经验分析 [M] . 北京: 北京大学出版社, 2010: 9.

Wang Puqu, Lester M. Salamon. Outsourcing Government—Financed Social Services to Civil Society Organizations; Lessons from China and Abroad [M] . Beijing: Peking University Prss, 2010: 9.

[10] 任建新, 李洁 . 上海政府购买公共服务发展方向: 独立性购买 [N] . 东方早报, 2012 - 12 - 04.

Ren Jianxin, Li Jie. Independent Purchase: Direction of Government Purchasing Services in Shanghai [N] . Oriental Morning Post, 2012 - 12 - 04.

[11] 周翠萍 . 我国政府购买教育服务的政策研究 [D] . 华东师范大学 2011 届博士学位论文 .

Zhou Cuiping. On the Policy of Chinese Government' s Purchasing Education Services [D] . PhD Dissertation in East China Normal University, 2011.

[12] 邓国胜 . 非营利组织评估 [M] . 北京: 社会科学文献出版社, 2001: 166.

Deng Guosheng. Non - profit Organization Evaluation [M] . Beijing: Social Sciences Academic Press, 2001: 166.

The Realistic Dilemma and Path Innovation of Governments Purchase Public Service from Nonprofit Organization: The Case of Shanghai

Xu Jialiang Zhao Ting

Abstract: The outsourcing government - financed public service to nonprofit organizations is the result of the privatization wave and is also an indispensable part of government procurement. By the literature consultation and interviews in Shanghai, the paper attempts to describe the features and current situations of government' s purchase pubic service from nonprofit organizations and then analyzes them based on the four actors framework consisting of provider, producer, consumer and evaluator. The paper finds that the situations in Shanghai have its own uniqueness in terms of purchasing fund, purchasing way and have its problems in law, budget management and information communication in the process of outsourcing. Finally, institutions design recommendation is suggested including make a law of government purchase locally, increase funds annually, establish an administration office in this area, try adopting third—party evaluation, improve purchase process and index evaluation system.

Key words: Government Purchase; Nonprofit Organization; Four Actors Framework; Philanthropy Competitive Bidding

中国 R&D 税收优惠政策的激励效应研究*

李万福　林　斌　杜　静

【摘　要】本文在考虑 R&D 调整成本情况下，从理论和实证两个视角对我国 R&D 税收优惠政策的激励效应问题进行了深入分析。结果表明，目前中国 R&D 税收优惠政策总体上是有效的。

【关键词】R&D 激励；税收优惠；调整成本

一、实证研究设计

本文主要通过考察我国两次重要修订的 R&D 税收优惠政策来探讨我国 R&D 税收优惠的政策效应。

（一）R&D 税收优惠政策经第一次重要修订后的激励效应

如该修订后的政策有实质性激励效应，则我们可预期 2003 年后非国有、非集体以及非外商投资工业企业的 R&D 投入相比之前将有显著增加，且增加幅度应显著高于国有、集体及外商投资工业企业。为测试这一修订带来的 R&D 激励效应，本文构建如下回归模型：

$$RD_{it} = \alpha_0 + \alpha_1 AFTER_{it} + \alpha_2 NSF_{it} + \alpha_3 AFTER_{it} \times NSF_{it} + \alpha_4 SIZE_{it} + \alpha_5 LEV_{it} + \alpha_6 CASH_{it} + \alpha_7 GROWTH_{it} + \alpha_8 AGE_{it} + \alpha_9 IND_{it} + \alpha_{10} REGION_{it} + \varepsilon_{it} \quad (1)$$

其中，下标 i 表示第 i 个企业，t 表示年份，ε 是随机误差项；RD 为研发投入量，借

* 本文选自《管理世界》2013 年第 6 期。

基金项目：本文受国家自然科学基金重点项目（71032006）、国家自然科学基金项目（71272198、70972076）、教育部人文社会科学基金项目（09YJA790199），及广东省教育厅人文社科重点研究基地项目（11JDXM79004）资助。

作者简介：李万福、杜静，福州大学管理学院；林斌，中山大学管理学院。

鉴黄俊等（2011）的研究，我们以研发费用/总资产表示；AFTER 为关于 R&D 税收优惠政策是否经第一次重要修订的虚拟变量，当样本年度在 2003 年前时取 0，介于 2003 ~ 2005 年时取 1。由于 2006 年 R&D 税收优惠政策经第二次重要修订，因此，我们选择测试模型（1）的样本数据期间为 2001 ~ 2005 年。NSF 为虚拟变量，若公司属非国有、非集体以及非外商投资工业企业时取 1，否则取 0。模型（1）的测试变量为交叉变量 AFTER × NSF，若经此次修订后的政策有效，则可预期该交叉变量的系数显著为正。其余变量均为控制变量，参考刘运国和刘雯（2007）的研究，我们控制了如下变量：企业规模（SIZE）、资产负债率（LEV）、企业现金流（CASH）、主营业务增长率（GROWTH）、公司成立年限（AGE）、行业性质（IND）、地区属性（REGION）。具体变量定义见表 1。

表 1　变量及其定义

变量	变量简要描述
因变量：	
RD	研究开发费（R&D），等于公司研究开发费用与总资产的比值
测试变量：	
AFTER × NSF	AFTER 变量与 NSF 变量的交叉乘积项
POST	衡量 R&D 税收政策是否经第二次重要修订虚拟变量，当样本年度介于 2003 ~ 2005 年时取 0，2006 年后取 1
控制变量：	
AFTER	衡量 R&D 税收政策是否经第一次重要修订的虚拟变量，当样本年度在 2003 年前时取 0，介于 2003 ~ 2005 年时取 1
NSF	非国有、非集体及非外商投资工业企业取 1，否则取 0
SIXF	公司规模，等于公司总资产的自然对数
LEV	负债水平，等于负债总额与公司总资的比值
CASH	企业现金流，等于税前利润、利息费用及折旧费用之和与总资产的比值
GROWTH	主营业务增长率，等于主营业务收入变动额与上期主营业务收入的比值
AGE	公司成立年限，等于按年度计算的公司成立的时间
IND	行业性质，高新企业取 1，非高新企业取 0
REGION	虚拟变量，东部取 1，中西部取 0

（二）R&D 税收优惠政策经二次修订后的激励效应

R&D 税收优惠政策经第二次重要修订后，由于研发调整成本等因素的存在，经第二次重要修订的 R&D 税收优惠政策效应究竟如何，有待实证检验。一旦增加的研发投入所带来的额外收益无法弥补新增加的调整成本，就可能使经修订的政策无法达到政府预期的激励效果。为测试该次修订后的政策对上述企业是否有进一步的实质性激励作用，我们构建如下回归模型：

$$RD_{it} = \lambda_0 + \lambda_1 ROST_{it} + \lambda_2 SIZE_{it} + \lambda_3 LEV_{it} + \lambda_4 CASH_{it} + \lambda_5 GROWTH_{it} + \lambda_6 AGE_{it} + \lambda_7 IND_{it} + \lambda_8 REGION_{it} + \varepsilon_{it} \quad (2)$$

其中，ROST 为衡量 R&D 税收政策是否经第二次重要修订虚拟变量，当样本年度介于 2003～2005 年时取 0，2006 年后取 1。若测试变量 ROST 的系数显著为正，则表明经第二次重要修订的 R&D 税收优惠政策存在进一步的实质性激励效果。其他变量定义同上。见表 1。

（三）样本选取与数据来源

本文的研究数据来自国家统计局编制的中国工业企业数据库，该数据库涵盖了全国各个省份的工业企业，包括国有、民营、外商投资等企业。根据前文的研究问题及主要变量数据的可得性，本文选取的初始研究样本期间为 2001～2007 年。我们剔除了未从事 R&D 活动（R&D＝0）及其他相关变量数据缺失的公司样本。同时，为消除极端值的影响，我们对本文使用到的所有连续变量逐年按上下 1% 的比例进行了 Winsorize 处理。

二、实证结果

（一）描述性统计

表 2 报告了变量的描述性统计结果，其中显示，在所有从事 R&D 活动的企业中，RD 的中位数为 0.004，说明样本中有近一半的公司研发支出与总资产的比值低于 0.004，可见，我国相当部分企业研发投资较少，从 RD 的均值 0.013 及标准差 0.026 可知，样本中不同公司间的研发支出存在相当大的差异。从 NSF 的均值 0.599 可见，样本中有近 60% 的公司属非国有、非集体及非外商投资企业，这表明经第一次重要修订后的 R&D 税收优惠政策的适用范围扩大了一倍多。

表 2　变量的描述性统计

变量	25% 分位数	均值	中位数	75% 分位数	标准差
RD	0.001	0.013	0.004	0.014	0.026
AFTER	0	0.561	1	1	0.496
NSF	0	0.599	1	1	0.49
AFTER × NSF	0	0.342	0	1	0.474
POST	0	0.566	1	1	0.496

续表

变量	25% 分位数	均值	中位数	75% 分位数	标准差
CASH	0. 041	0. 115	0. 083	0. 152	0. 13
SIZE	9. 742	10. 981	10. 841	12. 042	1. 684
LEV	0. 401	0. 57	0. 575	0. 736	0. 247
AGE	12	21. 262	16	23	14. 58
GROWTH	-0. 007	0. 335	0. 166	0. 432	0. 809
REGION	0	0. 697	1	1	0. 46
IND	0	0. 164	0	0	0. 371

表 3 报告了各变量间的相关系数，其中，下三角为 Pearson 相关系数，上三角为 Spearman 相关系数，从中可见，RD 与测试变量 AFTER × NSF 的 Pearson 相关系数和 Spearman 相关系数分别为 0. 11 和 0. 13，均在 1% 水平显著，初步说明 R&D 税收优惠政策在经第一次重要修改后，非国有、非集体及非外商投资企业的研发支出有显著增加。RD 与测试变量 POST 的 Pearson 相关系数和 Spearman 相关系数分别为 0. 11 和 0. 10，同样在 1% 水平显著为正，初步表明 R&D 税收优惠政策在经第二次重要修订后，公司整体的研发支出显著增加，该次重要修订很可能起到了实质性的激励效果。尽管控制变量间的相关系数有相当部分在 1% 水平显著，但在模型（1）、模型（2）的实际回归中，这些控制变量的方差膨胀因子均较小，相关的系数估计并不存在严重的多重共线性问题。

表 3　变量间的相关系数

	1	2	3	4	5	6	7	8	9	10	11	12
1. RD		0. 11 *	0. 13 *	0. 13 *	0. 10 *	0. 21 *	-0. 22 *	-0. 10 *	-0. 16 *	0. 08 *	0. 11 *	0. 15 *
2. AFTER	0. 11 *		0. 13 *	0. 64 *	—	0. 07 *	0. 01 *	-0. 05 *	-0. 26 *	0. 14 *	0. 04 *	0. 08 *
3. NSF	0. 08 *	0. 13 *		0. 65 *	0. 06 *	0. 09 *	-0. 20 *	0	-0. 23 *	0. 08 *	-0. 03 *	-0. 01 *
4. AFTER × NSF	0. 11 *	0. 64 *	0. 65 *		—	0. 09 *	-0. 11 *	-0. 03 *	-0. 30 *	0. 13 *	0. 01	0. 03 *
5. POST	0. 11 *	—	0. 06 *	—		0. 08 *	0. 06 *	-0. 03 *	-0. 21 *	0. 01 *	0. 03 *	0. 02 *
6. CASH	0. 17 *	0. 06 *	0. 08 *	0. 08 *	0. 08 *		-0. 09 *	-0. 33 *	-0. 16 *	0. 25 *	0. 09 *	-0. 04 *
7. SIZE	-0. 16 *	0. 02 *	-0. 20 *	-0. 11 *	0. 06 *	-0. 15 *		0. 04 *	0. 22 *	0. 01 *	-0. 04 *	0. 08 *
8. LEV	-0. 08 *	-0. 06 *	-0. 02[a]	-0. 04 *	-0. 04 *	-0. 30 *	0. 04 *		0. 11 *	-0. 03 *	-0. 02 *	-0. 05 *
9. AGE	-0. 13 *	-0. 18 *	-0. 20 *	-0. 22 *	-0. 15 *	-0. 17 *	0. 27 *	0. 17 *		-0. 17 *	-0. 18 *	-0. 03 *
10. GROWTH	0. 04 *	0. 13 *	0. 06 *	0. 11 *	-0. 03 *	0. 16 *	0	-0. 03 *	-0. 13 *		-0. 01 *	-0. 03 *
11. REGION	0. 08 *	0. 04 *	-0. 03 *	0. 01	0. 03 *	0. 03 *	-0. 04 *	-0. 03 *	-0. 13 *	-0. 03 *		0. 01[b]
12. IND	0. 13 *	0. 08 *	-0. 01 *	0. 03 *	0. 02 *	-0. 04 *	0. 06 *	-0. 05 *	-0. 03 *	-0. 01 *	0. 01 *	

注：a、b、c 分别表示在 1%、5%、10% 水平显著，双尾检验，下三角为 Pearson 相关系数，上三角为 Spearman 相关系数。

（二）多元回归结果

表4报告了模型（1）和模型（2）的多元回归结果，因变量为RD，模型（1）和模型（2）的测试变量分别为AFTER × NSF和POST。从表4可见，交叉变量AFTER × NSF的估计系数为0.001（T值=4.62），有预期正的符号，在1%水平统计显著，表明经第一次R&D税收优惠政策的重要修订后，在控制了其他相关因素的情况下，非国有、非集体和非外商投资企业的研发支出增长幅度较国有企业、集体企业和外商投资企业有显著提高，说明第一次重要修订起到了实质性的激励作用。另外，关于第二次重要修订的测试变量POST的估计系数为0.006（T值=35.14），亦有预期正的符号，且在1%水平统计显著，表明经第二次R&D税收优惠政策的重要修订后，在控制了其他相关因素的情况下，企业的研发支出水平得到了显著提升，该次重要修订进一步刺激了企业研发。

表4　中国R&D税收优惠的激励效应分析

	第一次重要修订		第二次重要修订	
变量	系数	T值	系数	T值
Intercept	0.024	38.60***	0.034	39.56***
AFTER	0.002	14.83***		
NSF	0.000	0.45		
AFTER × NSF	0.001	4.62***		
POST			0.006	35.14***
CASH	0.021	22.40***	0.026	21.12***
SIZE	-0.002	-34.36***	-0.003	-35.65***
LEV	-0.002	-5.30***	-0.001	-2.71***
LGE	-0.000	-8.81***	0.000	-5.95***
GROWTH	0.000	4.96***	0.000	3.05***
REGION	0.002	15.53***	0.004	19.60***
IND	0.007	26.11***	0.01	29.32***
Observations	79024	79024	102005	102005
Adjusted R-squared	0.090	0.090	0.083	0.083

注：因变量为RD，***、**、*分别表示在1%、5%、10%水平上显著，双尾检验，T值经Cluster标准误和White异方差稳健性修正。

综上所述，中国R&D税收优惠政策的两次修订都显著刺激了所考察企业的研发投入，说明经两次修订后的R&D税收政策的优惠力度均已突破调整成本的制约，从而企业愿意因政策优惠而增加R&D投入。

（三）敏感性测试

为进一步验证本文结论，我们执行如下敏感性测试：第一，由于企业在进行研发投资时，一般会考虑其销售收入情况，然后根据企业的成长潜力来进行 R&D 投资预算，因此，承袭黄俊等（2011）的研究，我们以研发支出占销售收入的比值作为企业 R&D 支出的另一个衡量指标（RD_2），重新进行相应的回归分析，结果（见表 5）仍然支持了前文的研究结论。第二，企业的投资决策往往会受到宏观因素的影响，研发投资也不例外，因此，前文关于研发支出较以往显著增加的原因亦可能是整体宏观因素作用的结果，为排除这种可能性，我们参考 Altamuro 和 Beatty（2010）关于控制宏观因素的方法，把考虑现金红利再投资的股票综合年市场回报率作为宏观因素（Macro - Factor）的替代变量，在原有模型基础上进一步控制了宏观因素的影响，结果亦未发生实质性变化。

表 5　中国 R&D 税收优惠的激励效应分析：敏感性测试

	敏感性测试一		敏感性测试二	
变量	第一次重要修订	第二次重要修订	第一次重要修订	第二次重要修订
Constant	0.016*** (27.87)	0.021*** (30.41)	0.015*** (20.72)	0.034*** (39.73)
AFTER	0.002*** (8.60)	—	0.009*** (25.14)	—
NSF	-0.000 (-0.98)	—	0.000* -1.73	—
AFTER × NSF	0.001*** (4.34)	—	0.001*** (2.60)	—
POST	—	0.004*** (27.52)	—	0.003*** (6.20)
CASH	-0.011*** (-16.87)	-0.013*** (-19.55)	0.021*** (22.24)	0.026*** (20.94)
SIZE	-0.000*** (-8.86)	-0.001*** (-9.97)	-0.002*** (-35.15)	-0.003*** (-35.70)
LEV	-0.005*** (-13.58)	-0.007*** (-17.67)	-0.002*** (-5.51)	-0.001*** (-2.74)
AGE	-0.000*** (-5.50)	-0.000*** (-5.68)	-0.000*** (-7.52)	-0.000*** (-5.79)
GROWTH	-0.001*** (-13.36)	-0.001*** (-17.00)	0.000*** (4.37)	0.000*** (3.08)

续表

变量	敏感性测试一		敏感性测试二	
	第一次重要修订	第二次重要修订	第一次重要修订	第二次重要修订
REGION	0.001*** (4.22)	0.001*** (6.50)	0.002*** (15.32)	0.004*** (19.60)
IND	0.011*** (35.10)	0.014*** (40.50)	0.007*** (25.77)	0.010*** (29.36)
Macro_ Factor	—	—	-0.046*** (-23.24)	0.002*** (5.83)
Observations	79006	101993	79024	102005
Adjusted R - squared	0.06	0.074	0.095	0.083

注：敏感性测试一的因变量为 RD_2，敏感性测试二的因变量为 RD，***、**、* 分别表示在 1%、5%、10% 水平上显著，双尾检验，括号内为 T 值，回归结果经 Cluster 标准误和 White 异方差稳健性修正。

基于以上敏感性测试，说明前文的研究结论是比较稳健的。

三、研究结论

研究发现，企业的最终 R&D 投入量取决于 R&D 税收优惠力度与调整成本的相互作用，只有当 R&D 税收政策的优惠力度足以弥补调整成本时，才能对企业研发起到实质性的激励作用。实证上我们发现，经第一次重要修订后，非国有、非集体和非外商投资企业的研发支出增长幅度较国有企业、集体企业和外商投资企业有显著提高，与政策导向相符；经第二次重要修订后，整体企业的 R&D 投资较以往进一步显著增加。这些结果表明，两次重要修订带来的税收优惠力度已突破 R&D 调整成本的制约，显著刺激了企业研发。

本文从理论上给出了调整成本影响下 R&D 税收优惠政策激励效应的一般性解释，丰富了现有关于研发创新及税收优惠政策激励效应方面的文献，为中国制度背景下 R&D 税收优惠政策的激励效应问题提供了经验证据，表明目前中国 R&D 税收优惠政策总体上是有效的。

参考文献

[1] 黄俊，陈信元．集团化经营与企业研发投资——基于知识溢出与内部资本市场视角的分析 [J]．经济研究，2011 (6)．

[2] 刘运国，刘雯．我国上市公司的高管任期与 R&D 支出 [J]．管理世界，2007 (1)．

[3] Altamuro, J., Beatty, A. How does Internal Control Regulation Affect Financial Reporting? [J]. Journal of Accounting and Economics, 2010 (49): 58-74.

中国财政体制改革之后的分权问题*

贾 康

【摘 要】中国财政体制如何处理集权—分权关系，为人们所反复讨论。回顾总结已有的改革，应特别注重由“行政性分权”转为“经济性分权”所内含的制度变革逻辑。分析 1994 年以后深化财政体制改革的问题，不可陷入似是而非的“因地制宜”论和简单看待中央、地方收入占比高低，而应牢牢把握市场经济大局对财政制度规范的客观要求和中央、地方事权合理化这一“源头”问题，处理好扁平化、地方税体系建设、理财法治化与民主化、转移支付合理化等重大问题。较适当合理的中央、地方收入占比，主要应是在制度建设、机制变革中自然生成的。

【关键词】财政体制；财政制度；财政运行机制

在改革开放新时期，财政体制改革一开始就是以分权作为宏观层面的突破口来运作的。在微观层面，中央推动了农村家庭联产承包责任制和深圳特区的局部试验。在宏观层面，中央并未选择取消指令性计划，实施中国社会承受不了的突变式改革，而是选择了“摸着石头过河”的渐进式改革方式。

一、财政体制的演变：从“分灶吃饭”到“包干制”再到分税制

党的十一届三中全会之后，中央很快确定了宏观层面的突破口是财政体制改革，改变过去高度集中的体制，实行分权。原来的财政分配体制，近乎人们所说的“统收统支”，准确表述是“总额分成、一年一定”。改革的方式则是变“分灶吃饭”为“划分收支、分级包干”“一定五年不变”。在向地方分权的同时，中央还明确地提出地方权力要继续下放到企业。

---

* 本文选自《改革》2013 年第 2 期。
该标题为《改革》编辑部改定标题，作者原标题为《如何正确认识中国财政体制的分权问题》。
作者简介：贾康，工作单位为财政部财政科学研究所。

这就拉开了改革开放新时期宏观层面改革的序幕。在财政向地方分权、地方向企业分权的过程中，形成了在计划、物资、人事、劳动、金融、投资等方面改革的一些相对松动、有弹性的空间，而整个国民经济仍由原来的指令性计划维系体制内的再生产，这就伴生出一个体制外区间。这是各种试验和改革的可能空间。财政体制改革在总体上为各项改革提供了可以试验的局面和条件。

然而，当分权改革发展到一定程度，其内生的各种问题也显露出来。到20世纪80年代后半期，社会上已出现越来越多的对于“分灶吃饭”的负面评价，如实际上分配关系并不稳定，企业并不能真正搞活，并且出现了地方保护主义、市场分割等问题。于是，中央开始寻找改革新思路，讨论分税制的可能性。1992年邓小平同志发表南方谈话后，中国确立以社会主义市场经济体制为改革目标模式。财政改革也确定了实行分税制的基本思路。经过一段时间准备之后，于1994年启动了具有里程碑意义的财政体制改革，即实行“分税制”财政体制。

1994年的财政分税制改革，支撑了整个中国市场经济间接调控的基本框架：国家主要以预算、税收、国债等财政政策和货币政策方面的经济手段为特色的调控工具配合，来实施宏观调控，让市场的各种信号，与这些宏观参数综合在一起以后，实现由国家调控市场、市场引导企业，从而构建起能够有利于解放生产力的整套间接调控的运行机制，使微观市场主体在分权状态下真正活起来。

这种运行机制实际是和邓小平同志南方谈话的基本精神是一致的，即在运行机制上，并不涉及基本制度问题，计划和市场都是手段，且二者要结合起来，以解决资源配置问题。在取向上，更多地让市场发挥基础性作用。正是有了分税制，才可能实现上述目标。

二、财政行政性分权与经济性分权的基本特征

若要对改革开放以来的财政体制转变作一简要的总结，那么1994年之前可称为“行政性分权”，而1994年后则可称为“经济性分权”。

行政性分权最基本的特征是依企业行政隶属关系形成财政收入组织方式和控制方式。企业按照行政隶属关系服从自己的行政主管。分权之后，隶属不同层级政府的企业之间依然不能真正开展所谓公平竞争。哪怕实行“多种形式的企业承包责任制”，政企之间也不可能是平等的甲乙双方。这种问题即使在承包制框架之下，仍得不到一个真正优化解决的方案。所以，必须打破按照行政隶属关系组织财政收入的旧体制的症结。无论是分权还是集权，只要不改变这种制度安排，便无法真正建立起市场经济。

在分税制体制下，一个辖区内所有的企业，无论大小，不分行政级别，在税法面前一律平等，企业该交国税的交国税，该交地方税的交地方税，税后可分配的部分，按照产权规范和政策环境，可以由企业自主分配。这样一来，各类企业间公平竞争，企业的行政级

别随之淡化，企业的厂长、经理，哪怕作为国有企业和国有控股企业的领导，以后也越来越多地可以在不参照行政级别的情况下，靠企业家市场去挑选和配置。这些是企业真正搞活的关键，都是1994年财税体制改革确立新框架以后才形成的。

现阶段，一般人认为企业跨隶属关系、跨区域、跨所有制、跨各种各样标签概念的兼并重组是很自然的事情，而在1994年以前，这种事情难上加难。企业和政府之间的关系也是在1994年经济性分权之后，才得到一个适应市场经济的规范处理，给企业画了一条公平竞争的起跑线。同时，中央和地方关系亦前所未有地进入一个相对稳定的状态。原来说的"一定五年不变""一定三年不变"，实际上是频繁变动。分灶吃饭后，中央曾三次向地方借钱，还开征了预算调节基金，以致在利益驱动下资金分散化，在预算内和预算外，还有为数可观的"制度外"资金。1994年以后，到现在为止也再没有说"一定多少年不变"的问题，只是说，中央拿什么，地方拿什么，怎么样合理优化调整。资金的管理规范化、预算安排的相对稳定与可预期等，才成为实际可能。这些都是正面的东西。

总之，经济性的分权，在社会主义市场经济的最基本的经济关系——政府和企业、中央与地方这两个方面，首先是真正形成了与市场经济发展内在逻辑相契合的制度安排。另外，还有一项关系即政府（包括中央政府和地方政府）作为公共管理实体的政权体系与公民、与纳税人之间的关系正越来越清楚。个人所得税改革引起了全社会的广泛关注，在客观上进一步唤醒了公民意识和纳税人意识，当然也带来了很多复杂的问题。

与此同时，也要看到分税制改革以后出现的新困境。一是在2000年前后一度特别严重的基层财政困难，二是最近几年广受指责的土地财政和地方隐性负债。实际上，出现这些问题，不应归咎于分税制，因为我国省以下并没进行真正的分税制改革，也迟迟未进入分税制状态。地方财政出现的这些问题，恰恰是来自于我们过去就知道它一定要出问题的领域，即现在省以下财政体制实际上还在运行的分成制和包干制。目前，我国所有省级行政区，包括最发达的地区，在省以下也没有进入真正的分税制状态，而是五花八门、复杂易变、讨价还价色彩较浓的分成制和包干制。

因此，接下来的历史性任务，便是怎样把经济性分权进一步贯彻到省以下，真正把分税制从上到下贯通起来，让它形成市场经济发展的长效支撑机制。在这方面也有不同的认识，有的学者提出要因地制宜，分成农业区域和非农业区域，农业区域不搞分税制，非农业区域才搞分税制；同时中央和省一级搞分税制，省以下不搞分税制。听起来这似乎非常合乎中国国情，但这种认识实际上还没有把握市场经济所要求的财政制度安排的本质内容，因为整个财政体制和"以政控财，以财行政"财政分配所对应的是一个统一市场，这个统一市场应该横向到边，纵向到底。无论是在五级框架还是在三级框架下，只要省以下实行五花八门的分成制、包干制，整个中国市场经济发展和经济社会转轨的财政制度安排问题就不可能解决，而且还会有一种切实的危险：长期这样下去可能倒逼使中央和省的分税制都维持不了。现在有人认为，中央拿得过多，只要给地方更多的分成，整个局面就活了。回到分权概念上，我们坚决不能认同这种实际是搞五花八门的分成制的观点。

三、培育地方税体系：实现经济性分权的可行路径

改革中确实需要充分考虑中国的特色和特殊情况，但是发展到市场经济，其中必有一些共性的东西，现在已经可以有些总结。基本思路就是要找到1994年以后不能进入省以下分税制状态的症结所在，其实病理分析并不复杂。在经济性分权新时期，省以下不能真正实行分税制的原因就是财政层级太多，省以下还有四个层级。解决这个问题，应该另辟蹊径，探索走扁平化的道路，减少层级。

农业税取消以后，以农业为主要财政收入的地方，乡镇没有或基本没有收入了，也无从谈论怎样建立乡镇实体财政的问题，也没有能力给乡镇配金库，因为工商、税收及其他方面的政府管理关系，都是按照经济区域而不是行政区域在下面设分支机构，实际上就必须放弃之前一再强调的建设乡镇财政的方针。下一步，行政方面也需要通过乡镇综合改革，最后走到把一般的乡镇（首先是农业区域的乡）变成县级政府的派出机构，不再是五大班子齐全，不再设七所八站，不搞乡的财政实体层级。“乡财县管”是过渡形态，已较普遍推开，虽然此事在珠三角和长三角地区可另论。发达地区像广东的东莞，镇以后该怎么样发展，有必要进一步调整，有些可变成区，像东莞设成地级市以后，下面没有区这一层级，以后可把若干镇并成一个区以后，区下面再设街道办事处。这种区以下的建制——街道办事处，实际上就是把原来的乡镇层级，根据工业化和城镇化发展过程，走到与现在北京和南京这种大都市的基层情况差不多了。还有另一种情况要单独讨论：像新疆塔里木河流域沿一个狭长的水系，100多公里散居的几千人为一个乡，这样的地方，政权在基层怎么办，有其特殊情况，先不急于解决这方面的一致性问题，所以民族地区和边疆地区特殊情况可另说。在其他大部分的地方，乡镇综合改革的大趋势是非常明显的，也是不可逆转的。

通过省直管县，可以把浙江经验全国化，就是市和县在行政不同级情况下，可与省级财政直接结算，财政不必再分这两个层级各自配税基，以后逐渐走到中央文件现在明确说的“行政省直管县”。广东在此方面已经起步。从长期来看，省与省以下是两级：省和市县。这样加上中央是三级，原来五级分税制的问题就解决了。三级如何配置税基，有国际经验可以借鉴，我国也有相关的成功探索。

真正把经济性分权贯穿到底，必须进一步培育地方税体系。在建立地方税体系中，我国可考虑的支柱税种有两个：一是资源税，中西部工商业虽不发达，但资源富集，所以通过资源税可使其形成大宗稳定的收入来源，像新疆先行先试以后效果就非常明显。新疆所实行的资源税改革，只涉及原油和天然气两项，但仅是这两项，从静态算账来看，一年就为新疆增加几十亿元收入，以后此类税收还会继续上升。与形成这种大宗稳定的收入来源相配套的资源税改革，意义其实更宽广，可使整个中国在市场经济发展以后，在可持续发

展、节能降耗的问题上形成一个以法律为背景的长期有效的经济杠杆，也就是一种依靠经济内在利益的调整机制，逼着整个产业链上从资源开发开始，所有的主体在经济压力之下千方百计地节能降耗，开发有利于节能降耗的工艺、技术和产品。

从大都市到乡村，情况千差万别，但是节电节水节能的内在动力都是不足的。以北京为例，改革开放后白菜价格翻了100多倍，而民用电价到现在仅为3倍，在整个资源配置中老百姓没有真正从内在感受上觉得需要节电。实施资源税改革，其内在逻辑展开了以后，除给地方税体系提供配套之外，整个中国可持续发展便会进而形成一种强大、持续、规范的和可预期的经济杠杆作用，而且它势必会进一步扩大覆盖面，推动解决多年没有解决的理顺中国煤电比价关系问题，呼唤与之相关的配套改革。

另外一个地方税体系中可以寄希望的支柱财源，就是现在上海、重庆已经试点的不动产保有环节的税收（即房产税）。要使中国走向现代社会，必须有现代不动产制度，必须有现代意义上的和不动产相配套的调节制度，构建不动产保有环节的税收是不可回避的——不可能中国进入现代社会而没有现代的财产税制。在“十二五”期间，要进一步适应社会需要，优化再分配和财产配置，而不动产保有环节的税收就是主要抓手。在收入分配优化中，可做的事情实际上寥寥无几。最低工资只能起到辅助性的、信号式的作用——最低工资太低了，市场自然就抬高了，不用政府来管；最低工资抬得过高了，是逼着企业用其他要素投入替代用工投入，恰恰是恶化了政府本来想支持的边缘人群的就业条件，使他们更难得到就业机会和收入。组织工会和出资方开展集体谈判，也可能产生不利的局面。有学者提出，在推动职工集体谈判的同时，必须加上一条“不允许工会之间串联”，而现在是互联网时代，根本不可能这样来控制局面，所以这个方面也没有多大的空间。真正要优化中国的收入分配和收入再分配，中央决策层必须考虑和选择在这些方面能够做什么事情。

省以下经济性分权按逻辑在打造地方税体系主体税种方面的推进，就是牵一发而动全身的。从长远发展来看，财政体制改革必须考虑怎样进一步走向现代社会而政府职能必须怎么样转变。中国各级政府以后越来越多要在税收方面形成稳定的、大宗的、可预期的收入来源，政府就必须越来越透明地向社会公众说清钱“从哪里来”“用到哪里去”的问题，就必须越来越认同所谓“无代表不纳税”的基本规则，这是显而易见的。那么现代税制也必然要求发展参与式预算，就是让群众认识到自己的利益，为自己的利益而努力奋斗，同时越来越讲求现代税收制度、现代预算制度的规范。从透明度、公开性做起，事前充分磋商讨论、充分听取民意，然后强调反复磋商讨论以后经过最高权力机关审批的预算要具备足够的严肃性，这个严肃性必须做到一丝不苟严格执行，不能再留那么大的弹性空间，如有必要可以调整，但要走调整程序。这样一来又有了一个前提条件，可以进一步发展绩效预算，通过绩效预算进一步加强对官员的问责制和制度安排的动态优化。

四、余论：财政集权与财政分权之争

在集权和分权的概念下，进一步作深入讨论，中国财政改革一定要和现在不可避免的顶层设计之下全面配套改革融为一体。如果在这方面通过地方税体系的建设，把省以下分税制一步一步配套推进，便要进一步注入一种制度安排：走向民主化和法治化。经济社会生活的民主化和法治化，可以缓解社会矛盾，进一步催生中国社会管理的优化，鼓励民间的力量更多参加公共资源配置，包括第三部门的发展，促进公私合作伙伴机制更好地发挥作用。

在此对中国模式之争做出回应。现在并未形成一个相对稳定和清晰的中国模式，中国特色之下的进一步探索，现在还是两种力量在赛跑，开始人们说的是改革和社会问题的赛跑，后来有人说是改革和革命的赛跑。如果这个事情处理不好，矛盾激化了可能不好收拾，"三步走"的战略目标也就无法实现。因此，关键是要有长期的、建设性的考虑和办法。如果能够通过借鉴他国的成功经验，推进财政的民主化和法治化，通过预算和税收这样实际的抓手，把所有要解决的缓解中国社会矛盾、维护良好发展态势的事情，做一个系统化的处理，中国再往前走且避免出现较大的失误和波折，再实现 20 年左右的高速增长，都是有希望的。有学者不同意中国还会维持十年的高速增长，更不相信还有 20 年，认为中国经济发展已经进入一个转折点，进入一个潜在增长率回落的低速阶段。实际上，从内在动力来说，中国经济快速增长的过程现在才走了一半，最代表性的标志就是整体的工业化水平之外，还要看城镇化的阶段与水平。有工业化、城镇化这样强大的增长引擎，如果用经济手段不断释放城镇化和工业化进程弥合二元经济中的巨大需求，在 WTO（世界贸易组织）全面开放的框架下，得到来自全世界所有资源的回应，形成这样的循环来继续往前走，那么维持 20 年的高速经济增长不会有实质性的硬障碍。问题的关键是，从决策层到执行层，有无一定的远见卓识，把必须解决的深化改革的事情掌握好。

下一步应重点研究公共预算和财政体制改革，其牵一发而动全身，把整个中国若干个"五年规划"之下怎么走向现代社会的很多东西全串在一起，从基层到社会管理的方方面面都在这个大的概念之下内部串通了。

在讨论集权和分权的问题时，单纯讲集权多一点还是分权多一点好，没有多大实际意义。关键是要考虑什么性质的分权，以及什么样的事权方案。有人说，提高地方政府收入的集中度，就可以缓解现在的矛盾。我不认同这种观点。实际上现在中央和地方的事权还没有很好地划分，应该在"十二五"期间尽快形成事权明细单，然后根据事权要考虑中央政府必须发挥转移支付功能，然后再去匹配中央和地方财政的比例关系，这个比例关系高一点或低一点，看起来是分权和集权的标志，其实不是这么简单的关系，更多是要看是不是符合经济性分权的内在逻辑，是不是处于市场经济所要求的分税制真正贯通的情况下。过去美国和日本都是中央政府或联邦政府层级要拿整个财政收入的接近 70%，而中国现在只占了一半。如果简单地说地方多拿一点，那么另外一些矛盾可能尖锐化起来。中国欠发达地区实际上需要中央更多的转移支付。

在转移支付方面具体怎么优化，有大量的问题需要讨论。在中央与地方财政收入占比背后还有很多更深刻的问题，就是现在的事权框架里面，不应简单讲中央多一点还是地方多一点，而是做更有建设性意义的从本源开始理顺的讨论。有人认为，中国现在很多应该中央做的事情，中央没有真正承担起来，如维持法律的公正，很多经济事务上的司法权就不能再给地方，特别是涉及跨地区的经济纠纷的司法权，应该统一上收到中央，中央可以是垂直的、巡回法庭式地来处理这些经济方面的司法问题。这样才能使地方的司法不再从自己的局部本位出发，来处理各自跟利益相关的案件。司法一旦不超脱于局部利益，就极为容易形成非常明确的不公正情况。如缉私等事情，显然需要中央政府更多来承担事权并加以强化。美国农业部有几万人，其整个农业的管理系统是垂直的。可见，并不是中央政府财政收入所占比重越低越符合分权要求。在有些方面，中国现在按照事权合理化这个取向要做的事情，动作可能会很大，但是在做研究时不得不考虑这些问题，考虑能不能哪怕是渐进式地做一些必要的调整。有些事情是很显然的，如果按照现在地方分别形成自己的公检法体系，那么在利益驱动下不公正的事情可能会日趋严重，因而有必要从事权合理化的角度来推动相关的全面改革。

在集权和分权概念下，关键的还是能不能在“十二五”期间开始由粗到细形成事权明细单，加上其他的配套改革。该收到中央的权力往中央收；该更好、更彻底下放到地方的，落到地方。中央和地方在总财力盘子中各拿多少比例，是随之生成的，而不应该是事先设定的，不能“因地制宜”地来划定不同地区最主要税种的分成比例。一定要认清听起来似乎有理的“因地制宜”的实质，绝对不能跨过共享税一视同仁这条底线。其他所有因地制宜的事情，要靠转移支付来解决。中央和地方分享的税收，必须按照 1994 年划定的框架来落实。所有需要进行利益调整、区别对待的东西，通过优化、强化转移支付，包括发展横向转移支付，将之系统化，使之具有可持续性。

参考文献

[1] 贾康等．中国财税体制改革的战略取向：2010～2020 [J]．改革，2011（1）：5－19.

[2] 贾康，张鹏，程瑜．60 年来中国财政发展历程与若干重要节点 [J]．改革，2009（10）：17－34.

[3] 贾康，赵全厚．中国财政改革 30 年：政策操作与制度演进 [J]．改革，2008（5）：5－23.

[4] 贾康．“十二五”中国的公共财政制度改革 [J]．中国发展观察，2011（4）：22－25.

[5] 贾康．积极财政政策的着力点 [J]．中国金融，2011（1）：40－41.

Decentralization Problem after the Reform of China's Financial System

Jia Kang

Abstract: The problem of how to handle the centralization and decentralization of China's financial system has been discussed time and again. On the summary of the existing reform, we should pay particular attention to the institutional change logic embedded in the change from the "administrative decentralization" to the "economic decentralization". Analysis on the problems of the financial system reform after 1994, we cannot fall into the theory of "to suit the measures according to the local conditions" and treat the relationship between the central and local government as the high or low proportion of income, but grasp the market economy demands on financial regulations and the "fountainhead" problem of the rationalization of the authorities between the central government and the local goverment, handle the major problems of the flattening, the construction of the local tax system, financial legalization and democratization, the rationalization of the transfer payment. A proper income proportion of the central goverment and local goverment is mainly produced naturally in the process of the system construction and mechanism reform.

Key words: Financial System; Financial Lnstitution; Financial Operating Mechanism

政府自利制衡、地方自主权激励与财政分权改革的中国策*

李一花

【摘　要】包干制下地方政府自主权扩大并没有减少预算外融资的扩张，相反政府与国有企业合谋导致预算外收入居高不下；分税制下地方政府受自主权和财力上收之困，但得益于我国独特的土地制度和国有金融机构预算软约束的支持，地方预算外融资的扩张成为现实，并对经济社会发展产生了负面影响。地方政府基于自利目标而扩张预算外融资的逻辑不因分权形式的变化而改变。如何协调地方自主权的激励作用和制衡政府自利行为成为推进我国财政分权改革的关键。

【关键词】财税改革；政府转型；财政分权

我国财政分权改革可分为包干制和分税制两个阶段。Lin 和 Liu（2000）的研究表明，包干制期间中国地方政府的边际税收保留率很高，因此地方有追求税收最大化和推动经济增长的积极性。1994 年的分税制改革上收了财力和财权，但一些实证研究证实分税制与经济增长之间依然存在正相关关系（张晏、龚六堂，2005；沈坤荣、付文林，2005；郭庆旺、贾俊雪，2010）。于是，关于政府间关系与经济增长的困惑就产生了。既然财政包干制下的分权刺激了经济增长，那么分税制后的收入集权为什么没有明显地阻碍经济增长？不同的分权形式对经济增长的激励机制是否一致？如果说分税制的财力集权使预算外融资变得容易理解，为什么包干制下地方政府在拥有较大的自主权的情况下预算外融资依然居高不下？分析这些问题，可从政府自利性入手。分税制改革后，财权财力上收，地方预算内收入和自主权减少，在财政收入最大化目标驱动下，预算外收入的扩张成为摆脱财政困境的重要途径，而我国独特的土地制度以及商业银行的预算软约束，恰好提供了地方

* 本文选自《改革》2013 年第 9 期。

该标题为《改革》编辑部改定标题，作者原标题为《政府自利、财政分权与地方“预算外融资”扩张》。基金项目：教育部人文社会科学项目“收入倍增与公平分配：税收激励均衡政策优化研究”（批准号：13YJA790046）；山东省社会科学规划项目“加快山东城镇化建设研究——农业转移人口市民化视角”（批准号：13CJJ03）。

作者简介：李一花，山东大学经济学院。

预算外融资扩张的条件。

一、相关文献对政府自利的论述

政府自利是指政府拥有的、与社会共同体利益不同的特殊利益。基于政府由官员组成的基本事实，尼斯坎南对官员的利益进行了分析。他指出，官员具有两个特征：官员是一个非营利性的组织或机构，资金主要来自于财政拨款，而不是它的产出销售；官员机构中的主管和雇员不会将预算拨款扣除支出费用后的余额放入私人腰包。在尼斯坎南看来，官员追求的目标是效用最大化，具体包括"薪金、职务津贴、公共声誉、权力、任免权、机构产出等"[1]，因为这些目标都与政府预算规模有正相关关系。因此，作为效用最大化的官员也将是预算最大化者。需要说明的是，尼斯坎南的模型中的官员不是指某个具体的政府官员，而是指官员机构，是一个被人格化了的机构。对于政府自利的原因，布坎南是这样解释的，他认为，政府也是"经济人"，无论是高高在上的政治家还是政府官员，其追求选票最大化或仕途晋升的政治行为与他在市场中追求经济利益最大化的行为是一致的，也是个人利益最大化，这样，个人在政治市场和经济市场中的行为就遵从相同的规律。[2]他还进一步指出，官僚主义的行为方式通常是实现政府利益的最佳方式。政府官员会利用其特有的身份地位和掌管的权力，用提高公共服务价格、降低公共服务质量等方式，变相地谋取更多的个人利益。这些官僚主义行为使社会资源的利用效率低于市场配置方式，导致财政支出有增无减，财政赤字不断增加，政府规模不断扩大等问题。为此，布坎南提出了财政立宪理论，主张在立宪的阶段就制定出近乎永久的、基本的、稳定的财政制度，以限制政府的征税权、货币发行权、举债权以及财政支出权等。

谈到政府自利，不能不提到诺斯的国家理论。诺斯认为，统治者以自身福利（效用）最大化为目标。具体而言，统治者的目标有两个：一是界定形成产权结构的竞争与合作的基本原则，以使统治者的租金最大化；二是在第一个目标的框架中降低交易费用以使社会产出最大，从而最大化国家税收。但是，诺斯（1994）指出，国家的上述两个目标并不完全一致。当二者一致时，国家是经济增长的关键，当二者不一致时，国家又是人为经济衰退的根源。这就是著名的"诺斯悖论"。与"诺斯悖论"具有异曲同工之妙的是温格斯特提出的政府本质的两难问题：一个足够强大以至于有能力保护产权和迫使合同执行的政府，同样也具有足够强大的力量将居民的财富充公，而且这是贯穿于整个人类历史的核心两难问题。在他看来，政府的掠夺行为是阻碍经济发展的主要因素，因为它会打击私人部门投资，因此，如何通过政治制度安排来防止政府的掠夺行为就成为市场发育和经济发展的根本所在。

无独有偶，Olson 的"流寇与坐寇"的比喻同样对政府行为的两面性进行了深刻阐发。他是这样剖析的：流寇以掠夺为生，不断寻找新的目标。他只顾眼前，掠夺无度，不

关心受害人的将来，具有攫取之手。但是，当流寇定居下来，变成统治一方的坐寇时，其利益机制起了变化。坐寇的占领地越富裕，它的收益就越高。因此，坐寇拥有援助之手。他掠夺有度，而且不允许其他强盗和土匪来掠夺。他积极维持社会秩序安定，创造生产条件，甚至愿意兴修水利、铺路架桥、提供其他公共品，因为这些活动和有限掠夺的目的一样，都是为了它自身的长远利益（Olson，1993）。Olson 的“流寇和坐寇”的比喻说明，作为自利的政府，它可以通过伸出援助之手来促进经济的发展，并通过促进经济发展来实现自身利益；也可以伸出攫取之手，通过损害社会利益来提高自身利益，政府究竟选择短期行为还是长远利益，与社会对政府行为约束的制度设计有关。

上述理论从不同的视角论证了政府自利的客观存在，在正视政府自利的基础上，如何引导政府的利益与社会的总体利益一致，从而激励政府伸出援助之手，就成为研究政府行为和处理政府间关系的首要问题。

二、政府自利与财政分权互动的逻辑

在现有研究政府自利的理论中，一般都将“政府”视为一个整体，但现实中一个国家很少只有一级政府。为研究方便，可以把政府简化为两级，即中央政府和地方政府，于是，政府自利就演变为中央政府和地方政府的自利以及自利的制衡问题。当然，一般认为，中央政府代表的是国家的利益，因而，对政府自利的研究重点应放在地方政府自利上。承认地方政府有自己的利益，并探讨如何通过财政分权将地方政府的利益引导到市场发展和经济增长上来，是中央对地方分权要解决的核心问题。第二代财政分权理论对这个问题进行了系统研究。该理论认为，财政分权要使政府能够去维护市场和促进经济增长，并通过经济增长而受益，需要具备以下条件：一是政府体系至少有两个层级，每级政府都有明确的权威范围或者自治权；二是下级政府对其辖区内的经济事务具有首要的管理责任；三是中央政府保证国内市场统一；四是地方政府硬预算约束；五是这种权威和责任的划分能够自我实施。[3][4]

上述五个条件，可以将其归纳为三个方面：

一是分权的基础，包括中央和地方的职责明确划分、中央政府维护统一市场的职责得到明确界定和有力实施，以及政府间职责划分保持相对稳定（条件的第一点、第三点和第五点）。这些条件构成了有效分权的基础。

二是分权的核心，即地方自主权（条件的第二点），将地方自主权与对市场的维护及其受益联系起来，正是财政分权的主旨所在。在这一理论看来，享有财政自主权可以保障地方政府灵活反应的信息优势，使地方财政决策更好地反映纳税人的偏好和改进资源配置的效率；同时，享有财政自主权也能促成地方政府展开有利于市场发展的竞争，防止资金浪费，从而提高财政资金使用效率（陈硕，2012；高琳，2012）。财政分权理论认为，自利性和自主性不过是一枚硬币的两面，地方有自己的利益，必然有自主权的要求；没有自利性，自主性的发挥也就没有激励。

三是分权的约束，即条件的第四点，分权理论在强调财政自主权的同时，也对地方政府自利行为的约束给予了格外重视。如政治上的民主选举、法制约束甚至政府破产机制等，还包括一些具体的财政制度的约束，如资本市场对政府借债的限制、预算平衡法案等。

三、我国财政分权与地方预算外融资扩张的关联机制

这里分别从财政包干制时期和分税制时期两个阶段分析地方预算外融资扩张情况。

（一）1980～1993年的财政包干制与预算外融资的扩张

财政改革之前，地方政府仅是中央政府的附属机构，缺乏自己的独立利益和发展经济的积极性。为了突破传统中央集权的计划经济体制的弊端，改革初期我国选择"放权让利"的改革思路，将中央的许多权力下放到地方政府。20世纪80年代初到1993年，财政体制实施包干制，这一体制就是通常所说的"分灶吃饭"，因为中央与省级政府在新体制中享有不同的税基而不再是"吃大锅饭"。在这一体制中，税收收入被划分为中央收入、地方收入、中央地方共享收入三大类。收入分成的合同条款是由中央政府和省级政府通过"一对一"协商谈判而确定的，其基本精神是超收多留、多收多支。通过分析发现，1979～1993年，大多数年份里大部分省（区、市）在包干制下都拥有100%的边际税入权、财税收支权以及税收减免权。因此，包干制下地方政府被赋予了较多自主权和经济利益，这种向地方大幅度分权的体制大大增强了地方政府的征税和发展经济的积极性（周黎安等，2005）。

1958～1976年，国有企业的所有权在各级政府之间划分。这直接促成了地方各级政府的利益与所属企业紧密联系在一起，1979年后对国有企业实施放权让利改革，赋予国有企业更多的自主权，其中之一就是允许国有企业保留留利和折旧收入，由于地方政府能控制国有企业，因而地方政府和国有企业被认为在企业利润留成以及资金支出分配上存在合谋。为最大化预算外收入，地方政府一方面实施市场封锁，保护本地企业的销售市场，进而扩大本地财源；另一方面把本应上缴到中央的财政收入通过隐瞒、人为降低财政增长速度等手段留存在企业，成为地方独享的可自由支配的预算外收入。在地方政府追求自由支配的预算外收入最大化的过程中，中央政府预算内财政收入增长速度缓慢以及在总预算内收入的比重的逐步下降就成为一个必然结果。正因如此，中央政府在1985年调整了收入分成办法，1988年又再次调整，采用了六种不同的收入分成办法，如收入递增包干、上解额递增包干、总额分成加增长分成等，试图扭转中央财政的比重。由于中央政府有权力通过改变中央固定收入的范围，或者单方面调整预算内收入分成比例，以及在财政包干

制之外向地方借贷等获取收入，因此，中央政府的非规范收入分配加剧了地方政府的收入隐匿行为。换句话说，中央政府不能提出一种可置信的承诺，以支持曾经与省级政府经由协商而得到的财政安排，这就违背了有效分权的条件，即财政职责和权力必须以一定的形式形成制度化的结构，以阻止中央政府单方面撤换事先确定的契约。那么，地方政府在预算内收入分配被动的情况下，出于追求自由裁量的预算外收入最大化的自利动机，必然化解中央政府对分成比例调整的增收效果。根据《中国财政年鉴》的统计数据，1982～1992 年，地方预算外收入以年均 29.9% 的速度增长，其中，国有企业留利和折旧收入从 656.32 亿元增加到 2878.59 亿元，国有企业留利和折旧收入的快速增长大大推动了预算外收入的增长。到 1992 年，地方预算外收入总量已经达到预算内收入的 1.107 倍。

尽管包干制明确赋予了地方制度内较大自主权，但由于中央在制度内分配规则上有主动调整的自由权，因此，相比于预算内收入，预算外收入对地方的自主权显然更大，而国有企业留利纳入预算外收入管理的制度规定使地方通过减少中央收入而做大预算外收入的行为变得更加有利可图，因此，包干制下地方政府热衷于兴办和发展新企业，从而形成以经营企业为特征的地方保护主义。[5]这种经济增长模式造成了严重的市场分割和重复建设等问题（沈立人、戴园晨，1990）。包干制凸显出的以追逐“企业留利”为主的预算外收入最大化行为和缺乏分权约束的现实，形成了不利于维护市场秩序的经济增长，并最终因中央收入的过度减少而使包干制走向瓦解。

（二）1994 年后的分税制与预算外融资的扩张

基于提高中央收入比重和改变中央与省级政府协商谈判确定体制的不规范做法，中央于 1994 年开始实施制度化的分税制改革，部分大宗税种上划中央，同时中央还集中了增值税增量，2002 年后又集中了所得税增量部分，分税制改革后中央预算收入占全国预算收入的比重基本都维持在 50% 以上，但中央承担的支出大部分年份却在 30% 以下，1994 年分税制改革呈现出典型的财力集中、事权分散的特征。尽管作为弥补地方收支不对称的重要手段，中央对地方的转移支付不断增加，但无论是一般性转移支付还是专项转移支付，虽然使用限制有所不同，总的来说其使用都要遵守预算规定，因此，地方政府在财政收入最大化的自利目标下，为了扩大对于财政资金的支出和处置权限，最好的策略就是在中央控制不够严格的预算外收入上增收，因此分税制改革使地方政府将财政收入的重点由预算内转到预算外的动机愈发强烈，周飞舟（2006）将其总结为“驱赶效应”。需要说明的是，1993 年财政部规定国有企业留利和折旧基金不再列作预算外资金，因此，地方政府通过所属企业增加预算外收入的道路走不通了。从另一个方面说，以行政事业性收费为主的预算外收入也因在社会中引发的问题众多，而受到中央政府的日益重视并逐步纳入预算管理中，这样地方的收入和利益不断受到“挤压”，这成为驱动地方政府开辟新的生财之道的重要原因，而政府在土地一级市场上的垄断权和国有银行的预算软约束恰好提供了这种契机。

接下来将详细剖析地方政府是如何借助土地杠杆扩张预算外融资的。

1. 分税制下的土地融资扩张机制对土地融资杠杆的分析，按土地性质不同，可分为商住地产和工业地产两个方面

（1）商住地产的直接融资功能。众所周知，我国的城镇化在20世纪90年代后期伴随外向型工业化的发展而快速发展起来，各类生产要素从乡村向城市集聚，使城镇化率从20世纪90年代末期的30%提高到2012年的52.57%。通过要素在空间上的再配置，促进了实物资本和人力资本的快速积累，引致了以土地为核心的大规模的城市需求。由于地方政府基本垄断了本地商住用地一级市场，有很强的价格控制能力，因而商住用地的竞争形成了众多“局域性卖方市场”。正是依靠商住用地市场的竞争和繁荣，地方政府对土地的大量出让换回了可观的土地出让金。当然，严格说来，土地出让金并不能全部计入财政收入，因为土地出让金需要安排征地和拆迁补偿支出、土地开发和补偿农民的支出等，剩下的才是财政的净收益。这部分净收益的主要用途是城市建设，但需要说明的是并不是土地净收益直接用于城市建设，通常的做法是用这部分资金，再加上一部分财政投入设立国有投资公司，然后国有投资公司用这些资金作为资本金，向商业银行贷款。这些国有投资公司即通常所说的地方融资平台，据国家有关部门的调研，地方融资平台的资金结构中，政府资金投入（财政投入和土地出让净收益）一般在1/3左右，而由财政投入撬动的金融贷款占到约2/3。国有银行为何有动力为地方融资平台贷款？稍加分析就会发现商业银行和金融机构绝大多数是国有控股企业，因此商业银行和金融机构与地方政府有着千丝万缕的联系，所以，地方政府对本地商业银行和金融机构有着较强的影响力，在获得本地商业银行贷款方面具有较大的优势。从商业银行的角度来说，之所以倾向于为地方融资平台贷款有三个方面的因素：一是商业银行在具有地方政府担保和承诺的贷款面前，认为贷款对象实际上就是地方政府，与一般企业和个人贷款不同的是，即使将来出现风险，地方政府将会承担主要的责任，而且，银行和金融机构也预期到即使地方政府陷入财政危机，中央政府势必进行救助。而如果向民营企业发放贷款形成了坏账，贷款的决策者（银行管理层）将面临很大的风险。因此，商业银行更愿意向政府有关的项目贷款，有时甚至会降低贷款条件和贷款利率（方红生、张军，2009）。二是商业银行的管理和考核特点使然。因为融资平台的贷款一般期限较长，属于中长期贷款，而银行内部主要岗位实行的是定期交流制度，因此在银行的负责人在位期间不会有不良资产形成的风险，即使将来出现风险也会因主要负责人变动而无法确定相关责任。相反，这些大规模政府性公司贷款可以立即做大银行的业务规模，使得银行的贷款规模、经营利润等短期经济收益迅速提高，这使得这些贷款规模大的政府融资平台公司恰恰会被商业银行当作能够产生稳定收益且效益好的首选客户。三是商业银行的预算软约束的影响。商业银行是国有企业的一种特殊形式，其预算软约束表现为商业银行面临亏损时，经营者预期到政府会在财政上给予支持，如政府会给这些亏损的银行追加投资、减税或者提供其他隐型的补贴等各种优惠政策，从而使商业银行避免破产清算的结局。因而，商业银行并不用为自己投资失败而负责，反而会在理性预期下获得为政府融资平台贷款的短期收益，这使得控制地方融资平台贷款规模扩张变得困难。我国地方政府通过融资平台向商业银行贷款，以此绕过了地方政府不能举债的限制，从而形成了地方政府实际大量举债融资的局

面，这使地方政府可以在经济衰退时期实施比繁荣期更为积极的扩张偏向的财政政策。这与一些发展中国家经济衰退时期实施顺周期性财政政策的无奈之举正好相反，其根本原因在于地方政府依靠融资平台融通到大量信贷资金，投入城市建设和基础设施建设，解决了经济衰退时期扩张经济的“金融约束”问题，从而形成了地方政府以土地为杠杆、以财政为信誉、以金融投入为资金来源的三位一体的发展模式。这是我国分税制改革后，地方政府面临财力和财权上收以及不能举债的限制却能保持经济增长的关键所在。

（2）工业地产的间接融资功能。如果说地方政府在商住土地市场上的融资是直接融资的话，那么，在工业土地市场上地方政府的优惠供地行为则可看作间接融资——支持企业融资。因为考虑到制造业部门缺乏区位特质性，如果对之征收过高的土地出让价格必然会不利于招商引资，加之考虑到制造业发展对服务业发展的外溢性作用，因此，地方政府通常对制造业投资提供包括廉价土地、补贴性基础设施、宽松的环境政策与劳动管制在内的优惠政策包与其他地区展开竞争（陶然，2009）。当然，享受土地优惠的企业低价获取土地，并不意味着土地不值钱，低价获取土地的企业通常可以远高于购置成本的市场价格，将土地抵押给银行，获取接近于土地市场价值的银行低息贷款作为投资资金，此时，土地就扮演了一个极为重要的再融资角色。企业用很少的自有资金投入，撬动需要大量资金投入的项目。如果考虑到地方政府帮助本地重点扶持企业和本地重点投资项目“协调”银行贷款，干预金融机构信贷投放，还会进一步减少投资企业所需的自有投入。地方政府借助土地杠杆给企业优惠和帮助融资的做法，类似于地方政府的一种间接变相融资。

2. 依赖土地融资可能引发的问题

商住用地的“局域性卖方市场”和工业用地的“全国性买方市场”的市场差异，使得地方政府通过商住用地出让的高收入弥补低价出让工业用地收入减少，这种差异化和横向补贴策略既实现了财政收益最大化目标，又维持了本地的竞争优势，可谓一举两得。然而，土地、财政和金融“三位一体”的发展模式也会引发一系列经济社会问题。

（1）欠公平的城镇化。地方政府“经营土地”、依赖土地融资形成的土地、财政和金融“三位一体”的城镇化发展模式具有以下特点：第一，土地城镇化不以工业化为必然前提；第二，土地城镇化不以人口城市化为必要条件；第三，土地城镇化只需要土地、财政、金融三大要素的参与即可运转。[6]这种模式一方面推动了 GDP 和财政收入的高速持续增长，另一方面造就了繁荣的城镇化进程。但土地财政的扩张是以失地农民的低补偿和权益损失为代价的，城镇化进程中过分追求土地城镇化、忽视人口城镇化的做法，大大影响了城镇化的质量和公平性。这种以土地而非产业和人口为中心的“半城镇化”发展模式不仅推升了高房价，形成了高价城镇化，也背离了农民工市民化的城镇化的本质。

（2）金融风险加大。据银监会统计，截至 2010 年 11 月末，地方政府融资平台贷款余额约 9.09 万亿元；到了 2011 年 9 月末，余额依然高达 9.1 万亿元。2012 年年末，平台贷款余额甚至小幅上升至 9.3 万亿元。这意味着，尽管近几年监管部门加强了调控，但平台贷款余额依然高企。而根据银监会对政府融资平台贷款的偿还情况的调查显示：以土地出让收益作为第一还款来源的占 35.11%，以财政收入作为第一还款来源的占 22.40%，而以经营收入作为第一还款来源的仅占13.87%。因此，地方政府偿债过度依赖土地财政和财政收入的局面，一旦遇到土地收入下降就会引发偿债风险，而建设土地的供给并不是无限的，我国保护耕地和粮食安全的任务艰巨，因此土地财政的不可持续性显而易见。

（3）产能过剩的危机。地方政府在招商引资过程中的优惠供地，不只是降低了投资者的土地成本，由于土地使用权的购置成本并不属于沉没成本，一旦投资项目运营结束，土地使用权都能够以远高于获取成本的市场价格转让。由此获得的中间价差，为投资方提供了额外巨额收益，而且，产能投资额越大，获取的投资补贴越多。很显然，这种巨额的投资补贴，会使投资企业在产品市场之外获取额外的投资收益，这会扭曲投资企业的投资行为，大大增加企业利润最大化时的产能投资和产量。当投资补贴水平足够高时，还会诱使企业为获取巨额的投资补贴，投资原本亏损的项目或供过于求的行业。此外，考虑到土地的再融资功能，以及地方政府帮助本地重点扶持企业和本地重点投资项目“协调”银行贷款，由此引发的投资风险成本显著的外部化趋势，加重投资者投资过度风险的项目或自身缺乏投资价值的项目。各地在竞争中普遍的投资补贴会导致全社会过多的产能投入，从而引发产能过剩的危机（江飞涛等，2012）。

四、结论与相关建议

无论是公共选择学派的布坎南、尼斯坎南，还是制度学派的诺斯、奥尔森等经济学家，都从不同角度阐述了政府的自利本性和政府自利对经济社会发展的影响。20世纪80年代至90年代初，我国中央与地方实施包干制财政体制，赋予了地方政府更多的税收收入的剩余控制权，由此大大激励了地方增收和经济增长，在地方预算硬约束缺乏的情况下，地方的增收和对经济增长的推动更多地依靠兴办地方企业、实行地方保护，从而增大地方预算外收入来实现。地方政府的自利和地方自主权的结合，使地方通过追求预算外收入实现财政收益最大化，但背离市场发展的增长换回的是政企不分、地方保护，以及中央收入下降的后果。

分税制改变了包干制下的财权下放的分配规则，从而走上了一条财力集权和事权分散的分权之路，地方的事权和财力不对称问题突出，这使得地方政府开辟新的融资渠道变得更加迫切，而工业化、市场化、城镇化的发展恰恰提供了难得的地方增收的契机，由此地方政府加大了对土地的出让和获取更多的土地出让收益这种预算外融资的力度。由此可以看出，分税制对地方财力的挤压，使得地方政府在缺乏预算内自主权时，转向预算外融资寻求出路，而国有金融的预算软约束使得土地融资的以小博大的功能得以实现，由此放大了预算外融资的规模，从而形成了土地、财政、金融三位一体的城镇化发展模式，但这种高度依赖土地融资的非持续性的城镇化和经济发展模式带来的不公平性和经济社会风险已引起政府和社会各界的高度重视。

无论是包干制下的预算外收入的膨胀，还是分税制下的土地出让收益的扩张，地方实现自利的途径主要不是采取向上级政府部门索取资源来进行的，而是地方政府通过“自上而下”地索取资源来突破预算限制，这包括包干制下地方政府依靠国有企业留利和折旧基金、向企业和个人征收正式税收之外的各种费用，分税制下通过高价出售土地，获取高收益，而高房价的成本则最终由消费者负担；向商业银行借债，财政压力和偿债风险向商业银行转嫁。这种通过不断地自上而下的攫取行为突破原有的预算收入限制的行为被称为“逆向软预算约束”。“逆向软预算约束”行为尽管减轻了地方政府对上级政府的资金要求压力，但地方政府向下攫取的行为使高层级政府承担了由此产生的压力，如上级政府必须应对由于基层政府攫取行为引起的冲突以及基层政府短期利益行为造成的长期负面后果，如金融风险加大、产能过剩的危机以及宏观经济的不稳定等。这样，在传统软预算约束中产生的政府上下级间财力分配的矛盾和压力，在逆向软预算约束的情形下转化为各级政府之外国家与社会的矛盾冲突。

为解决以上问题，建议采取如下措施：

第一，进一步理顺政府与市场的关系，切实转变经济发展方式。加快政企分开、政事分开、政资分开、政府与市场中介组织分开的步伐，切实减少政府寻租的机会和空间。如在土地管理上，地方政府应逐步剥离土地经营管理职能，探索由国有土地资产管理公司代表政府经营，政府主要负责土地规划管制与土地市场的宏观调控。这样才能更好地发挥市场配置资源的基础性作用与政府宏观调控相结合的优势。在转变政府职能的过程中，要切实转变经济发展方式，改变经济增长脱离公共服务和民生改善的模式，从根本上变革地方政府的激励机制，将民生改善与经济增长融入一种全新的发展模式之中，使之相互促进、相互包容。

第二，建立中央与地方利益关系的统筹协调机构——政府间关系委员会。该机构可考虑由中央政府主持，但各省（区、市）不论大小、穷富，都有平等的决策参与权，不管是每个省（区、市）一票也好，每个省（区、市）两票也好，总之，凡是涉及财政资源动员与分配的决策必须由该机构投票决定。如果中央决策过程实行这一博弈格局，就会改变以往决策方案由中央单方面决定而对地方利益反映不够的缺陷，地方政府就会增强与中央政府合作的意愿，更能体现出各方力量制衡的优势。此外，事权划分已成为制约政府间分权改革绕不过去的难题，但迟迟没有进展，一个重要原因是缺乏一个具体的担当部门。在很多国家，处理中央地方关系是政府间关系委员会的重要职能。适当划清中央政府与地方政府的职责范围，合理分工、职权明确，是国家有效治理与高效运行的前提。而职权不清、责任不明，必然会影响分权的基础，也难以形成有效的问责制度。因此，政府间事权合理划分应优先得到解决。

第三，合理划分中央与地方的事权。按照财力与事权相匹配的原则，政府间事权划分在前，相应的财力保证在后。从这个角度来说，根据政府层级和地位的不同，对政府间事权进行清晰和合理划分是财力划分的前提和基础。按照国家管理和经济社会发展的需要，在不断探索和形成中央、省、县三级财政架构基础上，应明确界定政府间支出责任：一是将有利于统一市场形成的支出责任划归中央政府。二是适当上移部分民生支出责任，建立民生领域支出的经费保障机制，具体包括义务教育通过均衡性转移支付进行均衡并强化地方政府保障责任；研究建立医疗卫生、社会保障、科技和农林水等事务的中央地方经费负担机制，合理确定中央地方分担比例等。三是事关环境友好型社会建设的重大事宜，由中央负责。四是面对经济可持续发展的跨区域的重大项目包括基础设施由中央提供。五是政府间的支出责任应通过法律形式确认。

在明确政府间支出责任的基础上，进行相应的机构改革，建立中央事务执行、监督体系，减少委托事务，提高政策的一致性、合理性与有效性。除了按照支出有效性原则将一部分事务委托地方政府具体承办、共同事务由地方政府具体管理外，中央政府事务主要通过中央本身的机构来组织实施，同时，加大对委托事务、共同事务的监督管理力度；对地方政府事务，中央的主要职责是制定标准，并通过适当方式加以督导。

第四，赋予地方规范的预算内自主权。一是健全地方税制，逐步建立以财产税为主体税种，以社会保障税、资源税和环境保护税为辅助税种，以企业所得税为共享税种的地方税体系，明确赋予地方预算内自主权，使得中央和地方财力和事权相匹配。二是改革不可持续的土地财政，提高相关土地税收的比重，由以土地出让为主转变为以征收土地税收为主。三是按照全口径政府预算管理的要求，逐步将资源类收入以及石油、通信、电视等特许经营权收入纳入中央与地方收入划分范围。

第五，规范地方融资平台，赋予地方发债权。地方融资平台在我国经济发展中发挥了巨大作用，针对实践中存在的问题，在改进和加强管理的基础上，引导其步入规范轨道健康发展是应该采取的态度。具体设想如下：一是建立促进地方融资平台健康发展的相关法律体系，通过法制建设，让地方融资平台公司的设立、运行和管理都有法可依。二是进一步清理和整合现有融资平台，建立新型规范融资平台体系。三是逐步建立完善的风险防范体系。四是开辟多元化融资渠道，摆脱对土地融资的依赖，鼓励平台公司更多地利用股权投资、股权融资、企业债券等方式，以提升多元化的投融资能力。

同时，从完善分税制财政体制的角度，赋予地方政府独立的发债权是必然的要求。为此，应修改《预算法》，改变中央转贷和代理发行的做法，使地方政府能够独立发债，从而变隐性债务为显性债务。当然，加强对地方政府发债的制度和风险管理是其重要前提和保障。如慎重选择政府债发行主体、控制债务总量和优化债务结构、建立包括债务信息统计与报告制度、债务预算制度、风险预警制度、风险准备金制度、监督管理制度等，严格地方债的风险和效益管理。

第六，改革地方逆向预算软约束，加强对地方政府和金融机构的预算硬约束。在我国地方官员的任命和考核是由上级政府做出的，对地方政府的预算硬约束也主要依靠从上到下的纵向控制，这包括两个方面的内容：一方面，对地方支出超过收入而引发的偿债风险，上级政府明确表明不援助立场有利于防范地方道德风险。另一方面，针对近些年的地方政府性基金，主要是土地出让金的征收和使用中的突出问题，严格规范管理已十分迫切，如构建土地出让金管理和储备制度，完善资金使用和全口径预算审查机制。加强全国人大以及国家审计署的审查、监督和执法力度等。

对于国有金融机构，央行和银监局应密切合作，加强金融监管，减少政府干预，完善个人责任追究制度，切实约束国有金融机构的预算软约束和防范借贷风险。

从未来发展方向上看，健全横向监督，强化人大、政协的财政监督职能，以及推进公民参与是约束政府自利、建设公共财政和民生财政的关键所在。近期来看，主要的任务有以下几方面：一是注重政府预算信息的公开，进一步提高预算信息的质量。财政预算报告、财政预算审议过程以及对财政预算执行的监督等都应公开，公开透明的财政预算报告能使公众更清楚地了解到政府的钱花在了哪里、怎么花的，公众在财政预算上的知情权和参与权的落实可大大加强公众对政府的信任。为了让全体公民中尽可能多的人能读懂预算，需要对预算文件进行通俗化和细化处理，并建立专门的公民预算，使预算更贴近民众。二是完善人大对政府预算的全过程监督，加强政协的财政监督力度。三是强化媒体监督，大力发展公民参与式预算，真正落实群众的知情权、选择权、参与权和监督权，从制度上发挥社会力量对政府财政行为的约束监督作用。

参考文献

[1] William. A. Niskanen. Bureaucracy and Representative Government [M]. Chicago: Aldine – Atherton, Inc., 1971: 37 – 38.

[2] 布坎南. 自由、市场和国家 [M]. 北京：北京经济学院出版社，1988：38 – 39.

[3] Qian, Y. and B. Weingast. China's Transition to Markets: Market – Preserving Federalism, Chinese Style [J]. Journal of Policy Reform, 1996 (1).

[4] Jin, H., Y. Qian and B. Weignast. Regional Decentralization and Fiscal Incentives: Federalism, Chinese Style [J]. Journal of Public Economics, 2005 (89).

[5] 李学文等. 地方政府与预算外收入：中国经济增长模式问题 [J]. 世界经济，2012 (8).

[6] 刘守英等. 土地制度改革与转变发展方式 [M]. 北京：中国发展出版社，2012：90.

Government Self – Interest Balance, Local Autonomous Right Inspiration and Fiscal Decentralization Reform in China

Li Yihua

Abstract: The expansion of autonomous right of the local government under the system of contract didn't reduce the expansion off – budget financing. On the contrary, the local government and national enterprise conspired to increase the off - budget financing. Under the system of tax distribution, the local government is restricted by shortage of financial resources and autonomous right, but benefited from special land system and soft budget constraint of national financing institution. The off - budgetary financing expansion came true, and produced serious influence on economy and society. The logic of based on the self - interest goals and the expansion of off - budget financing of local government does not change with the change of decentralized form. How to coordinate the incentive effect of local autonomous right and balance government self - interest is the key to promoting China's fiscal decentralization reform.

Key words: Reform of Fiscal and Taxation; Government Transformation; Finance Decentralization

财政分权与地方公共服务配置效率*
——基于义务教育和医疗卫生服务的实证研究

龚　锋　卢洪友

【摘　要】本文基于公共品供给的萨缪尔森条件界定了地方公共服务配置效率的内涵，并实证检验多维财政分权指标对中国地方义务教育和医疗卫生服务配置效率的影响。研究发现，当地方财政资金更多来自于中央转移支付补助时，提高地方政府的财政支出分权程度，有助于改善地方义务教育服务的配置效率；但是，由地方政府配置和使用更多的财政资金，无论这些资金来自于转移支付还是地方本级财政收入，都会对地方医疗卫生服务配置效率产生不利影响。因此，不同维度的财政分权对不同类型地方公共服务的配置效率具有不同方向的影响，只有分别检验财政分权与各类公共服务配置效率的关系，才能全面准确地评估财政分权对地方公共服务供给行为的真实影响。

【关键词】财政分权；公共服务配置效率；产出；受益

一、引言与文献回顾

通常认为纯公共服务的消费具有强制性，其供给和消费是同一个过程。然而，对许多地方公共服务而言，政府供给的公共服务与居民实际享有的公共服务却可能存在差异。举例来说，政府在城市的边缘地带修建了一个大型公共广场，由于交通不便等原因，城市居

---

* 本文选自《经济评论》2013 年第 1 期。

基金项目：本文获得国家社科基金重大项目《城乡环境基本公共服务非均等程度评估及均等化路径研究》（项目批准号：11&ZD041）、国家社科基金项目《财政激励、机会平等与公共服务均等化问题研究》（项目编号：09CJY079）和教育部人文社科基金项目《中国政府间财政转移支付制度优化设计研究：基于“机会平等”的视角》（项目编号：09YJC790205）的资助。感谢匿名审稿人的宝贵意见，但文责自负。

作者简介：龚锋、卢洪友，武汉大学经济与管理学院，邮政编码：430072，电子信箱：gongfeng7577@yahoo.com.cn。

民并不愿意到该广场休闲娱乐，由此导致广场的实际利用率偏低，居民并未从政府的供给中获益太多。因此，一方面，公共服务供给是受益的基础和前提，没有政府提供的公共服务，居民的公共需求就得不到满足；另一方面，由于不同居民将政府供给的公共服务转化为公共服务受益的意愿和能力存在差异，当政府提供的公共服务与居民的需求偏好不匹配时，公共服务的供给和受益就会出现差异。

基于这一思想，Savas（1978）提出了两个层面的效率标准：公共服务的生产效率和配置效率。前者衡量的是公共服务产出和投入的比率。当政府在给定投入下能够实现公共服务产出的最大化，或在给定公共服务产出下能够实现投入的最小化时，公共服务的生产便满足生产效率条件；后者衡量的是公共服务的有效性（Effectiveness），即公共服务供给相对于需求的充分性和匹配性。根据配置效率标准，当政府提供的公共服务最大限度地满足了居民的需求偏好时，则满足公共服务供给的配置效率条件；如果与居民的实际需求相比，公共服务供给过度或供给不足，则公共服务的供给便处于配置无效率状态。

一直以来，财政分权与公共服务配置效率的关系都是学术界研究的热点。就理论研究而言，第一代财政联邦主义理论假定政府的目标是最大化社会福利。在这一假设前提下，Tiebout（1956）论证，选民在辖区间的自由流动会引发地方政府间的竞争，从而迫使政府按照选民的偏好尽可能提供合意的公共服务；Inman 和 Rubinfeld（1997）认为，地方政府更靠近选民，对选民的偏好信息以及公共服务的成本信息更为了解，因此，地方政府供给地方公共服务要比中央政府更有效率。第二代财政联邦主义理论假定政府是最大化自身利益的“经济人”（Oates，2005）。在这一假设框架下，Besley 和 Coate（2003）、Bordignon 等（2002）探讨了“锦标竞争”对地方执政者的约束，即投票人能依据条件类似辖区政府的绩效，来推断本辖区政府的执政水平，从而约束本辖区政府的决策行为，提高政府公共服务的供给效率；Seabright（1996）也证明，在财政分权体制下，再当选的压力会降低地方执政者的寻租倾向，提高地方政府决策的责任感和有效性。与理论研究不同，既有实证研究却并未给出财政分权与地方公共服务配置效率关系的一致结论。Faguet（2004）基于玻利维亚的研究发现，财政分权能够激励地方政府更好地满足居民对公共人力资本和社会服务的需求；而 Zhurarskaya（2000）的实证分析却发现，俄罗斯的分权体制严重影响到地方公共服务的供给效率。Shah（2004）进一步指出，分权能否提高地方公共服务的配置效率，关键在于分权政府自身的财政制度建设是否完善。

遗憾的是，中国的财政体制恰好是一种非规范的事实性分权制度安排（周业安、章泉，2008），主要表现为：财政分权从属于行政集权，地方官员在以上级政府的命令为行动准则的同时，还在一定程度上追求自身利益的最大化，地方居民对地方政府的行为又缺乏有效的监督和约束。因此，在中国式财政分权框架下，很难保证地方政府的公共服务供给行为不会与地方居民的需求偏好发生偏差。国内研究也证实了这一点。平新乔和白洁（2006）发现，财政分权扭曲了中国地方政府的公共支出结构；傅勇和张晏（2007）的研究进一步证实，财政分权激励中国地方政府提高基本建设支出的比重，同时降低文化、教育、卫生等民生性公共服务的供给；龚锋和卢洪友（2009）的研究也发现，在中国式财政分权体制下，地方政府倾向于扩张地方行政管理费和基本建设支出的规模。

国内外既有实证研究可能存在以下不足：①已有研究基本上都是以公共支出为分析对象，往往将公共支出结构扭曲等价于公共服务配置无效率。事实上，公共服务是否与居民的需求偏好相匹配，不仅取决于财政投入的规模和结构，还取决于地方政府的生产技术和能力以及居民的需求偏好因素。即便地方公共支出结构不存在扭曲，也不意味着最终供给的公共服务水平是合意的。②已有研究并未给出直接判断公共服务配置效率的数量标准。其通常的做法是：构建回归模型，直接检验财政分权等外生变量对某类公共支出的影响，根据估计得到的财政分权变量的系数来判断其是否对公共支出结构造成了扭曲。实际上，根据这一间接检验方法不仅无法判断公共服务的配置效率状态，甚至连公共支出结构是否扭曲也无法判断。例如，虽然财政分权与某类“不合意”的支出（比如，基本建设支出）存在正相关关系，但是如果辖区居民对基本建设的需求也提高了，那么财政分权激励地方政府增加这一支出反而可能优化了地方公共支出的结构。

本文利用 2002 ~2010 年中国 30 个省区的数据，以义务教育和医疗卫生服务为分析对象，直接检验财政分权对上述两类基本公共服务配置效率的影响。与已有研究相比，本文的不同之处在于：①通过构建理论模型，利用公共服务供给的萨缪尔森条件，明确界定地方公共服务配置效率的数量标准；②不是以投入而是直接以公共服务的产出和受益作为分析对象；③构建和估计义务教育和医疗卫生服务供需转换函数，获得各地区义务教育和医疗卫生服务的供需转换系数，据此实现对地方公共服务配置效率的直接衡量；④构建面板数据回归模型，系统检验多维财政分权指标对地方公共服务配置效率的影响。

本文余下部分结构安排如下：第二部分提出一个简单的理论模型，界定公共服务配置效率的内涵和标准；第三部分阐述实证分析方法；第四部分对数据和变量进行说明；第五部分汇报实证分析结果；最后是基本结论。

二、公共服务配置效率的内涵：简单的理论分析

Bradford 等（1969）指出，政府供给的公共服务是公共投入的函数，而居民消费的公共服务又是公共服务供给量的函数。龚锋等（2010）也指出，政府提供的公共服务是居民享用公共服务的基础，但是由于居民将政府供给的公共服务转化为公共服务受益的能力和意愿存在差异，二者又不完全等同。从公共服务供给和居民偏好的差异入手，Savas（1978）提出衡量公共服务供给“有效性”的标准：“有效性衡量的是服务的需求在多大程度上得到满足，以及不合意的负面影响在多大程度上得以避免。它衡量的是服务相对于需求的充分性。”基于这一思想，我们将公共服务的“有效”供给称为实现了公共服务的配置效率；反之，将不满足“有效性”的公共服务供给称为配置无效率，具体表现为：与实际需求偏好相比，公共服务的供给过度或供给不足。

遵循 Schwab 和 Zampelli（1987）以及 Hayes 等（1998）的模型设定，假定代表性居民的公共服务受益水平 G 取决于政府向其提供的公共服务供给量 P 和反映居民消费偏好与能力的个体特征变量 Z，即：

$$G = G(P, Z) \tag{1}$$

其中，函数 G 满足 $G_P > 0$，$G_{PP} \leq 0$。Z 为影响居民公共服务受益的特征变量向量，不同变量对公共服务受益的影响可能不同。P 如何转化为 G 取决于政府公共服务供给的合意性，同时受居民个体偏好特征的影响。

假定政府官员是自利的“寻租型”官员，致力于租金的最大化。我们将租金定义为用于提供公共服务的实际公共支出与公共服务最低可行供给成本的差额：

$$R = \omega P - C(P) \tag{2}$$

其中，ω 是单位支出，ωP 即政府向代表性居民供给公共服务的实际支出，C(P)是公共服务最低可行供给成本，假定最低可行成本函数是递增的凸函数，即 $C_P > 0$，$C_{PP} > 0$。

进一步假定政府官员通过选择公共服务供给量 P 来最大化式（2）中的租金 R。此时，政府官员面临三个约束。

一是政府预算平衡约束：

$$\omega P = T \tag{3}$$

二是居民预算平衡约束：

$$x + T = y \tag{4}$$

三是居民的参与约束：

$$V(x, G) \geq \bar{V}(y) \tag{5}$$

其中，T 为政府向代表性居民征收的财政收入；x 为代表性居民的私人消费，其价格标量化为 1；V(x，G)为代表性居民的效用函数，其效用来自于对私人品和公共服务的消费。式(5)意味着代表性居民的效用不能低于某个最低水平 $\bar{V}(y)$，这一最低水平取决于居民的收入水平 y[①]。对效用函数作标准的设定：V_x，$V_G > 0$；V_{xx}，$V_{GG} < 0$；$V_{Gx} = V_{xG} > 0$。

政府官员的问题是在式（3）式（4）式（5）三个约束下，选择 P 和 T 以最大化式（2）中的租金 R。将式（3）代入式（2），式（4）代入式（5），写出拉格朗日函数：

$$L = [T - C(P)] + \lambda[V(y - T, G(P, Z)) - \bar{V}(y)] \tag{6}$$

得到一阶条件为：

$$L_T: 1 - \lambda V_x = 0 \tag{7}$$

$$L_P: -C_P + \lambda V_G G_P = 0 \tag{8}$$

将上述一阶条件合并，得到下式：

① 当然，影响居民最低效用水平的变量除收入以外，还包括居民的其他个体特征变量。此处仅将收入 y 纳入最低效用函数，是为了强调最低效用与一般效用的区别，即最低效用是指，当居民将全部收入都用于私人消费，不纳税从而公共服务消费为零时获得的效用。将 y 改成 Z 不影响理论推导的结果。

$$\frac{V_G}{V_x}=\frac{G_p}{G_p} \tag{9}$$

其中，$\frac{V_G}{V_x}$是公私物品间的边际替代率，C_P 是公私物品间的边际转换率①。因此，可以将式（9）重写为：

$$MRS_{Gx}=\frac{MRT_{Gx}}{G_p} \tag{10}$$

公共服务的最优配置效率条件为萨缪尔森条件：$MRS_{Gx}=MRT_{Gx}$。G_P 代表在给定居民个体特征和需求偏好的前提下，政府提供公共服务的合意性。根据式（10），可形成以下判断：

（1）当 $G_P=1$ 时，$MRS_{Gx}=MRT_{Gx}$，公共服务的供给与需求相匹配，满足公共服务的配置效率条件；

（2）当 $G_P>1$ 时，有 $MRS_{Gx}<MRT_{Gx}$，这意味着居民愿意用公共服务替代私人品的比例低于技术上可行的公私物品替代比例。相对于居民的公共服务偏好，政府对公共服务的供给是过度的，公共服务供给不满足配置效率条件。

（3）当 $G_P<1$ 时，有 $MRS_{Gx}>MRT_{Gx}$，这意味着居民愿意用公共服务替代私人品的比例高于技术上可行的公私物品替代比例。居民对公共服务的偏好更强烈，超出了政府实际可行的供给能力，存在公共服务的供给不足问题，公共服务供给也不满足配置效率条件。

三、实证方法

根据理论分析的结果，如果能够选取合意的公共服务受益和产出指标，那么通过构建公共服务受益函数，将公共服务受益表示成公共服务产出的函数，则估计得到的公共服务产出的系数就可以用于判断公共服务供给是否满足配置效率条件。

构建一个线性公共服务受益函数：

$$G(P,\ Z)=\beta P+\varphi Z \tag{11}$$

根据式（10），有 $G_P=\frac{\partial G}{\partial P}=\beta$。因此，如果能对式（11）进行估计，则估计得到的参数 β 就可以用于判断公共服务的配置效率状况。

假定不同地区居民的个体特征对公共服务受益的影响是同质的，但居民将公共服务产出转化为受益的意愿和能力存在差异，将式（11）改写为如下待估函数形式：

① 由于我们假定私人品的价格标量化为 1，因此有 $C_x=1$，从而有 $C_p=\frac{C_p}{C_x}=MRT_{GX}$。

$$G_{it} = \alpha_i + \rho_t + \beta_{it} \cdot P_{it} + \varphi \cdot Z_{it} + u_{it}$$
$$i = 1,\ 2,\ \cdots,\ N \quad t = 1,\ 2,\ \cdots,\ T \tag{12}$$

其中，G 为各地区的公共服务受益水平，反映的是居民从地方公共服务中实际获得的收益水平；P 为地方政府的公共服务产出水平；Z 为各地区居民的个体特征变量向量；α_i 为地区固定效应项，ρ_t 为 t 时期固定效应项，u 为干扰项。β_{it}（在地区和年度间不同）和 φ（在地区和年度间相同）为待估系数。

根据上文的理论分析结果，如果能够估计得到 β_{it}的值，并将其与 1 进行比较，就可以判断各地区每年公共服务的配置效率水平。然而，通过构建普通的面板数据模型，无法对式（11）进行估计，因为模型中待估参数的个数超过了样本个数，自由度不够。结合本文的研究目的，一个可行的建模思路是，假定 β_{it}是财政分权等外生环境变量的函数：

$$\beta_{it} = \phi_i + \delta \cdot decentralization_{it} + \psi \cdot M_{it} \tag{13}$$

其中，decentralization 为财政分权程度变量，M 为影响地方公共服务供给行为的其他外生环境变量向量，φ_i 为地区固定效应项，δ 和 ψ 为待估系数。式（12）表明 β_{it}的异质性反映的是各地区公共服务配置效率的差异，而式（13）表明 β_{it}的异质性源于各地区财政制度安排和经济社会环境的差异。将式（13）代入式（12）得到：

$$G_{it} = \alpha_i + \rho_i + [\phi_i + \delta \cdot decentralization_{it} + \psi \cdot M_{it}] \cdot P_{it} + \varphi \cdot Z_{it} + u_{it} \tag{14}$$

利用省级面板数据直接估计模型式（14），既可以在控制各省固定效应的情况下获得参数 δ 的估计值，直接检验财政分权对地方公共服务配置效率的影响，还可以根据估计参数和财政分权等变量的数据，利用式（13）计算各地区的公共服务配置效率水平 β_{it}。由于公共服务受益（被解释变量）和公共服务产出（解释变量）的度量单位不同，为消除度量单位对 β_{it}的影响，确保 β_{it}与 1 相比有意义，在进行估计之前，需要对公共服务受益和产出指标进行无量纲化处理。

四、变量与数据

（一）变量选取

我们选取义务教育和医疗卫生服务作为配置效率的衡量对象。理由是：二者都属于基本公共服务，其供给有效性与居民的福利水平及社会发展息息相关，测度其配置效率并检验分权对其配置效率的影响，具有重要的现实意义；此外，从数据可获性的角度来看，这两项公共服务都拥有比较合意的产出和受益衡量指标，实证分析拥有较为充分的数据支持。

1. 地方公共服务产出和受益衡量指标

为全面准确地反映地方公共服务的产出和受益水平，必须选取多维的衡量指标，并采用合意的综合评价方法将多维指标合并成一维的组合指标。

在中国，义务教育由小学和初中两个阶段构成。我们选取初中师生比、初中本科及以上学历教师比重、万人初中在校学生数、万人初中学校数、初中生均校舍面积、初中生均图书藏量、初中生均固定资产价值、小学师生比、小学本科及以上学历教师比重、万人小学在校学生数、万人小学学校数、小学生均校舍面积、小学生均图书藏量、小学生均固定资产价值共 14 个指标，作为各地区义务教育服务的产出指标。义务教育服务主要体现为教师向学生提供的授课和辅导服务。若给定其他情况相同，某地区义务教育阶段学校越多，在校学生数量越多，教师人数越多和素质越高，学校的教学设备和条件越好，则该地区义务教育服务供给主体（学校）提供的授课和辅导服务的数量和质量就越高，义务教育服务的供给量就越高。同时，我们选取小学升学率、初中升学率、15 岁及以上人口识字率、人均受教育程度 4 个指标，作为各地区义务教育服务的受益指标。正如（10）式所示，义务教育服务受益水平取决于其服务供给水平，通常情况下，服务供给水平越高，居民的受益水平也越高。但是，义务教育服务的受益和产出也不是完全对应的，如果学校提供的义务教育服务与居民的需求偏好不一致（比如，教学方法不当或传授的知识陈旧），或由于受教育者的个人原因（比如家庭条件、智力水平、学习努力程度等），义务教育服务未必能真正转化为受教育者的受益。此时，义务教育服务的供给量和受益水平之间就出现了偏差，导致这一偏差的原因可以归结为义务教育服务供给的合意性不足或消费者的个体特征和偏好差异。

医疗卫生服务由医疗保健和卫生防疫服务构成。我们选取门诊诊疗人次数、住院病人手术人次、出院者平均住院日、危重病人抢救人次、健康检查人数、产前检查率、新法接生率、万人医疗卫生机构床位数、万人医疗卫生机构人员数共 9 个指标，作为各地区医疗卫生服务的产出指标。这些指标分别反映的是各地区提供门诊和住院服务、疾病预防服务、妇幼保健服务等医疗卫生服务的供给水平。同时，选取急诊病死率（的倒数）、观察室病死率（的倒数）、危重病人抢救成功率、甲乙类法定报告传染病发病率和死亡率（的倒数）、孕产妇死亡率（的倒数）共 6 个指标，作为各地区医疗卫生服务的受益指标。居民的医疗卫生服务受益水平既取决于医疗卫生服务的供给量，又取决于这些服务能否有效满足居民的医疗卫生需求，还与居民自身的身体素质和经济状况等因素有关。

为估计模型式（14），需要将上述多维的义务教育和医疗卫生服务产出和受益指标合并成单维的变量。我们采用 Federici 和 Mazzitelli（2009）的动态主成分分析法，在对指标进行无量纲化处理后，将多维指标综合成年度间可比的一维产出和受益指标。该方法改进了普通主成分分析结果在年度间不可比的缺陷，确保得到的综合指标可以用于面板数据分析。

2. 影响地方公共服务受益水平的个体特征变量

利用义务教育和医疗卫生服务的数据分别估计模型式（14）时，还需要控制个体特征变量Z。根据公共服务需求的实证研究（Turnbull and Mitias，1995），居民的收入水平、服务价格、人口规模和人口结构等因素共同决定了公共服务的受益水平。因此，我们在两类服务的估计方程中都引入人均国内生产总值（GDP）变量，以控制居民收入水平对基本公共服务受益的影响效应；同时，还在两类服务的估计方程中引入人口规模和人口自然增长率两个变量，以检验人口存量和增量是否会影响居民的公共服务受益水平，从而判断两类公共服务的受益是否具有规模效应。此外，我们还在义务教育方程中引入教育消费价格指数和15岁以下人口比重两个变量，控制服务价格和人口结构因素对义务教育服务受益的影响，同时在医疗卫生服务方程中引入医疗消费价格指数和65岁及以上人口比重两个变量，控制服务价格和人口结构因素对医疗卫生服务受益的影响。

3. 影响公共服务配置效率的财政分权及其他外生环境变量

财政分权是影响地方公共服务配置效率的重要因素，但是财政分权的度量一直是相关研究领域的难题。龚锋和雷欣（2010）构建了多维财政分权衡量指标体系，具体包括地方财政收入自治率、地方财政收入占比、地方财政支出自决率、地方财政支出占比、地方税收管理分权度、地方行政管理分权度6个指标。通过对标准化后的6个指标求取几何平均值，他们还获得了一个单维的财政分权组合指标。本文借鉴和利用其提供的财政分权测度方法和数据①，分别检验不同类型的财政分权指标对地方公共服务配置效率的影响。此外，本文还在回归模型中引入其他可能影响地方政府公共服务供给行为，从而影响公共服务配置效率的外生环境变量，包括经济发展水平（人均GDP）、对外开放度（进出口总额/GDP）、城镇化率（城镇常住人口/总人口）、国有化率（国有职工人数/职工总人数）、工业化率（第二产业增加值/GDP）、地方预算外收入比例（预算外收入/GDP）。这也是国内实证研究财政分权问题时广为采用的外生变量（王文剑、覃成林，2008；周业安、章泉，2008）。

（二）数据来源

考虑到数据的可获得性，本文选取的是2002~2010年中国30个省级行政单位（不包括西藏）的面板数据集。数据来源情况如下：义务教育服务产出和受益指标数据根据历年《中国教育统计年鉴》中的原始数据计算整理得到，医疗卫生服务产出和受益指标数据根据历年《中国卫生统计年鉴》中的原始数据计算整理得到，财政分权变量的数据根据龚锋和雷欣（2010）的方法计算得到，其余个体特征变量和外生环境变量根据历年《中国统计年鉴》《中国人口统计年鉴》《新中国60年统计资料汇编》的原始数据计算整理得到。

① 龚锋和雷欣（2010）提供的数据仅到2007年，本文沿用其方法将数据扩展到2010年。但从2008年以后，《中国税务年鉴》不再提供计算地方税收管理分权度的主要数据"地方税务局职工数"，因此无法计算这一分权指标。故2008年以后的组合财政分权数据是不包括税收管理分权的其余5个指标的加权平均。同样由于这一数据缺失问题，后文在检验不同财政分权指标对公共服务配置效率的影响时，也没有对地方税收管理分权进行分析。

五、实证结果与分析

（一）公共服务配置效率的测度结果

表 1 是基于表 2 和表 3 的估计系数以及外生环境变量的数据，测算得到的各地区义务教育和医疗卫生服务配置效率得分的年度平均值（其中，模型中引入的财政分权变量是财政分权组合指标①）。表 2 和表 3 分别汇报了义务教育和医疗卫生服务模型式（13）的估计结果。

表 1 各地区义务教育与医疗卫生服务配置效率得分的年度平均值

地区	义务教育服务配置效率			医疗卫生服务配置效率		
	平均值	最大值	最小值	平均值	最大值	最小值
北京	0.6930	0.7239	0.6503	0.7410	0.9314	0.5023
天津	0.5309	0.5617	0.4787	0.6684	0.7841	0.6134
河北	0.6600	0.6791	0.6506	0.5523	0.5721	0.5341
山西	0.5382	0.5576	0.5179	0.7019	0.7917	0.6624
内蒙古	1.1286	1.1769	1.0703	0.6703	0.7188	0.6242
辽宁	0.6198	0.6458	0.5845	0.7357	0.7599	0.6971
吉林	0.8124	0.8223	0.7931	0.6155	0.6446	0.5858
黑龙江	0.5760	0.5919	0.5457	1.1478	1.1987	1.0773
上海	0.7409	0.7893	0.6878	0.3727	0.5727	0.1681
江苏	0.7361	0.7567	0.7074	0.7916	0.8985	0.6888
浙江	0.3689	0.3853	0.3504	0.5579	0.6480	0.4398
安徽	0.2730	0.2850	0.2659	1.0264	1.0503	0.9841
福建	0.5405	0.5561	0.5332	0.2662	0.3640	0.2003
江西	0.6590	0.6757	0.6499	0.5360	0.6255	0.4757
山东	0.5373	0.5542	0.5265	0.3790	0.4680	0.2453
河南	0.8704	0.8937	0.8568	0.5776	0.6417	0.5418
湖北	0.9049	0.9236	0.8907	0.4927	0.5464	0.3919

① 当模型中引入的是其他 5 个财政分权指标时，计算得到的义务教育和医疗卫生服务配置效率得分与模型中引入财政分权组合指标时测算得到的配置效率得分差异很小。限于篇幅，我们在文中不再汇报根据其他分权指标模型计算的两类服务的配置效率得分。

续表

地区	义务教育服务配置效率			医疗卫生服务配置效率		
	平均值	最大值	最小值	平均值	最大值	最小值
湖南	0.6333	0.6595	0.6146	0.5436	0.5754	0.4881
广东	0.6163	0.6399	0.6107	0.7549	0.7856	0.7055
广西	0.4709	0.4952	0.4632	0.7588	0.8293	0.6759
海南	0.4770	0.5079	0.4696	0.6835	0.7410	0.6254
重庆	0.6183	0.6291	0.6117	1.1793	1.2299	1.1074
四川	0.7228	0.7532	0.7098	0.5860	0.6203	0.5163
贵州	0.4858	0.4933	0.4690	0.9044	0.9411	0.8697
云南	0.1257	0.1565	0.1096	0.7943	0.8257	0.7278
陕西	0.7562	0.7698	0.7298	0.9552	1.0299	0.8954
甘肃	0.3898	0.4083	0.3814	0.9812	1.0133	0.9207
青海	0.4740	0.4918	0.4714	0.7217	0.7513	0.6919
宁夏	0.5987	0.6176	0.5665	0.4545	0.4928	0.4133
新疆	0.9030	0.9208	0.8952	0.7122	0.7466	0.6714
东部地区	0.5928	0.6182	0.5717	0.5912	0.6841	0.4927
中部地区	0.6584	0.6761	0.6418	0.7052	0.7593	0.6509
西部地区	0.6067	0.6284	0.5889	0.7925	0.8636	0.7376

从表1中可以看到，除内蒙古外，其余省区的义务教育服务配置效率得分都低于1，表明样本期间绝大部分地区的义务教育服务存在供给不足的问题。平均来看，东部地区的义务教育配置效率得分要低于中西部地区，表明东部地区义务教育服务供给不足程度比中西部地区还要严重，这似乎与我们通常的直觉不符。事实上，配置效率衡量的是公共服务产出（供给）和需求偏好的匹配程度，如果某地区公共服务供给量较高，但同时居民对公共服务的需求偏好更高，则公共服务仍然表现为供给不足。就义务教育而言，东部经济发达地区居民对义务教育的需求偏好要远高于中西部经济不发达地区，近年来经济发达省区愈演愈烈的“择校热”和愈来愈多的“贵族学校”便是这一高偏好的真实反映。而在中西部地区，由于家庭收入水平较低，许多家长为了眼前短期利益，要求子女放弃接受完整义务教育外出打工的现象屡见不鲜（龚锋等，2010）。此外，经济不发达地区义务教育服务的质量、教学效果和供给合意性相对更低，这进一步降低了居民享用义务教育服务的偏好水平。综合来看，虽然东中西地区的大部分省区都出现了义务教育服务供给不足的状况，但其内在的经济含义是不同的：在东部地区，可能是更高的需求偏好超过了较高的义务教育服务供给水平导致的，但在中西部地区，可能是较低的需求偏好超过了更低的义务

教育服务供给导致的。

表 1 同样表明，绝大部分省区的医疗卫生服务配置效率得分也低于 1（黑龙江、安徽和重庆除外），因此样本期间大部分地区存在医疗卫生服务供给不足问题。其中，东部地区医疗卫生服务供给不足最为明显。这与我们通常的直觉似乎也不符，因为一般认为东部地区提供的医疗卫生服务无论从数量上还是从质量上看都高于中西部地区。对此我们仍然要从医疗卫生服务的需求偏好角度进行解释。与中西部地区相比，东部经济发达地区对医疗卫生服务的需求偏好强度更高，原因在于：①经济发达地区居民收入水平较高，更为注重生活质量和身体健康，从而对医疗和保健服务具有更高的需求；②经济发达地区医疗保障体制更为完善，公费医疗制度、职工医疗保险制度，以及城镇、农村新型合作医疗保险制度，为居民提供的医疗保险和保障服务都比中西部经济不发达地区更为充分合意，由此增强了居民享用医疗卫生服务的激励；③东部经济发达地区占用了更多的优质医疗资源（比如高水平的医生和“高精尖”的医疗设备），医疗机构提供的服务质量更高，这不仅提高了本地居民对医疗卫生服务的需求，还引致了其他地区（包括中西部地区）居民的“跨区就医”行为，这一医疗卫生服务的区域“外溢性”提高了对经济发达地区医疗卫生服务的相对需求。因此，虽然东部地区医疗卫生服务的产出水平更高，但由于该地区的医疗卫生服务需求偏好强度更高，当居民强烈的需求意愿无法得到有效的满足时，从配置效率的角度而言就表现为医疗卫生服务的供给不足。

（二）财政分权与地方公共服务配置效率相关性的检验结果

1. 财政分权与义务教育服务配置效率

表 2 模型 1 中引入的分权变量是财政分权组合指标，模型 2 ~ 模型 6 中分别引入的是其余 5 个单维财政分权指标。根据模型 1 的估计结果判断，综合来看，财政分权对义务教育服务配置效率具有显著的负向影响，即财政分权程度越高的地区，义务教育服务配置效率得分越低[①]。但从模型 2 ~ 模型 6 的估计结果来看，不同维度的财政分权对地方义务教育服务的配置效率状况具有不同方向的影响，其中地方行政管理分权、地方财政支出占比、地方财政收入占比对地方义务教育服务配置效率都具有显著的正向影响（在 1% 的统计水平上显著）；而地方财政支出自决率、地方财政收入自治率却对地方义务教育服务配置效率具有负向的不利影响，且估计系数至少在 5% 的水平上显著。上述不同分权指标的估计系数表明，当地方政府拥有更大的行政管理自主权和公共资源配置权时，由地方政府更多地掌握财政资金并安排财政支出，有助于提高地方义务教育服务的配置效率水平，更

---

① 事实上，以 1 为分界线，δ 的符号具有不同的含义，比如：当 δ <0 时，对于配置效率得分大于 1 的地区而言，意味着财政分权程度越高，越有利于抑制地方政府对公共服务的过度供给，“分权是有益的”；反之，对于配置效率得分小于 1 的地区来说，δ <0 意味着分权程度越高，会进一步导致地方公共服务供给不足程度加剧，“分权是有害的”。不过本文测度的义务教育配置效率得分显示，除内蒙古外，其余地区每年这一效率得分都小于 1，总体上可以根据 δ <0 来判断财政分权对地方义务教育服务配置效率具有不利影响。表 3 中医疗卫生服务配置效率的情况也与此类似。

好地满足居民对义务教育服务的需求偏好。但是，地方掌握的财政资金或安排的财政支出中来自于地方本级自有资金的比例越高，却越有可能对地方义务教育服务配置效率产生负面影响。换言之，更多由中央政府的转移支付资金为地方义务教育服务供给融资，但由地方政府来配置和使用这些义务教育专项转移资金，有助于提高地方义务教育服务的配置效率水平。对此可能的解释是，地方政府拥有辖区居民义务教育服务需求偏好的信息优势，由地方政府来安排使用财政资金，能够保证地方义务教育服务的供给水平和结构更好地满足居民的需求偏好；但是在中国式财政分权体制下，地方政府更为重视基本建设和行政管理支出，轻视文教科卫支出（傅勇、张晏，2007），完全由地方政府自主配置财政资金，又有可能导致地方义务教育服务供给不足；因此，更多由中央专项转移支付资金为地方义务教育服务供给融资，可以将地方政府的信息优势与中央政府的监管和激励机制相结合，从而有助于提高地方义务教育服务的配置效率水平和供给合意性。

就其余外生环境变量而言，只有人均 GDP 的估计系数符号在 6 个模型中都是稳健的，且基本上在统计上显著。经济发展水平越高的地区，义务教育服务的配置效率反而越低，这与上文对义务教育服务配置效率地区差异的分析是一致的，即经济越发达的地区，居民对义务教育服务具有更高的需求偏好，超过了地方政府的服务供给水平，导致义务教育服务供给不足状况更为明显。对外开放度的系数符号也是稳健的，但其对义务教育服务配置效率的正向影响仅在模型 2 和模型 5 中才显著。其余变量的系数符号都不稳健且统计显著情况也不太理想。

表 2　义务教育服务受益方程估计结果

解释变量	模型 1（分权组合指标）	模型 2（地方行政管理分权）	模型 3（地方财政支出自决率）	模型 4（地主财政支出占比）	模型 5（地方财政收入自治率）	模型 6（地方财政收入占比）
人均 GPD	0.00001 (1.029)	0.00002 (1.41)	0.00002 (1.391)	−0.000002 (−0.121)	0.00001 (0.854)	0.00001 (0.802)
15 岁以下人口比重	−5.89*** (−2.637)	−6.353*** (−2.915)	−5.822*** (−2.6)	−6.789*** (−3.075)	−5.887*** (−2.691)	−6.414*** (−2.919)
教育消费价格指数	−0.008 (−1.452)	−0.007 (−1.44)	−0.007 (−1.397)	−0.007 (−1.266)	−0.009 (−1.649)	−0.007 (−1.314)
人口增长率	0.022 (0.52)	0.056 (1.337)	0.024 (0.563)	0.017 (0.401)	0.044 (1.05)	0.007 (0.176)
人口规模	−0.0004*** (−3.115)	−0.0004*** (−3.652)	−0.0004*** (−3.252)	−0.0004*** (−3.606)	−0.0003*** (−3.149)	−0.0004*** (−3.834)
教育服务产出	0.615	0.62	0.611	0.615	0.617	0.549

续表

解释变量		模型1（分权组合指标）	模型2（地方行政管理分权）	模型3（地方财政支出自决率）	模型4（地主财政支出占比）	模型5（地方财政收入自治率）	模型6（地方财政收入占比）
配置效率方程	财政分权	-1.704** (-2.119)	0.687*** (4.344)	-0.587** (-1.86)	2.975*** (3.732)	-2.046*** (-4.032)	3.55*** (3.821)
	城市化率	0.57 (1.349)	0.388 (0.936)	0.656 (1.546)	-0.199 (-0.426)	0.739* (1.78)	0.104 (0.24)
	国有化率	-1.093 (-1.488)	0.239 (0.324)	-1.057 (-1.436)	-0.881 (-1.244)	-1.208* (-1.696)	-1.118 (-1.57)
	工业化率	0.173 (0.355)	0.563 (1.231)	0.252 (0.522)	-0.329 (-0.649)	-0.081 (-0.17)	0.426 (0.925)
	对外开放度	0.082 (1.287)	0.108* (1.755)	0.069 (1.096)	0.085 (1.393)	0.222*** (2.992)	0.02 (0.338)
	人均 GDP	-0.000006 (-1.511)	-0.000007* (-1.85)	-0.00001** (-2.479)	-0.00001** (-2.588)	-0.00001** (-2.559)	-0.000008** (-1.986)
	预算外收入比例	3.782 (1.073)	-0.377 (-0.135)	1.177 (0.389)	2.147 (0.738)	5.203 (1.652)	-4.679 (-1.554)
adj_ R^2		0.89	0.895	0.889	0.894	0.895	0.894
D. W.		2.0	1.94	1.99	1.99	2.03	1.97

注：*、**和***分别表示在10%、5%和1%的水平上显著；表中教育服务产出对应的参数为根据配置效率方程估计系数和数据计算得到的各地区历年义务教育服务配置效率得分的平均值；为节省篇幅，表中省略了固定效应项的估计结果。

2. 财政分权与医疗卫生服务配置效率

表3模型1的估计结果表明，综合来看，财政分权对医疗卫生服务配置效率具有正向影响，但这一影响效应在统计上并不显著。分开来看，地方行政管理分权、地方财政支出占比、地方财政收入占比与地方医疗卫生服务配置效率呈负相关关系，且至少在10%的水平上显著，但地方财政支出自决率和地方财政收入自治率对地方医疗卫生服务配置效率的正向影响在统计上都不显著。上述不同分权指标的估计系数表明，当地方政府拥有更大的行政管理自主权和公共资源配置权时，由地方政府更多地掌握财政资金并安排财政支出，无论这些资金来自于中央转移支付还是地方本级自有收入，都会对地方医疗卫生服务配置效率产生不利影响，导致地方医疗卫生服务供给不足状况加重。这与义务教育服务的分析结论恰好相反。对此可能的解释是：①地方政府对辖区居民医疗卫生服务需求偏好的

信息优势不够明显。事实上，地方居民的义务教育服务需求是刚性的，《义务教育法》明确规定适龄儿童必须接受和完成义务教育，地方政府依据辖区人口结构信息易于评估本辖区义务教育服务的需求偏好强度。而医疗卫生服务的需求却是有弹性的，医疗卫生服务的消费者更容易隐瞒对医疗卫生服务的偏好强度，而地方政府也更容易扭曲医疗卫生服务的供给决策。②中央政府难以对医疗卫生服务领域的转移支付资金进行有效监管。目前，中央政府的义务教育财政补贴制度具有较强的针对性，主要是通过财政专户向地方教师支付工资以及用于减免学杂费，转移支付资金的使用易于监管，难以挪用。而中央政府对医疗卫生服务的转移支付资金主要是通过专项补助的形式补贴公立医院和卫生防疫机构，财政补贴的受益对象比较模糊，难以对转移支付资金的使用进行有效的监督管理。因此，在中国式财政分权体制下，以GDP政绩为导向的地方政府掌握的财政自主权越大，越有可能扭曲地方医疗卫生服务的供给决策，加重地方医疗卫生服务的供给不足程度。

就其余外生环境变量而言，国有化率和工业化率对地方医疗卫生服务的配置效率具有稳健和显著的负向影响，表明市场化水平越发达以及第三产业发展水平越高的地区医疗卫生服务的供给更为合理；人均GDP和地方预算外收入比例越高，地方医疗卫生服务配置效率越高，表明经济发达以及预算外资金来源越充分的地区，地方政府更有能力突破预算内财政资金的限制，提高医疗卫生服务的供给水平，缓解医疗卫生服务的供给不足状况。其余变量估计系数的显著性和稳健性都不太理想。

表3 医疗卫生服务受益方程估计结果

解释变量	模型1（分权组合指标）	模型2（地方行政管理分权）	模型3（地方财政支出自决率）	模型4（地主财政支出占比）	模型5（地方财政收入自治率）	模型6（地方财政收入占比）
人均GDP	-1.69E-05*** (-2.653)	-1.46E-05** (-2.256)	-1.69E-05*** (-2.665)	-1.38E-05** (-2.143)	-1.64E-05** (-2.579)	-1.73E-05*** (-2.736)
65岁及以上人口比重	-0.053 (-0.153)	-0.075 -0.218	-0.055 (-0.159)	-0.1 (-0.293)	-0.056 (-0.164)	-0.057 (-0.165)
医疗消费价格指数	0.009 (1.179)	0.009 (1.213)	0.009 (1.166)	0.007 (0.962)	0.009 (1.214)	0.007 (0.989)
人口增长率	0.068** (2.413)	0.063** (2.237)	0.068** (2.415)	0.065** (2.324)	0.067** (2.369)	0.068** (2.422)
人口规模	-0.0003** (-2.485)	-0.0004*** (-2.691)	-0.0003** (-2.411)	-0.0004*** (-3.133)	-0.0004** (-2.587)	-0.0004*** (-2.715)
医疗卫生服务产出	0.695	0.697	0.695	0.711	0.698	0.71

续表

解释变量		模型 1（分权组合指标）	模型 2（地方行政管理分权）	模型 3（地方财政支出自决率）	模型 4（地主财政支出占比）	模型 5（地方财政收入自治率）	模型 6（地方财政收入占比）
配置效率方程	财政分权	0.489 （0.365）	-0.896 * （-1.745）	0.123 （0.218）	-2.995 ** （-2.337）	0.733 （0.89）	-2.471 * （-1.756）
	城市化率	-1.315 （-1.538）	-1.291 （-1.522）	-1.358 （-1.587）	-0.626 （-0.698）	-1.283 （-1.503）	-1.226 （-1.442）
	国有化率	-2.065 *** （-2.091）	-1.917 * （-1.945）	-2.053 ** （-2.079）	-2.301 ** （-2.34）	-2.029 ** （-2.057）	-2.004 ** （-2.004）
	工业化率	-3.54 *** （-3.08）	-3.272 *** （-2.84）	-3.53 *** （-3.033）	-2.599 ** （-2.152）	-3.357 *** （-2.871）	-3.195 *** （-2.757）
	对外开放度	0.282 （1.475）	0.356 * （1.889）	0.286 （1.475）	0.346 * （1.862）	0.241 （1.222）	0.287 （1.546）
	人均 GDP	1.57E-05 * （1.898）	1.72E-05 ** （2.121）	1.59E-05 * （1.934）	2.19E-05 *** （2.606）	1.57E-05 * （1.929）	1.71E-05 ** （2.115）
	预算外收入比例	11.86552 * （1.65）	12.045 * （1.75）	12.317 * （1.752）	12.501 * （1.826）	10.515 （1.443）	18.609 ** （2.422）
adj_R^2		0.77	0.772	0.77	0.774	0.77	0.772
D. W.		2.1	2.11	2.098	2.099	2.106	2.082

注：*、** 和 *** 分别表示在10%、5%和1%的水平上显著；表中医疗卫生服务产出对应的参数为根据配置效率方程估计系数和数据计算得到的各地区历年医疗卫生服务配置效率得分的平均值；为节省篇幅，表中省略了固定效应项的估计结果。

六、基本结论

本文选取义务教育和医疗卫生两类公共服务作为分析对象，利用 2002~2010 年 30 个省区的面板数据，实证检验中国地方政府公共服务配置效率与财政分权的关系。实证结果显示：样本期间大部分地区存在义务教育和医疗卫生服务供给不足的问题，但平均而言，东部地区供给不足程度要高于中西部地区，东部地区更高的公共服务需求偏好超过了地方实际服务供给水平可能是导致这一现象的主要原因；如果地方政府财政资金中来自中央转移支付的部分比重越高，则由地方政府更多地掌握财政资金并安排财政支出，有助于地方政府提高义务教育服务配置效率水平；另外，由地方政府更多地掌握财政资金并安排财政支出，无论这些资金来自于中央转移支付还是地方本级自有收入，都会对地方医疗卫生服务配置效率产生不利影响。地方政府对义务教育和医疗卫生服务拥有的信息优势以及中央政府在两类服务领域转移支付制度安排的不同，可能是导致上述差别的重要原因。

本文的研究表明，中国式财政分权体制下不同维度的财政分权指标对不同类型的地方公共服务配置效率具有不同方向的影响。只有分别研究财政分权制度影响特定公共服务供给和受益的内在机制并分别进行检验，才能全面、准确评估财政分权对地方公共服务供给行为的真实影响。受数据可获性的限制，本文只选取了义务教育和医疗卫生两类公共服务作为分析对象，进一步的研究应在数据可获得的前提下，分析财政分权对公共安全、社会保障等公共服务配置效率的影响。

参考文献

[1] 傅勇，张晏．中国式分权与财政支出结构偏向：为增长而竞争的代价［J］．管理世界，2007（3）．

[2] 龚锋，雷欣．中国式财政分权的数量测度［J］．统计研究，2010（10）．

[3] 龚锋，卢洪友，卢盛峰．城乡义务教育服务非均衡问题研究——基于“投入—产出—受益”三维视角的实证分析［J］．南方经济，2010（10）．

[4] 龚锋，卢洪友．公共支出结构、偏好匹配与财政分权［J］．管理世界，2009（1）．

[5] 平新乔，白洁．中国财政分权与地方公共品的供给［J］．财贸经济，2006（2）．

[6] 王文剑，覃成林．地方政府行为与财政分权增长效应的地区性差异［J］．管理世界，2008（1）．

[7] 周业安，章泉．财政分权、经济增长和波动［J］．管理世界，2008（3）．

[8] Besley，T. and S. Coate. Centralized versus Decentralized Provision of Local Public Goods：A Political Economy Approach［J］. Journal of Public Economics，2003，87（12）：2611－2637.

[9] Bordignon，M.，F. Cerniglia and F. Revelli. In Search for Yardstick Competition：Property Tax Rates and Electoral Behavior in Italian Cities［J］. Munich：Cesifo Working Paper，2002，644（1）.

[10] Bradford，D.，R. Malt and W. Oates. The Rising Cost of Local Public Services：Some Evidence and Reflections［J］. National Tax Journal，1969，22（2）：185－202.

[11] Faguet，J. P. Does Decentralization Increase Government Responsiveness to Local Needs? Evidence from Bolivia［J］. Journal of Public Economics，2004，88（3－4）：867－893.

[12] Federici，A. and A. Mazzitelli. Dynamic Factor Analysis with STATA［J］. University of Rome La Sapienza Working Paper，2009.

[13] Hayes，K. J.，L. Razzolini and L. B. Ross. Bureaucratic Choice and Nonoptimal Provision of Public Goods：Theory and Evidence［J］. Public Choice，1998，94（1－2）：1－20.

[14] Inman，R. P. and D. L. Rubinfeld. Rethinking Federalism［J］. Journal of Economic Perspective，1997，11（4）：43－64.

[15] Oates，W. E. Toward A Second－Generation Theory of Fiscal Federalism［J］. International Tax and Public Finance，2005，12（4）：349－373.

[16] Savas, E. S. On Equity in Providing Public Services [J]. Management Science, 1978, 24 (8): 800-808.

[17] Schwab, R. M. and R. M. Zampelli. Disentangling the Demand Function from the Production Function for Local Public Services: The Case of Public Safety [J]. Journal of Public Economics, 1987, 33 (2): 245-260.

[18] Seabright, P. Accountability and Decentralization in Government: An Incomplete Contracts Model [J]. European Economic Review, 1996, 40 (1): 61-89.

[19] Shah, A. Fiscal Decentralization in Developing and Transition Economies: Progress, Problems, and the Promise [Z]. World Bank Policy Research Working Paper, No. 3282.

[20] Tiebout, C. M. A Pure Theory of Local Expenditure [J]. Journal of Political Economy, 1956, 64 (5): 416-424.

[21] Turnbull, G. K., and P. M. Mitias. Which Median Voter? [J]. Southern Economic Journal, 1995, 62 (1): 183-191.

[22] Zhurarskaya, E. V. Incentives to Provide Local Public Goods: Fiscal Federalism, Russian Style [J]. Journal of Public Economics, 2000, 76 (3): 337-368.

Fiscal Decentralization and the Allocative Efficiency of Local Public Services: An Empirical Research Based on Compulsory Education and Health Services

Gong Feng Lu Hongyou

Abstract: This article defines the connotation of allocative efficiency of local public services based on the Samuelson condition and tests the effect of multidimensional fiscal decentralization index on the allocative efficiency of China's local compulsory education services and health services. The empirical results show that Increasing the expenditure decentralization can improve the allocative efficiency of local compulsory education services when the local compulsory education services financed more funds from intergovernmental grants; but if the local governments allocate and use more public funds, no matter these funds come from intergovernmental grants or local own fiscal revenue, they will adversely affect the allocative efficiency of local health services. Therefore, different fiscal decentralization indexes have different effects on different local public services allocative efficiency. In order to fully and accurately assess the real impact of fiscal decentralization on the supply behavior of local public services, we should test the relationships between fiscal decentralization and the allocative efficiency of different public services respectively.

Key words: Fiscal Decentralization; Allocative Efficiency of Public Services; Output; Benefit

间接税税收优惠的规模、结构和效益：来自全国税收调查的经验证据*

高培勇　毛　捷

【摘　要】利用富含间接税税收优惠信息的全国税收调查数据，本文测算了中国增值税和营业税的税收优惠规模，从政策目标、行业类别和所有权属性等方面分析了间接税税收优惠的结构，并以两项重要优惠政策为例研究了间接税税收优惠的效益。研究发现：①中国的间接税税收优惠金额巨大，优惠金额占国内生产总值的比重高于不少 OECD 国家，这会影响税制统一性。②间接税税收优惠表现出一定的倾向性，增值税优惠政策主要用于支持"三农"以及促进环境保护和节能减排，受益纳税人主要集中于批发业和化学原料及化学制品制造业等行业；营业税优惠政策主要用于提高财政资金使用效益，受益纳税人集中于第三产业；增值税和营业税税收优惠的主要受益者是国有企业和外资企业。上述倾向性既有改善民生、促进经济发展方式转变等积极作用，也存在不利于税负公平和企业间公平竞争等负面影响。③间接税税收优惠既有稳定物价、刺激市场交易等正面效益，也存在加重中小企业发展劣势等负面效应。本文的研究有助于打开间接税税收优惠这只"黑箱"，为政府部门加强对税收优惠的科学管理提供依据。

【关键词】间接税；税收优惠；增值税；营业税

一、问题提出

在中国现行税收体系中，以增值税和营业税为代表的间接税占了主体地位，而以企业

＊ 本文选自《中国工业经济》2013 年第 12 期。

基金项目：国家自然科学基金项目"中国政府间转移支付的效应研究：理论、实证分析与政策含义"（批准号 71003059）；北京市哲学社会科学规划项目"财税改革与北京加快转变经济发展方式：基于'营改增'视角的研究"（批准号：13JGC070）；对外经济贸易大学研究生教学研究项目"税收经济学"（批准号：X13007）。

作者简介：高培勇（1959—），男，天津人，中国社会科学院学部委员，财经战略研究院院长，教授，博士生导师；毛捷（1979—），男，浙江宁波人，对外经济贸易大学国际经济贸易学院副教授。

所得税为代表的直接税处于次要地位（高培勇，2000；贾康等，2002；吕炜，2004；刘佐，2010；吕冰洋，2011）。1995~2012 年，增值税（不含进口环节增值税）和营业税占全部税收收入的比重为 50.7%，远高于企业所得税的占比（约 15.6%）①。这种向间接税一边倒的税制结构虽然有利于提升税收征管效率并促使税收收入持续快速增长，但也具有加重企业税负、抑制居民消费增长以及阻碍宏观税负下降等效应（吕冰洋、郭庆旺，2011）。更值得注意的是，除此之外，隐含在间接税中的税收优惠政策也不在少数。根据财税部门的相关统计，中国境内企业目前享受的增值税和营业税税收优惠政策合计约 180 项，是企业所得税税收优惠政策数量的 1.8 倍左右②。这些政策的优惠方式多种多样，包括免税、优惠税率、先征后返和即征即退等。

已有文献发现税收优惠具有诸多积极功效，包括刺激劳动供给、促进养老储蓄、吸引 FDI（外商直接投资）和企业总部迁入、激励研发投入和服务外包、推动新能源和清洁能源等新兴产业发展等（Souleles，1999；Dharmapala，1999；Eissa，Hoynes，2004；Saez，2004；Agarwal et al.，2007；Poterba，Sinai，2008；Shapiro，Slemrod，2009；Metcalf，2009；李宗卉、鲁明泓，2004；邓子基、杨志宏，2011；付文林、耿强，2011；霍景东、黄群慧，2012；田素华、杨烨超，2012；梁琦等，2012），并有助于改善收入分配格局（崔军、高培勇，2004）。但也有研究认为税收优惠对于技术进步的促进作用有限（张同斌、高铁梅，2012），甚至产生引发或加剧市场扭曲等负面影响（Gruber，Poterba，1994；Malpezzi，Vandell，2002）。

那么，在以间接税为主的现行税制下，来自间接税的税收优惠是否会破坏税制统一性，能否减轻或消除税负不公，是阻碍还是促进企业开展公平竞争，又具有怎样的经济社会效益？回答上述问题的前提条件是掌握间接税税收优惠的金额及其分布等关键信息。然而，由于缺乏相关数据，对于间接税税收优惠的金额和分布状况，一直以来鲜有研究。笔者首次使用富含间接税税收优惠信息的微观数据——从 2007 年全国税收调查数据里随机抽取的 5000 个纳税人（包括企业和个体经营者）的相关数据③，并应用极大似然估计方法（Maximum Likelihood Estimation）和分位数回归估计方法（Quantile Regression）对数据漏填问题进行了修正，对中国的增值税和营业税税收优惠规模做了测算。以此为基础，从政策目标、行业类别和所有权属性等维度分析了间接税税收优惠的结构分布，并从公平

① 增值税、营业税、企业所得税和全部税收收入的数据来自历年《中国统计年鉴》。

② 同属于间接税的消费税税收优惠政策仅 15 项，且涉及的商品品种十分有限，因此后续分析以增值税和营业税来反映间接税。税收优惠政策数量的数据来自财税部门整理的税收优惠政策汇编（尚未公开发行），如需要这方面的详细信息，请向作者索要。

③ 全国税收调查覆盖了国民经济所有行业的纳税人，而且调查所用的《全国税收调查表》还提供了纳税人享受的增值税和营业税优惠政策的详细信息（即专门的增值税和营业税税收优惠代码），因此能较为全面和准确地测算间接税的税收优惠金额，这是其他数据（包括规模以上工业企业数据或经济普查数据等）力不能及的。应笔者要求，有关部门为我们测算间接税税收优惠金额专门提供了这套抽样数据。由于全国税收调查数据仍是内部数据，有关部门未提供最新年份的大样本抽样数据，而只提供年份稍早的小样本（5000 个纳税人）抽样数据，且提供的变量也有限。为保证样本的代表性，5000 个纳税人是从全国税收调查总库里随机抽取的。

性、经济社会效益和管理难易度 3 个角度研究了两项重要优惠政策的效益。本文的研究是今后深入分析税收优惠各类效应的基础，为政府部门有重点地清理规范税收优惠政策、实现对税收优惠的科学管理提供了依据①。

二、间接税税收优惠如何影响经济：理论模型

在这一部分，我们借助税收归宿理论（The Theory of Tax Incidence）（Atkinson，Stiglitz，1980；Myles，1995；Salanié，2003；Kaplow，2008），在局部均衡和一般均衡两类理论框架里，分析间接税税收优惠对价格和市场供求的影响②。

（一）局部均衡模型

1. 完全竞争市场

假设某商品所在市场完全竞争，期初不征税；某一时刻起，对该商品征收从价的比例税（商品税属于典型的间接税），实际税率为 t；该商品的生产者价格为 q，则消费者价格为 $p = q \times (1 + t)$。当市场实现均衡时，供求平衡，即 $D(p) = S(q)$，其中 D 和 S 分别是该商品的市场需求和供给。两边对 q 和 t 或 p 和 t 求全微分，得到税率对消费者价格、生产者价格和商品市场需求的影响：

$$\frac{d\log(p)}{dt} = 1 - \frac{\varepsilon_D}{\varepsilon_S + \varepsilon_D} \in [0,\ 1] \tag{1}$$

$$\frac{d\log(q)}{dt} = -1 + \frac{\varepsilon_S}{\varepsilon_S + \varepsilon_D} \in [-1,\ 0] \tag{2}$$

$$\frac{d\log(D)}{dt} = -\frac{\varepsilon_D \varepsilon_S}{\varepsilon_S + \varepsilon_D} \in (-\infty,\ 0] \tag{3}$$

其中，ε_S 和 ε_D 分别是供给和需求的价格弹性。根据式（1）~式（3），间接税的实际税率越高，消费者价格越高，生产者价格越低，商品的市场需求越少，这将导致居民消费萎缩、企业盈利减少。上述结果说明，实施间接税税收优惠（表现为间接税实际税率降低），会抑制物价上涨，刺激居民消费，增强企业盈利。

---

① 中共十八届三中全会提出，“按照统一税制、公平税负、促进公平竞争的原则，加强对税收优惠特别是区域税收优惠政策的规范管理。税收优惠政策统一由专门税收法律法规规定，清理规范税收优惠政策”。本文的研究结果有助于政府部门明确清理规范税收优惠的工作重点和关键环节。

② 尽管笔者目前取得的数据不足以检验本文的理论分析结果，但对间接税税收优惠进行理论分析仍是必要的。如果理论分析发现间接税税收优惠不影响居民消费和企业发展等经济活动，那么研究间接税税收优惠的规模、结构和效益，其意义和价值十分有限。理论分析也为今后开展对间接税税收优惠各类经济社会效益的实证分析，提供了可供检验的假说。

2. 垄断市场

放松假设，假定市场存在垄断，垄断企业生产的边际成本是 c，市场需求函数是 D(p) = d − p，其中 d 是大于零的常数，其他条件与完全竞争市场相同。此时，垄断厂商的利润函数是π = q × D(p) − c × D(p)，对 p 求偏导数，并利用 p = q × (1 + t)，得到税率对消费者价格、生产者价格和市场需求的影响是：

$$\frac{dlog(p)}{dt} = \frac{c}{d+c} \in [0,\ 1] \quad (4)$$

$$\frac{dlog(q)}{dt} = -\frac{d}{d+c} \in [-0,\ 0] \quad (5)$$

$$\frac{dlog(D)}{dt} = -\frac{dlog(p)}{dt} = -\frac{c}{d+c} \in [-1,\ 0] \quad (6)$$

式（4）~式（6）说明，即使市场存在垄断。征收间接税仍会导致消费者价格上升、生产者价格和市场需求下降。因此，在垄断市场环境下，间接税税收优惠仍具有抑制物价、刺激消费、扩大产出的积极作用。

（二）一般均衡模型

假设两个部门 X 和 Y，分别生产商品 X 和商品 Y；生产这两种商品需投入资本 K 和劳动 L 两类生产要素，其中资本 K 的价格是 r（利率），劳动 L 的价格是 w（工资率），生产要素可在两部门间自由流动，且总量保持不变（即 X 和 Y 两部门吸引资本和劳动的总量保持不变，或 $L_X + L_Y = \bar{L}$、$K_X + K_Y = \bar{K}$）；期初不征税，某一时刻起，在 X 部门同时征收商品税和资本利得税，税率分别为 t_X 和 t_{KX}，Y 部门仍不征税。由于一般均衡框架下变量之间存在复杂的内生关联，这里借助 Jones（1965）的一般均衡模型分析方法，使用变量的相对变动来反映税收对居民和企业的影响①。求解上述一般均衡模型，得：

$$D \times (\hat{X} - \hat{Y}) = -\varepsilon_D \times [(\alpha_X \times \sigma_X \times S_{KY} + \alpha_\gamma \times \sigma_\gamma \times S_{KX}) \times t_{KX} + (\alpha_X \times \sigma_X + \alpha_Y \times \delta_Y) \times t_X] \quad (7)$$

$$D \times (\hat{r} - \hat{w}) = -(\alpha_X \times \sigma_X + \lambda \times \varepsilon_D \times S_{KX}) \times t_{KX} - \lambda \times \varepsilon_D \times t_X \quad (8)$$

其中，α、σ、S 和 ε 都是大于 0 的参数，$\lambda = KX/\bar{K} - LX/\bar{X}$（反映 X 部门是资本相对密集或劳动相对密集），$D = \alpha_X \times \sigma_X + \alpha_\gamma \times \sigma_\gamma + \varepsilon_D \times \lambda \times (S_{KX} - S_{KY})$，可以证明 D > 0。根据式（7），有 $\hat{X} - \hat{Y} < 0$，这说明在 X 部门征收商品税导致该部门的市场需求萎缩更多（或增长更少），这将导致，一方面以 X 商品作为主要消费品的消费者效用相对减少，另一方面 X 部门的企业盈利能力相对下降。该类影响被称为“总量效应”（Volume Effect）。根据式（8），不考虑资本利得税的影响，有 $D \times (\hat{r} - \hat{w}) = -\lambda \times \varepsilon_D \times t_X$，如果 X 部门是资

① 即用 $\hat{X} - \hat{Y}$ 反映税收对 X 和 Y 部门需求的影响，用 $\hat{r} - \hat{w}$ 反映税收对资本和劳动两类生产要素报酬的影响。其中，$\hat{X} = dX/X$、$\hat{Y} = dY/Y$、$\hat{r} = dr/r$、$\hat{w} = dw/w$。$\hat{X} - \hat{Y} > 0$ 表示税收导致 Y 部门的需求萎缩更多（或增长更少），反之则反是；$\hat{r} - \hat{w} > 0$ 表示税收导致劳动的报酬下降更多（或增长更少），反之则反是。

本相对密集的（$\lambda>0$），则有 $\hat{r}-\hat{w}<0$，即征收商品税导致资本的报酬下降更多（或增长更少），这将抑制 X 和 Y 两个部门所有企业的投资增长；反之，如果 X 部门是劳动相对密集的（$\lambda<0$），则劳动的报酬下降更多（或增长更少），这会影响所有企业的就业吸纳能力。该类影响被称为“要素替代效应”（Factor Substitution Effect）。因此，在两部门的一般均衡模型里，实施间接税税收优惠，既能调节消费构成和产业结构，还会刺激投资和就业。

综上所述，理论分析发现间接税税收优惠对抑制物价、促进居民消费，以及增强企业的盈利、投资和就业吸纳等都会产生积极影响。不过，在一般均衡框架下，间接税税收优惠也会对消费构成和产业结构（X 和 Y 部门的相对规模）以及要素构成比（每个部门里 K 和 L 的比例）产生复杂影响，可能会损害一部分居民或企业的利益。

三、研究方法和数据说明

现实中，间接税税收优惠是否具有上述理论分析发现的效益，有待实证检验。而开展实证检验的前提条件是充分掌握间接税税收优惠的基础信息。中国有关部门已完成税收优惠（也被称为税式支出）的分类体系（包括税收优惠政策的政策目标、受益纳税人所在行业和受益纳税人所有权属性等）和金额测算方法等文件的编制，并形成了专门的税收优惠测算指引。笔者基于该指引确定的计算公式，利用从 2007 年全国税收调查数据库中随机抽取的 5000 个纳税人（主要是企业）的相关数据，测算增值税和营业税税收优惠的规模，据此分析税收优惠的结构和效益，以揭示中国间接税税收优惠的真实状况。具体的研究方法和数据说明如下：

（一）研究方法与步骤

（1）将税收优惠测算方法指引与全国税收调查对应起来。通过这一步，使得来自全国税收调查的抽样样本能够对应到税收优惠测算方法指引里的具体政策。发现 5000 个纳税人可以划分为以下 3 类：一是能够对应到具体税收优惠政策的纳税人；二是享受了某项优惠政策，但无法明确对应到具体税收优惠政策的纳税人；三是明确未享受优惠政策的纳税人。其中，前两类纳税人作为下一步测算税收优惠金额的样本，而第三类纳税人不予考虑。

（2）核实数据准确性。样本数据来自财税部门每年一度的全国税收调查，由各地财税机关负责具体的数据调查工作，并采取网上直报的方式汇总数据。由于有财税机关的管理与监督，全国税收调查的数据质量是有保障的。在后续分析使用的 5000 个纳税人样本里，既有大中型制造业企业，也有中小规模的服务业企业，还有一定数量的个体经营者，具有较好的代表性。为谨慎起见，笔者仍对样本的数据质量进行了检查，通过对主要变量之间内在的逻辑关系进行检查，未发现明显的数据错误。但是，笔者发现样本数据存在一个不容忽视的问题：部分纳税人虽然报告了享受税收优惠政策的信息（即提供了税收优惠代码），但后续的税收减免数据却漏填了（即税收减免的相关变量数据空缺）。这会影响量化分析结果的精度。

（3）为了克服上述问题、尽可能提高税收优惠规模测算和结构分析的准确性，笔者使用极大似然方法和分位数回归估计等计量模型估计了纳税人的税收优惠率，然后利用估计出来的税收优惠率，来估算漏填的税收优惠金额。计量模型如下：

$$L(\theta)=\max_{\theta\in\phi}L(teratio_i,\ Z_i;\ \theta) \tag{9}$$

$$Q_{\tau}(teratio_i \mid Z_i)=\alpha+\beta\times Z_i+u_i \tag{10}$$

其中，式（9）是极大似然估计方法使用的模型，$teratio_i$ 表示第 i 个样本的税收优惠率（该纳税人增值税或营业税的税收优惠金额/该纳税人缴纳的增值税或营业税税款）；L（θ）是似然函数，θ 是纳税人享受税收优惠政策的概率，φ 是 θ 的取值范围（处于 0 ~ 1 的实数）；Z_i 是纳税人特征变量（包括行业类别、所有权属性、增值税或营业税缴纳方式、主营业务收入、所处地区等）。式（10）是分位数回归估计使用的模型，$teratio_i$ 和 Z_i 的含义与式（9）相同；Q_{τ}（$teratio_i \mid Z_i$）表示给定纳税人特征（即给定 Z_i）的情况下，τ 分位点的税收优惠率（τ分别取 0.25、0.5 和 0.75）；α 是常数项，β 是回归系数向量，u_i 是随机扰动项。

使用极大似然估计方法需先估计出使似然函数 L(θ) 达到最大值的参数 θ，然后再用 θ 来估算漏填的税收优惠金额；而使用分位数回归估计方法需先估计出回归系数，然后将漏填数据纳税人的特征变量的数值代入，再估算出这些纳税人的税收优惠金额，税收优惠金额的最终值是这两种方法估算值的均值。

（4）测算纳税人享受的增值税和营业税税收优惠金额。根据有关部门编制的税收优惠测算方法指引提供的计算原理，利用全国税收调查提供的相关变量，确定每个抽样纳税人增值税和营业税税收优惠金额的具体计算公式①。为了提高测算结果的可信度，笔者使用了以下 3 种口径来测算间接税的税收优惠规模：第一种是宽口径，即假定填报了优惠政策代码但无法明确对应到税收优惠政策的那些纳税人，实际上享受了某种税收优惠政策，只是由于疏忽未能准确填写政策优惠代码。此时，有效样本数量是 5000 个，且在计算税收优惠规模时，须把上述纳税人的税收优惠金额考虑在内。第二种是窄口径，即假定上述纳税人实际上未享受任何税收优惠政策，而只是误填了优惠政策代码。此时，有效样本数量仍是 5000 个，但在计算税收优惠规模时，将上述纳税人的税收优惠金额视为 0。第三种是折中口径，即假定上述纳税人不能提供有效信息。此时，有效样本数量不再是 5000

① 限于篇幅，未提供计算公式的说明。如有需要，请向作者索要。

个，而分别是 3002 个（增值税）和 4924 个（营业税）[①]。利用抽样样本的测算结果，结合这 5000 个纳税人以及全国税收调查总库的样本代表性，推算中国的增值税和营业税税收优惠总规模。

（5）利用税收优惠金额的测算结果，从政策目标、行业类别和所有权属性等多个维度，对间接税的税收优惠进行结构分析，以明确间接税税收优惠的用途和受惠对象。最后，借鉴国际上研究税收优惠政策效益通行的 3E 方法（Equity、Efficiency 和 Easiness，毛捷，2011），从公平性、经济社会效益和管理难易程度等角度研究两项受益面广、金额大的重要优惠政策的效益。

（二）数据说明

（1）与增值税税收优惠相关的样本。在 5000 个样本里，剔除不享受任何增值税优惠政策和享受优惠政策明确不属于税收优惠范畴的纳税人，共有 4531 个样本可用于计算增值税税收优惠金额。其中，可与税收优惠测算方法指引里具体政策明确对应起来的样本有 2533 个，涉及增值税税收优惠政策共计 44 项。上述样本覆盖了 56 大类、361 小类的行业（按 GB/T4754—2002 标准），包括 1247 家国有企业、193 家集体企业、1667 家有限责任公司、675 家“三资”企业、732 家私营企业、7 家个体经营户，以及 10 家其他企业。样本享受的增值税税收优惠政策共涵盖了支持“三农”等 15 类政策目标。

（2）与营业税税收优惠相关的样本。剔除非营业税纳税人（3303 个）、属于营业税纳税人但不享受任何营业税优惠政策的纳税人（1398 个），以及未明确说明是否是营业税纳税人或是否享受营业税优惠的纳税人（74 个），5000 个样本里仅有 225 个可用于计算营业税的税收优惠金额。其中，可以与税收优惠测算方法指引里具体政策明确对应起来的样本有 149 个，涉及营业税税收优惠政策共计 7 项。上述样本覆盖了 33 大类、65 小类的行业，包括 157 家国有企业、1 家集体企业、46 家有限责任公司、17 家“三资”企业和 4 家私营企业。样本享受的营业税税收优惠政策共涵盖了促进科技进步和自主创新等 5 类政策目标。

（3）样本代表性。以主营业务收入为准，2007 年全国税收调查（共计 42.4 万家企业）的样本代表性为 56.28%，即代表了全国一半以上的纳税人。将主营业务收入分为 10 层，被调查纳税人在每一层的分布情况见表 1。根据表 1，大部分纳税人是中小企业或个体经营户（例如，处于第一层的 369229 家），也有部分大型企业（例如，处于第 10 层的 1001 家）。后续分析使用的 5000 个样本是从每一层的被调查纳税人里，按大约 1.2% 的比例随机抽取的。

① 上述 3 种统计口径的差别在于：现实情况是，填报了优惠政策代码但无法明确对应到税收优惠政策的纳税人，有一部分实际上享受了某些税收优惠政策，而另一部分未享受任何税收优惠政策；宽口径假定前一类纳税人占了 100%，窄口径假定后一类纳税人占了 100%，而折中口径假定所有这些纳税人由于不能提供有效抽样信息而不应计入测算。笔者同时汇报上述 3 个口径下的测算结果，以避免测算结果依赖于某一特定口径。

表1　2007年全国税收调查数据分层信息

每层的纳税人数量	数量（个）	每层的层级权	比重（%）
N1	369229	W1	87.04
N2	25846	W2	6.09
N3	10994	W3	2.59
N4	6056	W4	1.43
N5	3872	W5	0.91
N6	2687	W6	0.63
N7	1929	W7	0.45
N8	1461	W8	0.34
N9	1143	W9	0.27
N10	1001	W10	0.24
合计	424218	合计	100

注：层级权 = 每层的被调查纳税人数量/被调查纳税人总数。

四、间接税税收优惠的规模测算与结构分析

（一）间接税税收优惠的规模

（1）按上述宽、窄和折中3种口径进行测算，5000个样本享受的增值税税收优惠金额分别为2257.88亿元、482.90亿元和1064.20亿元，营业税税收优惠金额分别为4204.80万元、3366.40万元和8947.50万元[①]。

（2）间接税税收优惠总规模的测算。根据5000个样本的代表性（大约1.2%），以及全国税收调查数据的样本代表性和分层信息（见表1），首先，计算出全国税收调查数据里每层抽样纳税人享受的税收优惠平均值（每层抽样纳税人享受的税收优惠金额合计/每层抽样纳税人数量）。然后，将每层抽样纳税人享受的税收优惠平均值乘以每层的层级权，并进行加总，得到每个纳税人享受的税收优惠平均额。最后，将每个纳税人享受的税收优惠平均额乘以抽样纳税人总数，除以全国税收调查数据的样本代表性，算出税收优惠总规模。推算结果如表2所示。

① 宽口径下的营业税税收优惠金额之所以少于折中口径下的金额，是因为在宽口径下，部分纳税人享受的营业税税收优惠是负值（即文献中的负税式支出）。

表 2　2007 年中国增值税和营业税税收优惠总规模测算结果　　单位：亿元

	增值税税收优惠总额	营业税税收优惠总额	增值税和营业税的税收优惠总规模
宽口径	41976. 42	22. 77	41999. 19
窄口径	22630. 92	19. 99	22650. 91
折中口径	37279. 23	25. 01	37304. 24

考虑最保守的窄口径金额，中国的间接税税收优惠占国内生产总值的比重约为 8. 52%。同时期，部分 OECD 国家的税收优惠总金额占国内生产总值的比重如下：加拿大 12. 57%（2012 年）、澳大利亚 7. 77%（2011 年）、美国 7. 70%（2011 年）、英国 6. 28%（2012 年）、西班牙 4. 55%（2008 年）、韩国 2. 48%（2006 年）、荷兰 2. 00%（2006 年）、德国 0. 74%（2006 年）。较之市场经济发达国家，中国的税收优惠规模不小，在未包括直接税税收优惠的情况下，中国的税收优惠占比已高于除加拿大之外的大部分国家，远高于邻近的韩国。如此规模的税收优惠，将导致存在范围广、金额大的税收遗漏，对于维护税法的权威性和税制的统一性是不利的。

（二）间接税税收优惠的结构分布

以下按宽口径的测算结果①，对增值税和营业税税收优惠的结构分布进行多维度的分析。

（1）按政策目标细分。先看增值税的税收优惠。根据表 3，从受益纳税人数量来看，增值税税收优惠主要用于支持“三农”、促进环境保护和节能减排。增值税优惠金额最高的 3 类政策目标分别为支持“三农”、支持金融业稳定健康发展，以及促进环境保护和节能减排，就优惠力度而言，增值税优惠政策支持力度最强的是鼓励公益慈善事业发展和支持金融业稳定健康发展。

表 3　增值税税收优惠的结构分布（按政策目标细分）

政策目标	受益纳税人数量（个）	优惠金额（亿元）	优惠力度 = 优惠金额/受益纳税人数量（亿元/个）
支持“三农”	1496	785. 51	0. 53
促进环境保护和节能减排	1110	70. 38	0. 06
支持金融业稳定健康发展	73	72. 81	1. 00
支持社会福利和社会保障	68	7. 41	0. 11

① 由于窄口径和折衷口径下的受益纳税人数量和优惠金额均较少，结构分析提供的信息量不大，因此选用宽口径的测算结果进行结构分析。

续表

政策目标	受益纳税人数量（个）	优惠金额（亿元）	优惠力度 = 优惠金额/受益纳税人数量（亿元/个）
照顾低收入人群和弱势群体	49	2.23	0.05
促进就业	47	0.90	0.02
吸引外资和促进国际交流	38	3.99	0.10
支持能源、交通等基础设施建设	31	20.07	0.65
鼓励高新技术产业发展	19	17.85	0.94
支持文化事业发展	17	3.38	0.20
支持国防和公共安全	14	0.03	0.00
支持医疗卫生事业发展	11	2.76	0.25
鼓励公益慈善事业发展	8	8.05	1.01
支持区域协调发展	7	0.95	0.14
促进科技进步和自主创新	5	0.94	0.19

注：由于在宽口径下，部分样本不能明确对应到某一项优惠政策，此时这些样本享受的优惠政策的政策目标不能确定，因此，按政策目标细分的受益纳税人数量合计和优惠金额合计小于宽口径下的受益纳税人总数和优惠金额总数。

再看营业税的税收优惠。营业税税收优惠主要用于提高财政资金使用效益，其优惠金额也最高。这说明，政府给予纳税人营业税税收优惠，其主要目的是为了更好地使用财政资金，通过减免营业税，使得纳税人能够更为充分地利用其所获得的财政拨款或补助。促进科技进步和自主创新这一类政策的受益纳税人数量也较多，其税收优惠金额也较高。出于鼓励高新技术产业发展目的的营业税税收优惠政策虽然受益纳税人数量少，但优惠金额却很高（207.1 万元），平均每个受益纳税人获取了 103.55 万元的税收优惠，是营业税税收优惠政策里优惠力度最强的一类政策。

根据按政策目标细分的结构分析结果，不难发现，中国的间接税税收优惠不仅有助于改善民生（支持“三农”、鼓励公益慈善事业发展等），而且有助于加快转变经济发展方式（促进环境保护和节能减排、促进科技进步和自主创新、鼓励高新技术产业发展等）。

（2）按行业类别细分。仍先看增值税的税收优惠。根据表 4，就第一产业而言，受益纳税人主要集中在农、林、牧、渔服务业（共有 92 个），其所享受的增值税税收优惠金额也最高（20.58 亿元）。就第二产业而言，受益纳税人数量最多的 4 类行业分别是化学原料及化学制品制造业，农副食品加工业，通信设备、计算机及其他电子设备制造业以及电力、热力的生产和供应业，优惠金额最高的 4 类行业是化学原料及化学制品制造业，通信设备、计算机及其他电子设备制造业，有色金属冶炼及压延加工业，以及交通运输设备制造业，相比之下，第二产业大部分行业的增值税税收优惠受益纳税人数量和优惠金额都不多。再分析第三产业，受益纳税人数量最多的行业是批发业（2072 个），该行业的税收优惠金额也最高。在三大产业中，增值税税收优惠力度较强的是其他采矿业、有色金属冶炼及压延加工业和批发业。平均而言，第二产业的增值税优惠力度较强，其次是第三产业，第一产业的优惠力度最弱。

表 4　增值税税收优惠的结构分布（按行业类别细分）

政策目标	受益纳税人数量（个）	优惠金额（亿元）	优惠力度（亿元/个）
第一产业			
农、林、牧、渔服务业	92	20.58	0.22
畜牧业	13	1.76	0.14
农业	8	0.73	0.09
渔业	5	0.54	0.10
林业	3	0.19	0.06
第二产业			
化学原料及化学制品制造业	431	98.91	0.23
农副食品加工业	304	47.18	0.16
通信设备、计算机及其他电子设备制造业	170	69.80	0.41
电力、热力的生产和供应业	154	22.33	0.14
交通运输设备制造业	94	60.19	0.64
非金属矿物制品业	81	5.14	0.06
废弃资源和废旧材料回收加工业	75	4.28	0.06
有色金属冶炼及压延加工业	72	62.28	0.87
塑料制品业	72	7.58	0.11
金属制品业	59	6.63	0.11
有色金属矿采选业	54	17.53	0.32
黑色金属冶炼及压延加工业	16	4.86	0.30
仪器仪表及文化办公用机械制造业	14	2.05	0.15
医药制造业	11	1.40	0.13
饮料制造业	11	0.97	0.09
石油加工、炼焦及核燃料加工业	10	4.69	0.47
水的生产和供应业	9	0.79	0.09
家具制造业	5	1.01	0.20
化学纤维制造业	5	0.53	0.11
非金属矿采选业	5	0.22	0.04
煤炭开采和洗选业	5	0.14	0.03
其他采矿业	4	6.78	1.70
燃气生产和供应业	4	0.22	0.06
石油和天然气开采业	3	0.75	0.25
建筑安装业	2	0.07	0.04
烟草制品业	1	0.06	0.06
第三产业			
批发业	2072	1666.62	0.80
零售业	168	23.20	0.14

续表

政策目标	受益纳税人数量（个）	优惠金额（亿元）	优惠力度（亿元/个）	政策目标	受益纳税人数量（个）	优惠金额（亿元）	优惠力度（亿元/个）
工艺品及其他制造业	53	12.67	0.24	仓储业	50	8.77	0.18
电气机械及器材制造业	52	13.15	0.25	印刷业和记录媒介的复制	15	1.64	0.11
纺织服装、鞋、帽制造业	51	4.23	0.08	新闻出版业	5	0.45	0.09
专用设备制造业	44	34.55	0.79	其他服务业	3	0.19	0.06
通用设备制造业	36	17.54	0.49	广播、电视、电影和音像业	2	0.22	0.11
食品制造业	36	5.11	0.14	卫生	1	0.18	0.18
纺织业	33	1.80	0.05	专业技术服务业	1	0.15	0.15
造纸及纸制品业	31	7.26	0.23	计算机服务业	1	0.11	0.11
皮革、毛皮、羽毛（绒）及其制品业	26	3.70	0.14	装卸搬运和其他运输服务业	1	0.08	0.08
木材加工及木、竹、藤、棕、草制品业	20	2.04	0.10	居民服务业	1	0.08	0.08
橡胶制品业	19	2.53	0.13	商务服务业	1	0.00	0.00
文教体育用品制造业	17	1.44	0.08				

注：优惠力度 = 优惠金额/受益纳税人数量。

再来分析不同行业的营业税税收优惠。第一产业获得的营业税税收优惠较少，不仅受益纳税人数量少（仅 7 个），且没有实际的税收优惠（金额均为 0 元）。第二产业中，受益纳税人数量最多的 3 类行业（通信设备、计算机及其他电子设备制造业，交通运输设备制造业，专用设备制造业），其所获得的营业税税收优惠金额也最高。第二产业中，营业税优惠力度最强的行业是专用设备制造业。在第三产业里，受益纳税人数量最多的是批发业（102 个）和仓储业（23 个），但其优惠力度却不及受益纳税人数量并不多的研究与试验开发行业，居民服务业。

综上所述，基于行业类别的结构分析发现，中国的间接税税收优惠表现出一定的行业倾向性：①增值税税收优惠政策的受益纳税人主要集中在第三产业和第二产业，优惠金额最高的是第三产业，第一产业的优惠金额最少；②营业税税收优惠显著地集中于第三产业，第三产业的受益纳税人数量和税收优惠金额分别是第二产业的 1.83 倍和 2 倍。上述行业倾向性与现行税制是相符的，增值税主要针对第二产业和部分服务业（批发业等），而营业税纳税人主要是服务业企业或个人。因此，根据上述结果，未发现中国的间接税税收优惠存在明显的不合理的行业倾向性。

（3）按所有权属性细分。先看增值税。按受益纳税人数量由高到低排序，依次是有限责任公司、国有企业、私营企业和“三资”企业，合计占了增值税税收优惠受益纳税人总数的 75.37%。相比之下，享受优惠的集体企业和个体经营户数量较少，分别仅为 193 个和 7 个。增值税税收优惠金额最高的分别是国有企业、“三资”企业和有限责任公司，国有企业、“三资”企业和有限责任公司里优惠金额最高的分别是国有独资公司、外资企业和其他有限责任公司。相比之下，集体企业、私营企业和个体经营户享受的增值税税收优惠金额较少，不及国有独资公司优惠金额的 15%，约为外资企业优惠金额的 21%。综合来看，国有企业、“三资”企业和有限责任公司是增值税税收优惠政策的主要受益者，尤其是国有独资公司和外资企业，虽然受益纳税人数量不多，但享受的税收优惠金额却很高。

再分析不同所有权属性纳税人享受的营业税税收优惠。受益纳税人数量最多的是国有企业，合计为 157 个，占营业税受益纳税人总数的 69.78%。相应地，国有企业获得的营业税税收优惠金额也最高，合计为 3458.2 万元，占营业税税收优惠总金额的 82.24%。相比之下，合资经营企业（港澳台资）和外资企业的受益纳税人数量虽然不多（分别仅为 5 个和 6 个），但其获得的税收优惠金额却较高，分别为 560 万元和 134.2 万元。就优惠力度而言，营业税税收优惠政策最大的受益者是合资经营企业（港澳台资），平均每家企业获得了 112 万元税收优惠；其次是国有独资企业，平均每家企业获得了 52.16 万元税收优惠。

综上所述，基于所有权属性的结构分析发现，中国的间接税税收优惠表现出明显的所有权属性倾向：无论是增值税，还是营业税，税收优惠的主要受益者都是国有企业和“三资”企业，尤其是国有独资企业和外资企业，受到了优惠政策的重点照顾。这种明显的所有权属性倾向，既会加重税负不公，也不利于企业间公平竞争，与多种所有制经济共同发展的基本经济制度相悖。

五、间接税税收优惠的效益研究：以两项重要优惠政策为例

上述分析发现中国的间接税税收优惠规模巨大，且同时表现出积极的和负面的倾向性。那么，如此大规模的、带有倾向性的间接税税收优惠是否产生如理论分析所描述的那些效益呢？以下从公平性、经济社会效益和管理难易程度 3 个方面，研究“对粮食收储国有企业销售粮食、储备食用油免征增值税”（以下简称政策一）和“对废旧物资回收经营单位销售其收购的废旧物资免征增值税”（以下简称政策二）这两项受益纳税人数量

多、优惠金额大的重要优惠政策的实际效果[①]。

（一）优惠政策的公平性

先分析受益纳税人的公平性。横轴按受益纳税人主营业务收入排序，纵轴是优惠金额累计占比（限于篇幅图略），发现政策一的优惠金额累计占比与45度线基本吻合，但规模最大的那个受益纳税人获得了接近该政策优惠总金额三成（28.61%）的资金，这说明行业龙头企业受到了更多照顾。政策二的优惠金额累计占比超出了45度线，尤其是规模处于45%~85%的受益纳税人，其所获得的优惠金额占比比较明显地超出了其规模占比。

再看受益区域的公平性。政策一的优惠主要给了河南、吉林、辽宁、安徽和湖南等农业大省，上述5省获得的优惠金额占比约为四成（39.47%）。东部和中部省份获得的优惠资金分别占了50.23%和40.91%，西部地区受益较少。这与该政策的目标是一致的，即倾向于以农业生产为主的地区。政策二的资金主要分配给了安徽、江西、湖南、河南和浙江，其获得优惠金额占比超过了3/4（75.88%）。这主要是因为安徽、江西、湖南和河南4个省份是一些常用有色金属（主要是铜）的采掘和加工地，因此集中了数量众多的废旧金属回收企业，而浙江经营二手设备、废纸和工业废料的废旧物资回收企业数量较多。

上述发现说明，在受益区域上，间接税税收优惠表现出较好的公平性，优惠资金主要流向受益纳税人相对集中的地区。但对于不同规模的纳税人，间接税税收优惠却暴露出更倾斜于大中型企业的问题。这为提高中国间接税税收优惠公平性提供了线索，即重点不在区域上，而在受益人规模上，同一项政策的优惠内容不能“一刀切”，应加大对中小企业的优惠力度。

（二）优惠政策的经济社会效益

由于仅有2007年一年的截面数据，且相关变量十分有限，我们无法深入研究上述两项政策的经济社会效益。但根据这两项政策出台前后相关经济情况发生的明显变化，仍能对其效益做初步分析。政策一旨在通过给予税收优惠，激励国有粮食购销企业按照合理价格向市场供应粮食，从而保障粮食供给和粮食销售价格的平稳。以商品零售价格指数来反映粮食市场供给和价格的波动，发现在该项政策实施后不久（政策一于1999年12月3日生效），粮食的价值指数就出现了显著下降，降幅达到了5.3个百分点，而同时期其他日常食品的价格指数都在上升；而且，截至样本时期（2007年），粮食的价格指数仍处于较低水平，低于食品平均价格指数近6个百分点（比菜、蛋、油脂、肉禽及其制品等日常食品的价格指数都低）[②]。上述发现说明，政策一的实施对维持国内粮食供给的平稳、抑

① 在样本数据里，这两项政策最为重要：无论是受益纳税人数量，还是优惠金额，都排在前两位。而且，这两项政策分别用于支持“三农”以及促进环境保护和节能减排，与改善民生和促进经济发展方式转变紧密相关。因此，选择上述两项政策来研究间接税税收优惠的效益。

② 相关数据来自历年的《中国统计年鉴》。

制粮食销售价格的上涨，产生了一定的积极作用。这与理论分析一致，即间接税税收优惠能够抑制物价上涨。

政策二旨在借助税收优惠手段，鼓励废旧物资回收经营单位扩大废旧物资的收购和销售规模，提高资源综合使用效率①。不少废旧物资经过加工处理后，可重复利用，是重要的再生物资。自该项政策实施之后（政策二于2001 年5 月1 日生效），中国废旧物资产业的发展出现了转机：1998 ~2000 年，限额以上废旧物资回收企业的购进总额和销售总额呈逐年下降态势；2001 年起，其购进总额和销售总额均开始快速增长。再看各类废旧物资集中交易场所（即旧货市场）的交易情况：在政策二出台当年，中国主要旧货市场的成交额出现了大幅上升，年增长率达到了 72. 40%；与之相比，之后各年的增长率要低得多（处于8. 6% ~21. 5%）②。结合废旧物资回收企业的购销情况和旧货市场的交易情况来看，政策二的实施推动了我国废旧物资产业的发展，激励相关企业提高资源综合使用效率。这也与理论分析一致，即间接税税收优惠有助于企业扩大产出、增加供给。

（三）优惠政策的管理难易程度

从优惠方式和受益纳税人构成来看，政策一和政策二均较易管理。一方面，这两项政策的优惠方式是免征增值税，只需根据进项和销项额计算应纳税额，就可确定优惠金额；而且由于中国增值税征管体制日趋完善，增值税的进项和销项额较难做假，税收征管机构并不需要投入很多人力物力去核实相关数据的真实性。另一方面，这两项政策的受益纳税人绝大部分是增值税的一般纳税人，有能力提供规范材料以证明其是否拥有享受该项政策的资格，以及能够享受多少额度的优惠，税收征管机构无须为收集信息额外开展大量工作。

六、结论与政策建议

本文利用来自 2007 年全国税收调查的 5000 个随机抽样纳税人的相关数据，克服数据漏填等问题，估算了中国间接税税收优惠的总规模。在此基础上，结合间接税税收优惠的理论模型，进一步分析了间接税税收优惠的结构特征和效益。研究结论如下：①中国的间接税税收优惠金额巨大，保守估计其占国内生产总值的比重超过了 8%，高于澳大利亚和美国等 OECD 国家。规模如此巨大的税收优惠，会危及税制的统一性。②结构分析发现，中国的间接税税收优惠在政策目标、行业类别和所有权属性等方面都表现出一定的倾向

---

① 这里的废旧物资，是指在社会生产和消费过程中产生的各类废弃物品，包括经挑选、整理等简单加工后的各类废弃物品。

② 相关数据来自历年的《中国国内贸易年鉴》和《中国商品交易市场统计年鉴》。

性，这既有改善民生、促进经济发展方式转变等积极的一面，但也存在加重税负不公、不利于企业间公平竞争和多种所有制经济共同发展等负面影响。③以两项重要优惠政策为例，发现中国的间接税税收优惠一方面具有理论分析得出的稳定物价、培育市场等积极效益，另一方面暴露出照顾大中型企业的负面影响。根据上述结论，我们提出以下政策建议：

（1）政府应尽快建立专门的税收优惠管理体系，这是科学管理税收优惠的制度基础。为此，要切实做到：①将税收优惠管理纳入政府预算。一旦纳入政府预算、接受立法机构的审查和监督，税收优惠基础数据的获取以及数据本身的真实性就有法制保障，税收优惠的管理工作才能顺利开展。②建立以财税部门为主、多部门支持的税收优惠数据收集系统、优惠金额和结构分布监测系统，以及优惠政策效益分析和评估系统，这是科学管理税收优惠的关键环节。尤其是税务部门在编制各类税收调查表时，应设计能准确反映税收优惠基础信息的指标（包括享受优惠政策的类型、优惠内容、相关税基和税率等），以引导纳税人充分反馈税收优惠信息。③由政府部门定期向社会发布税收优惠报告。根据国际经验，税收优惠报告至少应每年发布一次，内容包括税收优惠的界定、现行税收优惠政策说明、税收优惠金额测算方法说明、税收优惠规模与结构分析，以及税收优惠效益评估等内容。

（2）政府应加强对税收优惠的规模监控和效益评估，这是清理规范税收优惠政策的工作重点。由于隐蔽性强、预算约束不硬等，世界各国在税收优惠管理实践中往往出现以下问题（Surrey，1970；楼继伟、解学智，2003）：高收入者和大型企业从税收优惠政策里获得的收益多于低收入者和中小企业，加剧了社会不公平；滋生寻租机会，增大了市场扭曲；税制变复杂，影响了税法权威性和税制统一性。本文的研究发现，当前中国的间接税税收优惠政策数量繁多、金额巨大，而且明显倾向于国有企业和外资企业等特定企业。为避免税收优惠产生上述负面影响，当务之急是要尽快准确掌握税收优惠的真实规模和评估优惠政策的实际效益，废止会加重税负不公、妨害企业间公平竞争且金额巨大的优惠政策，控制税收优惠总规模。在评估税收优惠政策的效益时，应借鉴国际主流方法，综合分析税收优惠的资金流向，其对价格、投资和生产等重要经济变量的影响，以及税收优惠政策本身的实施成本等。

（3）逐步提高税收优惠政策制定与实施的透明度，这是政府部门加强对税收优惠管理的社会依托。在不涉及影响国家安全或经济稳定等原则问题的前提下，政府应公开税收优惠的相关数据，让社会各界充分利用数据资源对税收优惠的经济社会效益进行研究，为政府制定和完善税收优惠政策提供依据。不少误导重要发展战略的错误研究结论都是源自数据匮乏。例如，20 世纪 70 年代困扰学术界的“能源悖论”（即税收优惠越多、新能源产业的投资增长越慢）其实是使用截面数据进行实证分析得到的有偏误的结果，而一旦使用面板数据，该悖论就不复存在了。为避免由于数据不足导致出现有失偏颇的税收优惠政策建议，政府应向社会公开税收优惠的基本信息（包括优惠金额等基础数据），让科研机构、学术团体和群众了解税收优惠的政策背景和实施情况，理解税收优惠的功效和缺陷，并参与对税收优惠管理的评估和监督。为规范数据的使用，具体操作上可借鉴国外做法：先将税收优惠数据分类整理，并置于指定机构的计算机里；然后制定并颁布数据使用的制度，数据使用者在完成必要的信息登记和用途说明后，可使用这些计算机对相关数据进行操作；使用者在分析数据时如发现疑问或错误，数据管理部门负责解答或记录，并据此不断改进税收优惠数据质量。

参考文献

[1] Souleles, N. S.. The Response of Household Consumption to Income Tax Refunds [J]. American Economic Review, 1999, 89 (4).

[2] Dharmapala, D.. Comparing Tax Expenditures and Direct Subsides: The Role of Legislative Committee Structure [J]. Journal of Public Economics, 1999, 72 (3).

[3] Eissa, N., H. W. Hoynes. Taxes and the Labor Market Participation of Married Couples: The Eamed Income Tax Credit [J]. Journal of Public Economics, 2004, 88 (9-10).

[4] Saez, E.. The Optimal Treatment of Tax Expenditures [J]. Journal of Public Economics, 2004, 88 (9-10).

[5] Agarwal, S., Chunlin Liu and N. S. Souleles. The Reaction of Consumer Spending and Debt to Tax Rebates - Evidence from Consumer Credit Data [J]. Journal of Political Economy, 2007, 115 (6).

[6] Poterba, J., T. Sinai. Tax Expenditures for Owner - Occupied Housing: Deductions for Property Taxes and Mortgage Interest and the Exclusion of Imputed Rental Income [J]. American Economic Review, 2008, 98 (2).

[7] Shapiro, M., J. Slemrod. Did the 2008 Tax Rebates Stimulate Spending [J]. American Economic Review, 2009, 99 (2).

[8] Metcalf, G.. Investment in Energy Infrastructure and the Tax Code [J]. Tax Policy and the Economy, 2009, (24).

[9] Gruber, J., J. Poterba. Tax Incentives and the Decision to Purchase Health Insurance: Evidence from the Self - Employed [J]. Quarterly Journal of Economics, 1994, 109 (3).

[10] Malpezzi, S., K. Vandell. Does the Low - income Housing Tax Credit Increase the Supply of Housing [J]. Journal of Housing Economics, 2002 (11).

[11] Atkinson, A. B., J. E.. Stiglitz. Lectures on Public Economics [M]. US: McGraw - Hill Inc., 1980.

[12] Myles, G.. Public Economics [M]. UK: Cambridge University Press, 1995.

[13] Salanie, B.. The Economics of Taxation [M]. US: MIT Press, 2003.

[14] Kaplow, L.. The Theory of Taxation and Public Economics [M]. US: Princeton University Press, 2008.

[15] Jones, R. W.. The Structure of Simple General Equilibrium Models [J]. Journal of Political Economy, 1965, 73 (6).

[16] Surrey, S. S.. Federal Income Tax Reform: The Varied Approaches Necessary to Replace Tax Expenditures with Direct Governmental Assistance [J]. Harvard Law Review, 1970, 84 (2).

[17] 高培勇. 通货紧缩下的税收政策选择——关于当前减税主张的讨论 [J]. 经济研究，2000

(1).

[18] 贾康，刘尚希，吴晓娟，史兴旺．怎样看待税收的增长和减税的主张——从另一个角度的理论分析与思考 [J]. 管理世界，2002（7）.

[19] 吕炜．市场化进程与税制结构变动 [J]．世界经济，2004（11）.

[20] 刘佐．中国直接税与间接税比重变化趋势研究 [J]. 财贸经济，2010（7）.

[21] 吕冰洋．财政扩张与供需失衡：孰为因？孰为果？[J]. 经济研究，2011（3）.

[22] 吕冰洋，郭庆旺．中国税收高速增长的源泉：税收能力和税收努力框架下的解释 [J]. 中国社会科学，2011（2）.

[23] 李宗卉，鲁明泓．中国外商投资企业税收优惠政策的有效性分析 [J]. 世界经济，2004（10）.

[24] 邓子基，杨志宏．财税政策激励企业技术创新的理论与实证分析 [J]. 财贸经济，2011（5）.

[25] 付文林，耿强．税收竞争、经济集聚与地区投资行为 [J]. 经济学（季刊），2011，10（4）.

[26] 霍景东，黄群慧．影响工业服务外包的因素分析——基于22个工业行业的面板数据分析 [J]. 中国工业经济，2012（12）.

[27] 田素华，杨烨超．FDI进入中国区位变动的决定因素：基于D－G模型的经验研究 [J]. 世界经济，2012（11）.

[28] 梁琦，丁树，王如玉．总部集聚与工厂选址 [J]. 经济学（季刊），2012，11（3）.

[29] 崔军，高培勇．调节收入分配的税收优惠政策 [J]. 经济理论与经济管理，2004（1）.

[30] 张同斌，高铁梅．财税政策激励、高新技术产业发展与产业结构调整 [J]. 经济研究，2012（5）.

[31] 毛捷．税式支出研究的新进展 [J]. 经济理论与经济管理，2011（5）.

[32] 楼继伟，解学智．税式支出理论创新与制度探索 [M]. 北京：中国财政经济出版社，2003.

Size, Structure and Efficiency of Tax Preferences of the Indirect Tax: Empirical Evidence from National Tax Survey

Gao Peiyong　Mao Jie

Abstract: Using the data from the national tax survey which has rich information about tax preferences from the indirect tax, this paper estimates the size of tax preferences of value－added tax and sales tax. Then we study the structure of these tax preferences from various views of policy purpose, industry type and firm ownership, and analyze the effects of the indirect tax preferences by using two important policies as example. Our findings are as follows. Firstly, the size of these tax preferences in China is huge, which is over 8 percent of GDP, and it will endanger unification of tax system. Secondly, to some extent, the tax preferences are tendentious. Preferences from value – added tax mainly support rural industry and environment protection, and mainly go to taxpayers in some industries like wholesales and manufacture of chemical raw materials and products, while those from sales tax are aimed at raising efficiency of fiscal funds, and the beneficiaries are concentrated in the third industry. Meanwhile, the main beneficiaries of the tax preferences from the indirect tax are state – owned and foreign firms. The tendency above has two positive effects that are improving people's livelihood and promoting change of economic development mode, and the negative impacts like exacerbating tax burden disparity and obstructing fair competition between firms. Thirdly, the tax preferences not only stabilize price and stimulate market transactions, but also aggravate the middle and small firms disadvantage in development. Our study helps to open the black box of tax preferences of the indirect tax, and provide the basis for governments' better management on tax preferences.

Key words: the Indirect Tax; Tax Preference; Value – added Tax; Sales Tax

中国房产税试点的效果评估：基于合成控制法的研究*

刘甲炎　范子英

【摘　要】本文利用2011年2月在重庆实施的房产税试点作为自然实验，采用项目评估中的合成控制法估计了房产税对试点城市房价的影响。本文研究发现，房产税对试点城市的房价上涨有显著的抑制作用，房产税使得试点城市的平均房价相对于其潜在房价下降了156.61~350.80元/平方米，下降幅度达到5.27%。通过对这种效应的进一步分解可发现，受房产税政策影响的主要是大面积的住房，小户型住房由于受到大面积住房市场挤出的需求冲击，价格出现了更大幅度的上涨，这提醒我们要谨慎考虑现阶段的房产税政策。

【关键词】房产税；试点区房价；合成控制法；重庆

一、引言

自2000年以来，中国的住房价格持续走高，平均每年增长8.58%，远远超过了同期的CPI（居民消费价格指数）增长率和银行存款利率。①过高的房价带来了一系列的影响，如消费不足、收入差距、结构失衡和投资泡沫等（况伟大，2011；陈彦斌和邱哲圣，

---

* 本文选自《世界经济》2013年第11期。

基金项目：本文研究得到国家自然科学基金青年项目（71303083）、教育部人文社会科学研究基金青年项目（11YJC790039）、武汉市社会科学基金一般项目（11049）、华中科技大学中央高校基本科研业务费（2013WQ054）、中国经济改革研究基金会、北京大学—林肯研究院城市发展与土地政策研究中心研究基金的资助。本文感谢2012年中国青年经济学家联谊会与会者的评论和建议以及两位审稿人的建设性意见。文责自负。

作者简介：刘甲炎，华中科技大学经济学院，邮编：430074，电子信箱：15271818869@163.com；范子英（通信作者），华中科技大学经济学院，邮编：430074，电子信箱：ivannj@163.com。

① 数据来源于《中国统计年鉴》。

2011；高波等，2012；王永钦和包特，2011）。在这样的背景下，国家多次出台调控政策以缓和房价的上涨势头，早期房地产调控主要是从供给角度着手，如先后出台的减免税费、调整住房供给结构等措施。最近几年政府转向需求管理，如限购限贷、提高首付比例等，同时还加大对保障性住房的投入，尝试建立多维度的住房供给结构。不过以上这些政策都是短期的，旨在短时间内抑制房价的上涨，为了能够建立一个长期稳定的房地产市场，国家开始考虑对房地产的持有环节征税。由于商品房价格的增速远远高于 CPI 的增长率和银行利率，加上普通居民的投资渠道有限，住房不仅是消费品，而且更多的是投资品，对持有环节进行征税能够使得投资需求成本上升，降低房地产投资的收益，进而在长期中抑制房价的上涨。不仅如此，由于房产税在绝大多数国家都属于地方税种，在中国征收房产税还能够在一定程度上缓解地方政府的土地财政困境，规范地方政府的行为，并建立一个可持续的地方政府收入来源（刘洪玉，2011）。

2011 年 1 月 28 日，国务院在上海和重庆开始试点房产税的征收，距今已有两年多，焦点问题集中于房产税对房价是否有影响，以及影响程度是多少。到目前为止，学术界并没有对该政策影响的量化研究，主要的障碍有两个：一是评估方法的缺陷，在传统的政策评估中，倍差法（Difference - in - difference，DID）是最常用的一种方法，该方法要求处理组（试点城市）和对照组（非试点城市）在改革之前是可比的，但是由于试点城市的特殊性，传统的 DID 方法在这里并不适用；二是多种政策的干扰，在房产税试点的同时，政府还采取了其他多种调控政策，如限购、限贷等，这些政策的效果与房产税混在一起，很难将其剥离出来。

本文采用 Abadie 和 Gardeazabal（2003）提出的合成控制法（Synthetic Control Methods）来估计房产税政策的影响，合成控制法弥补了 DID 方法的上述缺陷，充分考虑到处理组的特殊性，通过其他城市的加权平均来构造一个“反事实”的参照组，真实房价水平与反事实房价之间的差距则是该政策的作用。基于 2010 年 6 月至 2012 年 2 月 40 个大中城市的月度平衡面板数据，在控制了土地价格、经济发展水平、人口密度、限购政策及产业结构等因素后，我们发现房产税使得试点城市房价相对于潜在房价下降幅度达 5.27%，并且通过了一系列稳健性检验。

与房产税的价格效应相比，更为重要的是其产生的结构性扭曲。当我们将价格效应进一步分解后，发现不同面积类型的住房价格走势完全相反，在大面积住房（144 平方米以上）价格下降的同时，小面积住房（90 平方米以下）价格反而出现了更大幅度的上涨，这至少说明两个问题：一是住房平均价格的下降主要是由大面积住房导致的；二是房产税政策将大面积住房市场需求挤出到小面积住房市场，导致这些类型的住房价格增长更快。这种结构性扭曲一方面与现阶段试点的“窄税基”房产税政策有关，另一方面也与户籍制度直接相关。这种扭曲政策的结果产生了巨大的福利分配效应，由于小面积住房对应的是城市的中低收入阶层，房产税的本意是要减轻他们的购房负担，但实际结果却完全相反。

本文其他部分的组织如下：第二部分是理论分析和研究假说，简要介绍房产税的政策背景和作用机制；第三部分是关于合成控制法的介绍；第四部分是基本的结果分析和稳健性检验；第五部分是关于作用机制的进一步分解；第六部分是全文的结论。

二、理论分析及研究假说

传统的房地产税收理论主要从要素流动的角度来考虑税收对房价的影响。由于资本的流动性一般都比较高，因此资本并不承担任何税负，房产税最终会转嫁给消费者，从而以更高的房价表现出来（Simon，1943；Netzer，1966）。在此基础之上，以 Tiebout（1956）为代表的财政学文献开始将房产税与公共服务联系起来，认为在劳动力自由流动的情况下，"用脚投票"的机制会匹配辖区的房产税与公共服务，那些提供更多公共服务的地区所制定的房产税税负更重，反之亦然。因此房产税是一种收益税，影响当地的公共支出，不直接影响住房价格和资源配置（Tiebout，1956；Hamilton，1975；Fischel，1992、2001）。

虽然不同理论在房产税对房价的影响方面没有得出一致结论，但是大部分的经验文献都发现两者是一种负向关系。例如，Oates（1969）通过对美国新泽西州东北部 53 个城镇的调查发现房地产价值与财产税呈负相关，与地区的公共支出水平呈正相关。Kenneth（1982）对北加利福尼亚推出的 13 号法案[①]对房价影响的研究发现，在当地公共服务没有下降的情况下，平均每年下降 1 美元的财产税相应增加 7 美元的财产价值。Rosenthal（1999）对英国马其赛特郡（Merseyside）等县市的研究发现税收对房价有抑制作用。中国早期的房产税征税范围并不包括居民自用住房，一些学者研究了这种房产税与房价的关系。杜雪君等（2009）利用中国 31 个省（市、自治区）的数据资料为研究样本，发现中国房地产税对房价有抑制作用，而地方公共支出则对房价有促进作用，且后者的影响较大，因此房地产税负和地方公共支出对房价的净影响为正；况伟大（2009）的研究表明，在其他条件不变时，开征房产税将导致房价下降。

与发达国家不同的是，由于房价的快速上涨，中国的住房市场不仅是一个消费市场，而且更是一个投资市场，预期及投机需求对中国城市房价波动具有较强的解释力（况伟大，2010）。在现实中，收入、要素成本等经济基本面在短期内发生较大变动的可能性小，而购房者的预期和投机对房价短期波动的影响更大。Malpezzi 和 Wachter（2005）以

① 20 世纪 70 年代越战结束后，大批美国退役士兵回国后选择加州安家。这些退役士兵们购置土地，大兴土木，使加州房地产价格上涨，物业税的税基也随着上涨，虽然加州财政收入大幅度提高，但是很多居民不得不变卖家产，移民他乡，一些留下来的居民则和加州政府进行抗议斗争。1978 年公共选择学派代表人物之一布坎南提出了第 13 号法案，该法案规定物业税税率不得超过市场价值的 1%，并且税基由 1974 年公开市场价值为基准，每年税基增加量不得超过 2%，同时不能增加其他额外税费。第 13 号法案通过后，加州又陆续通过第 4、第 6、第 98、第 218 等多项与税收和支出相关的法案。

住房存量调整模型和适应性预期为基础，建立了房地产投机模型，他们发现不仅供给会对房价波动产生重大影响，而且投机也会对房价波动产生重大影响，尤其是当供不应求时，投机对房价波动影响更大。沈悦和刘洪玉（2004）利用 1995 ~ 2002 年中国 14 个城市的经验研究表明，在不添加年度虚拟变量的情形下，城市经济基本面能够解释住宅价格变动，如果加入年度虚拟变量，城市经济基本面的解释力大幅度下降，这说明适应性预期对住宅价格变动具有显著影响。况伟大（2010）考察了预期和投机对房价的影响，虽然他认为经济基本面对房价波动影响要大于预期和投机，但预期和投机对中国城市房价也有很强的解释力。

根据理性泡沫理论，当投资者期待未来资产价格上涨时，会囤积资产，从而获取更大的收益（Wong，2001）。房产税是针对住房持有环节进行征税，不仅加大了房地产投资者的持有成本，而且也影响投资者预期收益，投资需求的降低会进一步拉低房价。况伟大（2009、2012）通过建立投资者和开发商的理论模型，证实了开征房产税对住宅价格有抑制作用。昌忠泽（2010）分析了房地产泡沫形成的根源，并提出开征房产税和住宅空置税能够抑制房地产市场的过度投机行为。

现行的房产税来源于 1986 年 9 月 15 日国务院颁布的《中华人民共和国房产税暂行条例》，不过当时的房产税主要针对商业用房，个人所有的非营业用房产则免征房产税，因此对房地产的影响较小。自 2004 年开始，中国主要城市的房价一直处于高速增长阶段，住房市场上的投机炒作行为盛行，两极分化严重，高收入人群拥有多套住房，而工薪阶层却面临买房难的局面。因此中央政府希望通过对住房持有环节进行征税，一方面通过增加住房持有成本、打击投机炒作，引导居民合理性住房消费；另一方面还可以取得稳定的税收来源，用于保障房的建设，从而调节住房供给结构。最早进入决策层的不是房产税，而是物业税，不过很快物业税就面临立法上的难题。因此，2010 年 5 月国务院提出要推进房产税改革，扩大原有的房产税征收范围，① 将个人所有的居住房产也作为征收对象，从而绕开了物业税所面临的难题。2011 年 1 月国务院开始在部分城市试点房产税的征收，重庆和上海成为首批试点城市，这两个城市的入选主要有两个方面的原因：一是两者都是直辖市，在行政上更有利于管理；二是两者的房价具有很好的代表性，上海市作为东部沿海城市，房价水平是最高的几座城市之一，重庆作为西部城市，房价处于全国平均水平。

虽然上海和重庆同时入选试点城市，不过两者在征收细则方面存在巨大差异，如表 1 所示。从实施细则来看，上海在征收对象上采取“新人新办法，老人老办法”的做法，只对新建住房征收房产税，而重庆对新房和存量住房同时征收房产税。在税率方面，重庆的税率高于上海的税率，并且重庆按全额征税，上海有 70% 的税额折扣。上海和重庆作为这次房产税的试点城市，虽然征税细则不同，但是两个试点城市都有很强的针对性，对高档住房和超标准多套住房开征房产税。这对限制住房市场的投机炒作、抑制住房消费的两极分化等起到一定的积极作用，理论上不会影响居民合理的自住性需求。这里值得重点

① 见《关于 2010 年深化经济体制改革重点工作的意见》（国发〔2010〕15 号）。

注意的是，虽然房产税试点政策在一定程度上考虑了中低收入者的自住性需求，如重庆允许每个家庭新购的商品房享有100平方米的免税面积，但这对低收入家庭却是不利的，那些原本准备购买大面积住房的家庭，在房产税政策免税条款的影响下会转向小户型住房，当短期内供给结构未出现大幅度变化时，小户型住房市场上高涨的需求会显著推高其价格。因此，那些原本可以购买小户型住房的家庭，在新房产税政策的影响下，反而无法满足其自住性的住房需求。

表1 重庆和上海房产税细则

城市	重庆	上海
适用范围	主城九区	所辖行政区域
征税对象	独栋商品住宅，房价达到当地均价两倍以上的高档公寓，包括存量房。重庆“三无”人员新购第二套住房（含第二套）以上普通住房	上海本市家庭新购的第二套及以上住房（包括二手房），非本市家庭所购住房（包括第一套住房）
房产税率	0.5%～1.2%	0.4%或0.6%
计算方式	全额缴纳	应纳税额=住房纳税面积×住房单价×房产税税率×70%
免税面积	一个家庭只能对一套住房扣除免税面积，存量的独栋商品住宅，免税面积为180平方米；新购的独栋商品住宅和高档住房，免税面积为100平方米	以家庭为单位，按人均60平方米（含）为起征点

重庆市在此期间还实施了其他房地产政策，特别是在保障房建设方面有较大的投入，廉租房和公租房的建设都居前列，不过这些住房都是小面积住房，与房产税锚定的目标不同，对房产税政策干扰较小。因此，本文待检验的两个假说是：①房产税改革降低住房价格，试点城市通过对住房征收房产税，提高了住房的持有成本，进一步抑制住房的投资性需求，在短期内会抑制房价的上涨。②房产税改革的免税条款对住房市场产生挤出效应，由于房产税改革主要针对的是大面积住房，在房产税政策免税条款的影响下，导致房产税挤出的需求会进一步抬高小户型住房的价格，因此房产税还将产生结构效应。

三、估计方法

重庆和上海于2011年1月28日开始试点房产税的征收，由于其他城市未受此次改革的影响，我们把房产税改革看作是对试点城市实施的一项自然实验。根据项目评估理论，试点城市2011年2月之后为处理组，国内其他城市为对照组，比较处理组和对照组之间的差异，可以估计房产税改革对房价影响。一个直观的想法就是利用DID对比房产税改革之后试点城市房价水平的变化和其他地区房价的变化，二者的差距就反映了房产税改革对试点城市房价的影响。不过 DID 方法在处理此问题时有两大障碍：①参照组的选取具有主观性和随意性，不具有说服力；②政策是内生的，试点城市与其他城市之间有系统性差别，而这种差别恰好是该城市成为试点城市的原因（Abadie et al.，2010）。特别是第二个障碍，我们并没有充足的理由能够排除政策的内生性，因而直接用 DID 进行估计会产生有偏的结果。

针对 DID 的这些缺陷，Abadie 和 Gardeazabal（2003）以及 Abadie 等（2010）提出用合成控制法来估计政策的效果，其背后的基本逻辑是通过对多个参照组进行加权要优于主观选定的一个参照组。该方法的基本思路如下：虽然寻找和处理组完全类似的对照组是困难的，但是我们可以根据没有房产税改革的其他地区的组合来构造出一个良好的对照组。合成控制法在最近几年得到了广泛的应用，例如，Abadie 和 Gardeazabal（2003）利用西班牙其他地区的组合来模拟没有恐怖活动的巴斯克地区的潜在经济增长，进而估计恐怖活动对巴斯克地区经济的影响。Abadie 等（2010）用同样的方法研究加州的控烟法对烟草消费的影响，他们利用其他州的数据加权模拟了加州在没有该法案时的潜在烟草消费水平。最近几年，国内学者也逐渐采用该方法，如王贤彬和聂海峰（2010）利用合成控制法将全国其他省份作为对照组的集合，分析了重庆 1997 年被划分为直辖市对相关地区经济增长的影响；余静文和王春超（2011）研究了海峡两岸关系演进对福建省经济发展的影响。

合成控制法的基本特征是清楚地知道对照组内每个经济体的权重，即每个经济体根据各自数据特点的相似性，构成“反事实”事件中所做的贡献；按照事件发生之前的预测变量来衡量对照组和处理组的相似性。合成控制法提供了一个根据数据选择对照组来研究政策效应的方法，该方法具有以下两个优点：①扩展了传统的双重差分法，是一种非参数的方法；②在构造对照组的时候，通过数据来决定权重的大小，从而减少了主观判断。该方法是通过所有对照组的数据特征构造出反事实状态（Counterfactual State），可以明确地展示处理组和合成地区政策实施之前的相似程度，这一反事实状态是根据对照组各自贡献的一个加权平均，权重的选择为正数并且之和为 1，这样就避免了过分外推（Temple，1999）。

假设我们观测到 $J+1$ 个地区的房价增长情况，其中第 1 个地区（试点城市）在 T_0 受到了房产税改革的影响，其他 J 个地区为对照组地区。我们可以观测到这些地区 T 期的房价增长情况。P_{it}^N 表示城市 i 在时间 t 没有房产税改革的房价，P_{it}^I 表示有房产税改革时的房价。

这里我们设定模型 $P_{it}=P_{it}^N+D_{it}\alpha_{it}$。$P_{it}^N$ 是试点城市没有进行房产税改革时的房价增长情况，D_{it} 为是否接受试点的虚拟变量，如果地区 i 在时刻 t 接受试点，那么该变量等于 1，否则等于 0。对于不受房产税改革影响的城市，我们有 $P_{it}=P_{it}^N$，因为只有第 1 个地区在时刻 T_0 之后开始受到房产税改革实验的影响，我们的目标就是估计 α_{it}。在 $t>T_0$ 时，$\alpha_{it}=P_{it}^I-P_{it}^N=P_{it}-P_{it}^N$。$P_{it}$ 是试点城市住宅均价，是可以观测到的。为了得到 α_{it}，我们需要估

计 P_{it}^N，它无法观测到，我们就通过构造“反事实”的变量表示 P_{it}^N：

$$P_{it}^N = \partial_t + \theta_i Z_i + \lambda_t \mu_i + \varepsilon_{it} \tag{1}$$

式（1）为潜在房价的决定方程，其中 Z_i 是不受房产税改革影响的控制变量，∂_t 是时间趋势，λ_t 是一个（$1\times F$）维观测不到的共同因子，μ_i 则是（$F\times 1$）维观测不到的地区固定效应误差项，ε_{it}是每个地区观测不到的暂时冲击，均值为0。为了得到房产税改革的影响，我们必须估计房产税试点城市假设没有进行房产税改革时的 P_{it}^N，解决方案是通过对照组城市的加权来模拟处理组的特征。为此，我们的目的就是求出一个（$J\times 1$）维权重向量，满足对任意的J，$W_J \geq 0$ 并且 $w_2 + \cdots + w_{J+1} = 1$。

$\sum_{j=2}^{J+1} w_j P_{it} = \partial_t + \theta_t \sum_{j=2}^{J+1} w_j Z_j + \lambda_t \sum_{j=2}^{J+1} w_j \mu_i + \sum_{j=2}^{J+1} w_j \varepsilon_{it}$。假设存在一个向量组 $W^* = (w_2^*, \cdots, w_{J+1}^*)'$满足：①

$$\sum_{j=2}^{J+1} w_j^* P_{it} = P_{11}, \cdots, \sum_{j=2}^{J+1} w_j^* P_{jT_0} = P_{1T_0} \text{ 并且 } \sum_{j=2}^{J+1} w_j^* Z_j = Z_1 \tag{2}$$

如果 $\sum_{i=1}^{T_0} \lambda'_t \lambda_t$ 非奇异（non - singular），我们就有：

$$P_{it}^N - \sum_{j=2}^{J+1} w_j^* P_{jt} = \sum_{j=2}^{J+1} w_j^* \sum_{s=1}^{T_0} \lambda_t \left(\sum_{i=1}^{T_0} \lambda'_t \lambda_t \right)^{-1} \lambda'_t (\varepsilon_{jt} - \varepsilon_{it}) - \sum_{j=2}^{J+1} w_j^* (\varepsilon_{jt} - \varepsilon_{it})$$

Abadie 等（2010）证明在一般条件下，上式的右边将趋近于0。因而，对于 $T_0 < t \leq T$，我们可以用 $\sum_{j=2}^{J+1} w_j^* P_{jt}$ 作为 P_{it}^N的无偏估计来近似 P_{it}^N，从而 $\alpha_{1t} = P_{it} - \sum_{j=2}^{J+1} w_j^* P_{jt}$ 就可以作为 α_{1t}的估计。②

四、房产税对房价影响的平均效应

由于合成控制法是利用对照组城市来拟合一个处理组的反事实状态，通过处理组和对照组的一些性质进行匹配，该方法要求处理组可以通过对照组加权估计，但是上海地区住

① 这里我们不仅使在房产税改革前每个月份的房价与通过对照组加权得出的房价相同而且使影响房价的因素也相同。

② 在求 α_{1t}时，需要知道 W^*。我们可以通过近似解来确定合成控制向量 W^*。选择最小化 X_1 和 X_0W 之间的距离 $|X_1 - X_0W|$来确定权重向量 W^*。其函数表达式为 $\|X_1 - X_0W\|_v = \sqrt{(X_1 - X_0W)'V(X_1 - X_0W)}$。W 满足的条件为：对任意的 $j = 2, \cdots J+1$，有 $w_j \geq 0$ 并且 $w_2 + \cdots + w_{J+1} = 1$。$X_1$ 是房产税改革试验前试点城市的（$k\times 1$）维特征向量；X_0 是（$k\times J$）矩阵，X_0 的第 j 列为地区 j 的房产税改革试验之前的相应特征向量。特征向量为方程组（2）中决定房价增长的因素或者房价增长变量的任意线性组合。V 是一个（$k\times k$）的对称半正定矩阵。V 的选择会影响估计均方误差，我们使用 Abadie 等（2010）开发的 Synth 程序包运行模型的估计。详见 Abadie 等（2010）。

宅均价在中国住宅均价中基本处于第一位置，并且其他经济特征也比较特殊，无法通过其他城市进行加权平均。[①][②] 不过，幸运的是重庆符合本方法的要求。

本文使用的数据为 2010 年 6 月至 2012 年 2 月 40 个[③]大中城市的平衡面板数据，房价和土地成交均价数据来自于中国指数研究中心，其他数据来自《中国城市统计年鉴》以及各城市统计局网站。我们的目标是用其他城市的加权平均来模拟没有进行房产税改革的重庆市潜在房价，然后与真实的重庆市房价进行对比来估计房产税改革对其房价波动的影响。根据合成控制法的思想，我们选择权重时要使得在房产税改革前，合成重庆各项决定房价的因素和重庆尽可能的一致。我们选择的预测控制变量包括土地成交均价、[④] 人均 GDP、人口密度、限购变量、第三产业比重，以及本文的被解释变量城市住宅均价作为当地房价的代理变量。其中土地成交均价属于房地产市场重要的成本因素，地价的高低对房地产市场供给方面有重要影响，地价上涨将导致房地产商开发成本上升，从而会使房价上涨（陈超，2011）。人均 GDP 和人口密度属于房地产市场需求方面的重要影响因素，人均 GDP 越高的城市，其房价也会越高；人口密度越大的城市，会导致房地产市场的需求增长大于供给增长，所以房价也会越高。自 2010 年 4 月北京出台“国十条”后，中国部分城市先后公布限购细则，限购政策在一定程度上抑制了房地产市场的购房需求，从而抑制房价的上涨；本文将限购城市赋值为 1，未限购城市赋值为 0。

（一）房产税对重庆房价的影响

通过合成控制法的计算，表 2 展示了构成合成重庆的权重组合，共选取 6 个城市，其中湛江为权重最大城市。[⑤] 表 3 给出了 2011 年 2 月重庆房产税改革之前真实重庆和合成重庆的一些重要经济变量的对比，其中我们关注的房价数据，真实重庆和合成重庆的差异度仅为 1‰。此外，我们还随机选取试点前的 4 个月来检验该方法的拟合效果，这 4 个月的房价差异度极小，仅为 2‰左右，拟合优度 R^2 高达 0.99，可以说合成重庆的房价增长路径很好拟合了真实的增长路径。在所选取的影响房价因素的变量中，从表 3 可以看出土地

---

① 这恰恰说明 DID 方法在评估房产税政策时是无效的，将其他城市加权平均的方法都无法获得可靠的参照组，主观选择单一的城市作为上海的对照组会造成更大的偏误。我们曾经采用普通的 DID 方法将上海和重庆作为处理组，其他所有城市作为对照组进行估计，结果发现显著高估了政策的效果，通过合成控制法与 DID 方法的比较，重庆的高估程度高达 44.94%。

② 在稳健性检验中，王贤彬和聂海峰（2010）就将上海删除，其原因是上海是研究地区预测误差的 36 倍。还有 Abadie 等（2010）删除了 New Hampshire，原因是在烟草改革之前，该州是所有州中平均消费烟草最多的州。

③ 40 个城市包括所有省会城市（除拉萨、香港和澳门外），同时由于数据的可获得性，以及考虑到重庆没有实施限购政策，我们又选择了一些与重庆房价差别不大，并且未实施限购政策或限购政策实施较晚的城市，其中包括北海、大连、惠州、泉州、温州、无锡、徐州、湛江、包头。

④ 各个城市土地成交均价由中国指数研究中心提供，由于少数月份没有土地成交，我们通过插值法获得。

⑤ 这 7 个城市间的权重不是线性关系，当我们在这 7 个城市中更换一个目标城市进行模拟时，其合成的城市名称和权重都会发生变化，这说明不存在线性内推的问题，感谢审稿人指出此问题。

成交均价、[①] 人均 GDP、人口密度、限购变量和第三产业比重真实变量与预测变量都比较接近，其差距与重庆的真实变量和40 城市的平均真实变量的差距都要小，其中土地成交均价、人均 GDP、人口密度和第三产业比重两者差异度对比为 14.7% < 43.78%、20.93% <78.45%、35.14% <130% 和 5.3% <41.33%，限购变量也比较接近真实的情况，这说明在较好地拟合房价的基础上，其表现的影响房价因素变量的相似度也比较高。因此，合成控制法比较好地拟合了重庆在房产税改革之前的特征，该方法适宜于估计房产税政策的效果。

表 2　合成重庆的城市权重

	惠州	宁波	三亚	温州	湛江	天津
权重	0.316	0.002	0.001	0.011	0.516	0.154

图 1 是在表 3 基础之上扩展到所有的月份，从图 1 中我们可以看到，在房产税改革之前，合成重庆和真实重庆的房价路径几乎能够完全重合，说明合成控制法非常好地复制了房产税改革之前重庆房价的增长路径。在房产税改革之后，前 4 个月重庆的房价高于合成重庆，但是其上涨的幅度很小，最高只有 45 元，其原因可能是房产税改革对房价的影响有一定的滞后性。2011 年 5 月重庆房价出现拐点开始下降，并在 6 月以后持续低于合成重庆的住宅样本均价，二者的差距逐步拉大。两者之间的差距意味着相对于没有实施房产税改革的重庆，开征房产税降低了重庆的住宅样本均价。由图 1 我们也可以看出，假设没有实施房产税政策，2012 年 2 月重庆的潜在房价为 6676.11 元，与实际样本房价均值相差 334.11 元，下降幅度为 5.27%。

表 3　预测变量的拟合与对比

	重庆市	40 城市	重庆的合成组
土地成效均价（元）	4834.18	6950.56	4123.15
人均 GDP（元）	3718.55	6635.88	4496.89
人口密度（人/平方千米）	592.44	1363.14	800.62
限购变量	0	0.85	0.17
第三产业比重（%）	38.13	53.89	40.15
2010 年 6 月商品房价格（元）	6407	9426.88	6402.52
2010 年 8 月商品房价格（元）	6323	9296.95	6313.14

① 土地价格与房价可能出现内生性问题，房价的下降可能由土地价格下降导致而不是房产税改革的作用。但是本文所研究的时间是一个短期效应，同时土地成交均价中，房产税改革之前的土地价格是 4834.18 元，而改革之后为 6301.96 元。在房产税改革前后土地价格是上涨的，从而缓解了因房产税改革影响了地价而导致房价下降这一机制。感谢审稿人对此问题的指正。

续表

	重庆市	40 城市	重庆的合成组
2010 年 12 月商品房价格（元）	6452	9491.58	6451.92
2011 年 1 月商品房价格（元）	6629	9657.85	6621.75
商品房价格（元）	6422.13	9444.33	6418

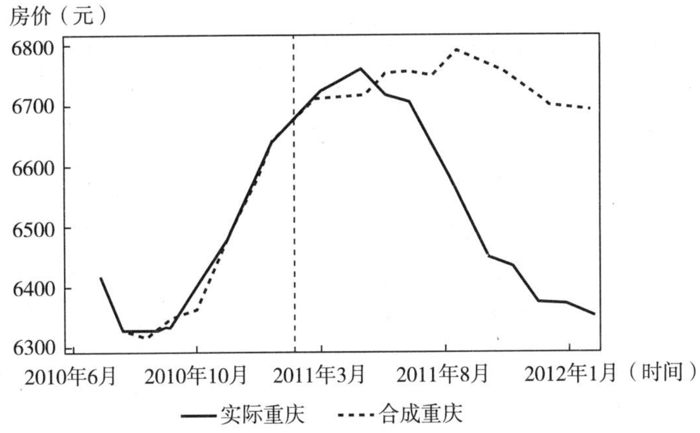

图 1　实际重庆和合成重庆的样本房价均值

为了更直观地观察房产税改革对重庆房价增长路径的影响，我们计算了房产税改革前后实际重庆和合成重庆的样本房价均值的差距。图 2 显示，2010 年 6 月到 2011 年 2 月，两者房价差距在正负 40 元范围内波动，波动幅度仅为 6‰。自 2011 年 6 月开始两者的差距为负，并且差距持续扩大，2011 年 6 月至 2012 年 2 月，重庆的样本房价均值分别比合成重庆低 37.04 元/平方米、52.38 元/平方米、118 元/平方米、250.64 元/平方米、326.73 元/平方米、

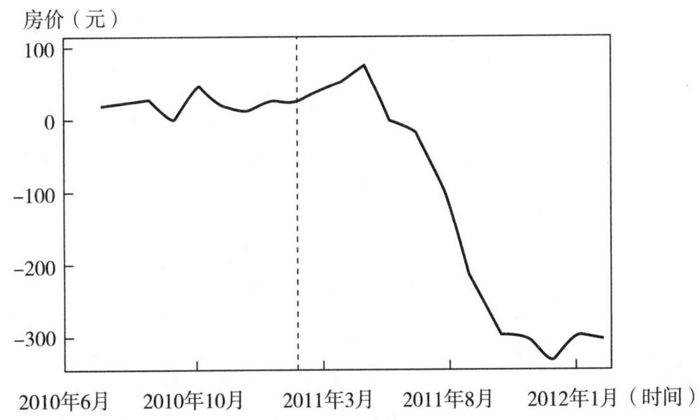

图 2　实际重庆和合成重庆的样本房价均值差距

325.65 元/平方米、350.8 元/平方米、320.3 元/平方米、334.11 元/平方米。自房产税改革后 1 周年内，平均每月样本房价均值低于合成重庆样本房价均值 156.61 元/平方米。可见 2011 年 2 月后，由于房产税的实施使得高档房的持有成本升高，一方面抑制了高档房屋的需求，另一方面使得投资者预期收益下降，抑制了高档房的投资，从而使得房价泡沫被挤出。该政策显著降低了重庆的房价水平。

（二）稳健性检验

虽然我们发现重庆市实际住宅样本均价与合成重庆住宅样本均价存在显著差异，但这种差异是不是由房产税改革造成的，或者说是不是一个偶然？即这种现象也可能是一些未观测到的外在因素导致的，比如当地政府部门限购令的执行程度、炒房团资金的撤离或进入等。为此，我们将通过三个检验来排除其他政策的干扰和偶然性。

稳健性检验一：DID 方法与合成控制法的对比。

合成控制法相对于 DID 更有效，是因为前者在选取参照组时更加科学，为了证实这种科学性，我们在本节按照 DID 的识别估计房产税政策的影响，并将之与合成控制法的结果进行对比。DID 模型设定如下：

$$P_{it} = \beta_0 + \beta_1 \text{Reform}_i \times \text{Month} + \gamma X + \delta_i + \gamma_t + \varepsilon$$

其中 P 是住房价格。我们将处于处理组的城市赋值 Reform = 1，参照组的城市赋值 Reform = 0。重庆和上海于 2011 年 1 月 28 日开始试点房产税的征收，我们将房产税执行前后赋值，自 2011 年 2 月起赋值 Month = 1，之前赋值 Month = 0。其中 Reform 与 Month 交互项的系数即为房产税改革对房价的净效应。X 为控制变量，分别包括人均 GDP、土地价格以及限购变量。这里的限购变量为虚拟变量，当月限购的城市赋值为 1，未限购的城市赋值为 0。δ_i 为个体固定效应，γ_t 为时间固定效应。数据选取为 2010 年 6 月至 2011 年 12 月，样本为上节所选取的 40 个大中城市。

从表 4 我们可以看出，房产税改革的平均效应使房价下降了 153.9 元，其中重庆房产税改革导致重庆房价下降 182.04 元。DID 的结果与合成控制法的结果符号一致，进一步说明上述方法的稳健性。但是在房产税改革后即 2011 年 2 月至 2011 年 12 月，合成控制法得出在房产税改革平均水平上重庆房价下降了 125.6 元。通过合成控制法与 DID 方法的对比，DID 方法对房产税改革的效果高估 44.94%，高估的原因可能是当共同冲击出现时，如国家紧缩银根，处理组和参照组的反应幅度不同，特别是处理组的幅度大于参照组时，DID 就会出现高估的问题。

表 4　房产税改革效果（DID 方法）

变量	上海、重庆	上海、重庆	重庆	重庆
交叉项	−153.90** （−2.20）	−153.91** （−2.22）	−180.91* （−1.87）	−182.04* （−1.88）

续表

变量	上海、重庆	上海、重庆	重庆	重庆
限购	—	-15.43 (-0.55)	—	-7.31 (-0.26)
人均 GDP	—	0.003 (0.74)	—	-0.0001 (-0.02)
土地价格	—	0.001 (0.43)	—	0.001 (0.38)
year dummy	Yes	Yes	Yes	Yes
With - in R^2	0.49	0.49	0.50	0.50
城市数量	40	40	39	39
观测值	760	760	739	739

注：括号中为 t 值，** 和 * 分别表示 5% 和 10% 的显著性水平。

稳健性检验二：处置组变换。

我们借鉴 Abadie 和 Gardeazabal（2003）、Abadie 等（2010）在稳健性检验中的安慰剂检验方法（Placebo Test），这一方法类似于虚假实验（Falsification Test），基本思想如下：选择一个没有房产税改革的城市进行同样的分析，如果发现该城市的实际样本房价均值和合成样本房价均值之间有很大的差距，并且和重庆的情况一样，那就说明合成控制法并没提供一个有力的证据来说明房产税改革对重庆市房价的影响。

这里我们考虑两个城市，一个为合成重庆权重最大的城市湛江，权重最大说明在所有的城市中，湛江与重庆最为相似，另外一个是没有权重的城市北京，没有权重即表明北京与重庆在各种特征上都相差较远，将湛江和北京两个极端情况作为处置组来检验房产税改革前后，实际样本房价均值和合成样本房价均值的情况。表 5 反映了湛江和北京预测变量与重庆的比较，其中，湛江和重庆都没有公布限购细则，并且这两个城市的土地价格非常接近，其他变量的差距与 40 城市平均值比较来看也不是很大，说明在所有的城市中，湛江与重庆最相似；反之，北京的预测变量和重庆相比差异程度较大。

表 5　权重最大和无权重城市的预测变量均值

项目 \ 城市	重庆	40 城市	湛江	北京
土地成交均价（元）	4834.18	6950.56	4907.39	11562.68
人均 GDP（元）	3718.55	6635.88	2818.84	9527.06
人口密度（人/平方千米）	592.44	1363.14	891.45	973.08
限购变量	0	0.85	0	1
商品房价格（元）	6422.13	9444.08	4836.25	22190.38
第三产业比重（%）	38.13	53.89	41.28	75.11

图 3 显示了对湛江进行的安慰剂检验结果，图 4 显示了北京的结果。我们可以看到，对于湛江和北京在房产税改革前后，实际样本房价均值始终沿着合成样本房价均值的走势变化，即使有所波动也是围绕着合成样本房价上下波动，与图 1 相比这种波动的幅度都相对较小。说明合成控制法非常好地拟合了两者的房价走势，并且两个城市在房产税改革前后的拟合情况没有发生突变，因此在一定程度上证明了是房产税改革影响了重庆的实际住宅样本均价，而不是其他共同的偶然因素。

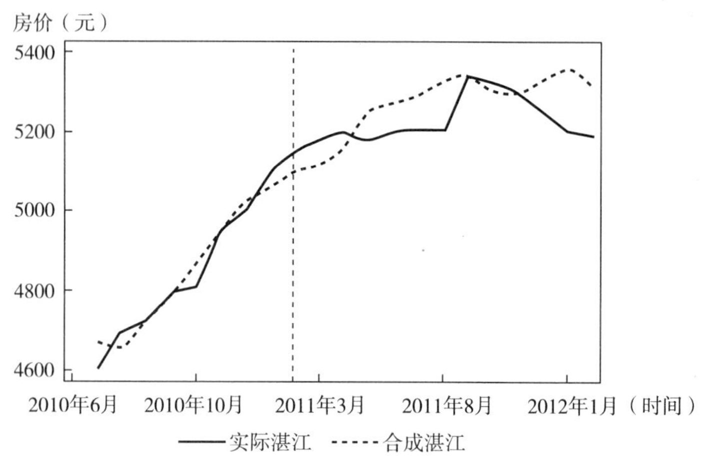

图 3　实际湛江和合成湛江的样本房价均值

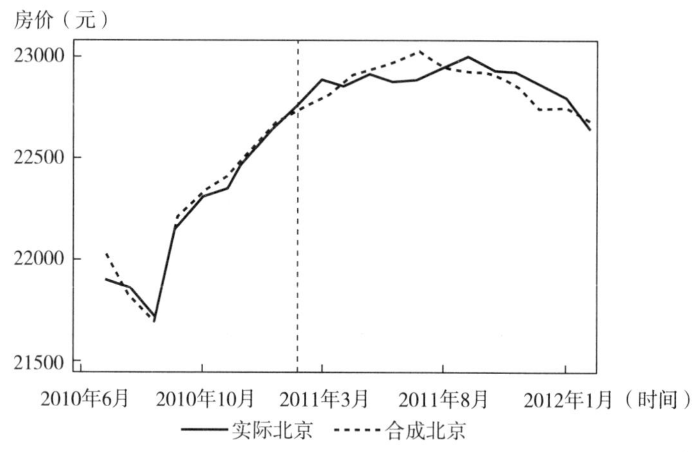

图 4　实际北京和合成北京的样本房价均值

稳健性检验三：排序检验。

虽然我们在上述的估计中发现重庆的房产税使得房价下降幅度为 5.27%，但并不清楚这种效应是否在统计上显著异于 0。Abadie 等（2010）提出了一种类似统计中秩检验的

排序检验方法，该方法可以用于检验估计政策效果是否在统计上显著，判断是否还有其他城市的样本房价均值与合成样本房价均值出现和重庆一样的特征，并且其概率为多少。其思想是分别假设对照组内的城市在 2011 年 2 月经历了房产税的改革，使用合成控制法构造它的合成样本房价，估计在假设情况下产生的政策效果；然后比较重庆实际的效果和对照组城市假设的效果。如果两者的政策效果有足够大的差异，说明房产税改革对重庆房价的影响是显著的，并不是偶然的现象，反之亦然。因为所选取城市房价的绝对水平差距较大，我们改进 Abadie 的方法，通过计算每个城市样本房价的均值和合成城市样本房价的均值之差除以当期的房价再乘以 100% 来衡量房价的变动程度，如果这一变动程度的分布有显著不同，就说明我们在重庆房价变化的发现是显著的。

我们模拟了 2011 年 2 月之前的样本住宅均价和一些影响因素来构造合成版本的房价，如果一个城市在 2011 年 2 月之前的平均标准变动程度（实际的样本房价均值和预测的样本房价均值差距与房价的百分比，再取平方根）比较大，这在一定程度上意味着模型对该城市近似的程度比较差，进而利用 2011 年 2 月之后的房价差距作为对比的作用就比较弱。通过计算，重庆的平均标准变动程度为 0. 29%，我们在对照组中去掉了平均标准变动程度为 0. 65% 以上的城市,[①] 这些城市的数量为 18 个。这些城市在 2011 年 2 月之前的平均标准变动程度比较大，都是重庆的 2 倍之上，也就是说在房产税改革之前这些城市的房价特征并没有被很好地拟合出来，从而对房产税改革之后房价的变化解释力下降。其中深圳最大，是重庆的 16 倍，上海也达到 10 倍。图 5 显示了去掉这 18 个城市之后的变动

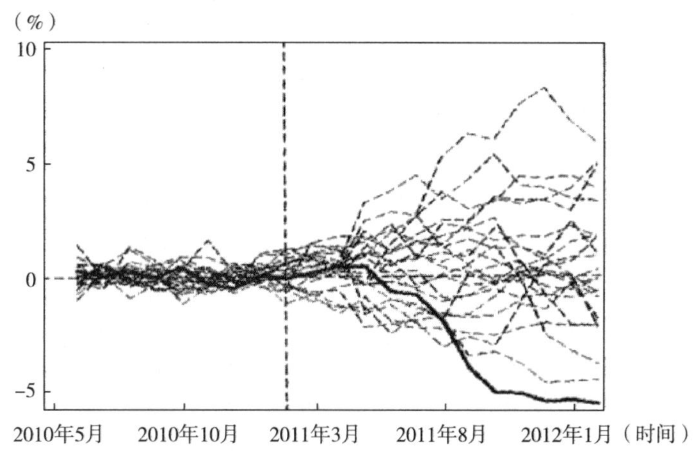

图 5　重庆和其他城市预测变动的程度分布

注：去掉了平均标准变动程度为 0. 65% 以上的城市。

---

① 对于所用合成控制法的文献，对规定对照组平均标准变动的程度都不一样，没有一个统一的标准，本文选取的这一指标相对比较严格。我们在去掉合成期间标准变动程度较大的对照组后，保留了 22 个城市，有较多样本在对照组与处理组进行对比。而王贤彬和聂海峰（2010）在 29 个样本中去掉了 22 个，仅保留 7 个。Abadie 等（2010）有去掉 11 个左右保留 28 个对照组，也有去掉 22 个左右保留 19 个对照组的图，制定的标准也不一样。

程度分布情况，我们可以看出重庆的变动程度在 2011 年 2 月以前和其他城市的差距并不大，但是 2011 年 2 月以后，重庆与其他城市的差距开始变大，其分布位于其他城市的外部。这表明房产税改革对重庆的房价有一定的影响，也表明只有 1/22，即 4. 55% 的概率出现重庆和合成样本房价均值之间这么大的变动程度，这类似于传统统计推断的显著性水平，因此，我们可以认为重庆市样本房价均值的下降是在 5% 水平上显著的。

此外，我们还计算出 2011 年 2 月以后和以前平均变动程度的比值，考察这一比值的分布。因为 2011 年 2 月以前的变动程度越小表示合成样本房价均值对实际样本房价均值拟合得越好，而 2011 年 2 月后的变动程度越大，则表示受到房产税改革的影响越大。如果我们预测的房产税改革对重庆的样本房价均值有重要影响，并且这一影响是显著的，那么我们前面所说的比值应当是比较大的。图 6 描述了所有城市在 2011 年 2 月前后平均标准变动程度的比值，其横轴表示这一比值（这里我们进行了四舍五入），纵轴则表示位于这一比值的城市个数。我们发现大多数城市的比值都在两倍以内，而比值最高的两个城市是重庆和厦门，高达 13 倍。但是如图 7 所示，厦门是因为在 2011 年 2 月后房价上涨而不是房价下降，所以没有一个城市平均标准变动程度比值达到该水平并且房价是下行的。如果通过随机给予处置的方法，那么要获得和重庆一样情况的概率为 1/40，即 2. 5%，这表示我们可以在 97. 5% 的显著水平下接受房产税改革对重庆样本房价产生显著负向影响的原假设并不是偶然因素引起的。

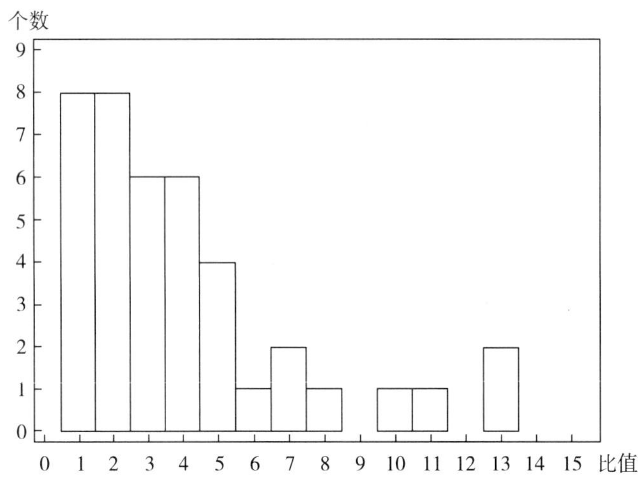

图 6　2011 年 2 月之后与之前平均标准变动程度

通过上述稳健性检验，我们可以认为房产税改革对重庆的房价产生了影响，与重庆潜在的房价增长趋势相比有一定程度的下降。而且从 2011 年 5 月至 2012 年 2 月，二者的差距呈现出不断扩大的趋势，表明重庆市的样本房价增长情况与潜在的样本房价增长情况偏离越来越大，随着时间的推移房产税政策的效果正在逐步显现。

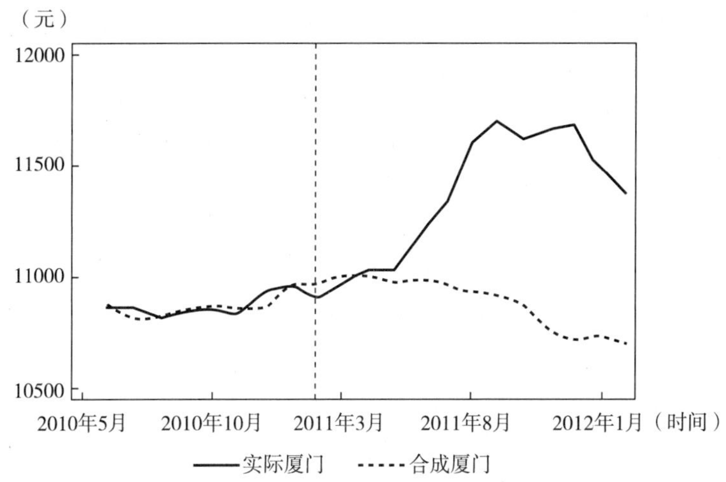

图 7　实际厦门和合成厦门的样本房价均值

五、房产税影响了谁

大多数国家实施的都是“宽税基”的房产税，即在征收时不区分住户类型和房屋类型统一征收，然后按照各自税收优惠条件进行减免。2011 年中国试点的房产税是典型的“窄税基”房产税，如重庆的房产税主要是针对大面积和均价较高的住宅，对小面积并且价格较低的住宅没有开征房产税，更为重要的是，房产税还规定了免税面积，重庆将 100 平方米作为免税面积。这意味着即使是均价较高的住宅，只要房屋面积小于 100 平方米也可以免征房产税。窄税基的房产税意味着居民可以通过改变自身的购买行为进行避税，再加上与户籍挂钩的限购政策，那些原本准备购买大面积住房的居民预期会承受较大的税负，同时又无法到非试点城市购置住房，因此他们出于避税的动机将主动转向其他类型的住房市场，进而住房市场产生结构性扭曲。对于重庆来说，100 平方米以下的住房依然是投资的热点，房产税挤出的需求会进一步抬高小户型住房的价格。

这一猜测得到了重庆房管局的证实，重庆房管局的公告中显示，房产税改革后主城区高档住房项目访客量下降 30% ~50%，截至 2011 年 11 月 30 日，主城区建筑面积 200 平方米以上的住房新开工面积与上年相比下降了 4.5%，与此相反的是，建筑面积在 100 平方米以下的住房上市量同比增加了 17.8%。将重庆与全国平均水平进行对比更能说明该问题，2011 年重庆高档住宅的销售面积同比下降了 36.3%，而全国高档住房销售面积的下降幅度仅为 11%，重庆的下降幅度明显高于全国平均水平。在大面积住房销售面积下降的同时，其价格也大幅度下降，2012 年第一季度重庆的应税住房均价为 13140 元/平方米，较房产税实施前的14678元/平方米下降了10%。

不过重庆大面积住房价格的下降并不足以说明全部问题，全国很多城市受信贷政策和限购政策的影响，其大面积住房价格都出现了不同程度的下降。国家统计局自2011年开始公布主要城市[①]90平方米以下和144平方米以上的住房价格指数，我们在图8中比较了重庆与全国144平方米以上的住房价格指数。从中可以看出，房产税实施之前至之后的3个月中，重庆大面积住房保持了与全国一致的增长势头，不过自第5个月开始，房产税政策的效果开始显现，重庆大面积住房价格的增长势头显著低于全国平均水平，并且此后的差距持续扩大，表明重庆实施的房产税大幅度挤出了大户型的住房需求。

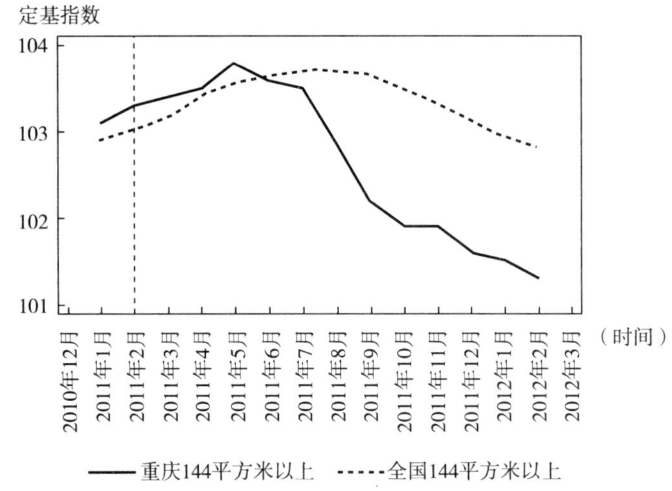

图8 重庆和全国144平方米以上新建商品住宅定基指数（以2010年为基期）

资料来源：中华人民共和国国家统计局。

不过令人遗憾的是，重庆的小户型住房市场价格没有出现与大面积住房类似的下降趋势，却呈现出完全相反的走势。图9显示重庆的小户型住房价格相比全国平均水平增长更快，这种增幅的差距自房产税改革初期就一直存在，在我们观察到的样本期间内没有出现明显的逆转。由于这里关注的是房价的增速，因而其对房价绝对水平的累积效应是巨大的。

两种住房面积价格走势的差异也说明第四部分的研究结论不是其他特殊因素造成的。重庆实行房产税改革期间还有其他房地产相关政策同步实施，特别是在保障房的建设方面居全国前列，而保障房的价格一般都低于市场平均价格，大量保障房投入市场会显著降低住房价格，因此我们看到同期住房价格下降就不一定是房产税政策的作用。不过大多数保

① 中华人民共和国统计局统计了全国70个大中城市的城市住宅销售价格指数。其中华北8个、华东13个、华南13个、华中15个、东北8个、西南8个和西北5个。

障房面积都偏小，理论上小户型住房的价格应该出现更大幅度的下降，而我们在重庆看到相反的情况，说明如果保障房在一定程度上抵消了大面积住房市场的挤出需求，那么房产税对小户型住房市场的实际影响应该更大。而重庆的大面积住房价格大幅度下滑与保障房市场没有关系，纯粹是由房产税政策导致的，因此，我们通过合成控制法得到的平均效应也不是其他特殊政策所导致的。

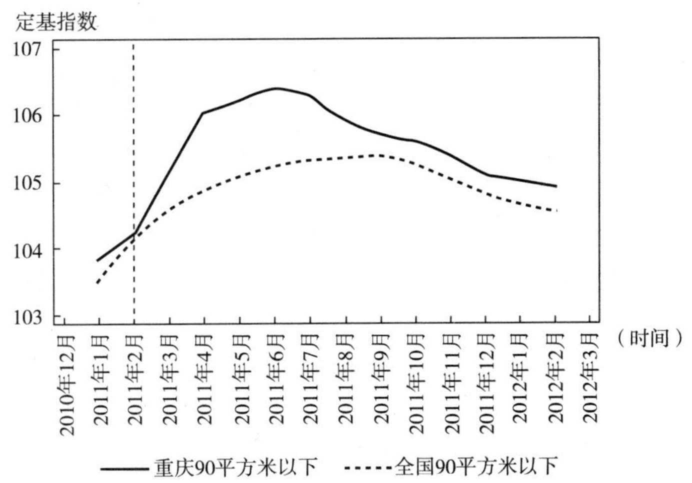

图 9　重庆和全国 90 平方米以下新建商品住宅定基指数（以 2010 年为基期）

资料来源：中华人民共和国国家统计局。

两种不同面积的住房价格增速对比说明 3 个问题：①房产税确实降低了重庆的住房价格；②这种作用在大面积住房市场上更为明显，房产税的平均效应主要是由大面积住房市场构成的；③由于存在挤出的需求，小面积住房市场价格反而增长更快。如果房产税政策的出发点是为了增进低收入群体的福利，那么应该通过房产税的征收挤出市场投机，从而降低房价，使得那些低收入者也买得起住房。上述的分析至少表明该政策没有达到预期效果，反而降低了低收入群体的福利。

六、结论

本文利用重庆房产税改革这一案例，首次经验分析了房产税改革对房地产住宅价格的影响，并且研究结果验证了本文提出的假说。

在案例研究中存在如何选取对照组和如何统计推断的问题。本文采用的合成控制法，通过挖掘数据的信息赋予对照组适当的权重，得到一个事件发生前拟合最优的对照组，再将合成控制法构造出的“反事实”现象与真实的重庆房价进行比较。研究表明重庆的房产税改革在针对高档房屋征税时，提高了房屋持有者的成本，影响了购房者的需求、投资者的预期收益和投资需求。重庆地区实际样本住宅均价与没有出现房产税改革的样本住宅均价出现了负的差距，并且最大差距为 -350.8 元，平均每月的差距值为 -156.61 元，月均差距率约为 2.39%。也就是说重庆在实施房产税后，房价最高下降了 350.8 元，平均每月要比没有实施房产税的情况下房价低 156.61 元，平均每月低 2.39%。可以认为在 2011 年 2 月到 2012 年 2 月期间，重庆市的房价增长水平比潜在房价增长水平平均低了 2.39%，最高达到 5.52%。

更为重要的是，本文的研究还发现房产税政策的免税方案产生了扭曲效应。房产税主要是降低了大面积住房价格，同时由于从大面积住房挤出的需求流向了小户型住房，从而却提高了小面积的住房价格。房产税的本意是要通过增加持有成本降低房价，特别是要提高低收入群体购买住房的可能性，但实际效果却完全相反。因此，在未来大面积推广房产税时，需要谨慎评估现阶段的“窄税基”房产税对不同群体的影响，特别是对低收入群体的不利影响。

参考文献

[1] 昌忠泽. 房地产泡沫、金融危机与中国宏观经济政策的调整 [J]. 经济学家，2010（7）.

[2] 陈彦斌，邱哲圣. 高房价如何影响居民储蓄率和财产不平等 [J]. 经济研究，2011（10）.

[3] 陈超，柳子君，肖辉. 从供给视角看我国房地产的“两难困境” [J]. 金融研究，2011（1）.

[4] 杜雪君，黄忠华，吴次芳. 房地产价格、地方公共支出与房地产税负关系研究——理论分析与基于中国数据的实证检验 [J]. 数量经济技术经济研究，2009（1）.

[5] 高波，陈建，邹琳华. 区域房价差异、劳动力流动与产业升级 [J]. 经济研究，2012（1）.

[6] 况伟大. 住房特性、物业税与房价 [J]. 经济研究，2009（4）.

[7] 况伟大. 预期、投机与中国城市房价波动 [J]. 经济研究，2010（9）.

[8] 况伟大. 房价变动与中国城市居民消费 [J]. 世界经济，2011（10）.

[9] 况伟大. 房产税、地价与房价 [J]. 中国软科学，2012（4）.

[10] 刘洪玉. 房产税改革的国际经验与启示 [J]. 改革，2011（2）.

[11] 沈悦，刘洪玉. 住宅价格与经济基本面：1995~2002 年中国 14 城市的实证研究 [J]. 经济研究，2004（6）.

[12] 王永钦，包特. 异质交易者、房地产泡沫与房地产政策 [J]. 世界经济，2011（11）.

[13] 王贤彬，聂海峰. 行政区划调整与经济增长 [J]. 管理世界，2010（4）.

[14] 余静文，王春超. 政治环境与经济发展——以海峡两岸关系的演进为例 [J]. 南方经济，2011（4）.

[15] Abadie, A. and Gardeazabal, J.. The Economic Costs of Conflict: A Case Study of the Basque Country [J]. American Economic Review, 2003, 93 (1): 112-132.

[16] Abadie, A., Diamond, A. and Hainmueller, J.. Synthetic Control Methods for Comparative Case Studies: Estimating the Effect of California's Tobacco Control Program [J]. Journal of the American Statistical Association 2010, 105 (490): 493-505.

[17] Fischel, William A.. Property Taxation and the Tiebout Model: Evidence for the Benefit View From Zoning and Voting [J]. Journal of Economic Literature, 1992, 30 (1): 171 -177.

[18] Fischel, William A.. Homevoters, Municipal Coiporate Governance and the Benefit View of the Property Tax [J]. National Tax Journal, 2001, 54 (1): 57 -173.

[19] Hamilton, Bruce W.. Zoning and Property Taxation in a System of Local Government [J]. Urban Studiesy, 1975, 6 (12): 205 -211.

[20] Kenneth, T. Rosen. The Impact of Proposition 13 on House Prices in Northern California: A Test of the In terjurisdictional Capitalization Hypothesis [J]. Journal of Political Economy, 1982, 90 (1): 191 -200.

[21] Rosenthal, Leslie.. House Prices and Local Taxes in the UK [J]. Fiscal Studiesy, 1999, 20 (1): 61 -76.

[22] Malpezzi, Stephen and Wachter, Susan M.. The Role of Speculation in Real Estate Cycles [J]. Journal of Real Estate Literature, 2005, 13 (2): 143 -164.

[23] Netzer, Dick. Economics of the Property Tax [M]. Washington : Brookings Institute, 1966.

[24] Oates, Wallace E. The Effects of Property Taxes and Local Public Spending on Property Values: An Empirical Study of Tax Capitalization and the Tiebout Hypothesis [J]. Journal of Political Economy, 1969, 77 (6): 957 -971.

[25] Simon, Herbert A.. The Incidence of a Tax on Urban Real Property [J]. The Quarterly Journal of Economics, 1943, 57 (3): 398 -420.

[26] Temple, Jonathan. The New Growth Evidence [J]. Journal of Economic Literaturey, 1999, 37 (1): 112 -156.

[27] Tiebout , Charles M.. A Pure Theory of Local Expenditure [J]. Journal of Political Economy, 1956, 64 (5): 416 -424.

[28] Wong, Karyiu. Housing Market Bubbles and Currency Crisis: The Case of Thailand [J]. Japanese Economic review, 2001, 52 (2): 382 -404.

构建社会公平的税收制度*

郭庆旺

改革开放以来，我国 GDP 年均增长速度高达 9.9%，人均 GDP 从 1978 年的 190 美元迅速增加到 2011 年的 5450 美元。然而，在国民收入“蛋糕”迅速做大的同时，国民收入分配出现了较为严重的问题：从部门收入分配来看，企业和政府部门的分配份额过大；从要素收入分配来看，劳动要素收入的分配份额过低；从居民收入分配来看，个人间的收入分配差距过大。早在 2500 年前孔子就曾说过：“不患寡而患不均，不患贫而患不安。盖均无贫，和无寡，安无倾。”因此，中国共产党第十八次全国代表大会上的报告再次强调指出，“初次分配和再分配都要兼顾效率和公平，再分配更加注重公平”，因而要“加快健全以税收、社会保障、转移支付为主要手段的再分配调节机制”“形成有利于结构优化、社会公平的税收制度”。

政府如何有效地调控国民收入分配？客观地说，国民收入分配格局的形成是许多因素共同作用的结果，政府要朝着社会期待的方向调控国民收入分配，需要在不同的历史阶段采取不同的复合措施。回顾过去 30 余年改革发展的历程，我们不难发现，我国目前形成的国民收入分配格局，既有长期形成的城乡二元结构以及因自然、历史等客观条件形成的区域发展不平衡造成的城乡之间、地区之间的收入分配不公，也有垄断行业收入分配不规范、最低工资标准制度刚性不强、城乡居民的社会保障体系不健全等制度因素造成的收入分配不公，还有财经纪律软约束等法律因素造成的收入分配不公。尽管这些因素在国民收入分配格局的形成过程中至关重要，但税收对国民收入分配的调控作用不能忽视，因为税收不仅是国民收入分配格局形成的一个重要因素，更是政府调控国民收入分配的重要手段。

我们首先看一个事实。如果观察 1994 年“分税制”改革前后国民收入分配格局变化趋势，不难发现以下三大特点：①以政府、企业和居民三者收入占 GDP 比重划分的部门收入分配而论，不论是初次分配还是再分配环节，居民部门收入占比呈不断下降趋势，政府和企业部门收入占比呈上升趋势；②以资本要素和劳动要素收入占 GDP 比重划分的要

---

* 本文选自《经济研究》2013 年第 3 期。

作者简介：郭庆旺，中国人民大学财政金融学院，邮政编码：100872。

素收入分配而论，不论是初次分配还是再分配环节，劳动要素分配份额呈下降趋势，而资本要素分配份额呈上升趋势；③以居民之间收入分配差距而论，居民收入不平等程度持续扩大。简言之，分税制改革以来，国民收入分配变动趋势就是：部门收入分配向政府和企业倾斜，要素收入分配向资本倾斜，居民收入分配差距扩大。

分税制改革与国民收入分配格局的这种变化难道是一种巧合？不是。众所周知，税收是政府筹集财政收入最重要的手段，它体现在国民收入流程的各个环节中，是政府打入市场的一个“楔子”，这势必会对国民收入分配格局产生重要影响，或者说税收具有较强的收入分配效应。而1994 年的分税制改革实际上是适应走向社会主义市场经济之路的两项重大改革：一是税收制度的改革，建立、健全了税种，相对完善了税收制度；二是财政体制的改革，建立了中央税、地方税和共享税的税收分权体制。正是因为这种相对规范的税收制度和明显分权的税收体制对国民收入分配格局产生了重大影响。

一般来说，税收的收入分配效应可归纳如下：就对部门收入分配影响而言，税收增长会提高政府部门在 GDP 中的分配份额，纳税主体的选择会影响企业和居民收入在 GDP 中的分配份额；就对要素收入分配的影响而言，选择劳动要素为税基征税会降低劳动要素收入在 GDP 中的分配份额，对资本要素征税也同样会如此；就对居民收入分配的影响而言，以流转税为主的税制对收入分配不平等具有恶化效应，以所得税和财产税为主的税制能够改善收入分配的不平等。

现在的问题是，我国现行税制不仅不利于提高劳动要素收入分配份额，而且对居民收入差距的缩小更是无能为力。因此，要调整国民收入分配格局，特别是在今后构建和谐社会过程中，要遏制贫富两极分化，就不能忽视对一系列税收政策的调整。当然，我们也应看到，税收要实现的政策目标不止一个，诸如筹集财政收入、促进经济稳定增长、调整经济结构、保护生态环境等，促进公平收入分配只是税收多个目标之一，税制改革方向不能顾此失彼。在综合考虑税收的多重目标的前提下，我国今后的税制改革与完善应朝着“形成有利于结构优化、社会公平的税收制度”的方向努力。

首先，优化税制结构，构建有助于纵向公平的税制体系。一国选择什么样的税制结构，与该国的经济发展水平、税收管理水平、财政支出的结构、税收政策目标等有密切联系。总体来说，直接税适合实现分配公平目标，间接税适合实现经济增长目标。如果政府的政策目标以分配公平为主，税制结构就应选择直接税为主；如果政府的政策目标是经济增长为主，税制结构就应选择间接税为主。

如果从形成有利于社会公平的税收制度角度来看，我国当前的税制结构问题较为突出，即间接税所占比重不仅大大高于直接税所占比重，而且也比发展中国家间接税比重平均水平高出6 个百分点左右：从另一个角度来说，我国间接税收入比重水平接近于发达国家直接税收入比重水平。而具有明显累退性的间接税对收入分配的调节是逆向的，将加剧收入分配差距，而不是改善收入分配的不平等。因此，从中长期来看，税制改革的目标是应按照科学发展观和构建和谐社会的要求，调整好间接税和直接税之间的比例关系，适当降低商品税的比重，提高所得税和财产税的比重，实现税制结构的优化。

其次，完善个人所得税，促进收入分配公平。个人所得税不仅针对个人收入征税，而且实行超额累进税率，是最能直接有效地调整居民间收入分配差距的税种。但是，我国目前的个人所得税制对公平收入分配的作用非常有限。为了充分发挥个人所得税的调节收入分配的作用，我国现行个人所得税制需要进一步改革与完善。

考虑到我国的经济发展阶段、税收征管水平以及纳税人的纳税意识，当前个人所得税的改革应按照简便易行、公平规范的原则，重点解决抑制个人所得税功能发挥的突出问题。第一，综合部分所得，分类课征。从理论上说，综合所得税制是最体现公平的税制，但因我国目前纳税人的个人所得信息不健全、纳税意识有待提高，以及征纳成本较大，不能实行彻底的综合所得税，可采取一些替代措施。比如，归并同属工资薪金性质的所得——对年终奖、年终绩效工资、股票期权、一次性补偿收入、企业年金企业缴费计入个人账户部分、央企负责人绩效薪金和任期奖励收入、单位低价售房等个人在任职内取得的多项收入，按规定均属于工资薪金收入，在发放时与个人取得的全年工资薪金所得合并，再按 12 个月平均计算实际应纳的税款，多退少补，实现工资薪金性质所得的“小综合税制”。又如，统一同属于劳动所得的计征方法——对个人取得工资薪金、劳务报酬、稿酬等同属于劳动所得项目，应采用相同的费用扣除标准、扣除办法，都适用工资薪金所得税率表，以平衡各类劳动所得的税负，促进社会公平。第二，建立科学的费用扣除标准自动调整机制，即税收指数化。在税法中可明确规定，政府每年根据物价指数变动情况调整费用扣除标准，可以考虑在现行 3500 元扣除标准的基础上每年按一定比例提高扣除标准，比如 5%。这样形成了根据物价水平变动而自动调整费用扣除标准的机制，避免了税法的频繁修订，也使费用扣除标准的调整具有科学的依据。

最后，改革间接税制，促进税负分配公平。如前所述，我国目前的税制结构以累退性较强的间接税为主体，而其中的增值税和营业税又是主要税种——2011 年这两大税种的收入占税收总收入的 42.3%（不含进口货物增值税）。可见，如何改造现行间接税制将关系到我国整个税收制度的公平性。

从科学发展观的要求和国际经验来看，我国近期改革间接税制的重点在于两个方面。第一，加快营业税改为增值税步伐。我国现行增值税与营业税对征税范围划分的一个主要区别是增值税主要对货物征税，营业税主要对劳务征税，但二者皆具有较强的累退性，特别是它们对一些税目存在重复征税行为，强化了间接税的累退效应。因此，无论是从调节收入分配角度出发，还是从税制自身的科学设计逻辑出发，可以增值税取代营业税。从 2012 年 1 月 1 日起在上海市的交通运输业和部分现代服务业等率先开展增值税改革试点，迈出了“营改增”的第一步。通过增值税和营业税的联动改革，在一定程度上会降低间接税的累退性。第二，调整增值税税率结构。我国现行增值税的标准税率为 17%，对部分生活用品、农产品实行 13% 的低税率，对小规模纳税人实行 3% 的征收率。从国际比较看，我国增值税标准税率较为合适，但低税率有些偏高，适用低税率的范围过窄，不利于降低普通消费者承担的税负。因此，为降低消费者承担的增值税税负，可将 13% 的低税率降为 10%，对与老百姓衣食住行密切相关的生活必需品如食品、儿童服装、药品等，实行 5% 左右的低税率或者完全免税；同时，可将小规模纳税人的适用税率由 3% 降为 1%，并大幅度提高增值税的起征点。在没有完全实现营业税改为增值税之前，为保持税收负担平衡，可同时适度降低小型服务业的营业税税率和起征点。

我国政府预算公开的实践进展、现实差距与提升路径*

王洛忠　李　帆

【摘　要】预算公开是公共财政的本质要求，也是满足群众知情、践行群众路线、建设透明政府和廉洁政府的应有之义。近年来，在多方力量的积极推动下，我国政府预算公开工作取得了明显进展。然而，与公众对预算公开的需求和期望相比，我国政府预算公开在内容维度、结构维度和时间维度上仍存在较大差距。本文通过分析我国政府预算公开的实践进展、现实差距、提出政府应当构建多元主体参与预算公开的治理结构，实现预算公开的制度重构，出台预算公开的“国家级标准”，拓宽预算公开的途径和载体。

【关键词】预算公开；财政民主；治理结构；制度保障

近年来，为了顺应现代财政民主决策的趋势，回应建立廉洁高效服务型政府的诉求，我国各级政府都积极推动预算公开，向社会“摊开”自己的“账本”。正如卡恩（Khan）所言：预算改革将重新塑造国家的治理制度和政治文化，改变国家筹集、分配和使用资金的方式，实质上就是在改变国家治理制度。[1]本文通过梳理我国政府预算公开的实践进展情况，旨在分析预算公开现实中存在的差距，探讨推进预算公开的治理对策。

一、我国政府预算公开的实践进展

（一）相关法律法规

我国《宪法》第六十二条规定全国人民代表大会有权审查和批准国家预算和预算执

* 本文选自《中国行政管理》2013 年第 10 期。

作者简介：王洛忠，北京师范大学政府管理学院副教授，北京 100875；李帆，国务院发展研究中心中国发展研究基金会研究员。

行情况。2008 年开始实施的《政府信息公开条例》规定县级以上各级人民政府应当在各自职责范围内主动公开包括财政预算、决算情况在内的政府信息，这是第一个涉及预算公开的制度文本。2011 年 8 月，中共中央、国务院办公厅印发《关于深化政务公开加强政务服务的意见》，对深化政务公开工作提出了一些具体的要求，如“深入实施政府信息公开条例。各级政府财政总预算和总决算，部门预算和决算，以及政府性基金、国有资本经营等方面的预算和决算，都要向社会公开等”。2012 年 10 月 1 日开始施行的《机关事务管理条例》第七条明确规定：“各级人民政府应当依照国家有关政府信息公开的规定建立健全机关运行经费公开制度，定期公布公务接待费、公务用车购置和运行费、因公出国（境）费等机关运行经费的预算和决算情况。”2013 年 3 月，李克强总理在国务院召开的第一次廉政工作会议上，要求建立公开、透明、规范、完整的预算体制，深化细化预算决算公开和“三公”经费公开。《预算法（修订案二审稿）》中也将透明度列为预算管理的一项基本原则，预算公开提升受到决策层和社会的广泛关注。中央政府对预算公开的顶层设计为我国预算公开提供了制度保证。

（二）中央部委的实施

2009 年全国“两会”后，财政部首次公布了经全国人民代表大会审议通过的财政预算报告和中央财政预算的四张表格，内容涉及中央财政收入预算表、中央财政支出预算表、中央本级支出预算表、中央对地方税收返还和转移支付预算表等，迈出了中央财政预算公开的重要一步。2010 年首次推进部门预算公开，报送全国人大审议预算的 98 个中央部门中，有 75 个公开了部门预算。2011 年，公开部门预算的中央部门数量增加到 92 个，并有 90 个中央部门公开了部门决算。2012 年部委公开的部门预算内容更加细化，而且基本统一了格式，增加目录方便公众阅读，明确划分了四部分公开的内容，即部门概况，包括部门主要职责和预算单位构成两部分；部门预算表，包括公共预算收支总表、公共预算收入表、公共预算支出表、公共预算财政拨款支出预算表和政府性基金预算支出表这五张表格；部门预算安排情况说明，包括收支预算总体情况、公共预算收入情况、公共预算支出情况、财政拨款支出预算情况、名词解释；此外，还采用了柱状图和饼状图等图文互动的方式，使得解释说明更加细化。[2]2013 年，中央部委选择在 4 月 18 日同步公开部门预算与“三公经费”预算；7 月 18 日，新一轮中央部门 2012 年度决算公开全面启动，一并亮相的还有去年的中央部门“三公经费”决算。中央部委在促进预算公开上不遗余力、身体力行，这无疑成为地方政府学习的表率。

（三）地方政府的探索

2011 年 3 月，北京市政府 57 个部门首次全部公开部门预算，公开内容首次增加了更详细“项目支出预算情况表”，公车购置、会议等政府开销的内容第一次详细呈现在市民面前。[3]除北京外，天津等地也积极推动“三公”经费公开。2011 年 12 月，天津市政府下发了《关于进一步做好部门预算公开工作的通知》，明确从 2012 年起，各部门要公布

“三公”经费。部门财政拨款情况表随同收支预算总表一并公开。涉及教育、医疗卫生、社会保障和就业、“三农”、保障性住房等重点支出的，要将公开内容细化到款级科目，并配发具体说明。[4]2013 年以来，先后有北京市、上海市、浙江省、广东省、陕西省、青海省、云南省等省级政府和江苏省南京市、广东省广州市等 10 多个地方政府公开了 2013 年部门预算。有了高层的坚决态度和地方试验的成功，预算公开的制度供给受到自上而下和自下而上双向力量推动而使得公开路径得以自我强化。

（四）国际环境

2011 年 11 月 19 日，全球首届预算透明、问责与参与大会（The First Global Assembly for Budget Transparency，Accountability and Participation）在坦桑尼亚举行，参加会议的有来自全球 56 个国家的 100 多名代表，会议回顾和交流了各国推进预算公开透明所做的工作，并讨论了预算透明、问责和参与的全球性准则（Globle Norm）。2011 年 7 月 13 日，全球财政透明倡议组织（Global Initiative for Fiscal Transparency）组委会首次会议在美国华盛顿举行，该组织寻求在全球范围内会集致力于财政透明和政府财政有效管理的多方力量，进一步推动世界各国政府的财政透明。

2011 年 9 月 20 日，公开政府合作组织（Open Government Partnership）在巴西正式成立，该组织的任务是推动国家层面的政府信息公开改革，将预算公开、政府问责和公民参与提高到一个新的水平，为了实现这一目标，该组织确立了“公开声明、具体承诺和独立评估”三个核心要素。可以看出，预算公开透明已经从各国内部改革要求发展成一种世界性潮流。[5]

此外，来自学术界的力量也不容小觑，一些学校开展的政府财政透明度调查与评估项目引起了广泛关注。目前，这股力量已经和政府的有关举措形成一种合力，推动着预算公开步伐的加快。

二、我国政府预算公开的现实差距

尽管近年来我国中央政府和地方政府在预算公开的范围和程度上大有进步，但与国际标准相比，与公众的需求和期望相比，我们仍有较大差距。

据国际预算合作组织发布的《预算公开指数 2010》显示，预算透明度满分为 100 分，全球平均得分 39 分。得分在 80 分以上的有南非、新西兰、英国、法国、瑞典等。[6]我国的情况不太乐观。预算公开在内容维度、结构维度和时间维度方面存在较大差距。

（一）内容维度：笼统与粗略

从公众需求的角度看，财政预算的形成和执行的全过程都应该公开进行，预算公开应该涵盖保密部门除外的所有政府部门收支情况，并且支出分类标准应该细化，具体到支出项目、实际金额甚至使用者等。具体到我国政府预算公开的实际情况，所有公开的预算无一不是"大类"预算、笼统预算、原则性预算，没有细化到具体项目和支出用途，公众关心的支出项目也公开不够。

王雍君教授曾经以 IMF（国际货币基金组织）专门针对发展中国家和转轨国家制定的最低标准及实施要求《财政透明度良好做法守则——原则宣言》作为参照系（见表1），对中国的财政透明度进行简单比较之后得出结论认为，目前中国在财政透明度方面与国际规范相比有着较大的差距，其中主要项目与 IMF 在《守则》中确定的标准与实施要求尚有一定距离。[7]

表 1 IMF 最低要求标准

一般原则	最低实施要求
1. 明确角色和责任	"根据国民收入核算账户体系"（SNA，1993）或"政府财政统计"（CPS，1986）定义报告"一般政府"财务信息
	确认政府持有的股权
	审查预算外活动
	预算外纳入正式的预算决策过程
	确认主要的准财政活动
	以预算法界定财政管理责任
	征税与税务管理有明确的法律基础
2. 信息的公共可得性	预算外活动包括在预算和报告中
	预算中包含有两年的预算数及其修订数
	预算中包含中央政府主要的或有负债
	预算中包含中央政府主要的税式支出
	预算中包含重要的准财政活动数据
	按年度报告中央政府债务水平与结构且不滞后于 6 个月
	公布财政报告示范
3. 公开预算准备/执行	财政和经济展望同预算一并呈报
	制定中期预算框架
	预算中包含一份财政风险理化评估报告
	预算及账户分类覆盖所有一般政府活动
	预算中应有经济、功能、管理分类数据
	财政交易总值（不以净值计量）
	预算中包含综合余额数据
	预算中包含所有采用的会计标注的说明
	中央政府决算数据与预算拨款相一致
	中央政府决算独立的外部审计师审计

续表

一般原则	最低实施要求
4. 确保诚实	确保将外部审计结果报告立法机关并确保采取补救行动
	外部审计标准与国际标准相一致
	宏观经济预测中使用的工作方法和假设应是公开的和可利用的

资料来源：王雍君．全球视野中的中国财政透明度——中国的差距与努力方向．国务院发展研究中心信息网，http：//www. drcnet. com. cn/10/23/2003.

（二）结构维度：差序与失衡

一是不同预算信息的公开程度存在明显差异。根据上海财大中国财政透明度评估项目组对所有部委三类预算信息的调查得分来看，部门预算支出功能分类信息透明度最高，百分制得分为39.08分；包括部门职责、预算要点、组织架构、人员结构和预算收支总额等预算综合信息得分略低，为37.99分；而描述具体项目详细开支的预算分类信息透明度最低，百分制得分仅为0.39分，离公开透明距离很远。另外，预算分类信息的分级评估结果显示，总分类信息项得分最高，百分制得分为71.64；而较为详细的二级支出科目信息项得分大约只有一级支出科目得分的一半，为37.18分；更为详细的三级科目百分制得分更低，只有8.40分。得分最低的是三类信息中最能体现详细性和具体性的经济分类信息。[8]

二是不同的参与主体所获得的预算信息量呈现失衡状态。在预算权限方面，同级政府的各个主体间的权限长期没有明晰的划分。中国地方政府预算透明度问题研究课题组的调查结果显示，在目前的地方政府预算运行的过程中，公众基本不能获得各种预算信息。新闻媒体能够获得预算信息的唯一机会是人民代表大会所通过的预算报告，但这一机会也因地域和政府层级的差异而有所不同。中国地方政府的内部透明度要明显大于外部透明度，即政府机构内部的主体获取信息的程度要明显大于媒体和公众。但即使在政府系统内，也不是所有的机构都能够获得完全充分的预算信息，它们获取预算公开信息的差异情况如表2所示。[9]

表2　各机构主体获得相关预算草案信息的程度

主体	能否获得提交给人民代表大会的预算草案	能否获得提交给政府和党委常委会讨论的预算草案	能否获得预算外资金的信息	能否获得预算调整草案信息	能否获得预算收支月报、旬报、半年报告和年度报告
职能部门	能够	不能	不能	涉及本部门的能够	不能
财政局	能够	能够	能够	能够	能够

续表

主体		能否获得提交给人民代表大会的预算草案	能否获得提交给政府和党委常委会讨论的预算草案	能否获得预算外资金的信息	能否获得预算调整草案信息	能否获得预算收支月报、旬报、半年报告和年度报告
人民政府	首长	能够	能够	能够	能够	能够
	常务会议	能够	能够	能够	能够	能够
	全体会议	能够	不能	不能	部分	部分
党委	书记	能够	能够	能够	能够	能够
	党委会	能够	能够	能够	能够	能够
	全委会	能够	不能	不能	部分	不能
人大	主任	能够	能够	能够	能够	能够
	预算委	能够	能够	能够	能够	能够
	常委会	能够	不能	部分	能够	部分
	人代会	能够	不能	不能	部分	部分
政协	主席	能够	能够	能够	能够	不能
	常委会	能够	不能	不能	部分	不能
	委员会	能够	不能	不能	不能	不能
审计部门		能够	能够	能够	能够	能够
上级财政部门		部分	部分	部分	部分	部分
新闻媒体		部分	不能	不能	不能	不能
公众		不能	不能	不能	不能	不能

资料来源：中国地方政府预算透明度问题研究课题组．政府预算过程中的透明度问题研究．中国发展研究基金会第 84 期研究报告，2010 年 6 月。

（三）时间维度：时滞与断裂

观察我国政府的预算公开过程，可以发现，从每年的 7 月财政部向各部门和地方政府下发编制预算草案的通知，一直到 12 月财政部将数字汇总形成国家的预算草案上报国务院，在这接近半年的预算草案修订过程中，人民代表大会基本没有介入。第二年 1 月国务院批准预算草案后由财政部报给人民代表大会预算工委，开始对预算草案提出修改意见。修改后的预算草案在 2 月由财政部报人民代表大会财经委员会审议。待到 3 月人民代表大会正式召开时，对预算草案的真正审议程序实质上已经走完。由此我们可以看出政府预算公开接受人大监督的制度在实际执行中存在明显的时滞，这也必将影响人大预算监督功能的充分发挥。

此外，现行的《预算法》是1994年3月由第八届全国人民代表大会通过、1995年1月1日开始实施的。由于这一版本的法律存在对预算公开缺乏明确要求等诸多问题与弊端，1997年，全国人大就提出修改《预算法》的动议。经全国人大与国务院反复协商，2004年全国人大正式启动了《预算法》的修订议程，并在2006年由全国人大预算工作委员会牵头起草了《预算法修正案》第一稿。然而，这一修正案草稿招致国务院有关部门的质疑和抵制，被束之高阁。[10]截至2009年的第十一届全国人大决定重启预算法修订之前，预算公开的需求和呼吁长时间被“冷藏”，预算公开的进程也在“艰难博弈”中遭遇中断。

三、我国政府预算公开的提升路径

（一）构建多元主体参与预算公开的治理结构

为深化我国政府预算公开工作，应推动形成预算公开主体体系，这个体系不仅应包括从中央到地方的行政体系及其组成部门，还应包括接受财政资金的国有企业和事业单位。应进一步明确多元主体在预算公开中的责任。中央政府应以更大的政治勇气和智慧，不失时机地推动预算公开的进程，既要以身作则，“一级做给一级看”，又要为地方政府预算公开的政策试验提供政治空间；要进一步厘清党委、政府和人大各自的职责权限；人民代表大会及其常委会有权要求政府行政部门提供与履行其职责所必需的预算信息，人大常委会及其相关的专门委员会应当从预算制定的第一天就开始介入，并且在此过程中，人大常委会与人大代表、人大代表与民众保持沟通，通过制度化渠道容纳公民参与，保障公民的知情权、表达权、参与权和监督权。

（二）整合并修订现有法律法规，完善预算公开的制度保障

目前实施的《政府信息公开条例》属于政府行政系统颁布的条例，法律层次较低，对政府行为约束力不强。应将其上升为《政府预算信息公开法》，明确预算公开的原则、公开的范围与内容、公开的形式与步骤、相关主体的责任以及其他基本要求。在具体实施条例或操作办法中，将相应的规定进一步细化，提高预算公开的可操作性和灵活性。

根据十二届全国人大常委会委员长会议通过的2013年立法工作计划，预算法修正案被列为今年“继续安排审议”的法律草案。《预算法修正案》早日审议通过，能为增强财政预算的科学性、完整性和透明度提供有力的制度保障。

此外，目前和预算公开相关的法律法规包括《保密法》《政府信息公开条例》《预算

法》《会计法》等，各项法律法规的层次和目标不尽相同，出现法律效力相互抵消和“碎片化”的现象。整合预算公开的相关法律法规，使彼此之间无缝衔接，增强相互之间的协同性，有助于构建预算公开的长效机制。

（三）坚持标准化与差异化相结合原则，出台预算公开的路线图和时间表

应出台全国统一的预算公开的“国家级标准”，明确从预算草案的编制、预算草案的立法审批到预算的执行和决算这个完整的预算周期中，每个环节什么时间进行，每个阶段预算公开的时间和内容，预算公开的层次，以及每个阶段公众的可参与度等。这个标准具体可由财政部或全国人大常委会预算工作委员会同相关部门制定，应具有相当的权威性和约束力。

此外，已有研究表明，财政透明度与地区人均 GDP 和地区公民受教育程度呈正相关关系[11]，因此，可以出台差异化的预算公开的指导性框架，鼓励东部地区先行先试，为其他地区树立标杆和样板，循序渐进地推进全国范围内的财政预算公开。但是每个地区都要制定预算公开的路线图和时间表，确保预算公开逐步深入和规范。

（四）丰富载体，拓宽预算公开的方式和途径

预算公开要尽可能使用通俗易懂的言语、图文并茂的版面、翔实准确的数据、“傻瓜式”的查询方式，以方便人大代表查阅和审议，方便社会公众了解和监督。在正式的预算表格和预算报告之外，要对专业术语进行解释和说明，做好信息解读服务。充分借助现代新媒体技术，通过报纸、网络、微博、微信等方式，降低公众获取预算信息的成本，增加社会公众与政府的互动深度，使社会公众更好地监督预算制定和执行情况，增进人民群众对政府工作的理解和支持。

参考文献

［1］Khan. Budgeting Democracy：State Building and Citizenship in America，1890－1928［J］. Cornell University Press，1997.

［2］赵鹏．首批中央部门晒今年预算［N］. 京华时报，2012－04－12.

Zhao Peng. The First Batch of Central Government Departments Made Budgets Known to Public［N］. Jinghua Times，2012－04－12.

［3］王佳琳．北京市政府 57 个部门首次全部公开部门预算［N］. 新京报，2011－03－18.

Wang Jialin. 57 Beijing Municipal Government Departments Opened Budgets for the First Time［N］. The Beijing News，2011－03－18.

［4］金学思．市政府直属机构将公开三公预算［N］. 人民日报，2011－12－15.

Jin Xuesi. Institutions Directly under the Governments will Promote Openness of “the Three Public Consumptions”［N］. People's Daily，2011－12－15.

［5］［8］上海财经大学公共政策研究中心中国财政透明度评估项目组．2012 中国财政透明度报告［M］. 上海：上海财经大学出版社，2012.

Research Center for Public Policy, Shanghai University of Finance and Economics. 2012 Annual Report on China's Fiscal Transparency at the Provincial Level [M]. Shanghai: Shanghai University of Finance and Economics Press, 2012.

[6] IBP (International Budget Partnership). 开放预算，改变生活——预算公开调查 2010 [EB/OL]. www. Openbudgetindex. org.

IBP (International Budget Partnership). Open Budgets, Transform Lives—2010 The Open Budget Survey [EB/OL]. www. openbudgetindex. org.

[7] 王雍君. 全球视野中的中国财政透明度——中国的差距与努力方向 [EB/OL]. 国务院发展研究中心信息网，http://www. drcnet. com. cn/10/23/2003.

Wang Yongjun. Financial Transparency in the Global Perspective—the Gap and Direction, http://www. drcnet. com. cn/10/23/2003.

[9] 中国地方政府预算透明度问题研究课题组. 政府预算过程中的透明度问题研究 [R]. 中国发展研究基金会第 84 期研究报告，2010.

Local Government Budget Transparency Issues Research Group. Transparency in the Government Budget Process [R]. Reports of China Development Research Foundation, 2010.

[10] 韦森.《预算法修正案》亟须公开 [EB/OL]. FT 中文网，http://www. ftchinese. com/story/001043678.

Wei Sen. Budget Amendment Act Should Be Opened Ur - gently. [EB/OL]. http://www. ftchinese. com/story/001043678.

[11] 肖鹏，阎川. 中国财政透明度提升的驱动因素与路径选择研究——基于 Panel Data 的 28 个省级数据的实证分析 [J]. 经济社会体制比较，2013 (4).

Xiao Peng, Yan Chuan. Research on the Driving Factors and Path Choices to improve China's Fiscal Transparency [J]. Comparative Economic & Social Systems, 2013 (4).

Governments Budget Openness in China: Practices, Disparities and Path Choices

Wang Luozhong Li Fan

Abstract: Governments budget openness is the essence of public finance; it is also connotation of honest and transparent government as well as the mass line and citizens right to information. In recent years, owing to active efforts from various parties, the supplement of governments budget openness has made significant progress. However, there also exist disparities between demand and actual supplement in content dimension, structure dimension and time dimen-

sion. Governments should build a governance structure involving multiple, subjects, achieve institution reconstruction of budget openness, introduce the national standard and broaden ways and carriers for budget openness.

Key words: Budget Openness; Finance Democracy; Governance Structure; Institutional Arrangements

分权困境与制度因应：中国式财政分权反思与重构*

——兼论财力与事权相匹配财力之维的逻辑困境与多维联动*

王永军

【摘　要】财政分权“一体多面”的特征决定了分权改革是一项与整个国家经济发展、民主政治、制度建设等相连接的“顶层设计”，对经济和社会发展具有重大影响。然而，20 年的体制演进之路仅重收入一方，财政逐渐上收，事权大量下放，加之激励结构异化，导致地方特别是基层财政“财权、财力与事权倒挂”，严重制约基层政府的公共品供给能力，公共品供给“软硬失衡”与财政支出偏向问题十分突出，产生与经典财政分权理论相左的“分权困境”。事实证明，“财力之维”的体制演进弊端凸显，改革迫切需要新思维与新突破。综观中国式财政分权所根植的政治经济环境，除“财力之维”外，未来的改革还要从政治、政府与公共品供给等维度进行多维审视制度匹配，从而建立和谐共赢的中国式财政分权。

【关键词】中国式财政分权；分权困境；制度因应；为和谐而竞争

一、引言

关于政府与社会公众之间的财政关系问题，公共选择学派的理论导师维克塞尔曾指出，人们在向国家（政府）纳税之后有权得到国家提供的公共品。[1]社会公众在向国家提供财力支持之后有权利要求国家供给公共品，而国家则有义务对公众的需要做出回应，通

* 本文选自《经济体制改革》2013 年第 6 期。

过公共品供给满足公众需求，从而形成了国家与社会公众之间的输入输出关系。如图 1 所示。由于现实中的政府是多层次的，因此，国家与社会之间的公共品供给便转化为财政分权与公共品供给问题，社会对政府的财力支持便演化为中央与地方各级政府之间的利益关系和财政汲取与公共品供给能力。所以，财政分权关联着中央和地方各级政府利益安排，对充分调动中央和地方"两个积极性"具有重要影响，为国民经济的宏观管理和宏观调控奠定了基础，使国家经济发展具备充足的动力。此外，财政分权体制安排事关中央和地方政府的财政汲取能力和财政服务能力，是现代国家构建的必然要求，是"国家成长之财政逻辑"的体现。[2] 而且，现代国家构建要求享受公共品是公民必须享有的一项基本权利，而财政分权体制安排是否合理将直接影响各级政府的公共品供给水平与供给结构，从而使财政分权具有权利政治的重要政治意涵。财政分权这种"一体多面"的特征决定了财政分权改革是一项与整个国家经济发展、国家构建、民主政治、制度建设等相连接的"顶层设计"，是把财政分权改革提升到制度、体制与机制建设的层面，进行全面设计，统筹规划。

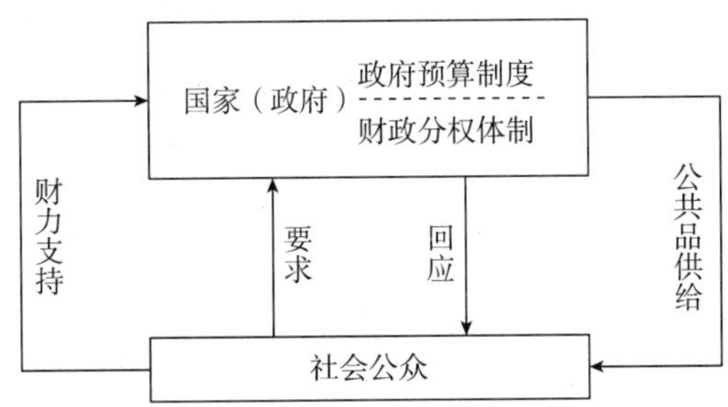

图 1　国家与社会公众之间的输入输出及相互关系

由于经济增长政治晋升激励机制异化，分权体制不健全，横向民主监督制约乏力，使得中国式财政分权本来所具有的促进公共品有效供给的功能受到制约，加之在市场化改革的背景下，各级政府独立利益主体地位的强化使财政分权逐渐异化为地方政府实现自身利益诉求的工具，所引发的不良经济、社会效应也日益突出，中国式财政分权并没有出现经典分权理论下的应有效果，产生了"分权困境"。正因如此，党的十八大报告提出"健全中央和地方财力与事权相匹配的体制，完善促进基本公共服务均等化的公共财政体系"，从而确立了我国财政分权改革的纲领性目标和要求。然而，改革的目标却不能依靠财政体制自身的完善来实现，特别是不能仅依靠"财力之维"的"碎片化"改革来实现，换言之，目前中国的财政分权体制演进存在逻辑局限性。因此，在科学发展观"以人为本"、公共财政民生性凸显的新时期，如何推进财政分权改革，健全中央和地方财力与事权相匹配的体制，进而为整个经济社会发展提供"扶持之手"，对中国中长期的改革和发展而言无疑具有重大意义。

二、中国式财政分权的“分权困境”

（一）中国式财政分权改革简要考察

由于“免费搭车”和筹资机制中的“偏好隐匿”会导致公共品供给中的“囚徒困境”与市场失灵，公共品由政府供给更有效率。然而，现实中的公共品是分层次的，在全国性公共品之外还存在诸如警察、消防、卫生和法院等庞大的地方性公共品，由于选民偏好的异质性，由具有信息优势的地方政府负责提供地方性公共品则是有效的，因此，需要中央和地方之间的财政分权。另外，当选民对地方政府的公共品供给不满意时，会利用迁移的形式表达自己的不满和寻找适合自己需要的社区，地方政府为留住选民便不得不改善公共品供给，满足选民偏好，即“用脚投票”机制刺激了地方政府之间的竞争，因此，其结果便是地方政府能够提供更多更好的公共品，社会成员的偏好较好地得到了满足，提高了公共品供给效率。

然而，反观中国式财政分权，经典财政分权理论框架下的分权与竞争的积极作用并没有产生。从收入来看，分税制改革改变了财政包干制时期财政收入划分上的“弱中央——强地方”格局，仅1994年当年，中央财政收入占全国财政收入的比重由1993年的22%跃升到55.7%，地方财政所占比重由78%下降到44.3%，中央政府实现了财力集中的目的。特别是2003年中央所得税分享改革、2006年农业税改革，以及当前正在进行的增值税改革三次重大的财税体制变革，财权进一步向上集中，地方财政一般预算内财权逐渐萎缩，地方财政自主性日益下降。

从支出来看，中央政府在财权集中的同时，事权不断下放。中央政府承担的支出责任比重由1990年的32.6%下降到1996年的27.1%，之后虽有5年时间的短暂回升，但是从2001年开始中央支出责任比重快速下降，由30.5%下降到2011年的15.1%。与中央事权大量下放相对应，地方政府支出责任不断上升，自1994年以来，地方政府承担的一般预算支出比重逐年增加，由1994年的69.7%提高到2011年的84.9%，增加了15.2%，年均增长0.84个百分点，地方政府支出责任不断上升，收支压力日益加大。①

从分级财政来看，由于行政管理体制原因，中央在将事权下放到省级财政以后，省级财政又将其进一步下放到市县财政，如此一级一级下放，最终事权的落实大都或全部在县乡财政。以2010年为例，我国省以下地方政府承担了61.4%的财政支出责任，而省级政府则只承担了20.8%的支出责任，[3]基层财政支出压力过大，“财权财力与事权倒挂”现象日益严重。

---

① 资料来源：《中国统计年鉴（2012）》。

（二）中国式财政分权演进的逻辑局限与现实困境

事实上，就体制自身而言，财政分权包括事权、财权与转移支付三大要素，由于事权处于基础性和先导性地位，且直接决定各级政府的财权配置和转移支付规模，因此，财政分权体制改革至少应该是三个要素的协同并进。但是，长期以来中国的财政分权体制改革仅侧重于收入划分，事权改革仍然处于不变状态，由此而产生了诸多不利影响，“财力之维”的体制演进逻辑局限性日益突出。从收入来看，共享税过多，阻碍了市场经济所要求的全国统一的、资源自由流动的大市场，各级政府为争夺财政收入加剧了恶性税收竞争和地方保护，资源配置效率低下，加之地方财政支出依然遵循“分灶吃饭”模式，分税制存在“原体制复归”的客观现实；[4]“财权上收与事权下放”使地方政府在预算软约束的外部条件下不得不寻找替代收入，形成所谓的“堤内损失堤外补”现象，出现了预算内、预算外与制度外的“三足鼎立”，而且地方政府为防止财权财力被上收，不断地“化预算内为预算外、化预算外为制度外”，因此，财政体制安排加剧了财政利益的争夺，而财政利益反过来扭曲并肢解了财政体制。[5][6]近年来日益凸显的“土地财政”和地方政府债务膨胀问题在一定程度上则是地方政府的破压之举。

从支出来看，目前的事权结构自 20 世纪 80 年代以来从未改变过，地方政府的支出责任包括全部的养老金筹集、失业保险和社会福利项目、大部分的医疗教育投入及基础设施的公共投入。[7]尽管地方政府具有民众偏好的信息优势，但事权大量下放并没有提高公共支出和公共品供给效率。由于财政分权缺少西方意义上的“用手投票”与“用脚投票”的双重约束机制，加之特有的经济增长政治晋升激励，地方政府财政支出结构偏向，公共品供给“软硬失衡”，“重建设、轻服务”，社会事业发展支出长期不足，导致经济社会非均衡发展，事权下放并没有提高公共品供给效率；将事权大量下放地方政府容易产生地方“倒逼机制”，造成地方政府事实上的权力主体地位，降低中央政策在地方层面的执行力，产生国民经济和社会发展中的“囚徒困境”与“公地悲剧”。

首先，从转移支付来看，尽管中央财力集中后大规模转移支付的本意在于促进公共服务均等化，由于中央政府并没有对一般性转移支付进行分级测算，这些转移支付全部拨付省级财政，这就意味着中央政府将基本公共服务均等化主体地位也一并转移给了省级政府，此时，中央政府的均等化政策效果完全依赖于省级政府对省以下基层财政所实施的转移支付的均等化效果。可能的结果是，有的省份执行中央的均等化政策，而有的省份则反其道而行之，将拨款用于省会城市或其他大城市，结果就是基本公共服务的非均等化。其次，因转移支付制度本身存在诸多问题，严重制约了转移支付本有的功能；此外，在转移支付规模庞大、制度不完善的情况下，地方政府会以各种理由并动用各种关系进行争取，导致地方政府热衷于“跑部钱进”，而对于“要”来的资金更加不注意使用效率，如何使用也完全取决于地方政府自己的偏好，造成公共支出的低效浪费和公共品供给效率低下。

因此，20 年的体制演进之路表明，中国的财政分权体制改革仅侧重收入一方，财权日渐上收的同时事权大量下放，地方特别是基层财政“财权、财力与事权倒挂”问题日益突出，严重制约了基层政府的公共品供给能力。加之中国式财政分权激励结构异化，特别是在“用手投票”与“用脚投票”双重监督约束机制缺失下，财政分权功能异化，公共品供给结构呈现“重建设、轻服务”的明显失衡，未能满足社会公众的需要，偏离了社会公共需求，从而产生了中国式财政分权中的“分权困境”。如图 2 所示。

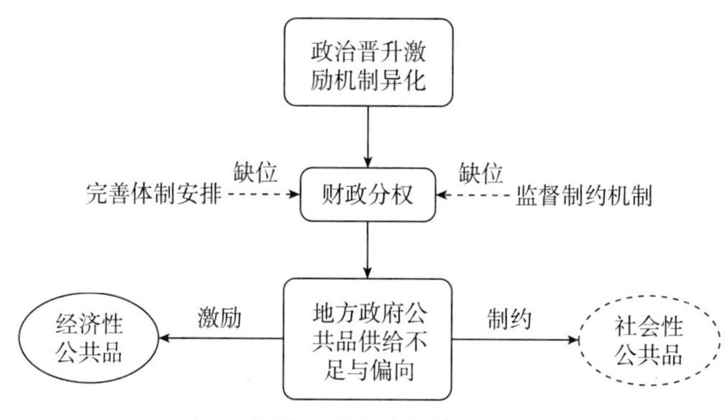

图 2　中国式财政分权的现实困境

三、中国式财政分权改革的多维审视

在以“财力与事权相匹配”的目标指引中国式财政分权改革的过程中要跳出“就财政论财政”的窠臼，不能仅将财政分权局限于“体制之维”的“碎片化”改革。如图 3 所示，中国式财政分权的局限与困境不仅是财政分权体制（包括事权、财权与转移支付）自身的缺陷所致，经济增长政治绩效考核、政府职能与行为偏向，以及监督约束机制的缺位共同造成了目前中国式财政分权的“分权困境”。因此，未来的改革必须对财政分权进行多维审视，如图 3 所示。

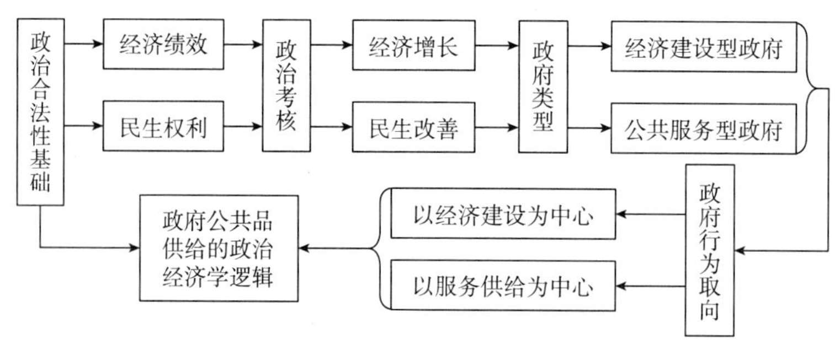

图 3　政治合法性、政府行为取向与公共品供给的政治经济逻辑[8]

（一）政治之维

根据经典分权理论框架，财政分权是指给予地方政府一定的支出责任范围和税收权力，使具有信息优势的地方政府能够自主决定预算支出规模与结构，并通过政府间转移支付调节纵向和横向财政非均衡，从而更好地满足辖区选民的公共需求，其结果便是地方政府能够提供更多更好的公共品。由于经典分权理论根植于西方特别是美国的联邦制基础上，各级政府之间并非隶属关系，主要领导人均由社会民众通过“用手投票”机制选出，为实现连任就必须获得选民的认可，所以，各级政府的政治激励来源于选民，其工作的重点也自然以选民偏好为出发点。而在中国，由于中央和地方政府属于集权制下的隶属关系，地方（下级）政府主要领导人由中央（上级）政府任命，因此，地方（下级）政府领导人为实现连任和晋升就必须以中央（上级）领导人的偏好为本级政府职能的重点，缺乏对民众需要的回应性，民众也无力约束和监督政府行为。因此，在中央政府的“GDP政治晋升激励”下，地方各级政府展开了为增长而竞争的“政治晋升锦标赛”，财政支出偏向具有较大产出创造功能的基础设施，[9][10]而对于近年来民众日益需要的如教育、医疗等民生性公共品供给不足，公共品供给呈现“重建设、轻服务”的“软硬失衡”局面，加之地方政府对教育、医疗等采取了“甩包袱”的做法，进行大规模市场化改革，更进一步加剧了公共品供给与享有之间的结构失衡与固化，导致增长过程中的经济社会非均衡发展，严重践踏了作为纳税人的公共品需求权利。与此同时，户籍制度与公共品享有之间的限制使得中国无法出现居民与政府双向选择而形成 Tiebout 意义上的俱乐部式的最佳社区，因此，“用脚投票”机制的缺失使中国式财政分权并没有经典分权理论下的地方政府间竞争所能带来满足民众需要的更多更好的公共品。

（二）政府之维

是“经济建设型政府”还是“公共服务型政府”，将直接影响公共品供给结构与基本公共服务均等化和民众公共品需求权利的实现。经济建设型政府是对我国计划经济时期政府及其职能的经济建设性的高度概括，是与计划经济时期我国经济发展现实相联系的。[11]自 1978 年开始我国迈出了市场化改革的步伐，至 1992 年社会主义市场经济体制的正式提出，经济市场化改革的大幕已全面开启，按照市场经济的要求，应由市场发挥资源配置的基础性作用，而政府应将职能局限于市场失灵领域，专司公共品供给职责，此时的政府应是公共服务型的“守夜人”角色。然而，现实中我们依然看到，政府手中掌握大量经济资源（如土地、各种形式的财政资源），拥有决定企业发展的各种手段和工具（如直接扶持企业上市、给予企业各种财税优惠、企业融资担保等），作为经济发展主体的企业依然要仰政府之鼻息。市场化改革并未改变各级政府的经济建设热情，地方政府依然以经济发展为首要任务，特别是 20 世纪 90 年代后期以来，伴随着房地产市场的快速发展，地方政府“圈地运动”越演越烈，中国的各级政府均成了各级各地的最大“经济发展总公司”，[12]政府行为异化现象日益加剧。

因此，当经济基础已由计划经济转变为市场经济且在科学发展观“以人为本”、公共财政民生性凸显的新时期，必须加快政府职能转变，减轻直至取消政府在经济发展中的“家长式情怀”，避免公共品供给结构失衡，以更好地回应社会民众的公共品需求。

（三）公共品供给之维

根据现有政策的解读，“财力与事权相匹配”的目标在于实现基本公共服务的均等化，然而，现实中各级政府的公共品供给非均衡状况依然存在，公共品供给软硬失衡的问题并没有得到有效解决。此外，公共品供给中的地区差距、城乡差距问题依然严峻。政府公共品供给效率低下的原因在一定程度上与政府统包统揽、没有区分公共品生产与提供的不同有直接关系，忽视了市场、非营利组织（NPO）公共品供给的优势和能力。根据阿罗不可能定理（Arrow's Impossibility Theorem），如果社会成员具有不同的偏好且社会又存在多种备选方案，那么，民主制度下不能得到令所有人满意的公共品供给结果。[13] 由于倾向“中位选民”偏好，政府公共品供给会留下大量需求无法被满足的选民群体，政府失灵问题产生。这就产生了对政府以外的公共品供给者的需求，解释了市场和 NPO 作为政府之外的公共品供给主体存在的必要性，并说明政府和市场、NPO 之间在公共品供给方面的互补关系。美国的公共品多元供给实践表明，市场与 NPO 可以有效承接政府公共品供给职责，满足异质性社会需求，提高公共品供给效率。因此，未来的财政分权改革必须重视和发挥非政府组织在公共品供给中的优势，通过整合非政府组织的资源力量，既可以减轻政府公共品供给中因一家独大造成的政府规模膨胀的问题，简化政府职能和支出压力，提高公共品供给效率，也是满足国家与社会成长、提高政府民众权利回应性的必然要求。

四、在和谐发展中推进中国式财政分权的制度匹配

现行的公共品供给效率低下和非均衡的问题不能简单地希冀通过财政分权体制改革加以解决，换言之，公共品供给低效率和非均衡问题既与因现行体制安排不合理而导致的地方政府事权过多过重、收入自主性下降有关，亦与当前中国所处政治经济环境下的政治、政府和法律等制度建设滞后直接相连。由图 3 可知，目前中国式财政分权下的公共品供给逻辑属于路径Ⅰ，即政治合法性要求下的经济增长绩效考核所催生的经济建设型政府，并导致政府公共品供给支出偏向经济增长，而社会性公共品供给不足，这是导致中国式财政分权之“分权困境”的根源。因此，未来的改革应由路径Ⅰ向路径Ⅱ转变，即以民生权利为政治合法性的基础来源，在以民生改善为理念下塑造公共服务型政府，以服务于民为根本价值取向。这说明，中国式财政分权改革在从“体制之维”进行改革的同时，必须构建政治（政府）、体制与监督约束的多维联动机制，“财力之维”的逻辑局限与“分权

困境”才能得到根本解决。

问题的关键就在于要把财政分权看作一个良好的综合制度体系。要解决中国式财政分权的“分权困境”，并将上述各个影响因素纳入一个分析框架内的话，应该构建完整的财政分权制度体系。正如新制度经济学大师诺斯所言，制度的主要功能在于通过其强制力来约束人的行为，防止交易中可能发生的机会主义行为，降低不确定性，使交易主体容易形成稳定预期，从而减少交易费用。[14]通过对西方财政分权运行的考察和系统的抽象总结，有效的财政分权必须具备如下相应的制度条件：以民选的议会和地方选举的地方长官为标志的政治制度为基础，从而确保地方官员对当地民众负责；以完善的收支划分为代表的分权制度安排，从而确保财政体制的稳定性和可预期性，具有自我维持的制度功能，为事前和事后的分权体制运行提供约束框架；以政府问责、会计核算为代表的政府预算制度和监督制约机制为补充，确保财政分权价值目标的实现和矫正。但是，由于中国的财政分权存在与西方财政分权截然不同的政治基础，且相关法律法规和监督制约机制不健全，使财政分权法治化程度降低，致使地方政府由公益性向私益性的位移，财政分权也由良好的提升民众福祉的制度安排异化为地方政府利益实现的工具。

因此，未来中国式财政分权改革应从政治、体制和法治三个方面进行制度匹配：以良好的政治制度为基础，以完善的分权体制安排为载体，以必要的监督约束机制为补充，实现地方政府公共品供给的均衡，满足社会公众的公共品需要，如图 4 所示。

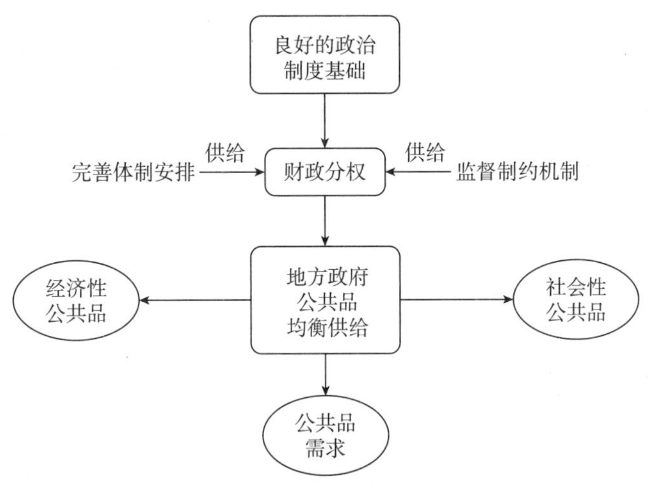

图 4 中国式财政分权的制度匹配与目标取向

良好的政治制度基础要求以“科学发展观”为指导，在强调经济增长的同时更加关注民生，转变政府执政的单一经济增长理念，加快政府职能转变和政府转型。同时，构建更加切实有效的民主政治制度和绩效考核标准，确保各级政府官员在“对上负责”的同时更多地“对下负责”，以更好地满足社会公众需要，矫正和规避经济增长政治晋升激励异化的不良后果，使各级政府由“为增长而竞争”转向“为和谐而竞争”。

完善的体制安排要求财政体制中的事权、财权与转移支付必须联动改革，实现从中央到地方各级政府事权与支出责任划分规范、责任主体清晰，避免职责混乱和“错配”。同时，财权、转移支付配置要科学合理且应以法律安排为先导和运行保障，避免体制混乱衍生的财政机会主义行为。此外，应实现政府事权划分与公共品多元供给的有效对接，在纵向垂直事权划分的同时进行横向水平的公共品供给赋权，既能有效减轻政府财政负担，又能发挥非政府组织承接政府职能的积极性，提高公共品供给效率。

有效的监督制约机制要求建立公开透明的现代政府预算制度（包括部门预算、国库集中收付、收支两条线管理等分权运行的制度载体），以确保各级政府预算硬约束和财政收支行为的公开化和法治化，使财政支出真正落到实处，提高财政支出的绩效和公共品供给效率水平。同时，完善立法机关的监督质询作用，使各级政府能够受到有效的监督，以矫正“用手投票”与“用脚投票”缺失所导致的政府行为异化。

五、结语：走向和谐共赢的中国式财政分权

未来的改革必须从制度层面对中国的财政分权进行制度匹配，完善财政分权有效运行所必需的制度基础，在认清中国式财政分权的动力机制和局限性的基础上，正确合理地设计改革方案，以创新的思维彻底、系统地改造现有的财政分权体制，建立财政分权的制度支撑体系，对于破解现有财政分权改革“财力之维”的逻辑局限与“分权困境”从而实现基本公共服务供给的均等化而言无疑是最根本性的举措，也是走向和谐共赢的中国式财政分权的必由之路。

参考文献

［1］张馨，杨志勇等．当代财政与财政学主流［M］．大连：东北财经大学出版社，2000：83.

［2］刘守刚．国家成长的财政逻辑：近现代中国财政转型与政治发展［M］．天津：天津人民出版社，2009：23－24.

［3］李万慧．财政管理体制改革的现实因应：自治模式抑或命令模式［J］．改革，2013（5）．

［4］王振宇．分税制财政体制“缺陷性”研究［J］．财政研究，2006（8）．

［5］唐明．物业税改革的制约机制：从逆向软预算约束观察［J］．改革，2008（12）．

［6］张曙光，张驰．财政利益“扭曲”财政体制［J］．改革内参，2008（6）．

［7］西南财经大学财政税务学院课题组．地方公共物品有效供给研究［M］．北京：经济科学出版社，2012：72－73.

［8］胡志平，李慧中．公共服务均等化“财力之维”的逻辑挑战［J］．探索与争鸣，2012（11）：63－66.

［9］张军．中国经济发展：为增长而竞争［J］．世界经济文汇，2005（Z1）．

［10］周黎安．中国地方官员的晋升锦标赛模式研究［J］．经济研究，2007（7）．

［11］张馨．论建立公共财政的现实意义［J］．当代财经，2000（1）．

［12］韦森．大转型：中国改革下一步［M］．北京：中信出版社，2012.

［13］［美］肯尼斯·J. 阿罗．社会选择与个人价值［M］．陈志武，崔之元译．成都：四川人民出版社，1987：174－179.

［14］［美］道格拉斯·C. 诺思．制度、制度变迁与经济绩效［M］．杭行译．上海：格致出版社，上海三联书店，上海人民出版社，2011.

第二节

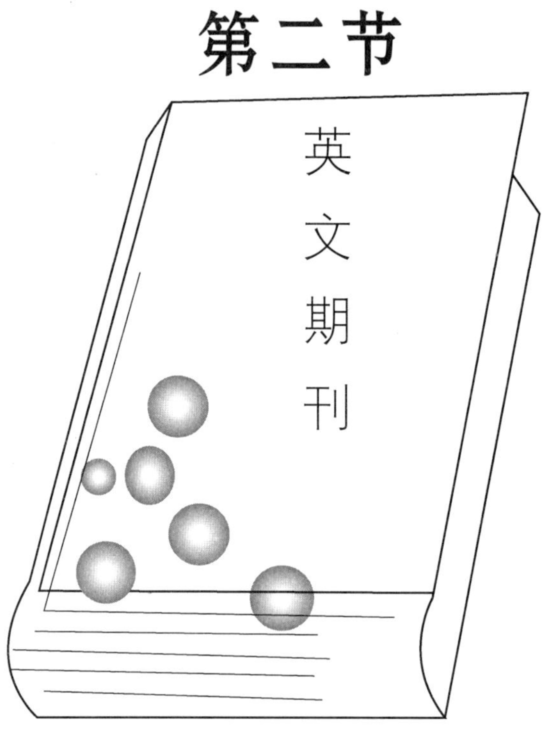

Title: An Empirical Analysis of the Nexus between External Balance and Government Budget Balance: The Case of the GIIPS Countries

Journal: Economic Systems

Author: Bernardina Algieri

Date Displayed: June 2013

Abstract: The present study investigates the causality relationship between the external (trade and current account) balance and government budget balance for five countries of the euro area's Mezzogiorno, namely Greece, Ireland, Italy, Portugal and Spain. These countries, due to their weak economic and financial performances, have been labelled the GIIPS group. The analysis is implemented by using two methodologies: The traditional Granger test and the approach developed by Toda – Yamamoto. The results reveal homogeneity in using both approaches and give support to the Ricardian theory, according to which there is no clear nexus between budget – current account balances and budget – trade balances. This implies that fiscal austerity could help the five peripheral countries to conform to the budget deficit criteria as established by the Stability and Growth Pact, but would not be effective in restraining external deficits.

文章名称：外部均衡与政府预算平衡关系的实证分析：以 GIIPS 国家为例

期刊名称：经济系统

作者：贝尔迪纳·阿尔吉里

出版时间：2013 年 6 月

内容摘要：本研究调查了欧元区意大利南部的五个国家，即希腊、爱尔兰、意大利、葡萄牙和西班牙的外部（贸易和经常账户）余额与政府预算余额之间的因果关系。这些国家由于经济和财务表现疲弱，被列为吉普斯组。分析采用两种方法实施：传统的格兰杰测试和山本户田开发的方法。结果表明，采用这两种方法的同质性，并支持李嘉图理论，根据这种理论，预算 – 经常账户余额与预算 – 贸易余额之间没有明确的联系。这意味着财政紧缩可能有助于五个周边国家符合“稳定与增长公约”确定的预算赤字标准，但不会有效地抑制外部赤字。

Title: Economic Crisis and the Politics of Public Service Employment Relations in Italy and France

Journal: European Journal of Industrial Relations

Author: Lorenzo Bordogna, Roberto Pedersini

Date Displayed: December 2013

Abstract: This article analyses the impact of government austerity measures on the working conditions of public employees and public sector employment relations in Italy and France. The timing and severity of these measures have differed, given the different conditions of public finances in the two countries. The impact on employment levels, wages, working conditions and pensions has generally been more pronounced in Italy than in France. The reform of public sector employment relations institutions predated the economic crisis; in Italy the aim was to limit union prerogatives and the scope of collective bargaining, in France to strengthen social dialogue institutions. But in both cases the ultimate government power to determine terms and conditions of employment unilaterally has been clearly reaffirmed.

文章名称：经济危机与意大利和法国公共服务就业关系的政治

期刊名称：欧洲劳资关系

作者：洛伦佐·博多纳、罗伯托·佩德西尼

出版时间：2013 年 12 月

内容摘要：本文分析了意大利和法国政府紧缩措施对公共雇员和公共部门雇佣关系工作条件的影响。考虑到两国公共财政的不同情况，这些措施的时间和严重程度各不相同。对意大利的就业水平、工资、工作条件和养老金的影响一般比法国更为明显。公共部门就业关系机构的改革早于经济危机；意大利的目标是限制联邦特权和集体谈判的范围，在法国加强社会对话机构。但在这两种情况下，单方面确定就业条件的最终政府权力已得到明确重申。

Title: Making Rules Credible: Divided Government and Political Budget Cycles

Journal: Public Choice

Author: Jorge Streb, Gustavo Torrens

Date Displayed: September 2013

Abstract: Political budget cycles (PBCs) can result from the credibility problems office – motivated incumbents face under asymmetric information, due to the temptation to manipulate fiscal policy to increase their electoral chances. We analyze the role of rules that limit public debt, because borrowing is a necessary condition for aggregate PBCs. Since the legislature must typically authorize new debt, divided government can make these fiscal rules credible. Commitment is undermined by either unified government or imperfect compliance with the budget law, which can help explain why PBCs are stronger in developing countries and in new democracies. When divided government affects efficiency, voters must trade off electoral distortions and government competence.

文章名称：制定可靠的规则：分离政府和政治预算周期

期刊名称：公共选择

作者：豪尔赫·斯特里布、古斯塔沃·托伦斯

出版时间：2013 年 9 月

内容摘要：政治预算周期（PBCs）可能源自办公室主动型在任企业在信息不对称情况下面临的信誉问题，原因在于操纵财政政策以增加其选举机会的诱惑。我们分析限制公共债务的规则的作用，因为借款是由于立法机构通常必须批准新的债务，因此分割的政府可以使这些财政规则可信。由于统一的政府或不完全遵守预算法的行为可能会损害其承诺，这可以解释为什么 PBCs 在发展中国家更强大。当分裂的政府影响效率时，选民必须权衡选举扭曲和政府能力。

Title: On the Economic Effects of Public Infrastructure Investment: A Survey of the International Evidence

Journal: Journal of Economic Development

Author: Alfredo Pereira, Jorge Andraz

Date Displayed: December 2013

Abstract: This paper provides a survey of the significant literature on the effects of public infrastructure investment on economic performance and therefore constitutes a comprehensive reference for academic researchers and policy makers alike. It presents a comprehensive discussion of the empirical research regarding the impact of public infrastructure investment on economic performance in terms of both the methodological approaches followed and respective conclusions. It includes an integrated discussion of the methodological developments that successively have led to the estimation of production functions, cost and profit functions and, more recently, vector auto-regressive models. Finally, it identifies some important areas for future research and highlights the natural convergence of this literature with the macroeconomic literature on the effects of fiscal policies.

文章名称：公共基础设施投资的经济效应：基于国际证据的调查

期刊名称：经济发展期刊

作者：阿尔弗雷多·佩雷拉、豪尔赫·安德拉斯

出版时间：2013 年 12 月

内容摘要：本文提供了关于公共基础设施投资对经济绩效影响的重要文献的调查，因此为学术研究人员和政策制定者提供了全面的参考。本文综合讨论了关于公共基础设施投资对经济绩效影响的实证研究的方法论和方法。它包括对方法发展的综合讨论，这些发展先后导致了对生产函数，成本和利润函数的估计，以及最近的向量自回归模型。最后，它确定了未来研究的一些重要领域，并突出了这些文献与关于财政政策效应的宏观经济文献的自然趋同。

Title: Public Monopoly and Economic Efficiency: Evidence from the Pennsylvania Liquor Control Board's Entry Decisions

Journal: American Economic Review

Author: Katja Seim, Joel Waldfogel

Date Displayed: April 2013

Abstract: We estimate a spatial model of liquor demand to analyze the impact of government - controlled retailing on entry patterns. In the absence of the Pennsylvania Liquor Control Board, the state would have roughly 2.5 times the current number of stores, higher consumer surplus, and lower payments to liquor store employees. With just over half the number of stores that would maximize welfare, the government system is instead best rationalized as profit maximization with profit sharing. Government operation mitigates, but does not eliminate, free entry's bias against rural consumers. We find only limited evidence of political influence on entry.

文章名称：公共垄断与经济效率：宾夕法尼亚州酒类管制局入境决定的证据

期刊名称：美国经济评论

作者：卡嘉·塞姆、乔尔·沃德弗格

出版时间：2013 年 4 月

内容摘要：我们估计白酒需求的空间模型来分析政府控制的零售对入门模式的影响。在宾夕法尼亚州酒类管理委员会缺席的情况下，该州目前的商店数量大约是目前的 2.5 倍，消费者盈余增加，酒类员工支付额度降低。只有超过一半的商店可以最大限度地提高福利，而政府体系则是利润最大化与利润分享最合理的。政府运作缓解但并未消除免费进入对农村消费者的偏见。我们发现只有有限的进入政治影响证据。

Title: Sustainable Public Debt and Economic Growth under Wage Rigidity

Journal: Metroeconomica

Author: Alfred Greiner

Date Displayed: May 2013

Abstract: We analyse the effects of public debt on economic growth in a basic endogenous growth model with persistent unemployment due to wages rigidities. We show that there exists either a unique balanced growth path or there are two balanced growth paths depending on structural parameters and on the flexibility of the labour market. Further, public debt does not affect long-run growth and employment but only stability of the economy. Stability is more likely when governments put a high weight on stabilizing the debt to GDP ratio.

文章名称：工资刚性下的可持续公共债务与经济增长

期刊名称：测量经济师

作者：阿尔弗雷德·格雷纳

出版时间：2013 年 5 月

内容摘要：我们分析了公共债务对基于内生增长模型的经济增长的影响，该模型由于工资僵化而导致持续失业。我们申明，存在一个独特的均衡增长路径，或者存在两种平衡增长路径，这取决于结构参数和劳动力市场的灵活性。此外，公共债务不会影响长期增长和就业，而只会影响经济的稳定。当政府高度重视稳定债务与 GDP 的比率时，稳定更有可能。

Title: Testing for the Government' s Intertemporal Budget Restriction in Brazil during 1823 – 1889

Journal: Applied Economics

Author: Abdulnasser Hatemi J., Fernando Zanella

Date Displayed: 2013

Abstract: This article tests whether the government' s intertemporal budget restriction was fulfilled during the Brazilian imperial period (1823 – 1889). To accomplish this, newly developed tests for cointegration with unknown structural breaks are applied. It is found that government spending and government revenue are cointegrated if the effect of two unknown structural breaks is taken into account. The estimated parameter vector reveals that the one – by – one relationship that is required for solvency does not prevail for the sub – periods before and after the first break, however it prevails for the sub – period after the second break. We interpret these findings as empirical support for the long – run government solvency in Brazil at the end of the imperial period.

文章名称：测试巴西政府在 1823 ~ 1889 年的跨期预算限制

期刊名称：应用经济学

作者：阿布杜纳塞尔·哈特米伊、费尔南多·赞内拉

出版时间：2013 年

内容摘要：本文测试了巴西帝国时期（1823 ~ 1889）政府的跨期预算限制是否已经实现。为了实现这一点，应用新开发的具有未知结构断裂的协整测试。发现如果考虑到两个未知结构性休假的影响，政府支出和政府收入是协整的。估计的参数向量表明偿付能力所需的一对一关系不适用于第一次休息之前和之后的子周期，然而它在第二次休息之后的子周期占优势。我们将这些发现解释为对帝国时期末期巴西长期政府偿付能力的实证支持。

Title: Understanding Landscape Stewardship – Lessons to be Learned from Public Service Economics

Journal: Journal of Agricultural Economics

Author: Marianne Penker, Barbara Enengel, Carsten Mann, Olivier Aznar

Date Displayed: February 2013

Abstract: We argue that public service economics provides a new perspective on landscape stewardship by explaining it as human – to – human transfer of partial property rights. These mutually linked exchanges involve rights to use, to access, or to control and allocate land, labour, skills or information. From the perspective of public service economics, we identify the actors involved in landscape stewardship and distinguish entrepreneurial strategies for service provision based on resource orientation, user orientation or competiveness orientation. The difficulties in evaluating the quality of services in general and landscape stewardship in particular result in substantial uncertainty. Three types of contracts that cope differently with this uncertainty can be distinguished: contracts focusing on the technical process, on the intended outcome or on the choice of suppliers based on trust and features of their performance potential. We conclude that a service economics perspective can add to the understanding of landscape stewardship. Due to the fact that public service is already a well – known and broadly acknowledged concept in society, public service economics could possibly provide more rapid progress towards a better coordination of supply and demand for landscape qualities than other more novel concepts.

文章名称：理解景观管理——从公共服务经济学中吸取的教训

期刊名称：农业经济期刊

作者：玛丽安·潘克、巴巴拉·恩格尔、卡斯滕·曼恩、奥利维尔·阿斯纳尔

出版时间：2013 年 2 月

内容摘要：我们认为公共服务经济学将景观管理视为人与人之间的部分财产权转移，从而为景观管理提供了新的视角。这些相互关联的交易所涉及使用、访问或控制和分配土地、劳动力、技能或信息的权利。从公共服务经济学的角度，我们确定参与景观管理的参与者，并根据资源导向、用户导向或竞争导向区分服务提供的创业策略。评估一般服务质量和特别是景观管理的困难导致了很大的不确定性。可以区分与这种不确定性不同的三种类型的合同：侧重于技术过程的合同、预期的结果或基于信任和供应商绩效潜力特征的供应商选择。我们得出结论，服务经济学的观点可以增加对景观管理的理解。由于公共服务已经是社会上广为人知和广为接受的概念，公共服务经济学可能会比其他更新颖的概念更好地协调景观质量的供求关系。

Title: From Nudging to Budging: Using Behavioural Economics to Inform Public Sector Policy

Journal: Journal of Social Policy

Author: Adam Oliver

Date Displayed: October 2013

Abstract: The use of behavioural economics to inform policy has over recent years been captured by those who advocate nudge interventions. Nudge is a non – regulatory approach that attempts to motivate individual behaviour change through subtle alterations in the choice environments that people face. It is argued in this article that government interventions ought to be more overt than that traditionally advocated by nudge adherents, and that governments should principally attempt to influence behaviour if the acts of those targeted are causing harm to others. With this in mind, governments can use the findings of behavioural economics, including present bias and loss aversion, to inform where and how to regulate directly against undesirable private sector activities. This behavioural economic – informed method of regulation is hereby termed budge, to indicate that, rather than nudging citizens, behavioural economics might be used more appropriately in the public sector to help inform regulation that budges harmful private sector activities.

文章名称：从助推到预算：运用行为经济学通知公共部门政策

期刊名称：社会政策期刊

作者：亚当·奥利弗

出版时间：2013 年 10 月

内容摘要：近几年来，行为经济学在政策宣传中的应用被倡导微调干预措施的人所掌握。助推是一种非监管方法，试图通过人们所面临的选择环境的微妙变化来激发个人行为的变化。本文认为，政府干预应该比传统上由微不足道的拥护者所倡导的干预更明显，并且政府应主要试图影响行为，如果这些干预行为造成他人伤害。考虑到这一点，政府可以利用行为经济学的研究结果，包括目前的偏见和损失厌恶情况，来告知直接针对不良私营部门活动在何处以及如何进行监管。这种以行为经济为基础的监管方法在此称为预算，以表明行政经济学可能更适用于公共部门，而不是推动公民行为，以帮助为监管提供有害的私营部门活动。

Title: On Fiscal Illusion in Local Public Finance: Re – examining Ricardian Equivalence and the Renter Effect

Journal: National Tax Journal

Author: Spencer Banzhaf, Wallace Oates

Date Displayed: September 2013

Abstract: We reevaluate fiscal illusion in local public finance. The Ricardian Equivalence Theorem suggests that the financing of a public program using either taxation or debt shouldn't affect outcomes, because debt is capitalized into property values. In contrast, we show individuals may rationally prefer public debt if governments can borrow on more favorable terms. We also propose a new test for the renter effect: Controlling for differences in demand, the renter effect suggests renters prefer property taxes to sales taxes. Using data from U. S. open space referenda, we find that households do prefer debt financing, but find no evidence of the renter effect.

文章名称：论地方公共财政的财政假象：重新审视李嘉图的等价性与租户效应

期刊名称：国家税收期刊

作者：斯宾塞·班加夫、华莱士·奥茨

出版时间：2013 年 9 月

内容摘要：我们重新评估地方公共财政中的财政假象。李嘉图等价定理表明，使用税收或债务进行公共财政融资不应该影响结果，因为债务被资本化为财产价值。相反，我们表明个人可能理性地偏好公共财产，如果政府可以以更优惠的条件借款的话。我们还提出了一个新的租赁效应测试：控制需求差异，租户效应表明租房者更喜欢房产税和销售税。利用美国开放空间公民投票的数据，我们发现家庭更喜欢债务融资，但没有发现租户效应的证据。

Title: The Basic Public Finance of Public – Private Partnerships

Journal: Journal of The European Economic Association

Author: Eduardo Engel, Ronald Fischer, Alexander Galetovic

Date Displayed: February 2013

Abstract: Public – private partnerships (PPPs) have been justified because they release public funds or save on distortionary taxes. However, the resources saved by a government that does not finance the upfront investment are offset by giving up future revenue flows to the concessionaire. If a PPP can be justified on efficiency grounds, the PPP contract that optimally balances demand risk, user – fee distortions, and the opportunity cost of public funds has a minimum revenue guarantee and a revenue cap. The optimal contract can be implemented via a competitive auction with reasonable informational requirements. The optimal revenue guarantees, revenue sharing agreements, and auction mechanisms are different from those observed in the real world. In particular, the optimal contract duration is shorter in demand states where the revenue cap binds. These results also have implications for budgetary accounting of PPPs, as they show that their fiscal impact resembles that of public provision, rather than privatization.

文章名称：公私伙伴关系的基本公共财政

期刊名称：欧洲经济协会杂志

作者：爱德华多·恩格尔、罗纳德·费舍尔、亚历山大·加莱托维奇

出版时间：2013 年 2 月

内容摘要：公私伙伴关系（PPPs）是合理的，因为它们释放公共资金或节省扭曲的税收。但是，不为前期投资提供资金的政府节省的资源可以通过放弃向特许公司未来的收入来抵消。如果从效率的角度来看，购买力平价可以证明是合理的，那么最优地平衡需求风险，用户费用扭曲和公共资金机会成本的 PPPs 合同具有最低收入保证和收入上限。最佳合同可以通过具有合理信息要求的竞争性拍卖实施。最佳的收入保证，收益分享协议和拍卖机制与现实世界中观察到的不同。特别是，在收入上限约束的需求状态下，最优合同期限较短。这些结果也对 PPPs 的预算会计有影响，因为它们表明它们的财政影响与公共提供相似，而不是私有化。

第三章　2013 年公共经济学学科出版图书精选

书名：《中国财税体制发展道路》
作者：高培勇
出版社：经济管理出版社
出版时间：2013 年 12 月
Title：《The Development Path of China's Public Finance System》
Author：Peiyong Gao
Publisher：Economy & Management Publishing House
Date：December 2013

内容提要：

本书旨在考察中国财税体制的发展道路，基本着眼点在于揭示与总结中国财税体制变迁的基本轨迹与基本规律。

《中国特色社会主义经济发展道路丛书：中国财税体制发展道路》共分 3 篇 9 章。按照中国经济体制变迁的顺序，全书又将第 1 篇、第 2 篇各划分为 3 章，分别对应从新中国成立到计划经济、计划经济末期到市场化改革初期的体制之交和 1994 年分税制改革以后三个阶段。第 3 篇是理论部分，分别论述了中国的财税发展道路的阶段特征、总体特征和反思与前瞻。

中国的财税体制跨越了计划体制和市场体制。其对经济发展的作用机制也发生了巨大变化。本书以新中国成立 60 多年来财税体制变迁的基本事实为基础，从财税功能的视角梳理了计划体制和市场体制下财税体制发展的阶段特征，概括了中国财税体制的发展道路。

本书以作者的长期观察和持续研究为基础，分析了新阶段中国财税体制存在的基本问题及其改革重点。对中国财税体制发展道路的概括具有较强的综合性，对新中国成立以来中国财税体制的改革脉络、改革重点及其在经济体制改革中的地位进行了系统分析。财税体制覆盖全局，了解中国财税体制发展道路及其基本特征，对于夯实国家治理的财税基础和财税支柱，推进下一个阶段的经济体制改革具有重要的参考价值。

书名：《城乡基本公共服务均等化与财政制度安排研究》
作者：王莹、范琦
出版社：中国财政经济出版社
出版时间：2013 年 2 月
Title：《Equalization of Basic Public Services in Urban and Rural Areas and Fiscal System Arrangement》
Author：Ying Wang，Qi Fan
Publisher：China Financial & Economic Publishing House
Date：February 2013

内容提要：

《城乡基本公共服务均等化与财政制度安排研究》第 1 章明确了公共服务就是政府通过提供公共产品而向民众提供的服务，回顾总结了公共产品理论，界定了基本公共服务的内涵和范围，以经济学的规范分析方法揭示了城乡基本公共服务均等化的内涵。第 2 章梳理了二元结构理论的来龙去脉，并实证分析了中国二元结构的典型表征。第 3 章为历史制度变迁。第 4 章为实证研究和社会调查。第 5 章为财政均等化制度设计。第 6 章为财政政策选择。附录 1 至附录 4 分别真实记录了两个省级政府和两个县级政府推进“五有”基本公共服务城乡均等的现实状况。附录 5 至附录 7 则反映了若干市县在某一特定基本公共服务上具有代表性的做法。

书名：《税制结构的性质与中国税制改革研究》

作者：陈少克、陆跃祥

出版社：经济科学出版社

出版时间：2013 年 2 月

Title：《Study on the Nature of the Tax Structure and the Reform of China's Tax System》

Author：Shaoke Chen，Yuexiang Lu

Publisher：Economic Science Press

Date：February 2013

内容提要：

税制改革需要有一个整体性的思路，这在理论界已经取得广泛共识，但理论分析上还没有形成一个整体性的分析框架。于是，税制改革基本方向的确定以及如何围绕这一方向进行税制改革等问题在实践中便无法形成合意的顶层设计。基于此，《税制结构的性质与中国税制改革研究》从税制结构整体性分析入手，尝试通过对税制结构性质的研究设定税制改革的方向，并在此框架下探讨中国税制改革问题。

陈少克、陆跃祥编著的《税制结构的性质与中国税制改革研究》通过 9 个部分对税制改革理论、税制结构的性质以及中国税制改革相关问题进行探讨。第 1 章：导论。第 2 章：税制改革理论研究进展。第 3 章：税制结构及税制结构变迁分析。第 4 章：税收经济效应的再分析。第 5 章：税制结构整体性调整的理论分析。第 6 章：基于发展理念的税制结构的性质。第 7 章：中国税制结构及其特性。第 8 章：对中国税制相关领域改革的基本讨论。第 9 章：中国税制改革的整体性讨论。本书是对税制结构性质以及在此基础上的中国税制改革进行尝试性研究，一些理论问题的研究尚需深入，对中国税制改革方面的一些探讨稍显浅薄，很多问题尚未涉及。

书名：《中国财政制度改革研究》
作者：何振一
出版社：中国社会科学出版社
出版时间：2013 年 1 月
Title：《A Study on the Reform of China's Financial System》
Author：Zhenyi He
Publisher：China Social Sciences Press
Date：January 2013

内容提要：

《中国财政制度改革研究》是作者选择在中国改革开放过程中有关财政改革的各个主要方面的研究成果。本书由政府间理财体制改革编、公共分配制度改革编、财政宏观调控体系改革编、国有资产管理改革编、财政监督体系改革编构成，各编文章按论文发表的时序编排。在编辑文集时，为保留文章原貌，只对文章的标点、文字错漏及个别文章段落安排不当之处做些许修改。

书名：《中国政府间财政关系再思考》
作者：楼继伟
出版社：中国财政经济出版社
出版时间：2013 年 1 月
Title：《Rethinking of the intergovernmental financial relations in China》
Author：Jiwei Lou
Publisher：China Financial & Economic Publishing House
Date：January 2013

内容提要：

《中国政府间财政关系再思考》的篇章结构如下：第 1 章概述是本书的浓缩，时间较紧的读者可以仅阅读本章。第 2 章描述和分析了我国政府间财政关系改革的历程和成效。第 3 章侧重政府间财政关系的经济学分析。第 4 章主要是政府间财政关系国际经验的比较和借鉴。第 5 章剖析了我国政府间财政关系面临的问题，对未来改革进行了再思考。

书名：《中国公共财政建设报告2013（全国版）》
作者：高培勇、张斌、王宁
出版社：社会科学文献出版社
出版时间：2013年6月
Title:《Report on the construction of public finance in China 2013（national edition）》
Author: Peiyong Gao, Bin Zhang, Ning Wang
Publisher: Social Sciences Academic Press
Date: June 2013

内容提要：

《中国公共财政建设报告2013（全国版）》始终力求融入两个方面的功能：标识中国公共财政建设的方向，为中国公共财政建设导航；刻画中国公共财政建设的进程，揭示中国公共财政建设成果。可以说，本书为中国公共财政建设提供了“路线图”和“考评卷”，全面而系统地推进中国公共财政建设进程，是我们从事此项研究的梦想与追求。

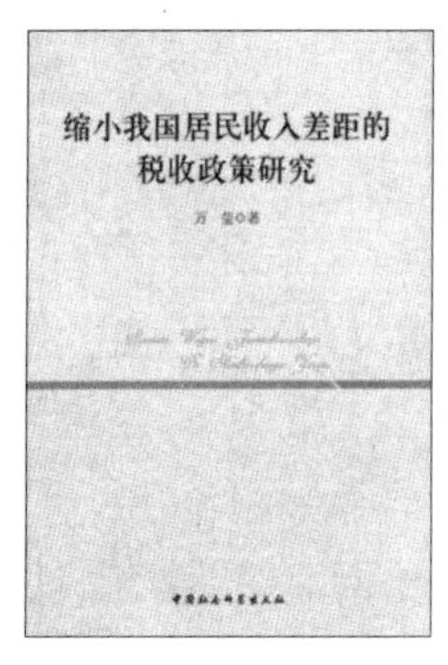

书名：《缩小我国居民收入差距的税收政策研究》
作者： 万莹
出版社： 中国社会科学出版社
出版时间： 2013 年 5 月
Title：《Research on Tax Policy to Narrow the Income Gap of Residents in China》
Author： Ying Wan
Publisher： China Social Sciences Press
Date： May 2013

内容提要：

近年来，随着收入差距的持续扩大，“调整收入分配格局”一词以前所未有的密集度出现在官方文件中，出现在人们的热议中，收入分配问题已成为当今中国构建和谐社会的重点和难点，也是当前公共政策研究领域的重点和难点。经济增长并不必然带来收入分配的改善。在现代社会中，政府的收入再分配政策对社会公平至关重要。而税收政策作为世界各国政府宏观调控的重要手段，理应在我国收入再分配体系中发挥应有的积极作用。

因此，在我国居民收入差距不断扩大的今天，深入研究我国收入再分配的税收政策问题，不仅有助于明确税收政策在政府收入分配调控体系中的作用边界和功能定位，丰富我国税收调控基础理论研究，而且有助于认清当前我国税收调节功能弱化的现状和原因，为缩小我国居民收入差距、改革我国税收调控政策体系、加强税收对收入分配的调控力度提供事实依据和政策参考。

本书从我国收入分配格局演变历程及其特征表象入手，分析税收政策调节收入分配的作用机制与优缺点，廓清税收政策在政府宏观调控体系中的作用边界，明确税收政策的调控目标和功能定位。然后分别就所得税、流转税、财产税等主要税类对现行税制调节收入分配的效果展开实证分析，以检验税收政策理论调节功能与实际调节作用的客观差距。最后，在此基础上，提出有助于缩小我国收入分配差距的税收调控政策措施建议。

书名：《中国税收结构评价及优化——基于经济增长理论的研究》
作者： 吴玉霞
出版社： 经济管理出版社
出版时间： 2013 年 5 月
Title：《Evaluation and Optimization of China's Tax Structure—Based on the Theory of Economic Growth》
Author： Yuxia Wu
Publisher： Economy & Management Publishing House
Date： May 2013

内容提要：

《中国税收结构评价及优化——基于经济增长理论的研究》的创新性工作包括以下几个方面：一是从经济学理论的高度，给出了税收结构影响经济增长的具体变量、影响机制和传导路径，给出了税收结构影响经济增长的基本理论依据和经济学解释，这对于研究税收结构的经济增长效应具有重要的理论创新意义；二是明确了税收结构通过改变交易费用，影响了社会的专业化和劳动分工程度，从而影响社会的技术进步水平，改变了生产要素的产出效率，带来经济增长效应；三是基于经济增长视角，改变了对税收结构与经济增长关系的分析仅仅停留在直接税与间接税层面的状况，通过大量的理论和实证分析，把对税收结构影响经济增长的分析细化到税类的层面上，并基于实证分析结果给出具体的税收制度调整建议，大大增强了政策建议的可操作性。

书名：《经济结构调整与税制改革研究》
作者：汪昊
出版社：中国税务出版社
出版时间：2013 年 4 月
Title：《Study on the Adjustment of Economic Structure and the Reform of Tax System》
Author：Hao Wang
Publisher：China Taxation Publishing House
Date：April 2013

内容提要：

《经济结构调整与税制改革研究》围绕税收制度与经济结构关系展开研究，其内容包括四个方面：一是对我国经济结构的现状、原因及改革进行深入研究；二是探讨税收对经济结构影响的理论依据和作用机制；三是建立中国多部门 CGE 模型，并使用此模型对一些重要的税收改革与经济结构关系进行实证分析；四是在理论与实证分析的基础上，系统地提出了促进经济结构优化的税收制度改革建议。

书名：《赋税与国运兴衰》
作者： 曾国祥、李炜光、黄天华
出版社： 中国财政经济出版社
出版时间： 2013年4月
Title：《Taxes and the Rise and Fall of a Country's Destiny》
Author： Guoxiang Zeng，Weiguang Li，Tianhua Huang
Publisher： China Financial & Economic Publishing House
Date： April 2013

内容提要：

《赋税与国运兴衰》分为上下两篇，上篇是分代通论，共13章；下篇是分专题专论，共10章，一共23章。

长久以来，赋税一直与民生和国家命运紧密相连。中国在过去相当长的历史时期内都是一个农业国家，因此，中国的赋税与土地问题紧密相连。这两个问题一直都是穿插在中国经济史中的两根红线，而中国的改革开放过程实际上就是土地与赋税的改革过程。《赋税与国运兴衰》揭示了中国财税改革和经济体制改革的关系，并讨论了民生、国运等社会热点问题。

书名：《财政支出对劳动报酬的影响——基于 CGE 模型的研究》
作者：董万好
出版社：中国财政经济出版社
出版时间：2013 年 4 月
Title：《The Impact of Fiscal Expenditure on Labor Compensation—A Study Based on CGE Model》
Author：Wanhao Dong
Publisher：China Financial & Economic Publishing House
Date：April 2013

内容提要：

《财政支出对劳动报酬的影响——基于 CGE 模型的研究》从问题背景分析、模型构建和问题分析 3 部分展开。全书先从文献入手，找出分析劳动报酬问题的现实和理论背景，并选定合适的模型框架。第二大部分主要是模型的构建，主要内容是模型方程体系的构建、基期数据（社会核算矩阵）的组织、参数的估计选择和标定等，主要是分析问题的模型框架的搭建，也是本书的理论创新。第三大部分集中在问题领域，主要包括 3 个财政支出对劳动报酬影响的问题研究，即从大规模投资对劳动报酬占比、行政管理支出以劳动报酬为视角的利益归宿、财政科技和教育支出对于劳动报酬的影响等 3 个方面进行。第 3 部分焦点在于研究结论的现实意义上。

书名：《财政赤字结构研究》
作者：段海英
出版社：四川大学出版社
出版时间：2013 年 3 月
Title:《Research on the Structure of Fiscal Deficit》
Author: Haiying Duan
Publisher: Sichuan University Press
Date: March 2013

内容提要：

《财政赤字结构研究》对国内外常见的赤字结构分类方法进行了梳理，并结合中国实际，在结构性赤字基础上提出了不规则赤字和相机抉择赤字。全书以周期性赤字和充分就业赤字、显性赤字和隐性赤字这两组类型的赤字为主线，分别从分类标准、研究价值、衡量方法、成因及经济效应等方面进行了一般分析和特殊分析，最后以中国为例系统阐述了优化赤字结构的主要方法。本书的特点可表现为：第一，全面阐述了国外国际货币基金组织（IMF）、经济合作与发展组织（OECD）、欧洲联盟（EU）等组织计算周期性赤字和充分就业赤字（结构性赤字）的基本方法，以美国、澳大利亚、罗马尼亚等国数据为例，详解了两类赤字的计算过程，为中国学者今后计算周期性赤字和结构性赤字提供了研究思路。第二，在结构性赤字的经济效应分析方面，对大量国外文献进行了综述，提出不少具有借鉴价值的结论。第三，以中国为例分析了不规则赤字和相机抉择赤字的产生、影响。第四，结合中国的或有债务和隐性债务对中国的隐性赤字进行了全面分析。

书名：《跨国公司转让定价反避税研究》
作者： 苏建
出版社： 中国经济出版社
出版时间： 2013 年 3 月
Title：《Research on Anti－tax Avoidance of Transfer Pricing of Multinational Corporations》
Author： Jian Su
Publisher： China Economic Publishing House
Date： March 2013

内容提要：

转让定价是一个重要的国际税收问题，它导致跨国关联公司之间利润的跨国转移。由于这些关联公司位于不同的国家，如果各个国家的税率存在较大的差别，跨国公司出于公司财务战略的目的必然使用转让定价进行跨国避税。同时由于涉及两个以上的税收管辖权，也必然关联到相关国家的税基大小，对相关国家的国民经济会产生影响，由此便引发了跨国征税和跨国税收竞争的问题。

本书运用经济学理论和经济学研究方法对跨国公司转让定价的避税效应进行深入分析；站在世界经济一体化的框架中，从宏观和微观两个视角探讨转让定价的反避税策略；通过对世界上两大主要经济体（经济合作与发展组织、美国）的转让定价反避税政策的比较研究，总结了转让定价反避税制度的发展趋势；在中国经济发展位于世界经济格局变化中的新阶段，结合中国的转让定价反避税政策现状，探讨提出了完善我国转让定价反避税制度的政策建议，希望有助于解决转让定价这一个国际税收难题，更好地维护国家之间的合法权益，促进国际经济的健康发展。

书名：《公共财政研究报告——中国政府间财政关系与财政风险分担职能》

作者：乔宝云、刘乐峥

出版社：中国财政经济出版社

出版时间：2013 年 3 月

Title：《Public Finance Research Report—China's Intergovernmental Fiscal Relations and Fiscal Risk Sharing Functions》

Author：Baoyun Qiao，Lezheng Liu

Publisher：China Financial & Economic Publishing House

Date：March 2013

内容提要：

本书的目的在于系统地在理论和实证上对财政风险分担职能与财政制度设计进行研究，提出相应的政策建议，为我国下一步财政制度建设提供有益的政策参考。鉴于世界各国不断发生财政风险问题，甚至危机，且我国财政风险可能增大，加强对理论与国际、国内实践的研究与分析无疑具有重要的现实意义。财政体制在风险问题的处理上承担着重要的责任，然而现有的财政体制从一定程度来说可能已经无法满足应经济社会发展所提出的需要。

书名：《中国财政政策效应分析——基于新凯恩斯 DSGE 模型的研究》

作者： 胡爱华

出版社： 光明日报出版社

出版时间： 2013 年 9 月

Title：《Analysis of the Effect of China's Fiscal Policy：A Study Based on the New Keynesian DSGE Model》

Author： Aihua Hu

Publisher： Guangming Daily Press

Date： September 2013

内容提要：

近年来，经济分析工具的一个重要突破是动态一般均衡模型的飞速发展和广泛应用。相比于传统的计量经济模型，DSGE 模型具有坚实的微观经济基础、理论上的一致性和显性的建模框架等优点。再加上新凯恩斯的假设，使得建立在 DSGE 基础上的新凯恩斯模型能够更好地描述真实的世界，从而逐渐被宏观经济学界接受，成为主流的分析工具。本书立足于对前人研究成果的辨析，综合运用了当今宏观经济分析最为前沿的分析方法和工具即动态一般均衡的分析方法，构建了与我国经济环境相适应的新凯恩斯主义的动态一般均衡模型，在一个统一的框架下分析了政府支出的经济效应、财政赤字与通货膨胀的关系，以及财政政策与货币政策的相互作用等问题，提出了加强和改善我国财政效果的对策建议，并对下一步的研究进行了展望。

书名：《绩效预算的经济学分析——兼论财政职能与政府效率》
作者： 王桂娟
出版社： 立信会计出版社
出版时间： 2013 年 8 月
Title：《Economic Analysis of Performance Budget—Concurrently Discussing Financial Function and Government Efficiency》
Author： Guijuan Wang
Publisher： Lixin Accounting Press
Date： August 2013

内容提要：

绩效预算不仅仅是个预算或是财政的概念，它涉及政府理念、行为方式、监督管理等方方面面的内容。首先，本书从理论分析入手，梳理了公共产品理论与实践的发展轨迹，实际也是绩效预算的产生过程；其次，从经济学角度分析了预算制度对于有效提供公共产品的意义，即对绩效预算给出了经济学分析逻辑，并提出了一个基于委托代理理论的绩效预算分析模型；再次，本书讨论了绩效预算的目标（即以结果为导向改变财政职能与政府行为方式，提高政府效率）、绩效预算的具体工具（即以绩效评价确定政府支出的效率），以及近年来各国在绩效预算实践方面的国际经验；最后，在分析和总结我国近年来预算管理改革的基础上，提出中国应以绩效预算为目标，参考绩效预算所需前提条件，切实、循序地推进绩效预算改革。

书名：《国民收入分配战略》

作者： 王小鲁

出版社： 学习出版社

出版时间： 2013 年 8 月

Title：《National Income Distribution Strategy》

Author： Xiaolu Wang

Publisher： Xuexi Press

Date： August 2013

内容提要：

在本书中，作者讨论了关于收入分配的国际和历史经验教训，分析了我国过去几十年收入差距的变动趋势、影响因素及其对经济发展的影响，特别对当前影响收入分配的制度性因素进行了重点分析，讨论哪些制度因素影响了收入分配，探讨如何通过多方面的体制改革来改善国民收入分配状况，讨论适合我国国情的国民收入分配战略。

本书并不代表关于国民收入分配和相关改革的国家战略，而是作者在近些年研究的基础上，对国民收入分配现状、问题和成因的一个系统性分析，以及关于国民收入分配战略的思考。书中提出的观点，尽管吸纳了学术界许多已有的成果，但仍然是作者的一家之言，意在抛砖引玉，推动相关的研究和讨论，以期为促进改革进程、改善我国的收入分配状况贡献一分力量。

书名：《中国中长期负债能力与系统性风险研究》
作者：余斌、吴振宇
出版社：中国发展出版社
出版时间：2013 年 6 月
Title：《China's Medium and Long - Term Debt Capacity and Systematic Risk Study》
Author：Bin Yu，Zhenyu Wu
Publisher：China Development Press
Date：June 2013

内容提要：

本书从增速下行阶段我国财政收支可能出现的变化入手，研究未来我国中央政府负债能力和系统性风险。研究显示，即便考虑到隐性债务，并以窄口径统计政府资产，当前我国资产负债率仍处于世界平均水平，政府债务占 GDP 的比重较低，风险可控。但经济增速下降后，财政支出增长速度将高于收入增长速度，我国赤字率会有较明显的提升。预计 2018 年后，赤字率会逐步接近国际警戒线水平。保持经济的可持续增长和财政政策的稳健性是我国应对未来主权债务风险的根本手段。

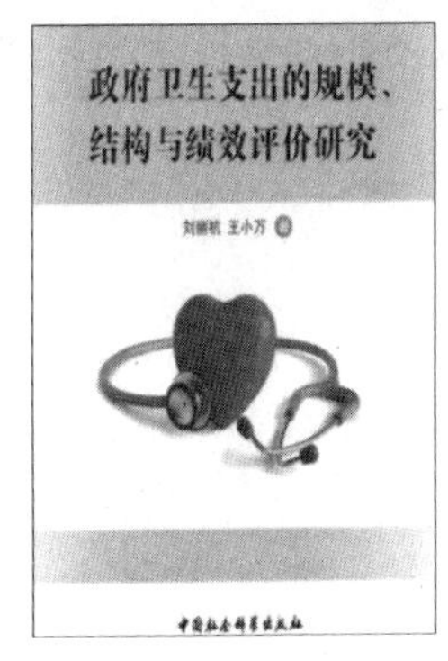

书名：《政府卫生支出的规模、结构与绩效评价研究》
作者： 刘丽杭、王小万
出版社： 中国社会科学出版社
出版时间： 2013 年 12 月
Title：《Research on the Scale, Structure and Performance Evaluation of Health Expenditure》
Author： Lihang Liu, Xiaowan Wang
Publisher： China Social Sciences Press
Date： December 2013

内容提要：

本书基于我国国情和财政管理体制的改革与发展过程，结合新医改政策下财政卫生支出的新模式、新问题与新趋势，从财政卫生投入机制的现状、效应和原因及对策四方面对国内有代表性的研究文献进行全面梳理及评价，运用分权、委托代理、公共选择等理论，以及计量经济学模型；同时，结合财政支出机制的转换过程，从规模、结构与管理等多个维度，研究近年来国家整体和国内代表性地区卫生支出的数量与结构的变化趋势、居民健康状况与效果及相关政策设计，梳理和概括典型地区增加财政卫生支出的模式、经验及存在的问题，在此基础上提出完善卫生投入增长机制的政策建议。

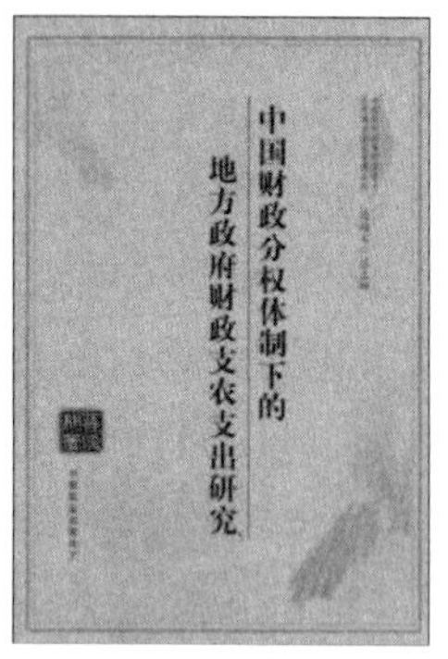

书名：《中国财政分权体制下的地方政府财政支农支出研究》
作者： 蒋俊朋
出版社： 中国农业出版社
出版时间： 2013 年 10 月
Title：《Research on Local Government Financial Expenditure for Supporting Agriculture under China's Fiscal Decentralization System》
Author： Junpeng Jiang
Publisher： China Agriculture Press
Date： October 2013

内容提要：

本书试图从财政分权的视角，探讨中国地方政府财政支农支出的内在机理，考察地方政府财政支农支出的地区差异及收敛机制，实证检验财政分权、财政转移支付对地方政府财政支农支出的影响，并进一步讨论了财政分权、地方政府财政支农支出与农业经济增长之间的动态均衡机制。

书名：《科技创新税收政策国内外实践研究》
作者： 薛薇
出版社： 经济管理出版社
出版时间： 2013 年 10 月
Title：《Research on Domestic and Foreign Practices of Tax Policies for Technological Innovation》
Author： Wei Xue
Publisher： Economy & Management Publishing House
Date： October 2013

内容提要：

科技与创新是人类文明不断进步的基石，是国家繁荣富强和持续发展的关键。税收政策作为国家宏观调控的重要工具，在新的历史时期，需要也必然可以对科技进步与创新发展起到重要的促进、引导和激励作用。本书拟从科技型企业建立和发展的视角，对支持科技发展和创新的税收政策进行了专门研究。通过本项研究，本书重点讲述了三部分的内容：一是寻找科技创新税收政策兴起的内在原因，并在有关理论和国内外实践的基础上，将零散的相关税收政策系统化；二是在对主要科技创新税收政策国外实践做深入、细致研究的基础上，分析其影响机制，总结其特点和规律；三是从理论和实践方面寻找值得我国借鉴的经验，以期对我国科技创新税收政策体系的建立和完善起到一定的参考作用。

书名：《大国地方政府间税收竞争研究——基于中国经验的实证分析》
作者：袁浩然
出版社：格致出版社
出版时间：2013 年 10 月
Title：《A Study of Tax Competition among Large and Small Local Governments—An Empirical Analysis Based on China's Experience》
Author：Haoran Yuan
Publisher：Truth & Wisdom Press
Date：October 2013

内容提要：

本书共分 7 章。第 1 章为引言部分，提出本书所要研究的几个主要问题，对国内外相关文献研究做综述，交代本书所运用的研究方法以及研究思路，指出本书的创新与不足之处。第 2 章澄清几个重要概念，详细阐述本研究得以进行的理论基础。第 3 章对中国地方政府间开展税收竞争的制度背景做详细分析，主要包括经济体制转轨、财税体制转轨、区域性税收优惠政策和政府官员政绩考核评价制度四个方面。第 4 章运用 1992 年和 2006 年的截面数据模型估计中国地方政府间税收竞争反应函数，并与国内同类研究作比较。第 5 章运用 1978 ~ 2006 年、1987 ~ 2006 年的面板数据模型估计中国地方政府间税收竞争反应函数，并对分税制改革前后的税收竞争状况作对比。第 6 章运用 1978 ~ 2006 年、1987 ~ 2006 年的面板数据模型估计东部、中部、西部地区内部各自的税收竞争反应函数，并对它们分税制改革前后的税收竞争状况作对比。第 7 章交代全书的主要研究结论，并在前述研究的基础上，对如何引导税收竞争走向合理有序提出几点规范性的政策建议，然后提出研究展望。

书名：《政府采购补偿交易研究》
作者：孙天法、温晓红、柴华
出版社：中国经济出版社
出版时间：2013 年 9 月
Title：《Government Procurement Compensation Transaction Research》
Author：Tianfa Sun，Xiaohong Wen，Hua Chai
Publisher：China Economic Publishing House
Date：September 2013

内容提要：

笔者对政府采购补偿交易的关注主要源于财政部国库司副总会计师王绍双同志对政府采购前沿问题的正确感知。作为长期从事中国政府采购问题研究和管理工作的领导，王绍双总会计师敏锐地感觉到了政府采购补偿交易的作用、可操作性和中国在这方面的欠缺，以及中国开展政府采购补偿交易措施研究的紧迫性，委托课题组开展研究，并向课题组无私地提供了他视为珍宝的交流资料。

作为委托课题的成果，《政府采购补偿交易研究》曾提交给财政部国库司，但因工作需要，财政部国库司希望提供更具可操作性的研究报告，课题组组织力量，重新撰写了委托方所希望的研究报告。后经与国库司有关领导协商，他们同意公开出版该书。

书名：《地方政府公共财政支出绩效评价研究》
作者： 毛太田
出版社： 光明日报出版社
出版时间： 2013 年 9 月
Title：《Study on Performance Evaluation of Local Public Finance Expenditure》
Author：Taitian Mao
Publisher：Guangming Daily Press
Date：September 2013

内容提要：

本书以“和谐社会”为研究背景，以“保障和改善民生”为研究视角，通过大量的调查研究和文献资料的搜集整理工作，构建了地方政府公共财政支出绩效评价的相关指标体系，采用模糊方法对地方政府公共财政支出的公众满意度和民生领域的支出绩效进行了定量分析和评价。本书立足于提升地方政府公共财政支出绩效，通过优化公共财政支出机制来保障与改善民生，提出了以保障和改善民生为视角的地方政府公共财政支出机制优化策略。

书名：《我国地区税负差异及其与区域经济发展协调性研究》
作者：许景婷
出版社：经济管理出版社
出版时间：2013 年 12 月
Title：《Study on the Difference of Tax and Its Coordination With Regional Economic Development》
Author：Jingting Xu
Publisher：Economy & Management Publishing House
Date：December 2013

内容提要：

许景婷编著的《我国地区税负差异及其与区域经济发展协调性研究》重点研究了我国地区税负差异影响区域经济发展的机制和影响程度，分析我国地区税负差异及其与区域经济发展的协调性，进而提出了促进区域经济协调发展的地区税负优化建议。本书系统梳理了税收理论和区域经济增长理论，挖掘税收及税收负担与区域经济增长的内在联系。作者基于区域经济协调发展的视角来研究税收理论，以期提供适合我国区域经济协调发展战略的税收政策调整建议。

地区税负是一个国家宏观税负的缩影，或者说是宏观税负在地区结构中的反映，是税务机关通过对税收政策的执行而作用于地方经济的结果，它不仅直接反映了政府可用财力的相对规模，间接影响了政府的宏观调控能力，还会通过微观市场主体直接影响地方经济发展的质量。因此，从区域经济发展的角度，认真思考地区税负优化的路径，发挥税收对地方经济发展的支撑作用意义重大。本书首先系统地梳理了税收理论和区域经济增长理论，挖掘税收及税收负担与区域经济增长的内在联系。在此基础上分析我国地区税负差异现状及发展趋势，继而分析地区税负差异的形成原因及影响因素，解释地区税负对地区发展影响的内在机制。其次运用税收贡献、税收弹性系数、税收协调系数等指标分析区域经济增长与地区税负存在非协调性，再通过聚类分析和建立面板数据模型对我国地区税负的区域经济增长效应进行更深入的检验，研究发现：我国地区税负水平存在差异且不平衡，地区税负是影响经济增长的主要因素，地区税负的不平衡导致区域经济发展的不协调。所以适度调整各地区税收负担水平，扭转地区间的税负不平衡是区域经济发展的重要问题。最后基于区域经济协调发展视角，依据国家促进区域经济发展战略及税制改革的宏观环境，本书提出我国地区税负优化的政策建议。

书名：《中国土地税费的资源配置效应与制度优化》

作者：邹伟

出版社：科学出版社

出版时间：2013 年 12 月

Title：《The Resource Allocation Effect and Institutional Optimization of China's Land Taxes and Fees》

Author：Wei Zou

Publisher：Science Press

Date：December 2013

内容提要：

随着我国社会经济改革的不断深入，土地税费作为干预市场的重要手段，已成为我国各级理论界和实践部门关注的热点问题。本书在把握我国土地税费制度演进的阶段特征基础上，构建了税费与资源配置效应的分析框架，从而把土地税费与土地资源配置有机结合起来，系统分析了不同环节土地税费的资源配置效应和不同用途土地配置对土地税费的响应，从理论和实证两个方面证明了土地税费具有资源配置效应，可以很好地承担其提高土地利用效率调控产业和筹集地方财政收入等职能。本书还借鉴其他国家和地区的经验，提出了中国土地税费制度优化方案和制度环境建设，具体分析了我国物业税改革的困境，并对上海、重庆房产税改革的制度安排进行了理性思辨。

书名：《财政监督理论探索与制度设计研究》
作者： 王晟
出版社： 经济管理出版社
出版时间： 2013 年 11 月
Title：《Study on Financial Supervision Theory and System Design》
Author： Sheng Wang
Publisher： Economy & Management Publishing House
Date： November 2013

内容提要：

本书主要内容包括：财政监督的概念与内涵、财政监督的概念、财政监督的内涵、财政监督的本质与特征、财政监督的本质、财政监督的特征、财政监督的职能与作用、财政监督的职能、财政监督的作用、财政监督与公共财政、财政监督是公共财政的内在组成部分、财政监督是构建公共财政的基础、公共财政对财政监督的内在要求等。

书名：《中国房地产税经济效应研究》

作者：程瑶

出版社：南京大学出版社

出版时间：2013 年 11 月

Title：《Research on the Economic Effect of Real Estate Tax in China》

Author：Yao Cheng

Publisher：Nanjing University Press

Date：November 2013

内容提要：

《中国房地产税经济效应研究》在有机结合传统财税理论和现代经济理论精髓的基础之上，构建出房地产税经济效应的理论框架。然后在这一理论框架下，结合房地产的商品特性、市场特性和产业特性，从财政收入、资源配置、收入分配、税收激励等角度来研究房地产税的经济效应。最后，根据对房地产税收经济效应的分析结论，对房地产税的社会目标和政策目标加以明确，并提出房地产税制改革的建议。本书研究内容属个人学术观点，欢迎同仁交流各自观点，共同推动中国房地产税的研究发展。

第四章　2013 年公共经济学学科大事记

一、《政府采购法》颁布 10 周年座谈会暨《中国政府采购》杂志年会举行

作为财政部决定开展的《政府采购法》颁布 10 周年系列宣传活动的一部分，此次会议就是倾听优秀供应商对中国政府采购制度改革实践的评价、建言，以及切实可行的建议。来自财政部政府采购管理办公室、中共中央直属机关政府采购中心、中央国家机关政府采购中心、全国人大机关采购中心、人民银行采购中心、公安部政府采购管理办公室、商务部财务司、民政部计财司、国土资源部、教育部，以及广东省政府采购监管处、江苏省政府采购监管处、河南省政府采购处、内蒙古自治区政府采购处等中央单位和地方政府采购监管部门、集采机构，以及中国惠普、宏碁电脑、清华同方、一汽奥迪、一汽丰田、上海大众、北京现代等优秀供应商代表 140 余人齐聚一堂，交流体会，分享经验，为推动未来政府采购制度改革献计献策。

今年的年会有两点突出之处：一是选择了“政府采购供应商管理”这个非常重要的议题进行交流与讨论。这样就使年会不仅是一个广范围交流的平台，而且是对特定主题深入探讨，取得实质效果的会议形式。二是这次年会的地点选择在独具特色的梅州市，大家可以在会议召开的这段时间轻松地相互交流，集思广益，更好地开展今后的工作。

二、《2013 中国财政透明度报告》发布

近日，各地陆续开始公布本级政府 2012 年“三公”经费决算和 2013 年“三公”经费预算。政府财政透明度再次成为公众关注的话题。

新闻工作者从上海财经大学公共政策研究中心获悉，该中心起草的《2013 中国财政

透明度报告》已经撰写完毕。这是该中心第五次推出《中国财政透明度报告》，包括《2013 年省级财政透明度评估》《2013 年省级行政收支及相关信息透明度评估》《省级政府部门预算透明度评估》三个分报告，以及新增加的《省级政府部门“三公”经费透明度特别评估》。

本年度的报告有以下几个特点：31 个省份公开的信息不到 1/3；首次出现两个及格省份；社保基金透明度相对最好，国企基金最差；一些项目完全没有公开。

三、中国社会保障 30 人论坛年会（2013）——收入分配与社会保障

2013 年 2 月 22～23 日，由中国社会保障 30 人论坛、中国社会科学院民族学与人类学研究所主办的中国社会保障 30 人论坛年会（2013）在中国社会科学院举行。来自中国社会科学院、中央党校、国家行政学院和全国 50 多所高校的专家学者 150 多人出席本届年会，出席年会的还有国家发改委、财政部、人力资源和社会保障部、民政部、国家审计署、国务院发展研究中心、全国老龄委、中国残联等有关部门有关负责同志和部分媒体代表。

围绕“社会保障与收入分配”的主题和“收入分配与社会保障改革”“养老保障”“医疗保障”“社会福利与救助”“民族地区社会保障”“青年学者论坛”6 个分论坛议题，80 多位专家学者发表了自己的最新研究成果。与会代表一致认为，建立更加公正合理的收入分配机制，调节收入分配格局，缩小收入分配差距已经到了刻不容缓的地步，它不仅是维护社会公平正义的基本保障，也是促进经济转型与可持续发展的重要前提与举措，亟须有系统性的改革方案；社会保障制度应当成为维护财富合理分配的根本性制度；发挥社会保障调节收入分配作用的前提是尽快完善和优化现有的社会保障制度。呼吁尽快优化现行的各项社保制度，如加快推进机关事业单位养老保险制度改革，尽快实现职工基本养老保险全国统筹，整合城乡分割的医疗保险制度，完善社会救助的实施程序与处罚机制，深化社会保障监管体制改革，并促使以老年服务、儿童服务、残疾人服务为核心的整个社会福利事业得到全面发展等。

中国社会保障 30 人论坛是由中国社会保障学界的一批有识之士于 2009 年 4 月酝酿、2009 年 9 月在北京正式共同发起举行的高层学术论坛，论坛自 2010 年起在每年“两会”之前召开年会，旨在推进中国社会保障理论与政策的科学发展。

四、中国财税法学研究会2013年年会暨第十八届海峡两岸财税法学术研讨会在中央财经大学举办

由中国财税法学研究会主办，中央财经大学税务学院、财政学院和法学院承办的中国财税法学研究会2013年年会暨第十八届海峡两岸财税法学术研讨会于2013年3月30~31日在中央财经大学隆重举行。来自海峡两岸财、税、法学界的学者与中央财经大学师生共200余人参加了此次会议。

开幕式由中国财税法学研究会副会长、中央财经大学税务学院院长汤贡亮主持。中国法学会副会长周成奎，国家税务总局原副局长、中国国际税收研究会顾问郝昭成，中央财经大学副校长李俊生，台湾大学法律学院葛克昌，中国财税法学研究会会长、北京大学法学院刘剑文先后致辞。中国法学会研究部主任方向、中央财经大学财政学院院长马海涛、法学院院长郭锋、原中国法学会财税法学研究会会长刘隆亨和北京大学法学院院长张守文等参加了开幕式。

大会分“依宪治国与财税法治”“收入分配与财税法治”“税收前沿与财税法治”三个分会场进行了广泛的学术讨论；在大会主题研讨中，研究会副会长、中国税务报社总编辑刘佐，天津财经大学教授李炜光，中南大学教授周刚志，江西财经大学教授蒋悟真，中石油天然气勘探开发公司高级经济师詹清荣，中国政法大学研究员梁文永，辽宁税务高等专科学校教授涂龙力分别做了主题发言并担任评议人。

五、“中国公共财政研究院”揭牌仪式暨中国公共财政建设高层论坛在上海财经大学举行

2013年8月18日上午，由上海财经大学、厦门大学、北京大学、财政部财科所、中国社会科学院财贸研究所、斯坦福大学、一桥大学、财政部预算司、条法司，以及江苏省财政厅联合组建，由上海财经大学公共经济与管理学院、厦门大学经济学院、北京大学法学院、财政部财科所、中国社会科学院财贸研究所、斯坦福大学国际发展研究院、一桥大学公共政策研究院、财政部预算司、条法司，以及江苏省财政厅共同打造的我国首个“中国公共财政研究院”在上海财经大学豪生大酒店举行了隆重的揭牌仪式。

全国人大财政经济委员会副主任委员、全国人大原常委会预算工作委员会主任高强，财政部部长助理余蔚平，上海财经大学校长樊丽明教授为研究院揭牌，来自财政部财科所、中国社会科学院财贸所、北京大学、中国人民大学、厦门大学、武汉大学、中央财经

大学、中南财经政法大学、西南财经大学、江西财经大学、天津财经大学、东北财经大学等全国数十所高校的校长、院（所）长和专家代表出席了仪式。上海财经大学校党委书记丛树海教授也参加了仪式。

成立中国公共财政研究院是促进中国公共财政建设乃至中国政治经济转型的需要，是中国财政学科建设与人才培养机制创新的需要，同时也是培养公众公共精神，促进公共财政建设经验国际交流、提升中国文化软实力的需要。

中国公共财政研究院在体制机制方面进行了多方面的创新。研究院实行理事会领导下的院长负责制。经理事会推选，高强出任研究院首任院长，樊丽明担任理事会理事长，丛树海担任学术委员会主席，刘小川担任执行院长。研究院将搭建一个涉及财政学、公共管理学、政治学、法学，以及公共哲学在内的、由多学科交叉组合的、就重大公共财政问题进行论战的争辩论坛，通过理论的论战来进行合作，通过论战来全面提升公共财政建设研究成果的质量水平。同时，研究院将通过推广平台的建设，全面提升科学研究成果对财政政策决策尤其是高层决策的影响力，提升科学研究成果的转化率。在人才培养上，研究院将基于人文社会科学的特点，利用合作单位的资源优势，搭建一个全国性的、就公共财政问题进行讨论的论坛，努力将研究院建设成为一个具有示范性的人文社科实验室。另外，在公共精神的培养和引领上，研究院将为社会公众建立一个可以表达其诉求并对其进行理性引导的公共财政论坛，通过论坛的建设，全面培养社会公众的公共理性精神，为中国政治经济的良性转型提供保障和支持。在国际交流方面，中国公共财政研究院拟通过国际合作——走出去与引进来等方式，将研究院建设成为国际性的公共财政建设经验的交流平台，将中国公共财政建设的经验引向世界，为中国文化软实力的提升贡献力量。

在简短的揭牌仪式之后，中国公共财政建设高层论坛举行。上海财经大学党委书记丛树海教授、中国社会科学院财贸所所长高培勇、美国斯坦福大学教授 David Crane、全国人大财政经济委员会副主任委员高强分别就中国公共财政体系建设、中国公共财政的历史担当、美国州政府预算危机、完善公共财政体系需要研究的几个问题发表主题演讲。2013 年 8 月 18 日下午，与会专家学者围绕“中国公共财政研究院建设问题”以及“中国公共财政重大问题研究”两个主题继续举行高层论坛，进行了系统、热烈的研讨。

六、“变革世界中的政府预算绩效管理”博士生学术论坛举行

2013 年 10 月 13 日，由“南开大学研究生创新计划”资助，南开大学经济学院财政学系、南开大学中国财税发展研究中心主办的主题为“变革世界中的政府预算绩效管理”全国博士生学术论坛在南开大学经济学院举行。

本次论坛遵循“学科整合，学术创新”的理念，得到相关教学、科研单位博士研究生的大力支持。论坛通过公开征集论文，在认真遴选评审的基础上，邀请了来自中国人民

大学、安徽大学、辽宁大学、首都经济贸易大学、中南财经政法大学、天津财经大学、天津理工大学、中国发展研究基金会等单位 30 余位博士生代表参会。

论坛由南开大学中国财税发展研究中心主任马蔡琛教授主持，南开大学财政学科学术带头人张志超教授、财政学系主任倪志良教授参加了论坛开幕式并致辞。论坛以政府预算绩效管理理论与实践的前沿热点为背景，旨在研讨如何发挥政府预算在规范和控制权力、保障资金有效使用等方面的作用，以期有效推动中国预算绩效管理的理论与实践深化。

各参会博士生深切感受到，绩效预算把市场经济的理念融入政府治理之中，从而有效地降低了政府提供公共品的成本，提高了财政支出的效率。这不仅是一种预算方法的改变，而且是整个政府治理理念的一次革命。

本次论坛本着“以文会友”的原则，加强了南开大学财政学科博士生与其他院校的交流，拓展了同学们的研究视野，深化了学术友谊，进一步扩大了南开大学财政学科的国内影响。

七、“2013 诺贝尔奖获得者北京论坛”举行

“2013 诺贝尔奖获得者北京论坛”在北京开幕，4 位诺贝尔获奖者与 4 位外国顶尖科学家在 3 天里发表了学术演讲，与政府高层、首都北京学生对话，探讨了北京乃至中国如何运用新材料、新能源来谋求持续有效的健康发展。

本届论坛以“新材料和新能源”为年度主题。1996 年诺贝尔经济学奖得主詹姆斯·莫里斯、1999 年诺贝尔经济学奖得主罗伯特·蒙代尔、2006 年诺贝尔经济学奖得主埃德蒙·菲尔普斯、2006 年诺贝尔物理学奖获得者乔治·斯穆特等多名顶尖学者在论坛上深入探讨了如何发展新材料和新能源，以及从政策制定、产业链建设、人才培养、国际交流合作等各方面应对其中的挑战，并提出可行的解决方案。

北京市长王安顺在论坛开幕式致辞中说，新材料和新能源发展是缓解环境恶化，实现绿色低碳经济发展的必由之路，也是备受全球关注的新兴产业。他说，北京拥有众多科研院所和科技人才，在新材料和新能源领域具有良好的发展基础和条件，能够为中国乃至世界相关产业发展做出应有贡献。北京将积极推动新材料、新能源、新能源汽车等 8 大新兴产业加快发展，力争到 2020 年战略性新兴产业增加值占全市地区生产总值的比重达到 30% 左右。

中国科学院院长白春礼表示，21 世纪以来，新能源与新材料的不断创新为中国可持续发展提供了新的有效途径。在此过程中，中国的科研机构和科学家扮演了重要角色，在新材料与新能源领域进行不遗余力的探索，取得显著成效，为中国乃至世界做出了贡献。当前，中国的可持续发展仍面临诸多新的挑战，作为顶级专家学者交流最新前沿技术的平

台，“诺奖”获得者北京论坛将为这些问题提供更多新思路。

“诺贝尔奖获得者北京论坛”是自2005年开始举办的高层次国际学术交流活动，已举办6届。论坛期间，“最优货币区域理论之父”罗伯特·蒙代尔向美国国家航空航天局提议，发射宇宙探索卫星的乔治·斯穆特等8位世界顶尖科学家就全球货币及汇率体系、未来电网发展、生物燃料等发表多场演讲，并与政府高层、首都北京学生对话。

八、新时代、新机遇、新供给——华夏新供给经济学研究院、中国新供给经济学50人论坛成立大会暨十八届三中全会精神研讨会在京召开

2013年12月8日，主题为“新时代、新机遇、新供给”的华夏新供给经济学研究院、中国新供给经济学50人论坛成立大会暨党的十八届三中全会精神研讨会在京召开。财政部财政科学研究所所长贾康。中国社会科学院财经战略研究院院长高培勇，华夏新供给经济学研究院理事会理事长、中国民生银行行长洪崎，中国人民银行货币政策司副司长姚余栋，中国人民银行调查统计司副司长徐诺金，国家开发银行研究院副院长黄剑辉，国务院发展研究中心宏观部副部长魏加宁，中央财经大学财政学院院长马海涛，国家信息中心首席经济学家范剑平，中央党校国际战略研究所副所长周天勇，中金公司首席经济学家彭文生，高盛投资银行董事总经理崔历，上海重阳投资管理有限公司总裁王庆等财经界的领导、专家学者，以及新华社、中央电视台、《人民日报》《经济日报》、新浪网等媒体记者100余人出席了会议。会议由贾康、姚余栋分段主持。

华夏新供给经济学研究院第一届理事会理事长、中国民生银行行长洪崎在会上致辞。在致辞中，他满怀深情地祝贺华夏新供给经济学研究院、中国新供给经济学50人论坛的成立，对新供给经济学研究的未来充满期冀。他说，新供给经济学是时代的呼唤，也是时代的诉求。现在是发展新供给经济学的最好时期，希望华夏新供给经济学研究院和中国新供给经济学50人论坛共同努力，使新供给经济学在理论上、在政策设计上，对中国的改革有所贡献，对实现中国梦有所贡献。华夏新供给经济学研究院院长、财政部财政科学研究所所长贾康向与会嘉宾介绍了新供给经济学的主要理论观点和政策主张，以及研究院和论坛的筹建情况，做了题为《新供给：经济学理论的中国创新——在现代化新阶段历史性的考验中，从供给端发力破解中国中长期经济增长、结构调整瓶颈》的演讲，从全面深化改革的视角，呼吁要从供给端发力破解中国中长期经济增长、结构调整瓶颈。

华夏新供给经济学研究院成立仪式和中国新供给经济学50人论坛成员证书颁发仪式结束以后，黄剑辉等与会嘉宾围绕党的十八届三中全会精神，对中国全面深化改革面临的问题进行了探讨、交流。

华夏新供给经济学研究院是响应国家建设“中国特色新型智库”的号召，由贾康、白重恩等 12 位学者发起设立，由北京市民政局批准的民间智库组织，成立于 2013 年 9 月。研究院旨在研究“以改革为核心的新供给经济学”，致力于经济学理论的不断发展创新，对中国改革开放予以理论阐释和积极建言，持续推动中国经济改革和发展实践，为中国和世界经济繁荣和社会进步竭尽所能。

后　记

一部著作的完成需要许多人的默默奉献，闪耀着的是集体的智慧，其中铭刻着许多艰辛的付出，凝结着许多辛勤的劳动和汗水。

本书在编写过程中，借鉴和参考了大量的文献和作品，从中得到了不少启悟，也汲取了其中的智慧菁华，谨向各位专家、学者表示崇高的敬意——因为有了大家的努力，才有了本书的诞生。凡被本书选用的材料，我们都将按相关规定向原作者支付稿费，但因为有的作者通信地址不详或者变更，尚未取得联系。敬请您见到本书后及时函告您的详细信息，我们会尽快办理相关事宜。

由于编写时间仓促以及编者水平有限，书中不足之处在所难免，诚请广大读者指正，特驰惠意。